JOURNAL
D'UN ANGE GARDIEN

www.editions-jclattes.fr

Carolyn Jess-Cooke

JOURNAL D'UN ANGE GARDIEN

Traduit de l'anglais (Grande-Bretagne)
par Denyse Beaulieu

JC Lattès

Titre de l'édition originale :
THE GUARDIAN ANGEL'S JOURNAL
Publiée par Piatkus, un département de Little,
Brown Book Group, Londres

Photo © Jennifer B Short/Camas Photography
Maquette de couverture : Atelier Didier Thimonier

ISBN : 978-2-7096-3548-6

Première édition février 2012.

Pour Melody

« Les anges sont des esprits, mais ce n'est pas parce qu'ils sont des esprits qu'ils sont des anges. Ils deviennent des anges quand ils sont envoyés en mission. »

Saint Augustin

Une plume céleste

Quand je suis morte, je suis devenue ange gardien.

C'est Nandita qui me l'a annoncé dans l'autre monde, sans me parler d'abord de la pluie et du beau temps pour briser la glace, un peu comme le dentiste vous demande vos projets pour Noël avant de vous arracher une dent. Je n'ai eu droit à aucun ménagement. Elle m'a simplement dit ceci :

— Margot est morte, mon enfant. Margot est morte.

— Impossible, rétorquai-je. Je ne suis pas morte.

Elle n'arrêtait pas de me répéter : « Margot est morte. » Elle prit mes mains dans les siennes et inclina la tête en signe de respect.

— Je sais combien c'est difficile, poursuivit-elle. J'ai laissé cinq enfants sans papa au Pakistan. Mais ne t'inquiète pas, tout ira bien.

Il fallait que je sorte de là. Je regardai autour de moi : nous étions dans une vallée entourée de cyprès, près d'un petit lac bordé de joncs, dont les têtes veloutées ressemblaient à une forêt de microphones tendus vers moi pour recueillir ma réaction. Mais je ne dis rien. Repérant le tracé d'une route grise au loin, à travers champs, je me dirigeai vers elle.

— Attends, s'exclama Nandita. Je veux te présenter quelqu'un.

— Qui ? Dieu ?

Là, on atteignait le sommet de l'absurdité : il ne restait plus qu'à y planter le drapeau.

— Je voudrais te présenter Ruth, déclara Nandita en me prenant par la main pour m'entraîner vers le lac.

— Où ?

Je tendis le cou et scrutai l'horizon.

— Ici, dit-elle en désignant mon reflet.

Et elle me poussa dans l'eau.

Certains anges gardiens sont renvoyés sur terre pour veiller sur leurs frères et sœurs, leurs enfants ou des êtres aimés. J'ai été renvoyée vers Margot. J'ai été renvoyée vers moi-même. Je suis devenue mon propre ange gardien, scribe monastique d'une biographie du regret, trébuchant à chaque pas sur mes souvenirs, emportée par le torrent d'une histoire à laquelle je ne peux rien changer.

En fait, ce n'est pas tout à fait exact que je ne peux rien changer. Les anges gardiens, comme chacun sait, vous protègent mille fois de la mort. Notre mission est de vous préserver des conséquences de toute parole, de tout acte qui ne relèveraient pas de votre libre arbitre. De nous assurer qu'aucun accident ne survienne. Changer le cours des choses, c'est notre rôle, à chaque seconde de chaque minute de chaque journée.

Je découvre quotidiennement, en coulisse, les expériences que j'aurais dû vivre, les êtres que j'aurais dû aimer, et je voudrais prendre une plume céleste pour tout récrire. Je voudrais m'écrire un nouveau scénario. Je voudrais m'adresser à cette femme, cette femme que j'étais, pour lui révéler tout ce que je sais. Et je voudrais lui demander :

Margot.

Dis-moi comment tu es morte.

1.

Devenir Ruth

Je ne me rappelle pas être tombée à l'eau. Ni m'être hissée sur la berge. Mais ce bref baptême spirituel a été comme une immersion dans le savoir. Je serais incapable d'expliquer ce qui s'est passé, mais lorsque je me suis retrouvée dégoulinante sur le carrelage fendillé d'un couloir mal éclairé, j'avais compris qui j'étais et en quoi consistait ma mission, comme si un rayon de soleil avait filtré entre les branches pour m'éclairer. Je m'appelle Ruth. Margot est morte.

J'étais revenue sur terre. À Belfast, en Irlande du Nord. Je reconnus le lieu où j'avais grandi au vacarme inimitable et assourdissant des fanfares de l'Ordre d'Orange qui déchirait la nuit. On était donc en juillet, mais en quelle année ? Je n'en avais aucune idée.

Des pas derrière moi. Je fis volte-face. Nandita, irisée dans la pénombre ; la lueur blafarde du lampadaire, de l'autre côté de la rue, ne se reflétait pas sur sa robe blanche. Elle se pencha vers moi, l'air sérieux.

— Il y a quatre règles, énonça-t-elle en levant quatre doigts ornés de bagues. Premièrement, tu es le témoin de tout ce qu'elle fait, de tout ce qu'elle éprouve, de tout ce qu'elle traverse.

— Autrement dit, de tout ce que j'ai vécu.

Elle agita aussitôt la main en l'air, comme si mon commentaire était une bulle de bande dessinée qu'elle effaçait.

— Ce n'est pas comme regarder un film, me reprit-elle. La vie dont tu te souviens n'est qu'une partie du puzzle. Désormais, tu vas le voir en entier. Et tu pourras recaser certaines des pièces manquantes. Mais tu dois rester très prudente. Bon, maintenant, laisse-moi continuer à t'expliquer les règles.

Je hochai la tête pour m'excuser. Elle inspira comme au yoga.

— La deuxième règle, c'est que tu dois la protéger. De nombreuses forces tenteront d'intervenir sur ses choix. Tu dois l'en protéger, c'est vital.

— Une minute, objectai-je en levant la main. Qu'entends-tu au juste par « intervenir » ? J'ai déjà fait tous mes choix, non ? C'est pour ça que je me retrouve ici…

— Tu ne m'as pas écoutée ?

— Si, mais…

— Rien n'est fixé, même lorsque tu remontes dans le temps. Il est encore trop tôt pour que tu le comprennes, mais…

Elle hésita, comme si elle se demandait si j'étais assez intelligente pour comprendre ce qu'elle me disait. Ou assez solide pour le supporter.

— Continue, la priai-je.

— Même ceci, en ce moment, toi et moi – c'est déjà arrivé. Mais le passé dans lequel tu te trouves actuellement ne correspond pas à la notion de « passé » telle que tu l'as comprise jusqu'ici. Le temps n'existe plus. Mais tu es quand même présente ici, maintenant. Ta vision de l'avenir est encore nébuleuse. Tu vas donc vivre plusieurs expériences nouvelles, et tu dois en soupeser les conséquences avec soin.

J'en avais mal à la tête.

— Si tu le dis. Et quelle est la troisième règle ?

Nan désigna le liquide qui suintait de mon dos. Mes ailes, en quelque sorte.

— La troisième règle, c'est que tu dois faire un compte rendu, un journal, si tu veux, de tout ce qui arrive.

— Je dois écrire tout ce qui arrive ?

— Non, c'est bien plus simple que ça. Si tu observes les deux premières règles, tu n'as rien à faire. Ce sont tes ailes qui s'en chargeront pour toi.

Je n'osais pas demander ce qu'était la quatrième règle.

— Enfin, conclut-elle en retrouvant le sourire, aime Margot. Aime-la.

Elle embrassa le bout de ses doigts, puis les posa sur mon front, ferma les yeux et marmonna une prière dans ce que je supposai être de l'urdu. J'inclinai maladroitement ma tête et je piétinai sur place jusqu'à ce qu'elle ait terminé. Lorsqu'elle rouvrit les yeux, une lumière blanche se déversait de ses pupilles.

— Je reviendrai te voir. Rappelle-toi que tu es un ange, maintenant. Tu n'as rien à craindre.

La lueur blanche se répandit sur son visage, sa bouche, son cou et ses bras, jusqu'à ce qu'elle disparaisse dans une grande gerbe lumineuse.

Un gémissement sourd provenait du bout du couloir. Je regardai autour de moi. Un immeuble de location. Des murs de briques nues couverts de graffitis. Une porte d'entrée étroite baillant sur la rue. Des interphones recouverts d'une pellicule gluante de Guinness. Un ivrogne affalé au pied de l'escalier.

Premier réflexe : sortir de là le plus vite possible. Mais je me sentais irrésistiblement poussée vers les plaintes qui s'élevaient de l'autre côté du couloir. Je ne veux pas dire par là que j'étais motivée par la curiosité ou le soupçon, c'était plutôt comme l'intuition d'une mère qui s'aperçoit que son enfant est silencieux depuis trop longtemps, avant de le surprendre alors qu'il s'apprête à fourrer le chat dans le sèche-linge; ou alors, comme l'espèce d'instinct viscéral qui vous avertit que vous avez oublié de verrouiller la porte d'entrée, que vous êtes sur le point de vous faire virer ou que vous êtes enceinte.

Vous connaissez, non?

Je dus enjamber l'ivrogne pour gravir les trois marches menant au palier. Dans le couloir, cinq portes noires : deux de chaque côté, une au bout. Le bruit – un rugissement profond, animal – se rapprochait. J'avançai d'un pas. Un cri. Un nom. Une voix de femme qui gémissait. Je m'arrêtai devant la porte.

L'instant d'après, j'étais à l'intérieur. Un salon. Rien d'allumé, nuit noire. Je distinguai un canapé et la forme cubique d'un vieux téléviseur. La fenêtre était ouverte et le rideau claquait contre le rebord, puis contre la table, comme s'il hésitait à sortir ou à entrer. Un long cri déchirant. Comment se faisait-il que personne d'autre ne l'entende? Pourquoi les voisins n'étaient-ils pas en train de défoncer la porte?

Soudain, je compris. J'étais à Belfast Est durant les défilés orangistes. Ils étaient tous sortis pour y assister.

Une émeute avait éclaté non loin de là. Des sirènes de police hurlaient dans toutes les directions. Des bouteilles fracassées. Des cris, des bruits de pas sur les pavés. Guidée par les gémissements, je traversai le salon.

Une chambre, faiblement éclairée par une lampe de chevet. Un papier peint écaillé couleur lilas ; le mur du fond, maculé de traces de moisissure et d'humidité noires comme des traînées de suie. Un lit défait. Une jeune femme blonde vêtue d'un long tee-shirt bleu, agenouillée à côté du lit comme si elle priait, haletante. Des bras aussi maigres que des manches à balai, marbrés d'ecchymoses comme si elle s'était battue. Soudain, elle se redressa, ferma les yeux et renversa la tête en arrière, la mâchoire serrée. Je vis qu'elle était enceinte. Elle était agenouillée dans une flaque rouge.

C'est une blague ? Je suis censée faire quoi, moi ? L'accoucher ? Appeler les secours ? Je suis morte ! Je ne peux rien faire sauf regarder cette pauvre fille marteler le matelas de ses poings.

La contraction desserra son étreinte un instant. Les yeux mi-clos, révulsés, elle s'affaissa en avant et appuya son front contre le bord du lit. Je m'agenouillai à côté d'elle et, très prudemment, lui touchai l'épaule. Aucune réaction. Elle haletait de nouveau ; la contraction suivante s'intensifia jusqu'à ce que la fille s'arcboute en hurlant pendant une longue minute. La douleur s'affaiblit : soulagée, elle se remit à respirer profondément.

Je posai la main sur son avant-bras et sentis plusieurs petits trous. Je les examinai de plus près. Groupés autour du creux du bras, une dizaine de cercles violets, plus petits que des pennies – des traces de seringue. Une autre contraction. Elle se redressa en inspirant. Son tee-shirt lui descendait jusqu'aux hanches. D'autres traces de seringues sur ses maigres cuisses blanches. Je passai la pièce en revue. Des cuillers à thé et des soucoupes sur la commode. Deux seringues qui dépassaient de sous le lit. Soit c'était une diabétique qui adorait le thé, soit c'était une héroïnomane.

Autour de ses genoux, la flaque s'élargissait. Désormais, ses paupières papillotaient, ses gémissements s'apaisaient au lieu de s'intensifier. Je compris qu'elle était en train de perdre conscience. Sa tête s'affaissa sur son épaule, sa petite bouche humide s'ouvrit.

— Hé ! appelai-je.

Pas de réaction.

— Hé !

Rien.

Je me levai et fis les cent pas dans la chambre. De temps en temps, le corps de la fille faisait un soubresaut vers l'avant ou le côté. Elle était agenouillée, son visage pâle tourné vers moi, ses bras malingres pendant sur ses flancs, ses poignets frottant contre le tapis crasseux. J'avais jadis eu un copain qui gagnait sa vie en ressuscitant des camés victimes d'overdoses. Il passait des heures sur notre canapé à nous raconter par le menu la façon dont il avait sauvé telle ou telle star de la mort, armé d'une seringue remplie d'adrénaline qu'il plongeait jusqu'en Enfer pour arracher ses clients à l'étreinte de Satan. Naturellement, impossible de me rappeler comment il procédait. D'ailleurs, mon ami n'avait sans doute jamais secouru une héroïnomane en train d'accoucher. Et puis, contrairement à moi, il n'était pas mort.

Soudain, la fille tomba sur le côté, les bras serrés comme si elle était menottée. Je voyais le sang s'écouler de son corps. Je me penchai rapidement pour lui écarter les genoux. Une tête aux cheveux sombres entre ses jambes. Pour la première fois, je sentis l'eau froide ruisseler dans le dos, aussi sensible que si j'étais dotée de deux membres supplémentaires. J'étais consciente de tout dans cette chambre – l'odeur de sueur, de cendre et de sang, la tristesse palpable, le son des battements de cœur de la fille qui ralentissaient de plus en plus, le cœur emballé de l'enfant...

Je tirai ses jambes fermement vers moi et plantai ses pieds au sol. J'attrapai un oreiller sur le lit, j'arrachai le drap le plus propre du matelas et je l'étalai sous ses cuisses. Je m'accroupis entre ses jambes et je lui soulevai les fesses, en essayant de ne pas trop réfléchir. En toute autre circonstance, j'aurais filé en vitesse. Ma respiration était rapide, j'avais le vertige et pourtant j'étais incroyablement concentrée, déterminée à sauver cette petite vie.

J'apercevais les sourcils de l'enfant et l'arête de son nez. J'appuyai sur le ventre de la fille. L'eau détrempa l'oreiller sous ses fesses. Aussitôt, comme un poisson, le bébé tout entier glissa hors d'elle, tellement vite que je dus l'attraper – la tête sombre et humide, le visage crispé, le minuscule corps bleui recouvert de vernis crayeux. Une fille. Je l'enveloppai dans le drap et gardai en main l'épais cordon bleu, sachant que, dans quelques minutes, je devrais de nouveau tirer pour faire sortir le placenta.

Le bébé geignait dans mes bras, sa petite bouche pincée comme un bec, ouverte, cherchant quelque chose. Dans une minute, je le guiderais vers le sein de sa mère. Mais d'abord, je devais faire en sorte que l'âme de cette pauvre fille ne quitte pas son corps meurtri.

Le cordon ombilical glissait entre mes doigts. Je tirai dessus d'un coup sec. Je sentais le sac amniotique à l'autre bout. C'était comme si je pêchais à la ligne. Encore un coup sec, une légère torsion. Lentement et fermement, j'extirpai le tout, jusqu'à ce qu'un épais amas sanguinolent glisse sur l'oreiller. Tout cela remontait à vingt ans pour moi. Était-ce bien ainsi qu'avait procédé la sage-femme ? Couper le cordon près du nombril. Je cherchai du regard quelque chose de tranchant. Je repérai un couteau à cran d'arrêt sur la commode. Ça ferait l'affaire. Un instant. Autre chose. Je me rappelais que la sage-femme avait inspecté le placenta. Elle nous avait montré qu'il était bien sorti, qu'aucun lambeau n'était resté à l'intérieur. C'était alors que Toby s'était penché vers la bassine la plus proche pour rendre son déjeuner.

Le placenta de la fille ne ressemblait pas à cette substance rouge vif comparable à un cerveau dont je me souvenais. Il était petit et aplati, comme un animal écrasé par une voiture. La mère perdait encore beaucoup de sang. Sa respiration était peu profonde, son pouls, faible. Je devais chercher de l'aide.

Mais en posant le bébé sur le lit, je vis qu'il était bleu. Bleu comme une veine. Sa petite bouche ne cherchait plus. Son beau petit visage de poupée s'endormait. On aurait dit que les cascades qui ruisselaient de mon dos comme de grandes ailes pleuraient, que chaque goutte était puisée au plus profond de moi-même. Elles me disaient que le bébé était mourant.

Je le pris dans mes bras et rassemblai autour de son petit corps les longs plis de ma robe blanche – identique à celle de Nan, à croire qu'il n'y avait qu'un seul tailleur au Paradis. La fillette était lamentablement chétive, moins de deux kilos cinq. Ses petites mains, qu'elle serrait en poings contre sa poitrine, se relâchèrent tels des pétales se déployant au bout d'une tige. Je me penchai vers elle, j'entourai sa bouche de mes lèvres et j'exhalai. Une fois. Deux fois. Son petit abdomen se gonfla comme un minuscule matelas pneumatique. Je posai l'oreille sur sa poitrine et tapotai légèrement. Rien. J'essayai encore. Une fois. Deux fois. Trois fois. Soudain, une intuition. L'instinct. Un conseil. « Pose ta main sur son cœur. »

Je l'allongeai sur mon bras en étalant ma paume sur sa poitrine. Et petit à petit, à ma grande surprise, je sentis son petit cœur comme s'il était dans ma propre poitrine : il titubait, chancelait, se remettait à battre par à-coups tel un moteur enrayé, un bateau ballotté par les vagues. Dans ma main, une lueur. Je sursautai. Là, dans la pénombre orangée de cette chambre sordide, une lumière blanche jaillissait entre ma main et la poitrine de l'enfant.

Je sentais son cœur remuer, aspirant à s'éveiller. Je fermai les yeux et songeai à tout ce que j'avais fait de bien dans ma vie, puis à tout ce que j'avais fait de mal, et je m'obligeai à le regretter. On aurait dit une prière; comme si je tentais de décrocher en accéléré mon certificat d'ange gardien, le genre d'ange gardien dont cette enfant avait besoin, là, tout de suite, le genre d'ange gardien qui méritait de la rappeler à la vie de toutes les forces de son corps.

L'éclair s'accrut jusqu'à inonder la chambre. Le petit cœur trébuchait comme un veau nouveau-né aux pattes flageolantes. Il se mit à battre dans ma poitrine, si vigoureusement que j'éclatai de rire ; en baissant les yeux, je vis le petit corps se soulever et s'abaisser, et les lèvres redevenues roses happer l'air comme si c'étaient elles qui commandaient chaque souffle.

La lumière mourut. J'enveloppai la petite fille dans la couverture et la couchai sur le lit. La mère gisait dans une mare de sang, ses cheveux blonds teints en rose, ses joues éclaboussées de rouge. Je cherchai un battement de cœur. Rien. Je fermai les yeux et appelai la lumière. Rien. Sa poitrine était froide. Le bébé commençait à couiner. Elle a faim, me dis-je. Je soulevai le tee-shirt de la mère et tins l'enfant contre son sein une minute : les yeux encore fermés, elle se pencha vers le mamelon et but avidement.

Au bout de quelques minutes, je la recouchai sur le lit. Rapidement, je posai ma paume sur la poitrine de la mère. Rien. « Allez ! » hurlai-je. Je plaquai mes lèvres contre les siennes et soufflai, en vain : mon air lui gonflait les joues avant de ressortir de sa bouche vide.

— Laisse-la, fit une voix.

Je me retournai. Près de la fenêtre, une autre femme en blanc. Manifestement, ça pullulait dans le quartier.

— Laisse-la, répéta la femme, plus doucement cette fois.

Un ange. Elle ressemblait à la morte : mêmes lourds cheveux blonds, même bouche ronde. C'était peut-être une parente, pensai-je, venue la ramener avec elle.

L'ange ramassa la femme et se dirigea vers la porte en portant le corps inerte dans ses bras. En me retournant, je vis que la mère gisait toujours par terre. L'ange me regarda en souriant et jeta un coup d'œil à l'enfant.

— Elle s'appelle Margot, dit-elle. Prends bien soin d'elle.

— Mais..., bafouillai-je.

Ce mot recelait tout un écheveau de questions.

Quand je relevai les yeux, l'ange avait disparu.

2.

Le plan

Je mis un certain temps à me faire à l'idée que je n'avais pas d'ailes. Du moins, pas des ailes d'oiseau.

Ce n'est qu'au IVe siècle que les artistes ont commencé à représenter les anges avec des ailes, ou plutôt des excroissances fluides surgissant de leurs épaules pour retomber vers leurs pieds.

En fait, ce ne sont pas des plumes, mais de l'eau.

Les nombreux témoignages au fil des siècles ont véhiculé l'image d'une créature semblable à un oiseau, capable de voler entre le monde des mortels et le Paradis, mais aucun de ces récits ne concorde quant aux ailes. Un Mexicain du XVIe siècle parle de « *dos rios* », « deux rivières », dans son journal intime, que sa famille a brûlé discrètement après sa mort. D'après un autre témoin, serbe celui-là, deux cascades ruisselaient des omoplates de son visiteur angélique. Une petite Nigériane a dessiné à plusieurs reprises un beau messager céleste dont les ailes étaient des chutes d'eau se déversant dans le fleuve qui coule éternellement devant le trône de Dieu. Son imagination débordante faisait la fierté de ses parents.

La fillette avait vu juste. Mais elle ne savait pas que les deux jets d'eau qui se dégagent de la sixième vertèbre de l'épine dorsale d'un ange jusqu'à son sacrum forment un lien – un cordon ombilical, si l'on veut – entre l'ange et son Être Protégé. Ni que ces « ailes d'eau » recèlent une transcription de chaque pensée, de chaque acte, exactement comme si l'ange les avait notées. Plus efficace qu'une caméra de surveillance ou qu'une webcam. Au lieu de mots ou d'images, ce sont toutes les expériences d'une vie qui sont contenues dans ce liquide; la totalité d'une histoire peut donc être reconstituée à tout moment – par exemple, le lien entre un premier amour et tout un tissu d'odeurs, de souvenirs, de réactions chimiques suscitées par un abandon dans l'enfance. Et ainsi de suite. Le journal d'un ange se trouve dans ses ailes. Tout comme l'instinct, le conseil et la connaissance de toute chose vivante. Si l'on est disposé à les écouter.

Je mis également longtemps à me faire à l'idée de revivre ma vie en témoin silencieux.

Soyons francs. J'ai vécu une vie bien remplie, mais ça n'a pas été une belle vie. Imaginez le choc quand j'ai compris que j'allais la revivre.

J'avais sans doute été renvoyée sur terre pour l'expier : c'était ça, le purgatoire. Ça vous plaît, vous, de vous regarder à l'écran? Vous n'avez jamais cillé en entendant votre voix sur un répondeur? Multipliez cette expérience par des millions de milliards et vous aurez une vague idée de ce que je vis. Miroir, vidéo, moulage en plâtre... tout ça n'est rien comparé

au fait de se trouver à côté de soi-même, en chair et en os, surtout quand on est en train de foutre sa vie en l'air.

Je croisais constamment d'autres anges. Les rares fois où nous communiquions, ce n'était pas comme des copains, des collègues, ou comme si nous étions tous dans la même galère. En général, ils restaient graves, distants – allez, disons-le carrément : coincés –, et surveillaient leur Être Protégé aussi intensément que s'il était en train de tituber sur une corniche de l'Empire State Building. J'avais l'impression de me retrouver à l'école et d'être la gamine qui porte une jupe alors que toutes ses camarades sont en pantalon ou l'adolescente qui se teint les cheveux en rose vingt ans avant que ce soit tendance. Sisyphe, c'est moi. J'étais revenue à mon point de départ, à me demander où j'étais, ce que je foutais là et comment me tirer.

Dès que le bébé se remit à respirer – dès que Margot se remit à respirer –, je me précipitai hors de l'appartement pour réveiller à coups de pied l'ivrogne affalé en bas de l'escalier. Lorsqu'il revint enfin à lui, je constatai qu'il était beaucoup plus jeune que je ne l'avais d'abord cru. Michael Allen Dwyer, dit « Mick ». À peine vingt et un ans, étudiant en chimie à la Queen's University (sans enthousiasme – il était sur le point de se faire recaler). J'obtins toutes ces informations rien qu'en posant le pied sur son épaule. J'ignore absolument pourquoi ça n'avait pas marché avec la jeune morte quelques minutes auparavant. Ça aurait pu lui sauver la vie.

Je l'aidai à se relever et me penchai à son oreille pour lui dire que la fille de l'appartement numéro quatre était morte et qu'il y avait un bébé avec elle. Il se tourna lentement vers le palier, secoua la tête et se passa les mains dans les cheveux, comme pour se sortir cette idée du crâne. Je fis une seconde tentative. « L'appartement numéro quatre, espèce de débile. Fille morte. Bébé. Besoin d'aide. Maintenant. » Il se figea et je retins mon souffle. M'entendait-il ? Je continuai à parler. « Oui, oui, c'est ça, vas-y. » L'air autour de lui s'était transformé, comme si les mots sortis de ma bouche avaient dégagé un espace infime entre son corps et la gravité pour pénétrer ses cellules sanguines et titiller son instinct.

Il posa le pied sur la première marche tout en se demandant ce qu'il faisait. Je sentais ses neurones bourdonner et ses synapses crépiter en lançant de petits éclairs, un peu plus lentement que d'habitude à cause de l'alcool. Il grimpa les deux autres marches.

À partir de là, je laissai la curiosité le guider. La porte était grande ouverte (grâce à moi). Le nourrisson (Ça n'est pas possible ! Ça ne peut pas être moi !) pleurait, un petit couinement pathétique et grelottant comme celui d'un chaton qu'on va noyer dans un seau d'eau. Ce cri, dès qu'il parvint aux oreilles de Mick, le dégrisa brusquement.

Il tenta de réanimer la mère. Je cherchai à l'en dissuader mais il s'obstina pendant une demi-heure au moins à lui frotter les mains et à lui parler avant de songer à appeler une ambulance. Tout d'un coup, je compris. Ils étaient amants. C'était son enfant. C'était mon père.

À ce stade, une précision s'impose. Je n'ai jamais connu mes parents. On m'a raconté qu'ils étaient morts dans un accident de voiture quand j'étais très jeune, et que tous ceux qui s'étaient occupés de moi jusqu'à mon adolescence étaient certes des criminels de tous poils, mais qu'ils m'avaient au moins permis de rester en vie. De justesse.

Je n'avais donc aucune idée de ce qui allait m'arriver à ce moment-là, aucune idée de la façon dont je pourrais infléchir le cours des événements vers un dénouement plus favorable. Si mon père était bel et bien vivant, pourquoi avais-je fini ainsi ?

Je m'assis sur le lit à côté du bébé et regardai le garçon sangloter à côté du corps de la fille morte.

Autrement dit : je m'assis sur le lit à côté de moi-même et regardai mon père pleurer ma mère.

Il se levait de temps en temps pour taper du poing sur un objet cassant ou donner des coups de pieds aux seringues, et finit par vider toute la commode dans un accès de rage.

J'appris par la suite qu'ils s'étaient disputés quelques heures auparavant. Il était parti, furieux, ivre mort, et il était tombé dans l'escalier. Elle lui avait dit que tout était fini entre eux. Mais ça, elle l'avait déjà dit souvent.

Un voisin finit par appeler la police. Un agent prit Mick par le bras et le fit sortir. C'était l'inspecteur Hinds à qui son épouse, une Française, venait de demander le divorce ce matin-là, d'une part à cause de la somme qu'il venait de perdre sur un cheval qui avait trébuché au dernier obstacle, et d'autre part parce que la chambre d'enfant restait désespérément vide. Malgré ses soucis, l'inspecteur Hinds avait pitié de Mick. Les policiers se disputèrent dans le couloir pour savoir si on devait lui passer les menottes. Manifestement, la fille était une droguée, soutenait Hinds à sa collègue.

Elle était morte en couches, c'était évident. Sa collègue tenait, quant à elle, à ce que le règlement soit appliqué à la lettre. Le jeune homme devait être soumis à un interrogatoire et le procès-verbal, rédigé en bonne et due forme. Autrement, ils risquaient de faire l'objet d'une procédure disciplinaire.

Un procès-verbal. C'est à cause d'un procès-verbal que j'ai été séparée à jamais de mon père. C'est à cause d'un procès-verbal que ma jeune vie a pris la tournure qu'elle a prise.

L'inspecteur Hinds ferma les yeux et appuya ses doigts sur son front. Je m'avançai vers lui et me penchai vers son oreille pour lui hurler qui j'étais, que Mick était mon père, qu'il voulait emmener le bébé à l'hôpital. Mais ma harangue ne produisit aucun effet. Je compris alors pourquoi j'avais pu me faire entendre de Mick mais pas de l'inspecteur : le couvercle d'émotions, de souvenirs et d'ego qui entourait mon père s'était entrouvert au moment où je lui parlais, un peu comme le vent déloge des gravats d'un mur fissuré, permettant à la pluie de s'infiltrer. J'avais atteint Mick, mais l'inspecteur Hinds était plus résistant. J'ai souvent vécu ce phénomène par la suite. Certaines personnes m'entendent, d'autres pas. En général, c'est une question de chance.

Margot émit un couinement aigu. L'inspecteur Hinds donna ses ordres aux policiers qui s'étaient rassemblés dans le couloir.

— Vous, dit-il en désignant un premier agent, vous emmenez ce garçon au poste pour interrogatoire. Vous, aboya-t-il au deuxième, vous m'appelez une ambulance fissa.

La femme le regarda, attendant ses instructions. Il soupira.

— Appelez le médecin légiste.

Frustrée, je suppliai l'inspecteur Hinds et son équipe de ne pas mettre Mick en état d'arrestation. Puis je me mis à hurler parce que personne ne m'entendait, parce que j'étais morte. Je les regardai passer les menottes à Mick et le séparer de Margot à jamais. À côté de lui, à travers une petite déchirure qui s'ouvrit dans le tissu du présent vers une dimension parallèle, je vis qu'on relâchait Mick le lendemain matin et que son père venait le chercher ; je vis les jours, les semaines et les mois passer tandis que Mick s'obligeait à repousser Margot de plus en plus loin de ses pensées, jusqu'à ce qu'elle ne soit plus qu'une enfant abandonnée, nourrie par perfusion dans l'Ulster Hospital, avec un sticker blanc au pied de son berceau en plastique qui portait son nom : « Bébé X ».

Ce fut à ce moment-là que je mis au point mon plan. Si Nan avait dit vrai, si rien n'était fixé d'avance, je changerais tout : mon éducation, mes choix amoureux, le bourbier de pauvreté dans lequel je m'étais enlisée jusqu'à mes quarante ans. Et la condamnation à la prison à perpétuité que purgeait mon fils au moment de ma mort. Oh oui, tout cela était sur le point de changer.

3.

Des lunettes extraterrestres

Je passai environ six mois au service de pédiatrie de l'Ulster Hospital – Margot s'asseyait toute seule quand on la laissa partir – à faire les cent pas dans les couloirs pendant que les médecins examinaient Margot, minuscule et entourée de perfusions dans son incubateur.

Le docteur Edwards, le cardiologue pédiatrique chargé de soigner Margot, affirma à plusieurs reprises qu'elle ne passerait pas la nuit. Plus d'une fois, je plongeai la main dans l'incubateur pour la poser sur son cœur et ramener Margot sur terre.

Je l'avoue, j'ai parfois songé qu'il vaudrait mieux la laisser mourir, tout simplement. Vu ce que je savais de l'enfance de Margot, elle n'avait pas grand-chose à espérer de la vie. Mais alors, je songeais aux bons moments. Aux matins passés à boire du café avec Toby sur notre balcon grinçant, à New York. Aux mauvais poèmes que j'écrivais à Bondi Beach. Au jour où j'avais enfin ouvert mon agence et pris K. P. Lanes comme client. Et finalement je me disais, bon, allez, ma fille, on y va. On s'accroche.

À cette époque, je découvris plusieurs choses.

Premièrement, puisque ma mission était de veiller sur Margot, d'enregistrer sa vie et de l'aimer, je ne pouvais me permettre de la quitter des yeux. J'envisageai une ou deux fois de partir en vadrouille ou de m'offrir une petite escapade au soleil. Mais je fus incapable de quitter l'hôpital. J'étais liée à elle, et pas seulement parce qu'elle était moi. J'éprouvais un sentiment du devoir que je n'avais jamais connu de mon vivant, même pas en tant qu'épouse ou mère.

Deuxièmement, je ne voyais plus les choses de la même façon, au sens propre du terme. Je crus d'abord que je devenais aveugle. Parfois, ma vision était normale : une bouilloire était une bouilloire, un piano, un truc en bois avec des touches noires et blanches, etc. Mais, de plus en plus souvent, je voyais le monde au travers de lunettes extraterrestres. Le Dr Edwards, sosie de Cary Grant, devenait une espèce de mannequin en néon entouré de bandes psychédéliques de lumières multicolores qui tournoyaient en spirale de son cœur à sa tête et autour de ses bras, et qui l'entouraient comme des cerceaux de sa taille à ses doigts de pied. Comme une espèce de vision à l'infrarouge, en cent fois plus bizarre. Et ce n'est pas tout. Parfois, j'apercevais des champs temporels parallèles – j'y reviendrai dans une minute. D'autres fois, j'avais les yeux en rayons X et je voyais à travers les murs. Ou alors, comme à travers une énorme loupe. J'aperçus même, une fois, les poumons du Dr Edwards, encrassés de goudron noir à cause des cigares. La chose la plus étrange que j'aie vue, ce fut l'embryon d'une infirmière, Mme Harrison, conçu ce matin-là, qui déboulait de ses trompes de Fallope comme une balle de ping-pong déformée pour choir dans la chambre veloutée de son utérus, comme un caillou tombe dans un étang. J'étais tellement fascinée par ce spectacle que je suivis Mme Harrison jusqu'au parking de l'hôpital, avant d'être rappelée dans la chambre sinistre de Margot par des hurlements.

Troisièmement, je n'ai absolument aucune notion du temps. Aucun rythme circadien ne me signale qu'il fait nuit ; je suis incapable de me rappeler quand viendra Noël. C'est comme ça, je peux voir le temps, mais la notion d'horloge n'a plus aucun sens pour moi. Je m'explique : par exemple, quand vous regardez la pluie, vous voyez de petites gouttes d'eau argentée ou un rideau qui ruisselle sur une fenêtre. Quant à moi, je vois des milliards d'atomes d'hydrogène se frotter contre leurs voisins, les atomes d'oxygène. On dirait de petites assiettes blanches tournoyant entre des boutons gris sur un comptoir. Pour le temps, c'est pareil. Il m'apparaît sous forme d'atomes, de trous noirs et de particules de lumière. Je me glisse dans le temps comme vous passez une chemise ou comme vous appuyez sur le bouton d'un ascenseur pour vous rendre au vingt-cinquième étage. Je distingue des plans temporels parallèles s'ouvrir partout dans l'espace, révélant le passé et l'avenir, comme si j'assistais à une scène de l'autre côté de la rue.

Je n'existe pas dans le temps. J'y fais des incursions.

Cela venait compliquer l'exécution de mon plan. Si je n'avais aucune notion du temps, comment devais-je m'y prendre pour changer le cours de l'existence de Margot ?

Je passai mon séjour à l'hôpital à tenter d'influencer Margot. Je lui chuchotais à l'oreille les réponses de tous ses examens, je lui conseillais d'éviter les féculents et le sucre, j'essayais de lui inspirer l'envie irrésistible de faire du sport. Et je tentais de lui inculquer de bonnes habitudes financières. Ce dernier but était le plus important. Pourquoi ? Croyez-moi, la pauvreté n'est pas seulement synonyme d'estomac vide. Ce sont tous vos choix de vie qui vous sont retirés.

C'était d'ailleurs sans doute pour cela j'étais devenue mon propre ange gardien : pas seulement pour voir le puzzle en entier, comme Nan me l'avait expliqué, mais pour changer légèrement la disposition des pièces afin qu'une nouvelle image apparaisse ; pour réintroduire la notion de choix. J'étais convaincue que l'argent était l'un des principaux moyens d'atteindre cet objectif.

Disons par exemple que vous passez toute votre vie, et votre mort, à regretter amèrement de ne pas avoir acheté un terrain qui, pendant un petit moment, se vendait tellement en dessous de sa valeur réelle que même quelqu'un d'aussi fauché que Margot aurait pu se le payer avec un prêt bancaire. Sur ce terrain, on bâtirait un énorme complexe de loisirs qui aurait fait de Margot une multimillionnaire du jour au lendemain. Ça vous ferait quel effet d'avoir raté une pareille affaire ? Parce que c'est bien ça qui est arrivé. Mais ce n'est pas Margot qui en a profité.

4.

Le fil du destin

Le couple qui vint prendre Margot à l'hôpital était vraiment bien. Bien dans le genre chemise blanche et robe en soie. Mais bien aussi sous tous les autres rapports.

Je découvris qu'ils essayaient depuis quatorze ans d'avoir un enfant. Ben, avocat, s'avançait d'un pas lourd dans le couloir, les mains enfoncées dans les poches. La vie lui avait appris à s'attendre au pire, quitte à se laisser surprendre par le meilleur. Je me retrouvais tout à fait dans cette attitude. Son épouse, une petite boulotte prénommée Una, trottinait à son côté. Elle avait glissé son bras sous celui de son mari et, de sa main libre, elle tripotait une croix en or qu'elle portait en sautoir. Ils avaient tous deux l'air très inquiets. Manifestement, le Dr Edwards les avait prévenus que Margot n'était pas en bonne santé.

Lorsqu'ils entrèrent dans la chambre, j'étais assise sur le lit, les jambes à travers les barreaux en métal vert pendant dans le vide. Margot riait de mes grimaces. Elle avait déjà un rire tellement sensuel. Un rire à gorge déployée. Ses cheveux fins et blonds avaient exactement la nuance que j'avais passé toute ma vie à rechercher dans un flacon d'eau oxygénée ; ses yeux bleus et ronds vireraient un jour au gris. Deux petites dents avaient percé ses gencives roses. De temps en temps, j'entrevoyais ses parents dans son visage : la mâchoire résolue de Mick. Les lèvres pleines de sa mère biologique.

Una, sa future mère adoptive, plaqua une main contre sa poitrine en balbutiant :

— Elle est magnifique !

Elle se tourna vers le Dr Edwards, qui se tenait derrière eux les bras croisés, aussi sinistre qu'un croque-mort.

— Elle a l'air en pleine forme !

Una et Ben se regardèrent. Les épaules de Ben – qu'il haussait jusqu'à ses oreilles tant il était nerveux – s'affaissèrent de soulagement. Ils éclatèrent tous deux de rire. Je n'ai jamais compris ce qui pouvait souder un couple, mais dans le cas de Ben et d'Una, c'était manifestement le rire. Ce spectacle me fit chaud au cœur.

— Vous voulez la prendre dans vos bras ?

Le Dr Edwards attrapa Margot qui était sur mes genoux. Son sourire édenté disparut et elle se mit à s'agiter, mais je posai un doigt sur les lèvres et fis une autre grimace. Elle rit.

Una gazouilla de tels compliments à Margot que celle-ci finit par se tourner vers elle pour la gratifier d'un sourire énigmatique qui suscita de nouvelles réactions d'extase. Ben prit prudemment l'une de ses petites mains potelées et émit de petits gloussements. Je ris, Margot aussi.

Le Dr Edwards se frotta le visage. Il avait trop souvent assisté à ce genre de scène. Il détestait qu'on lui fasse des reproches et préférait annoncer le pire tout de suite pour ne pas se sentir coupable d'avoir caché la vérité.

— Elle ne vivra pas jusqu'à son troisième anniversaire.

Le sourire d'Una vola en éclats.

— Pourquoi ?

— Son cœur ne se développe pas normalement. Il ne laisse pas le sang circuler jusqu'à tous ses organes. À terme, son cerveau ne sera plus alimenté en oxygène. Et puis elle mourra, soupira-t-il. Je ne veux pas que vous m'accusiez de ne pas vous avoir prévenus.

Ben baissa les yeux et secoua la tête. Ses pires craintes se concrétisaient. Una et lui étaient maudits depuis le jour de leur mariage. Il avait trop souvent vu sa femme pleurer. Il aurait trop souvent voulu pleurer, lui aussi. À chaque déception, il se rapprochait d'un pas de la vérité : la vie était cruelle et elle se terminait dans un cercueil, avec les vers.

Una, en revanche, était génétiquement prédisposée à l'optimisme.

— Mais… comment pouvez-vous en être certain ? bafouilla-t-elle. N'est-il pas possible que son cœur devienne plus fort ? J'ai lu des tas d'histoires de bébés qui se portaient à merveille malgré toutes sortes de maladies, une fois qu'ils avaient trouvé un foyer heureux…

Je me levai. Le courage, ça m'a toujours galvanisée. C'était ce que j'aimais le plus chez Toby.

— Non, non, non, réfuta le Dr Edwards, un peu froidement. Je peux vous assurer avec certitude que, dans le cas de Margot, notre diagnostic est juste. La tachycardie ventriculaire est une maladie terrible et, pour l'instant, quasi incurable.

— Ma, ma, ma, gazouilla Margot.

Una retint son souffle, puis glapit de ravissement.

— Vous avez entendu ? Elle m'a appelé maman !

Le Dr Edwards était bouche bée.

— Répète encore « maman », dis-je à Margot.

— Ma, ma, ma ! reprit-elle en riant.

Que voulez-vous ? J'étais adorable, comme gamine.

Una rit et fit sauter Margot dans ses bras avant de tourner le dos au Dr Edwards.

Évidemment, j'avais vu le cœur de Margot. Il était de la taille d'un pruneau et il avait des ratés. La lumière qui en émanait s'étiolait parfois et perdait de l'intensité. Je savais que quelque chose n'allait pas. Mais je ne me rappelais aucun problème cardiaque dans ma vie. J'avais eu le cœur brisé, ça oui, mais à cause d'amours malheureuses. Le problème ne devait pas être aussi grave que l'affirmait le Dr Edwards.

— Elle vivra, soufflai-je à l'oreille d'Una.

Elle resta figée un instant, comme si son vœu le plus cher avait été entendu quelque part dans un recoin de l'univers. Elle ferma les yeux et récita une prière.

À ce moment précis, j'aperçus l'ange gardien d'Una. Un grand homme noir apparut derrière elle et l'enlaça en pressant sa joue contre la sienne. Elle fut nimbée d'une lueur blanche. C'était un spectacle magnifique. La lueur de l'espoir. Depuis le début de mon séjour à l'hôpital, c'était la première fois que j'assistais à une telle scène. L'ange m'adressa un clin d'œil avant de disparaître.

Ensuite, ce ne fut plus qu'une question de formalités. Signez ceci, signez cela. Le Dr Edwards rédigea une série d'ordonnances et donna plusieurs rendez-vous à Una et à Ben, afin qu'ils ramènent Margot se faire examiner. Vu que Ben flanchait – il n'avait pas dormi de la nuit – et qu'Una hochait la tête et acquiesçait machinalement sans rien entendre, je m'assurai qu'ils écoutent. Lorsqu'on parla de dates, je secouai Una.

— Mieux vaut noter, mon chou.

C'était l'une des infirmières, Mme Harrison, qui avait choisi le prénom de Margot après une longue discussion dans la salle de repos avec le Dr Edwards et son équipe. L'idée lui était venue brusquement après que sa collègue, Mme Murphy, avait suggéré « Grainne », qui ne me plaisait guère. Car évidemment, c'était moi qui avais glissé le prénom à l'oreille de Mme Harrison. Lorsque ses collègues lui avaient demandé la raison de son choix, elle leur avait expliqué que c'était à cause de la ballerine Margot Fonteyn. Le nom de famille de Margot était Delacroix : c'était celui de sa mère biologique, qui se prénommait Zola.

Ben et Una habitaient l'un des quartiers les plus huppés de Belfast, près de l'université. Ben travaillait souvent à domicile. Son bureau était situé sous les combles de leur maison victorienne de trois étages, juste au-dessus de la nursery de Margot, qui était encombrée de jouets de toutes les couleurs. Le berceau en acajou sculpté était rarement occupé par

Margot. Le jour, Una la portait sur sa hanche, et la nuit elle la pressait contre son sein gauche, bien au chaud entre elle et Ben.

Mais je m'inquiétais. Quelque chose ne collait pas. Je n'avais aucun souvenir de Ben et Una ; j'ignorais qu'ils avaient joué un rôle aussi important dans ma vie.

Il était souvent question d'adoption, ce que j'encourageais de tout cœur. Chaque fois que Ben se laissait reprendre par ses craintes – « Et si elle mourait ? » –, je chatouillais Margot jusqu'à ce qu'elle rie comme une folle, ou qu'elle tende les bras en essayant de faire son premier pas. Una en était dingue. J'étais subjuguée, moi aussi, par cette femme magnifiquement maternelle – moi qui, jusque-là, n'avais rien compris à ce genre de femme –, qui s'éveillait chaque jour à l'aube avec le sourire et passait des heures à contempler Margot en souriant tandis qu'elle dormait dans ses bras. Parfois, la lumière dorée qui resplendissait autour d'elle brûlait si vivement que je devais détourner le regard.

Mais, un jour, une autre lumière apparut. Comme un serpent qui se glisse subrepticement par la porte du jardin, un ruban gris acier s'enroula un après-midi autour de Ben et d'Una, attablés pour fêter le premier anniversaire de Margot avec un petit gâteau rose orné d'une bougie et une moisson de cadeaux. La lumière – ou plutôt, l'ombre – semblait dotée d'intelligence, comme si elle était vivante. Elle sentit ma présence et se retira brusquement lorsque je m'interposai entre elle et Margot, avant de ramper lentement vers Una et Ben. L'ange gardien d'Una apparut un instant. Mais au lieu d'arrêter la lumière, il s'écarta. Comme du lierre, la lumière s'enroula lentement autour de la jambe de Ben avant de se réduire en poussière sombre.

Je tournai en rond dans le salon, ivre de rage. On m'avait confié une mission sans me donner les moyens de la mener à bien. Comment pouvais-je protéger Margot s'il existait des choses comme celles-là dont on ne m'avait jamais parlé ?

Ben et Una ne se rendirent compte de rien. Ils portèrent Margot dans le jardin, où elle fit ses premiers pas devant l'objectif de l'appareil photo de Ben.

Je commençais à me demander si Ben n'avait pas raison, après tout. Quand tout allait trop bien, c'était simplement le calme avant la tempête.

Je fis les cent pas tout l'après-midi avant d'éclater en sanglots. Je connaissais le destin de Margot et, pourtant, le fait d'assister à ce qui aurait pu advenir était mille fois plus démoralisant que la perspective de revivre les sévices qu'elle subirait. Je devais agir. Si Margot était adoptée par Ben et Una, elle grandirait dans un foyer où on lui donnerait de l'amour. Elle trouverait l'équilibre qui la sauverait de ses penchants autodestructeurs. Le fric ? Rien à foutre. À ce stade, j'aurais sacrifié mon âme immortelle pour que Margot ait le sentiment de mériter l'amour qu'on lui portait.

Plus tard ce jour-là, Nandita m'apparut. Je lui racontai tout : la naissance, l'hôpital, le serpent de lumière. Elle hocha la tête et joignit les paumes comme pour méditer.

— La lumière que tu as vue est un fil du destin, m'expliqua-t-elle. Sa couleur laisse entendre qu'il est lié au malheur.

Je la pressai de développer.

— Chaque fil du destin tire son origine d'un choix humain. Dans ce cas, il semble que ce choix ne soit pas heureux.

J'étais frustrée de ne pas encore avoir vu l'ange gardien de Ben. Une fois de plus, Nandita m'éclaira.

— Laisse faire le temps. Bientôt, tu verras tout.

— Mais qu'est-ce que je fais de ce « fil du destin » ? demandai-je, en hésitant à le nommer ainsi – c'était tellement cliché, comme terme.

— Rien, affirma Nan. Ta mission…

— … est de protéger Margot. Oui, je sais. Mais comment y arriverai-je si je ne sais pas ce que signifie cette lumière ?

Je découvris la nature du fil peu de temps avant que l'incident ne se produise.

Ben travaillait à la maison, comme d'habitude, pendant que Margot dormait. Une odeur du pain chaud montait de la cuisine. Cette odeur l'éloigna de son bureau assez longtemps pour que j'aperçoive l'affaire sur laquelle il travaillait : le procès d'un terroriste accusé de meurtre. Un mince cercle d'ombre entourait le nom du terroriste.

Je ne suis pas idiote. Je compris aussitôt.

Choix humain ou non – c'est-à-dire quelque chose sur lequel je n'étais pas censée agir –, je n'allais pas rester les bras croisés. Quand l'ombre se faufila de nouveau pour s'enrouler furtivement autour de Ben et d'Una tandis qu'ils s'étreignaient dans la cuisine, je tapai du pied comme une folle pour la chasser. Elle savait que j'étais là, évidemment, mais cette fois elle ne se laissa pas intimider. Elle était désormais plus forte : elle avait pris la couleur du ciel une minute avant la pluie et elle était aussi palpable qu'un tuyau d'arrosage. Je ne réussis pas à la faire disparaître. Même pas en criant. Même pas en m'allongeant de tout mon long sur elle et en appelant sa mort de toutes mes forces.

Ben avait mis des mois à convaincre Una de quitter Margot, ne serait-ce que pour deux heures. Maintenant qu'ils allaient l'adopter, il la raisonna : il avait bien le droit de l'inviter à dîner pour fêter ça. Et c'est ainsi que Lily, la gentille vieille dame de la maison d'en face, garda Margot chez elle pendant que Ben et Una s'aventuraient à l'extérieur pour un dîner aux chandelles.

Je vis l'ombre se dérouler pour suivre leur voiture. Elle ne s'intéressait absolument pas à Margot, qui se dandinait gaiement dans la cuisine de Lily, une cuiller en bois dans une main et une Barbie dans l'autre, resplendissant de la lumière or pâle d'Una qui avait déteint sur elle.

Lorsque la voiture piégée explosa, la lumière vacilla un peu mais je la contraignis à rester. Si cette portion de l'amour d'Una pouvait demeurer, je m'en contenterais. Je n'avais pas le choix.

5.

Une porte entrouverte

À ce stade, je dois préciser que j'aimais mon rôle de mère pour Margot bien plus que je ne l'avais aimé pour mon fils, Theo. Cela n'a rien à voir avec Theo. Simplement, quand il est arrivé dans ma vie, c'était l'idée d'être mère qui me séduisait plutôt que la réalité quotidienne de la maternité. Qui, dans mon cas, s'était traduite par un désœuvrement, des tendances suicidaires et des insomnies, bien avant qu'on ne parle de dépression postnatale et que le phénomène ne soit socialement accepté.

Les nouvelles de l'attentat attirèrent chez Lily tous les habitants du quartier, qui comblèrent Margot de petits cadeaux en guise de condoléances. Au bout de quelques jours, une assistante sociale vint prendre Margot pour l'emmener dans sa nouvelle famille d'accueil. Marion Trimble, fraîchement diplômée, était malheureusement d'une naïveté à toute épreuve. Comme quoi une enfance protégée et des parents affectueux peuvent parfois entraîner des conséquences néfastes. En l'occurrence, la naïveté de Marion l'incita à confier Margot à un couple dont les sourires chaleureux étaient aussi fourbes que leurs intentions.

Padraig et Sally Teague vivaient près de Cavehill à Belfast, non loin du zoo. Leur petite maison était collée à un immeuble délabré maculé de graffitis, aux fenêtres condamnées, sur un terrain jonché d'éclats de verre et de détritus. De hautes haies embroussaillées le masquaient de la rue. On n'avait donc aucune raison de soupçonner que cet immeuble fût habité. Mais il l'était.

Padraig et Sally avaient décidé de devenir famille d'accueil par un beau matin ensoleillé, quand Padraig avait lu dans le journal qu'ils pouvaient y gagner vingt-cinq livres sterling par semaine, une coquette somme dans les années 1960, époque où l'on pouvait acheter une maison pour moins de mille livres. Après une rapide série de calculs mentaux, Padraig déduisit que cette somme financerait l'expansion de l'activité dont ils tiraient leurs principaux revenus, le trafic de travailleurs clandestins. Les passeurs exigeaient vingt-cinq livres par chargement de femmes et d'hommes d'Europe de l'Est et on mettait parfois longtemps à leur trouver du travail. Une fois qu'ils travaillaient, Padraig et Sally prélevaient quatre-vingt-dix pour cent de leur salaire en échange du lit et du couvert dans l'immeuble abandonné. Dans leur zèle à aider leurs camarades immigrants à entamer leur nouvelle vie, Padraig et Sally avaient fini par les entasser à vingt par chambre : ils en logeaient même certains dans leur misérable bicoque.

Ce fut ainsi que Margot dut partager sa nursery avec trois électriciens polonais qui dormaient à même le sol et squattaient la chambre matin, midi et soir. Ils passaient leur temps à fumer et à boire de la vodka ou de la soupe. Le plus souvent, Sally oubliait totalement Margot et l'abandonnait toute la journée, le ventre vide, sans changer sa couche ni ses vêtements.

Je n'avais aucune prise sur Sally. Elle ne perçut jamais ma présence, n'entendait aucune des demandes que je lui faisais pour Margot, ne sentait pas les gifles que je balançais sur sa sale gueule d'imbécile. En fait – j'y reviendrai –, tout comme sa maison était bourrée d'immigrés clandestins du sol au plafond, Sally était bourrée de démons jusqu'à en éclater. Ce qui lui restait de conscience était assommé par sa dose quotidienne de cannabis.

Heureusement, Dobrogost, l'un des Polonais qui habitaient la nursery, s'enticha de Margot car lui-même avait laissé à Szczecin sa fillette d'un an pour trouver du boulot à l'étranger. J'aidai Dobrogost à dégoter un emploi près des docks, je le persuadai de mentir à Padraig et Sally sur le montant de son salaire, et lui soufflai d'acheter du lait et de la nourriture pour la petite Margot. Sous-alimentée, croupissant dans des couches souillées, elle était couverte de plaies et d'escarres. De temps en temps, la nuit, je la sortais de son lit pour la faire marcher dans la maison. Effarés, Padraig et Sally la découvraient parfois en train d'errer dans les couloirs à trois heures du matin en riant toute seule. J'aurais bien aimé la prendre dans mes bras pour l'emmener dans leur chambre : en se réveillant au milieu de la nuit, ils l'auraient vue flotter dans les airs au-dessus de leur lit. Mais je me dis que ce n'était sans doute pas une bonne idée.

Un jour, Dobrogost disparut. Les nouveaux occupants de la nursery parlèrent de fiche de paie découverte, d'un corps dans un coffre jeté à la mer. Margot, qui commençait à m'ignorer pour rechercher l'affection des humains, pleurait car Dobrogost lui manquait, ce qui les exaspérait. Ils tentèrent donc de la jeter par la fenêtre. Je bloquai la vitre. Ils cassèrent un carreau. Je leur fis lâcher Margot. Mais je ne pus les empêcher de la gifler si violemment que ses beaux yeux bleus disparurent presque entièrement derrière ses paupières violettes tuméfiées, ni de la lancer contre un mur, ce qui provoqua de petites fractures à l'arrière de son crâne minuscule. Mais je réussis à les empêcher de la tuer en amortissant leurs coups. Je sortis bien des fois pour trouver des secours mais je ne pus jamais me faire entendre. Personne ne voulait m'écouter.

Le troisième anniversaire de Margot passa. Elle avait toujours des cheveux d'or filé, un visage angélique et des joues duveteuses comme des pêches. Mais elle s'était déjà assombrie. La lumière dorée qui l'avait nimbée pendant plusieurs mois après la mort d'Una s'estompait. Désormais, elle n'entourait plus que son cœur.

Quand je me rendis compte que je ne pouvais plus rien faire pour la protéger, je partis enfin chercher de l'aide.

C'était au petit matin. Les occupants de la nursery rentraient du quart de nuit, complètement défoncés. Ils décrétèrent que ce serait tordant de faire fumer Margot. Du coin de l'œil, par la fenêtre, j'aperçus une lumière bleue très vive qui se déplaçait rapidement dans la rue. C'était le Dr Edwards, vêtu d'un débardeur blanc déjà trempé de sueur, d'un short marine et de baskets. Il courait tellement vite qu'il était déjà à plus de trente mètres de la maison lorsque je décidai de l'atteindre. Je fermai les yeux et – pour la première fois – je suppliai Dieu de me laisser le contacter. Nan m'avait dit que rien n'était fixé et je devinais que c'était là littéralement la dernière chance de Margot. Si je n'agissais pas tout de suite, ma vie prendrait fin avant même mes premiers souvenirs, et je n'aurais pas ma deuxième chance.

Je venais à peine de terminer ma « prière » lorsque je me retrouvai en train de courir à côté du médecin. Le connaissant, je savais qu'il me faudrait contourner son cartésianisme : il ne se laisserait pas guider par une intuition. Je devais lui présenter les faits de telle sorte qu'il soit contraint d'agir.

Tout en le suivant, je m'efforçais de trouver la façon de le convaincre de rebrousser chemin jusqu'à la maison et d'exiger qu'on lui ouvre. Je me retrouvai tout d'un coup devant lui, immobile, tandis qu'il se dirigeait vers moi. Il me regardait bien en face.

— Je peux vous aider ? demanda-t-il en s'arrêtant, haletant.

Je regardai autour de moi. Il pouvait donc me voir ? Je le scrutai rapidement pour m'assurer qu'il s'adressait bien à moi, tout en m'efforçant de retenir son attention. Je percevais les émotions et les pensées qui l'entouraient, mais au lieu des fissures qui me permettaient parfois de pénétrer jusqu'à la conscience des mortels, je découvris un petit cordon qui semblait relié à mon aura et qui nous permettait d'occuper le même continuum espace-temps.

Je me ressaisis. Il fallait faire vite.

— Il y a une enfant dans cette maison, m'empressai-je de dire en désignant la maison de Sally et Padraig. Vous lui avez jadis sauvé la vie. Elle a besoin que vous la sauviez de nouveau.

Lentement, il se retourna vers la maison. Il s'avança d'un pas, et d'un autre encore. Repérant une voiture de patrouille qui s'engageait dans la rue, je m'élançai vers elle. Le Dr Edwards n'était pas un super-héros : il aurait besoin de renforts. Je courus vers la voiture, me penchai sur le moteur alors que le conducteur accélérait et arrachai un câble. Le véhicule cala, crachota et s'arrêta. Les deux agents en sortirent aussitôt.

Le Dr Edwards eut la surprise de sa vie en constatant que l'inconnue qui lui avait appris qu'une enfant était mourante dans la maison voisine s'était évaporée. Il marcha lentement vers la maison et frappa à la porte. Personne ne répondit. Il scruta la rue, s'étira les mollets et frappa de nouveau. J'attirai l'attention du sergent Mills, l'un des agents de police qui tentaient de réparer la voiture. Le sergent Mills avait entendu des rumeurs au sujet de cette maison et le spectacle d'un homme à peine vêtu frappant à la porte aux aurores éveilla ses soupçons.

Alors que les sergents Mills et Bancroft s'approchaient, la porte s'ouvrit. De trois centimètres. L'haleine surie de Padraig filtra à travers l'ouverture et le Dr Edwards recula d'un pas.

— Bonjour, lança le docteur.

Il se gratta la tête en se demandant quoi dire. Padraig le fixa du regard et émit un grognement. Le Dr Edwards se ressaisit.

— J'ai appris qu'il y avait un enfant malade chez vous. Je suis le Dr Edwards.

Il tira son badge d'hôpital de sa poche. Il ne savait pas – moi non plus – comment il s'était retrouvé là.

La porte s'ouvrit un peu plus largement.

— Un enfant malade ? répéta Padraig.

Il savait bien qu'il y avait une enfant. Et qu'elle était très probablement malade. Il n'avait pas très envie de laisser entrer un médecin. Mais il aurait peut-être des ennuis s'il refusait.

La porte s'ouvrit encore un peu plus.

— À l'étage. Troisième porte à droite. Faites vite.

Le Dr Edwards hocha la tête et s'élança dans l'escalier. Aussitôt, ses narines furent agressées par la puanteur âcre de la sueur et du cannabis. Il lui semblait qu'on chuchotait derrière les portes closes dans deux ou trois langues différentes. Il continua d'avancer jusqu'à ce qu'il parvienne à la nursery. Il entendit des bruits de pas lourds derrière la porte. Et le cri d'un enfant.

Les policiers étaient arrivés devant la maison. Padraig avait laissé la porte entrouverte. Le sergent Mills voulait entrer. Pas le sergent Bancroft, qui avait plutôt envie d'aller prendre son petit déjeuner. Il raisonna son collègue : ils devaient rapporter leur panne au commissariat. Il fit demi-tour et s'éloigna.

Le Dr Edwards poussa la porte de la nursery. Je le suivis. Ce qu'il vit lui arracha un juron. Dans un nuage de fumée, il distinguait une petite fille maculée de sang ligotée à un pied de chaise. Sa tête roulait sur son épaule comme un œuf sur une soucoupe. À côté d'elle, deux hommes brandissaient une pipe à hash.

Cet homme qui aimait le golf, le silence et les dimanches après-midi tranquilles trouva le courage de s'élancer vers l'enfant pour la libérer, mais un poing ukrainien orné de bagues s'écrasa sur sa tempe.

— C'était quoi, ça ?

Le sergent Mills dégaina son arme et revint vers la porte. Le sergent Bancroft soupira et dégaina à son tour. S'il n'avait pas dû cinq livres au sergent Mills, il n'aurait pas cédé et il serait parti s'acheter un casse-croûte.

— Police ! Ouvrez ou je défonce la porte !

Quelques secondes s'écoulèrent. Nouvel avertissement du sergent Mills. J'encourageai Margot de toutes mes forces : un petit cri perçant franchit ses lèvres. Le sergent Bancroft fut le premier à se précipiter.

Ce fut lui qui découvrit la pièce du rez-de-chaussée pleine d'hommes aux yeux enfoncés dans leurs orbites et de femmes aux vêtements infestés de puces, qui mangeaient dans des boîtes en carton ou dormaient pressés comme des sardines. Grâce à son français de lycéen, il apprit d'une femme blottie derrière un canapé qu'ils étaient des immigrants clandestins, séquestrés par l'homme qui venait de s'enfuir par la fenêtre des toilettes. Et qu'ils ne demandaient qu'à rentrer au pays.

Ce fut le sergent Mills qui se porta au secours du Dr Edwards, vida son chargeur dans le bras de l'homme qui avait tiré un couteau de sa poche et menotta l'autre au barreau du lit. Le médecin prit Margot dans ses bras – elle était tellement légère et frêle qu'il en eut le souffle coupé – et la tira de cet enfer. C'était la première fois qu'un rayon de soleil lui caressait le visage depuis plusieurs mois.

Alors qu'il la tenait dans ses bras dans la rue silencieuse, je touchai la tête de Margot. Un souvenir m'apparut dans un flash. Rien qu'une lueur. Un visage masculin penché vers moi, le front maculé de sang. Je me rappelais ce moment. Les mains du Dr Edwards tremblaient en inspectant le petit corps de Margot, en prenant son pouls. Je saisis ma chance au vol.

— Ramenez-la chez vous, lui soufflai-je à l'oreille.

À mon grand soulagement, il m'entendit.

6.

Le jeu

Vu l'état de santé de Margot, les policiers ne s'opposèrent pas à ce que le Dr Edwards l'emmène chez lui pour la soigner.

Margot passa les deux semaines suivantes dans un lit propre et douillet avec vue sur les collines ondulantes et le ciel bleu. Elle n'en profitait pas, puisqu'elle dormait presque en permanence. Je passais le temps à lire sur une chaise longue près de la fenêtre – le Dr Edwards possédait une collection impressionnante de premières éditions de Dickens. Margot fut placée sous perfusion, avec un régime de lait, de fruits et de légumes frais. Petit à petit, les ecchymoses s'estompèrent sur ses jambes et ses bras et ses cernes mauves s'atténuèrent. Mais la lumière dorée autour de son cœur ne se ralluma pas.

Le Dr Edwards (ou Kyle, comme il demanda à Margot de l'appeler) avait une femme et deux filles, l'une de treize ans, l'autre de dix-huit. Leurs portraits s'alignaient sur la cheminée, les longues étagères surplombant l'escalier en spirale et le secrétaire victorien de son bureau. À ces photos, je devinais que cette famille n'était pas tout à fait unie. L'aînée, Karina, posait toujours comme une pin-up, relevant d'une main ses longs cheveux bruns sur sa tête, l'autre main posée sur la hanche, avec une moue et un clin d'œil. Détail plus révélateur : la mère, Lou, enlaçait Karina par la taille sur chaque photo, mais sans sourire. Quant à la cadette, Kate, elle se tenait à l'écart de sa mère et de sa sœur aînée, les mains jointes, la tête légèrement penchée en avant de sorte que ses longs cheveux bruns lui voilaient à moitié le visage. Même lorsqu'il n'y avait pas assez de place pour qu'elle s'éloigne physiquement, Kate se détournait toujours de façon à ne jamais être en contact avec Lou ou Karina.

Qui plus est, je la reconnaissais. Une vague image se déroula des écheveaux de ma mémoire : une lampe de table en porcelaine anglaise se fracassant par terre. Un jeu de société. Un rayon de soleil qui se déverse à travers la porte d'une remise et le visage de Kate, tordu par un cri ou par un rire. Je regardai par la fenêtre le fond du jardin. Une grande remise en bois. Ce devait être celle-là.

Lou, Kate et Karina passaient le mois à Dublin chez les parents de Lou. Kyle occupait ses journées à bricoler dans la maison pendant que Margot dormait, mais il était manifestement perturbé par le tour qu'avaient pris les événements. Il n'avait pas terminé la mangeoire à oiseaux qu'il fabriquait, ni fini de repeindre le cadre de porte… Je le suivais souvent pour m'assurer qu'il n'avait pas laissé traîner un clou que Margot pourrait avaler ou sur lequel elle risquerait de marcher.

Je voyais ce qui taraudait Kyle – littéralement. Il avait ressorti le dossier médical de Margot de ses archives et s'était peu à peu rappelé le nourrisson qu'il avait soigné quelques années auparavant – le nourrisson qui n'était pas censé survivre aussi longtemps, encore moins après de si mauvais traitements.

De petits films inquiets et confus passaient en boucle dans sa tête au cours de ses longues soirées devant la télé, un gin tonic à la main. Il était bombardé de questions jusque dans sa baignoire. « Comment se fait-il qu'elle soit toujours vivante ? La tachycardie ventriculaire est incurable… Ai-je eu tort d'aviser ses parents adoptifs de sa mort prochaine ? Au fait, ils sont passés où ? Qu'est-ce que Margot faisait dans cette maison ? »

Il en perdait le sommeil. La nuit, il montait sur la pointe des pieds dans son bureau pour consulter les manuels et les revues de médecine entassés sur son bureau. J'aurais voulu lui donner la solution de l'énigme, car je la connaissais intimement. Il ne s'agissait pas de tachycardie ventriculaire. Margot souffrait de sténose aortique, anomalie qui n'aurait pu être diagnostiquée qu'à l'aide d'un échocardiogramme transthoracique ou d'une échographie cardiaque. À l'époque, l'échographie cardiaque était à peu près aussi courante qu'une dent de poule. Je m'avançai jusqu'au bureau de Kyle et j'ouvris l'une de ses revues sur un article du Dr Piers Wolmar, professeur à l'université de Cardiff et spécialiste de l'échographie. Je fis un peu frémir les pages pour attirer l'attention de Kyle. Il finit par s'approcher de la revue, la prit et se colla le nez dessus. Pour la huitième fois de la journée, il avait perdu ses lunettes.

Il lut attentivement, posant la revue de temps à autre pour réfléchir à haute voix. S'il ne s'agissait pas de tachycardie ventriculaire, en fin de compte ? Et qu'était cette technique que décrivait le Dr Wolmar ? L'échocardiographie ? Les progrès de la technologie étaient tellement rapides qu'il en avait le vertige.

Il passa le reste de la nuit à rédiger une lettre au Dr Wolmar, décrivant les symptômes de Margot et lui demandant des informations sur la façon de les soigner. Alors que le soleil se levait comme un gong sur l'Ulster, il s'endormit, la tête sur son bureau.

Lou, Kate et Karina rentrèrent de Dublin. Non, elles ne firent pas que rentrer : elles explosèrent dans la maison par la porte de la cuisine, chargées d'une quantité impressionnante de valises bourrées à craquer, et hurlèrent après Kyle.

Margot s'agita. Kyle était à son chevet, en train de se documenter sur l'échocardiographie. Le contact du stéthoscope sur sa poitrine dénudée réveilla Margot. Elle leva les yeux vers Kyle et se tourna vers moi. Je la rassurai. Elle reposa la tête sur l'oreiller et bailla. Des cris venus d'en bas poussèrent Kyle à ranger rapidement son stéthoscope.

— Bon, Margot, dit-il doucement, sois sage. Je te laisse un moment. Je dois parler à ma femme et à mes filles. Elles ne savent pas encore que tu es ici.

Margot hocha la tête et se tourna sur le côté. Elle me fit une grimace et je lui en fis une à mon tour, mais lorsqu'elle me chercha à nouveau du regard, elle ne me vit plus et crut que j'étais partie.

Je descendis avec Kyle. Karina et Lou racontaient leurs vacances par le menu en parlant en même temps.

Assise à la table de la cuisine, Kate inspectait ses ongles. Kyle leva les mains en l'air devant Karina et Lou comme s'il se rendait à la police. Il leur demanda de parler moins fort.

— Qu'est-ce qu'il y a, papa ? demanda Karina d'un ton grincheux.

Kyle pointa du doigt vers le plafond.

— En haut, dans la chambre d'amis, il y a une petite fille.

Lou et Karina échangèrent des regards stupéfaits.

— Quoi ?

— Kyle, veux-tu bien t'expliquer tout de suite ?

Il laissa retomber ses mains.

— Je t'expliquerai plus tard. Elle est malade et votre boucan doit la terrifier. J'aimerais que vous montiez tout doucement lui dire bonjour.

— Mais...

Il regarda Lou par-dessus ses lunettes et elle pinça ses lèvres rouges. Je ricanai. Quel bonheur ça avait dû être de vivre avec elle depuis vingt ans. Kyle méritait soit une médaille, soit une cellule capitonnée.

Sans un mot, Kate traîna des pieds derrière les autres tandis qu'ils montaient. Les couleurs qui la nimbaient m'inquiétaient. Elle émettait une lumière rose foncé qui clignotait autour de son cœur ; cette lumière virait parfois au rouge sang et au lieu d'osciller, elle suintait. Même son rythme était anormal : au lieu de battre vigoureusement – comme la plupart des auras, qui ondulent et tambourinent comme un cœur – cette couleur se mouvait aussi lentement et lourdement que de la lave. Parfois elle s'arrêtait à la hauteur de la gorge de Kate, où elle semblait s'enflammer. Je compris alors que, malgré son allure placide et réservée, la jeune fille était folle de rage. Bouillonnante de colère refoulée. Je ne savais pas pourquoi.

Peu m'importait, d'ailleurs. Mais sa tenue attira mon attention. En la suivant dans l'escalier, je remarquai qu'elle affectionnait les symboles sataniques de toutes sortes : tee-shirt noir orné d'un diable rouge et cornu dans le dos, boucles d'oreilles en forme de démon et – j'étais sûre que ses parents n'étaient pas au courant – un tatouage représentant une croix renversée de dix centimètres sur son omoplate droite.

À mi-chemin, elle s'arrêta. Lou, Kyle et Karina continuèrent d'avancer. Elle se retourna et me regarda en face. Ses yeux, d'un brun de fosse d'aisance. Sans chaleur.

— Fous le camp, lança-t-elle d'une voix blanche.

Me parlait-elle ? Je remarquai alors que la couche d'émotions de Kate était reliée à mon continuum, exactement comme cela s'était produit avec Kyle. Cependant, le lien de Kate était un tentacule sombre connecté non seulement à mon continuum, mais à un autre domaine. Un domaine dont j'ignorais jusque-là l'existence.

Quand je compris qu'elle s'adressait à moi, qu'elle pouvait me voir, je me ressaisis.

— Tu vas devoir m'y forcer, lui répondis-je.

— D'accord, dit-elle en haussant les épaules. Mais ça ne va pas te plaire.

Elle se retourna et monta à nouveau les marches.

Je secouai la tête en riant mais j'étais troublée. Le fait qu'elle me voie m'avait totalement déstabilisée. Qui – ou quoi – d'autre pouvait me voir ?

Karina s'extasia sur Margot comme sur une poupée en chair et en os, l'attrapa sous les bras et l'emporta dans sa chambre, où elle sortit le contenu de son tiroir à maquillage pour transformer l'enfant en petite reine de beauté. Lou croisa les bras, tapa du pied et déversa un torrent de jérémiades à Kyle. Qu'est-ce qui lui avait pris de ramener cette étrangère à la maison ? Et pour combien de temps, au juste ? Et si les camés de sa famille d'accueil venaient la réclamer ? Etc.

Kyle tenta de lui expliquer qu'il s'agissait d'une fillette qu'il avait soignée lorsqu'elle était arrivée à l'hôpital le jour de sa naissance, orpheline et presque morte, et que c'était le destin qui les avait réunis. Il songea à lui parler de moi – de cette inconnue qu'il avait croisée dans la rue à six heures du matin et lui avait demandé de forcer la porte de la maison d'en face pour sauver Margot –, mais il se ravisa.

— C'est toi tout craché, ça, pas vrai, Kyle ? hurla Lou. Tu te sens toujours obligé de jouer les bons Samaritains ! Et moi, hein ? Et Karina et Kate, tu en fais quoi ?

— Quoi, Karina et Kate ?

Il haussa les épaules. Elle leva les bras au ciel et sortit de la chambre. Kyle poussa un long soupir et se fit craquer les jointures. Je l'applaudis. Le prix Nobel de la Patience d'un saint est décerné à…

Mes ailes picotaient. Je passai dans la chambre de Karina et m'assis à côté de Margot sur le lit. Elle était ravie de tous les machins roses et bleus dont Karina lui tartinait la figure. Je m'étais toujours demandé d'où me venait mon amour du maquillage ; ma mère adoptive n'en portait pas et je n'avais pas de grande sœur. Kate les observait depuis la porte. Elle me regarda, puis Margot.

— C'est qui ?

Karina poussa un soupir théâtral.

— Va-t'en, Kate. Margot et moi, on joue à se maquiller, et tu n'es pas invitée.

— Elle s'appelle Margot ?

— Margot, répéta Margot en souriant fièrement.

Kate finit par répondre à son sourire.

— Je crois que toi et moi, on va bien rigoler, Margot.

Elle fit volte-face et s'éloigna.

Peu à peu, Margot sortit de sa coquille comme un crabe se dépouille de sa vieille carapace dans la chaleur du soleil des tropiques. Elle se transforma rapidement en mini-Karina de trois ans : elle utilisait les mêmes expressions (« c'est super ! »), tenait à porter ses vêtements comme elle, et dansait avec elle au son des Beatles bien après l'heure du coucher. Elle avait désormais un appétit de cheval.

J'ignorais que j'étais aussi adorable quand j'étais petite. Tellement drôle, tellement innocente... Une fois, Margot fut réveillée par un cauchemar auquel j'avais assisté anxieusement. C'était un souvenir de son séjour chez Padraig et Sally. Avant qu'elle ne puisse réveiller les autres par ses cris, je l'enveloppai dans mes bras et la berçai sur le lit. Une telle douleur lui étreignait le cœur, comme un étau... Je serrai les paupières et tentai d'appeler le pouvoir qui l'avait déjà guérie. La douce lumière dorée qui s'était estompée vacilla comme une bougie. Je me concentrai plus fort. Elle atteignit la taille d'une balle de tennis et devint assez grosse pour entourer son cœur. Le souffle de Margot devint plus régulier. Bien qu'elle soit environnée de calme et d'amour, l'état de son cœur se détériorait. J'espérais simplement que Kyle ne se déciderait pas trop tard à la faire soigner.

Le lendemain matin, Kyle reçut un courrier du Dr Wolmar, qui lui disait qu'il serait enchanté de lui rendre visite et lui indiquait la méthode et les appareils nécessaires pour réaliser une échocardiographie. Il ajouta que, d'après les symptômes de Margot, elle souffrait peut-être de sténose aortique, pathologie qu'on pouvait facilement traiter.

Karina était dans la salle à manger, en train de montrer à Margot comment danser le swing. Lou faisait des courses.

— Margot, Margot ! Viens jouer ! appela une voix dans le jardin.

Kate. Elle souriait. Kyle leva les yeux, la vit par la fenêtre et se dressa d'un bond, ravi de voir Kate afficher son seul sourire de l'année. Il courut jusqu'à la salle à manger.

— Margot ! lança-t-il, va jouer avec Katie !

Karina prit un air renfrogné.

— Jouer avec quoi ? Des couteaux ? À torturer des animaux ?

Kyle fronça les sourcils.

— Ne parle pas comme ça, Karina. Allez, Margot !

Il la prit par la main et la mena dans le jardin. Elle hésita lorsqu'elle vit Kate. Elle se tourna d'abord vers Kyle, puis vers moi. Je hochai la tête. « Oui, ma grande, je te suis. Ne t'en fais pas. »

Kate agita la main et invita Margot à jouer avec elle dans la remise.

— Veux pas, rechigna Margot.

— Allez, tête de mule, insista Kate en souriant. Il y a du chocolat. Et les Beatles.

— Les Beatles ?

— Oui, les Beatles !

Margot gambada joyeusement jusqu'à la remise.

Une fois à l'intérieur, Kate verrouilla la porte. Elle regarda par la fenêtre pour s'assurer que son père et sa sœur étaient toujours à l'intérieur et tira les rideaux. Les particules de poussière s'éparpillèrent sur deux vieux vélos et une tondeuse à gazon disséquée. J'attendais dans un coin. Elle me regarda, puis Margot. Qu'est-ce qu'elle manigançait, cette gamine ?

— Bon, Margot, on va jouer à un petit jeu. C'est rigolo, les jeux, non ?

Margot hocha la tête en tirant sur sa jupe. Elle attendait les Beatles. Kate posa une planche de jeu de société par terre, et à l'instant même je compris deux choses :

Un, c'était la planche de jeu dont je me souvenais.

Deux, ce n'était pas une planche de jeu de société, mais une planche d'Ouija.

Kate s'assit par terre en tailleur. Margot l'imita. Je réfléchis à toute vitesse : devais-je tenter d'attirer l'attention de Kyle ? Ou rester là pour voir ce que mijotait Kate ?

Kate posa le bout des doigts sur le triangle en carton qui pointait vers les lettres de l'alphabet.

— Ceci va nous apprendre le nom de ton ange, annonça-t-elle à Margot.

La petite lui répondit par un sourire. Elle se retourna pour me regarder, ravie.

— Quel est le nom de l'ange ici présent ? demanda Kate d'une voix dure et froide.

Lentement, l'obscurité s'infiltra dans la remise. Margot regarda autour d'elle en tremblant.

— Je veux aller voir Karina, hasarda-t-elle.

— Non, rétorqua Kate. On joue à un jeu, rappelle-toi.

Elle lâcha le triangle en carton. Lentement, des mains invisibles le déplacèrent jusqu'au R. Puis le U. Puis le T. Puis le H. Bonjour. Je ne suis pas ravie de faire votre connaissance.

— Ruth, déclara Kate, les yeux luisants. Fous le camp.

Je ne bougeai pas. Nous nous regardâmes fixement pendant quelques secondes. Je percevais des formes sombres qui se mouvaient au fond de la remise. Pour la première fois depuis longtemps, j'avais peur. Je ne savais pas à quoi m'attendre.

— Très bien, poursuivit Kate. Serviteurs de Satan, chassez Ruth.

Margot se leva.

— Je veux m'en aller, bredouilla-t-elle, la lèvre tremblante.

Elle aussi, elle sentait une présence obscure. Il fallait que je la tire de là. J'avançai d'un pas pour lui servir de bouclier. Je distinguai une grande forme sombre qui se dirigeait vers moi. Kate hurlait des incantations apprises dans l'un des bouquins maléfiques qu'elle dévorait. Je parlai à haute voix.

— Kate, tu ne sais pas dans quoi tu t'embarques…

Je n'avais pas fini ma phrase lorsque je sentis qu'on me lançait un projectile à la tête. Je levai la main et appelai un grand rayon de lumière pour éclairer la pièce. Au moment où la lumière se réfléchit sur le projectile, elle le fit dévier et il s'écrasa par terre. Mais la force qui m'avait attaquée commençait à se transformer, et ses pas lourds faisaient vibrer la remise.

Je tentai de répandre un nouveau rayon lumineux, en vain. Je sentais la chose, de la taille d'un éléphant, se précipiter vers moi. Margot hurla. Je me dressai devant elle, fermai les yeux et me concentrai de toutes mes forces. Soudain, un éclair jaillit de ma main avec une telle puissance que je faillis en tomber à la renverse. En renâclant bruyamment, la force maléfique qui nous avait presque atteintes se désintégra.

La porte de la remise s'ouvrit toute grande et le soleil s'y déversa. Il avait plu. Maintenant le ciel était bleu ; le soleil aveuglant trancha dans l'obscurité comme une arme blanche. Margot courut jusqu'à la maison en pleurant. Je restai plantée là à observer Kate, étalée par terre, stupéfaite. À côté d'elle, une vieille lampe en porcelaine fracassée.

— Je te conseille de trouver un nouveau jeu, menaçai-je avant de rejoindre Margot.

Kate ne retoucha plus jamais à la planche.

7.

EN PLEIN CŒUR

Dès que Margot fut assez grande pour les comprendre, je lui dispensai des rafales de conseils.

— Quand tu auras seize ans tu auras l'envie irrésistible de tomber folle amoureuse d'un certain Seth. Résiste.

— Pourquoi ?

— Fais-moi confiance.

— D'accord.

— Tu vas adorer New York, mon cœur.

— C'est où, New York ?

— C'est en Amérique. J'ai hâte que tu y ailles.

— Il y aura les Beatles ?

— En quelque sorte. Mais écoute-moi bien, tu vas rencontrer une femme du nom de Sonya quand ton chien s'enfuira et provoquera une petite inondation chez un traiteur de la 5e Avenue. Tu dois la fuir comme la peste.

— Pourquoi ?

— Elle te piquera ton mari.

Peu de temps avant son troisième Noël, Margot se mit à m'ignorer complètement. Pendant des semaines entières, elle ne m'adressait même pas un regard. C'était comme si le vent retombait ; comme si les cailloux de sa conscience rebouchaient les fissures, ne permettant plus à mon influence de pénétrer.

Je souffris d'angoisses existentielles. Je me sentais larguée, perdue, humiliée. Je crois que c'est à ce moment-là que je me mis à prendre mon boulot un peu plus au sérieux. J'avais enfin compris que j'étais vraiment morte. Que j'étais vraiment un ange gardien.

Je devins obsédée par mon reflet (oui, j'avais encore un reflet – je suis un ange, pas un vampire). Je n'arrivais pas à détacher mon regard des jets d'eau qui jaillissaient de mes épaules, semblables à des queues de cheval argentées en traversant ma robe blanche lamentablement informe. J'avais environ vingt ans, mais les cheveux qui retombaient en boucles sur mes épaules étaient différents. Comme je ne pouvais pas les blondir, j'avais repris mon brun caramel naturel. J'avais des seins, des organes génitaux et même des doigts de pieds immondes en forme de croissants de lune. J'avais du poil aux jambes. J'étais aussi légèrement lumineuse, comme si de minuscules diodes circulaient dans mes veines à la place du sang.

Margot ressemblait chaque jour un peu plus à une version miniature de Theo. Les souvenirs du passé commençaient à me submerger. J'étais tellement tournée vers ce que j'avais perdu et ce que j'avais rejeté, tellement consciente que je ne pourrais plus jamais revenir en arrière pour me racheter, que je faillis perdre de vue ma mission. J'étais censée veiller sur Margot, la protéger. Les enfants grandissent si vite. Quand j'émergeai de mon festival d'auto-apitoiement, elle avait déjà pris plusieurs centimètres, elle avait une nouvelle coupe de cheveux et elle était devenue totalement, irrévocablement « Karina-ifiée ». Elle avait aussi un sale caractère. Mais c'était une bonne chose. Elle avait appris à envoyer promener Kate et semblait résister aux faiblesses de son cœur par la seule force de son insolence juvénile.

Un jour, elle s'effondra dans le parc. J'étais allongée sous la balançoire et je la chatouillais derrière les genoux tandis qu'elle se balançait au-dessus de moi comme un pendule, sa jupe blanche flottant au vent. Elle passa au-dessus de moi en riant, mais quand elle repassa, elle était affalée sur le siège, inconsciente. Karina hurla. Margot tomba de la balançoire et s'écrasa par terre ; j'eus à peine le temps d'attraper sa tête pour empêcher son crâne de se briser sur le béton.

Kyle faisait son jogging sur la piste. Karina courut le chercher en laissant Margot par terre, les jambes repliées sous le corps, les lèvres bleu glacier. Je distinguais les ventricules de son cœur : alors que l'un était gras et net, l'autre ressemblait à un pneu de vélo crevé. Je me penchai sur elle et posai la main sur son cœur : une lumière dorée, guérisseuse, chassa le bleu de ses paupières et de ses lèvres. Pour un temps.

Kyle et Karina gravirent la colline en courant. Kyle passa le bras sous les épaules de Margot et prit son pouls. Elle respirait encore, mais à peine. Il la porta jusqu'à la voiture et fonça vers l'hôpital.

Je me maudis. Je n'avais pas été assez attentive. Je déambulai dans l'hôpital en me demandant quoi faire.

Ce fut alors que cela se produisit.

Nan m'apparut, calme et souriante comme toujours. Elle posa la main sur mon épaule et attira mon attention vers un mur blanc. J'étais sur le point de m'énerver (un mur, et puis quoi encore ?) lorsqu'une vision m'apparut : une sorte de film de l'opération du cœur dont Margot avait besoin. Nan me demanda de bien l'observer, de me rappeler chaque détail et de répéter tout ce que j'avais vu et entendu au chirurgien. C'était un cours.

Je regardai donc. C'était une projection de l'avenir, comme j'étais censée le réaliser. Une voix apparut dans ma tête – une voix féminine, à l'accent américain –, m'expliquant ce que chaque geste signifiait, à quoi il servait, pourquoi cette technique en particulier n'avait pas encore été mise en pratique de ce côté-ci de l'Atlantique, où placer le scalpel, etc. J'écoutai et je constatai que chaque parole prononcée, chaque geste s'imprimait aussi nettement dans ma mémoire que des gouttes de pluie sur une voiture cirée. Je n'oubliai rien, pas un seul adverbe, pas la moindre emphase.

Quand la vision s'effaça, Nan m'orienta vers le bloc opératoire. Je crois que le temps était resté en suspens : l'infirmière qui passait son masque quand le film m'était apparu était encore en train de l'attacher lorsqu'il disparut. J'attachai rapidement le nœud pour elle et elle me remercia sans se retourner pour voir qui l'avait aidée.

Dans le bloc, Margot gisait immobile sur la table sous une lampe dont la lumière aveuglante gommait ses traits. Son aura aqueuse, filandreuse, s'élevait péniblement de son corps comme de la fumée au-dessus de l'eau. Les deux infirmières, Kyle et le chirurgien-chef, le Dr Lucille Murphy, enfilèrent leurs gants et s'approchèrent de Margot. En m'avançant à mon tour pour me placer au niveau de la tête de Margot, je constatai qu'il y avait deux fois plus de personnes dans la salle : quatre anges gardiens, un pour chaque membre de l'équipe. Je leur adressai un signe de tête. Nous avions du boulot.

L'ange gardien de Lucille était sa mère, Dena, une petite femme ronde dont il émanait une telle sérénité que je me mis aussitôt à respirer plus lentement, plus profondément. Dena posa la tête sur l'épaule de sa fille, me jeta un coup d'œil et recula d'un pas pour me permettre de me rapprocher de Lucille, à sa gauche. Je lui dis de ne pas effectuer une incision de vingt centimètres au milieu du sternum comme elle s'apprêtait à faire mais plutôt une incision de cinq centimètres entre les côtes. Dena lui répéta mes instructions, comme une interprète. Lucille cligna des yeux en sentant les conseils de Dena s'insinuer dans sa conscience comme une volute d'intelligence.

— Docteur ? l'interrogea Kyle.

Elle le regarda.

— Une minute.

Elle baissa les yeux, visiblement tiraillée entre deux décennies de pratique médicale et l'apparition dans son esprit d'une nouvelle méthode qui, à son grand étonnement, tombait parfaitement sous le sens. Il fallait du courage pour agir vite. Un instant, je me demandai si elle se dégonflerait. Elle finit par lever les yeux.

— On va essayer quelque chose de nouveau aujourd'hui. Une incision de cinq centimètres entre les côtes. Pas la peine que cette petite fille saigne plus que nécessaire.

L'équipe acquiesça. Instinctivement, j'effleurai la petite cicatrice entre mes seins. Une cicatrice dont je n'avais jamais connu l'origine jusqu'à ce jour.

Lorsque l'intervention fut terminée, tous, sauf Kyle, Dena, Lucille et votre servante quittèrent la pièce. Tous les quatre, nous restâmes auprès de Margot allongée sur la table d'opération, fantomatique et immobile, pour la rappeler à la vie.

— Pourquoi as-tu opté tout d'un coup pour une autre méthode ? finit par demander Kyle.

Lucille secoua la tête. Ils avaient jadis été amants. Elle lui parla donc franchement.

— Je ne sais pas, avoua-t-elle en retirant ses gants. On n'a plus qu'à prier pour que ça marche.

Margot rentra de l'hôpital deux semaines plus tard, fragile et endolorie, mais montrant déjà des signes de rétablissement. Ses premiers mots, lorsqu'elle sortit de l'anesthésie, avaient été pour réclamer du gâteau au chocolat. Karina lui avait envoyé un trente-trois tours des Beatles, auquel elle s'accrochait comme à une béquille. Elle ne se souciait guère des conversations qu'elle surprenait entre les médecins et les infirmières, qui disaient qu'elle avait failli mourir. Elle ne rêvait que de danser le swing dans la chambre de Karina, dans un nuage de poudre rose et de paillettes.

Nous rentrâmes chez les Edwards en début d'après-midi. L'allée menant à la maison était tapissée de feuilles jaunes et orangées. J'en déduisis que nous étions en automne. La météo d'Irlande du Nord ne livre que peu d'indices sur les changements de saison.

Les filles n'étaient pas là – Karina était invitée à une fête, Kate faisait un voyage scolaire à l'étranger. Kyle transporta Margot dans sa chambre et la mit au lit. Il passa un moment à prendre sa température, à s'assurer que ses oreillers étaient bien dodus, à lui fourrer des ours en peluche dans les bras au cas où elle s'éveille au milieu de la nuit et qu'elle se sente seule. Je le voyais clairement : il l'aimait.

Il descendit. Je restai auprès de Margot pour réfléchir à un plan d'action. Il n'y avait tout de même aucune raison de ne pas changer le cours des choses de façon qu'elle reste ici et grandisse dans une famille, une maison douillette, et qu'elle ait de la chance dans la vie. N'était-ce pas là une façon de réorganiser les pièces du puzzle ? Je repensai à l'épisode du bloc opératoire. « Rien n'est fixé. » Je commençais tout juste à comprendre que je n'étais pas une visiteuse dans le passé assistant aux événements tels qu'ils avaient eu lieu, mais une participante active : j'ajoutais des nuances à la toile blanche de l'avenir, pour emprunter l'une des métaphores de Nan. Je pourrais peut-être changer quelques détails, esquisser de nouvelles pistes pour Margot, à condition qu'elles la mènent à la même destination.

J'entendis des cris de dispute au rez-de-chaussée. Je quittai Margot pour enquêter.

Ils étaient dans la cuisine. Lou, à côté de l'évier, regardait par la fenêtre le jardin plongé dans le crépuscule. Kyle avait l'air de se soutenir contre la cuisinière. On aurait dit un paysage après un feu de forêt. Je les distinguais à peine dans le brouillard d'émotions qui tourbillonnait dans la pièce, aussi épais que de la fumée.

Personne ne parla pendant un moment. Enfin, Kyle déclara :

— Le divorce.

C'était une affirmation, suivie d'un point d'interrogation. Je me tournai vers Lou.

— Je n'ai jamais dit ça.

— Tu as dit que tu voulais partir.

Lou se retourna. Ses cils étaient chargés de larmes.

— Il y a des tas de gens qui restent mariés sans vivre ensemble. N'est-ce pas ce que nous faisons depuis six ans ? Cohabiter ? Coexister ?

À cet instant, une éclaircie entre les brouillards tourbillonnants. Une faille. Kyle tourna le dos et sortit de la pièce. Lou hurla après lui :

— C'est bien toi, ça, Kyle ! Tu t'enfuis dès qu'il y a un problème !

Il fit volte-face et revint sur ses pas si précipitamment qu'il faillit me renverser.

— C'est toi qui t'enfuis, cracha-t-il. Tu vas à Dublin pour voir tes parents ? Alors que tu les détestes tous les deux ? Ne me prends pas pour un con. Je suis au courant.

Elle en resta bouche bée. Maintenant, je distinguais clairement l'aura d'un autre homme, partout sur elle. Un courant vert, nettement visible dans la rivière rouge de son aura. Elle ne connaissait pas assez son propre mari pour savoir qu'il devinerait. Elle fixa le carrelage.

— Et les filles ? reprit Kyle, plus calmement. Où iront-elles ?

Lou avait pensé à tout, sauf à ça. Aussitôt, je vis ses rêves s'écraser contre la réalité. Lou et son amant n'avaient parlé que du temps qu'ils passeraient sur la plage à Tralee, de chardonnay frappé, d'horizons infinis. Elle n'avait pas songé à la garde des enfants.

— Je les emmènerai avec moi.

Kyle secoua la tête et croisa les bras. Au cours de deux secondes d'hésitation de Lou, il avait déjà pris sa décision. C'était à lui de partir. Les filles resteraient à la maison avec leur mère. Il songea à Margot. Une seconde, son aura rétrécit, comme si elle rentrait dans sa coquille. À regret, il comprit qu'il n'aurait pas le choix. Il devrait la quitter aussi. Il se consola en se rappelant qu'elle était très proche de Karina. Ici, les filles auraient un environnement stable. Elles seraient en sécurité. Mais sans lui.

Mon cœur se serra. Kyle courut à l'étage pour chercher une valise avant de se rappeler qu'il n'en possédait pas. Furieux, il tira la valise écaille de tortue de Lou de sous le lit. Silencieuse et triste, je l'observai la remplir de costumes et de chemises, de quelques manuels de médecine et d'une poignée de photos de famille auxquelles il tenait. Il passa un long moment au chevet de Margot, sa paume tremblante tendue au-dessus de son cœur, tandis qu'une prière douloureuse se gravait dans le sien : « Si vous êtes là, Dieu, si vous m'entendez, veillez sur elle. »

À chaque mot, la lumière qui nimbait Margot s'accroissait.

On décida de prétendre pour un temps que Kyle était parti en voyage d'affaires. Kate et Karina ne se posèrent pas trop de questions – l'achat d'un petit labrador fut une bonne distraction –, mais Margot se renferma sur elle-même. Elle passait de longs après-midi à attendre dans le couloir, assise sur la dernière marche de l'escalier. Je n'arrivais pas à lui soutirer un sourire, ni même un regard. Au début, je crus qu'elle attendait Kyle. Mais les enfants sont plus intelligents que ça. Elle attendait qu'on lui dise que Kyle ne reviendrait pas.

Un peu plus tard, Lou partit en Écosse avec Karina, Kate et Margot, pour conduire Karina à l'université d'Édimbourg où elle allait étudier la géographie. En rentrant, elles firent un détour imprévu par le nord de l'Angleterre, jusqu'à un grand bâtiment gris en pleine cambrousse, le foyer pour enfants de Saint-Anthony. Lorsqu'elles repartirent, la banquette arrière était déserte car Lou et Kate, sur la banquette avant, avaient laissé Margot plantée dans la cour du foyer, un ours en peluche sous le bras, un petit sac à ses pieds, son petit cœur battant.

— Papa, murmura-t-elle en regardant la voiture s'éloigner.

Je levai les yeux vers la bâtisse grise en frémissant. Je ne connaissais que trop bien cet endroit.

8.

Sheren et la tombe

Laissez-moi me vider le cœur de tous mes souvenirs de l'orphelinat de Saint-Anthony, de tout ce que j'ai supporté de mon quatrième anniversaire jusqu'à l'âge de douze ans, neuf mois et seize jours.

Tout d'abord, je devrais préciser que j'ai passé le plus clair de ma vie d'adulte à tenter de dissoudre par l'alcool le nœud qui s'était formé dans mon estomac là-bas, même si ce n'est pas une excuse. Je comprends mieux maintenant comment j'en suis arrivée là – après avoir appris ce que c'était que d'être aimée, après la chaleur et le confort du foyer des Edwards, après avoir eu une chambre de la taille d'un dortoir pour douze enfants à Saint-Anthony, après avoir été gâtée par une grande sœur au lieu de me faire persécuter jour et nuit par des gamins plus âgés – je sais désormais pourquoi j'ai continué à souffrir, longtemps après mon évasion. Il aurait peut-être mieux valu pour moi rester plus longtemps chez Sally et Padraig : à force de mauvais traitements, je ne me serais plus attendue à être aimée. Et je n'aurais pas éprouvé un tel choc en arrivant à Saint-Anthony.

De mon point de vue d'enfant, l'endroit paraissait immense, et c'est ainsi qu'il était demeuré dans mon souvenir. Saint-Anthony avait été un hôpital jusqu'au XIXe siècle, puis une maison de correction, avant d'être transformé – mais de nom seulement – en orphelinat. Bizarrement, je m'imagine des gargouilles à tous les coins du toit alors qu'il n'y en avait pas. La porte d'entrée était flanquée de colonnes et, pour y accéder, il fallait gravir deux marches. Deux heurtoirs ronds en cuivre – l'un à hauteur d'adulte, l'autre plus bas pour les enfants – étaient fixés sur la porte noire, et je me rappelle que la première fois que j'ai frappé, le heurtoir était tellement gros que je n'arrivais pas à le prendre tout entier dans ma main. Les vingt-cinq pièces du bâtiment me paraissaient gigantesques, tout comme les vieux pupitres en bois et les dortoirs. Il n'y avait pas le moindre lambeau de moquette où que ce soit. Pas de radiateurs dans les chambres. Pas d'eau chaude, du moins dans les salles de bains communes. Les seules photos accrochées aux murs représentaient ceux qui avaient travaillé là – des portraits sépia sinistres des instituteurs et institutrices qui avaient battu comme plâtre la plupart des enfants qui avaient eu le malheur de leur être confiés.

Mon retour à Saint-Anthony me rappela sans équivoque que j'étais bien revenue dans le passé. Revoir les années 1960 m'avait bien plu – la Citroën DS 19 de Kyle était une merveille, et j'étais folle des pantalons patte d'eph' de Lou et de la collection de vinyles des Beatles de Karina – mais Saint-Anthony était coincé dans une faille spatio-temporelle aux environs de 1066. Il existe plusieurs endroits sur terre qui n'acceptent pas, qui refusent d'accepter le progrès. C'est aussi le cas de certaines personnes. Hilda Marx, par exemple.

Miss Marx était la directrice de Saint-Anthony. Elle venait de Glasgow; ses joues de la consistance d'un Yorkshire pudding et sa mâchoire prognathe lui faisaient une tête de crapaud. Les principes d'Hilda Marx en auraient remontré à la Gestapo. Les pleurs étaient punis de quatre coups de fouet. Si l'on répondait à un adulte, on en recevait dix. Les enfants, âgés de deux à quinze ans, devaient être levés à six heures du matin et couchés à vingt et une heures. Une minute après six heures ou vingt et une heures et on était privé de nourriture pour la journée. On fouettait les plus jeunes avec une petite badine; au-dessus de cinq ans, avec un fouet en cuir. Mais j'ai fait la connaissance du fouet bien avant l'âge prescrit.

Margot, debout dans la pluie, regarda Lou et Kate s'éloigner – ni l'une ni l'autre ne se retourna. Longtemps après que la voiture eut disparu et que la poussière de l'allée en graviers fut retombée, elle resta figée sur place, son ourson sous le bras, ses cheveux transformés en spaghettis par la pluie, le cœur lourd de douleur et de confusion. Précoce et intelligente, elle avait compris que c'était pour de bon. Croyez-moi, c'est terrifiant, de voir une enfant si jeune se rendre compte d'une chose pareille.

Je scrutai l'horizon. Rien que des champs et un petit village miséreux à des kilomètres à la ronde. Y avait-il moyen de l'empêcher de franchir ces portes ? Y avait-il une voiture que je puisse héler, une famille aimante dans les parages qui apercevrait la fillette de trois ans au bord de la route et qui l'accueillerait ? Et les habitants du village ? Leurs visages m'apparurent en un éclair : pour la plupart de vieux fermiers, quelques femmes battues. Personne ne faisait l'affaire. Il y avait bien une ville plus importante à une cinquantaine de kilomètres de là où nous pourrions tenter notre chance. Je touchai l'épaule de Margot et l'encourageai à me suivre. Je lui donnai une petite bourrade mais elle ne bougea pas. Je courus jusqu'au portail et l'appelai jusqu'à ce que ma voix s'éraille. Elle restait immobile. Et je ne pouvais pas partir sans elle. La destinée ? Pensez-vous. Tout est affaire de décision. Margot l'avait prise sans s'en rendre compte ni le comprendre.

Je la rejoignis à contrecœur. Je m'accroupis à côté d'elle, l'enlaçai et tentai de lui expliquer. J'essayai de présenter la situation à ma petite fille de trois ans de façon digeste.

« Tu sais quoi, Margot ? Tu es une dure à cuire. Tu t'en sortiras mieux sans ces deux-là. Lou est à peu près aussi maternelle qu'un requin et Kate, c'est l'Antéchrist. Je suis là, avec toi, ma grande. Tu vas passer un peu plus longtemps que tu le voudrais derrière ces portes. Mais tu sais quoi ? Je ne te quitterai pas. Je surveille tes arrières. Il y a des méchants ici, ne t'y trompe pas. Il y a des méchants partout. Mieux vaut les rencontrer dès que possible. Crois-moi, plus vite tu apprendras à ne pas supporter les cons, mieux ce sera. Tout ira bien. N'aie pas peur. Ne pleure pas. Bon, d'accord, pleure. Défoule-toi. Une fois pour toutes. Plus de larmes jusqu'à ce que tu te tires d'ici. Elles coûtent trop cher. »

Elle attendit que j'aie fini de parler pour se tourner vers la porte d'entrée, saisir le heurtoir et frapper de toutes ses forces. Quelques minutes s'écoulèrent. La pluie tombait en cordes argentées. Derrière la porte, des pas lourds. La poignée tourna. La porte s'ouvrit toute grande. Sur le seuil, Hilda Marx se dressa devant Margot. Elle la regarda de haut en aboyant :

— C'est quoi, ça ? Un rat noyé ?

Margot fixa les genoux d'Hilda. Celle-ci se pencha et la prit par le menton pour la forcer à relever la tête.

— Tu as quel âge ?

Margot se contenta de la dévisager.

— Quel est ton nom ? articula Hilda.

— Margot Delacroix, répondit Margot d'une voix ferme.

La femme haussa les sourcils.

— Irlandaise, à ce que je vois. On va vite te débarrasser de cet accent. Et de ton entêtement. Eh bien, Margot Delacroix, c'est ton jour de chance. L'une de nos pensionnaires vient de décéder, nous avons donc un lit libre. Dépêche-toi, rentre. La chaleur, mieux vaut la garder pour l'intérieur.

Une fois entrée, ma révulsion à l'idée de retrouver le lieu de mes pires terreurs enfantines fut aussitôt dissipée par une curieuse rencontre. L'ange gardien d'Hilda se dressait au pied de l'escalier. Mince, triste, avec de longs cheveux couleur de bronze, elle ressemblait à Hilda comme une sœur plus jeune et plus belle. Je lui adressai un signe de tête. Jusque-là, les anges avaient tendance à rester sur leur quant-à-soi. Mais celui d'Hilda avança vers moi.

— Ruth, me présentai-je.

— Sheren, répondit l'ange avec un mince sourire, se rapprochant assez pour que je distingue le vert de ses yeux. Mais j'ai jadis été Hilda.

Je la dévisageai. Elle baissa les yeux. Elle avait été Hilda ? Je me mis à trembler de tout mon corps ; les souvenirs enchevêtrés réveillés par cette femme, faits de rage, de terreur et de tristesse mêlés, me brûlaient dans les veines. Comment lui pardonner ce qu'elle m'avait fait subir ? Mais quand Sheren leva les yeux, ils étaient luisants de larmes. Son visage n'exprimait rien de la méchanceté d'Hilda. Elle me prit les mains. Je ressentis aussitôt le pincement profond et amer du remords qui se tordait en elle, et j'arrêtai de trembler.

— Je sais que tu as été Margot. Je t'en supplie, je t'en supplie, pardonne-moi. Nous devons travailler ensemble aussi longtemps que Margot restera ici.

— Pourquoi ? parvins-je enfin à demander.

C'était Sheren qui tremblait maintenant ; l'eau, dans son dos, virait lentement au rouge. Les larmes qui ruisselaient de son visage sur son cou formaient un collier autour de ses clavicules pâles. Elle finit par parler.

— Je travaille avec les anges de chaque enfant qui met les pieds ici pour m'assurer que les ravages infligés par ce lieu – par Hilda – ne provoquent pas trop de dégâts dans le monde. Des meurtriers sont nés ici, des violeurs, des drogués. Nous ne pouvons empêcher Hilda de faire ce qu'elle a fait. Mais nous pouvons tenter de guérir les blessures de ces petites vies autant que possible.

Nous observâmes ensemble Margot et Hilda gravir l'escalier. Nous les suivîmes.

— En quoi puis-je t'aider ?

— Tu te souviens de la Tombe ?

Un instant, je crus que j'allais vomir. J'avais enfoui la Tombe au plus profond de moi. La Tombe incarnait l'art du purgatoire d'Hilda : une petite pièce sans fenêtres, infestée de rats, dans laquelle un enfant de plus de cinq ans ne tenait pas debout. Elle empestait les excréments, la pourriture et la mort. La Tombe était réservée aux punitions spéciales. Selon l'âge de l'enfant, Hilda y déployait les tortures qu'elle chérissait le plus : famine, raclées, agressions psychologiques – on faisait retentir au petit matin des bruits monstrueux à travers un tuyau au ras du sol –, ce qui terrorisait les petits prisonniers nus, affamés et impressionnables jusqu'à ce qu'ils émergent timides, nerveux et aussi silencieux que des souris d'église pour le restant de leur séjour à Saint-Anthony. La porte s'ouvrait tous les jours, on déversait un seau d'eau glacée sur l'enfant nu et on lui lançait un petit bol de nourriture, juste assez pour qu'il ne meure pas. Le châtiment préféré d'Hilda consistait à faire sortir le prisonnier au bout de quelques jours pour le ramener au dortoir, assez longtemps pour le rassurer, puis, après l'avoir battu, à le ramener ensanglanté et hurlant pour le renfermer dans la Tombe, cette fois pour un séjour deux fois plus long.

Si un enfant entrait dans la Tombe avec la moindre parcelle d'affection dans l'âme, il ressortait de ce lieu épouvantable assuré, sans le moindre doute, que l'amour n'existait pas.

Je dévisageai Sheren. Elle savait bien que je me souvenais de tout cela. Hilda avait fait en sorte que je ne l'oublie jamais. Elle me caressa le visage.

— Nous devons être dans la Tombe avec chaque enfant qu'Hilda y enferme.

— Tu veux que je retourne là-dedans ?

Lentement, elle hocha la tête. Elle se rendait compte de ce que représentait pour moi le sacrifice qu'elle me demandait. Elle toucha ma paume de ses doigts et une série de flashes me traversa l'esprit – des images de l'enfance d'Hilda, les sévices que cinq hommes lui avaient infligés pendant de longues années, les tortures particulièrement perverses qu'ils lui avaient fait subir.

— Je suis désolée, murmurai-je enfin.

— Je t'ai montré cela pour te faire comprendre comment Hilda en est arrivée là.

— On commence par quoi ?

— Elle enferme un petit garçon dans la Tombe ce soir. Reste avec Margot jusqu'à ce que je t'appelle.

— D'accord.

Le premier ami que se fit Margot était un garçon de sept ans prénommé Tom. Petit pour son âge, souffrant de malnutrition et un peu lent, Tom se laissait trop facilement entraîner dans ses rêveries par son imagination débordante au gré du proviseur, M. O'Hare. Placée dans la nursery avec des enfants beaucoup plus jeunes qu'elle, Margot s'ennuyait. Elle aurait préféré danser le swing au son des Beatles comme elle le faisait avec Karina. Elle voulait apprendre des chansons avec les enfants plus âgés. Il lui semblait qu'on s'amusait beaucoup plus dans la salle de classe de l'autre côté du couloir, alors qu'elle n'avait pour toute distraction que des ours en peluche mangés aux mites, des blocs en bois et des bébés trop jeunes pour marcher. Elle alla jusqu'à la fenêtre ouverte et vit l'instituteur se taire brusquement et marcher jusqu'au fond de la classe. Elle le perdit de vue un instant et lorsqu'il réapparut, il traînait Tom, qu'il poussa dans le couloir. L'instituteur ressortit un instant plus tard avec un grand plumeau en bois, qu'il abattit sur la tête de Tom à plusieurs reprises avant de rentrer dans la salle de classe.

Tom se recroquevilla par terre. Quelques minutes plus tard, il s'assit en se frottant l'oreille. Il se mit à s'imaginer qu'il était sur la planète Rusefog, où il disputait à des chimpanzés guerriers la possession du trésor des pirates. Une mitrailleuse invisible se matérialisa dans ses bras. Il visa la fenêtre de la nursery et émit des bruits de fusillades tandis que ses torpilles faisaient mouche dans une gerbe d'étincelles.

Derrière la fenêtre, Margot gloussa.

Tom se figea en l'entendant rire, craignant d'être de nouveau battu. Margot comprit qu'elle avait attiré son attention, se dressa sur la pointe des pieds et agita la main. Il ne la vit pas et reprit sa mission. Un chimpanzé particulièrement menaçant fonçait vers lui, revêtu de la tête aux pieds d'une armure violette. Il faudrait qu'il lui explose le pied s'il voulait l'arrêter. Il s'accroupit, visa et tira.

On avait l'air de bien s'amuser dans le couloir. Margot s'approcha de la responsable de la nursery.

— Je voudrais faire pipi, s'il vous plaît.

La responsable de la nursery sourit et regarda Margot par-dessus ses lunettes.

— Il faut dire : « Puis-je aller aux toilettes, s'il vous plaît, Miss Simmonds ? » Oui, tu peux y aller, Margot. Vas-y.

Miss Simmonds ouvrit la porte, laissa Margot sortir et referma le verrou derrière elle.

Margot scruta le couloir. Il n'y avait personne sauf elle et Tom, à quelques mètres de là. Elle s'approcha prudemment. Il était tellement absorbé par sa fusillade qu'il ne vit pas Margot face à lui jusqu'à ce qu'elle agite la main devant sa figure.

— Oh.

Pendant une fraction de seconde, Margot fut un chimpanzé blond. Tom émergea enfin de sa rêverie.

— Oh, répéta-t-il.

Margot lui sourit.

Tom avait passé les quatre premières années de sa vie dans un foyer douillet et aimant de Newcastle upon Tyne, dans le nord-est de l'Angleterre. Quand la pauvreté et la mort s'étaient abattues sur sa vie, il était passé d'un parent à l'autre jusqu'à ce que, comme Margot, il se retrouve en face des portes noires de Saint-Anthony avec ses rêveries comme seule protection contre les coups.

Il n'avait cependant pas oublié ses bonnes manières. Il tendit une main crasseuse.

— Tom, se présenta-t-il. Et toi, c'est comment ?

— Je m'appelle Margot, dit-elle en lui prenant la main. Je peux jouer avec toi ?

Il réfléchit et se mâchouilla l'intérieur de la joue, la main sur la hanche, en regardant à droite et à gauche.

— Tiens, répondit-il enfin en lui tendant sa mitrailleuse invisible. Ceci est un laser-raptor. Tu t'en sers pour faire fondre les visages des chimpanzés. N'essaie pas de tirer sur leur armure. Elle est impénétrable.

Margot cligna des yeux à quelques reprises.

— Pan ! Pan ! Pan ! siffla Tom en visant le mur d'en face.

Margot l'imita.

— Oh non ! cria Tom en laissant retomber ses bras, les yeux écarquillés. Ton arme n'a plus de munitions ! Tiens, je vais la recharger pour toi.

Il lui reprit précautionneusement la lourde arme et la rechargea. Il lui jeta un regard angoissé.

— Ça ne te suffira pas, tu sais. (Il tendit la main vers son mollet et dégagea doucement quelque chose d'un fourreau invisible.) C'était l'épée de mon père, chuchota-t-il. C'est l'épée de Lennon. Sers-toi de ça pour leur arracher le cœur.

Margot hocha la tête et prit l'arme invisible à Tom, tellement contente qu'elle ne me vit pas sauter sur place devant elle en lui soufflant : « Margot ! Margot ! Retourne en classe ! Retourne en classe ! »

Car Hilda Marx venait de déboucher dans le couloir. Sheren l'avait devancée au pas de course pour m'avertir de son arrivée. L'ange gardien de Tom, un grand homme mince dénommé Léon, était à côté de lui et lui donnait de petites poussées. Il finit par attirer l'attention de Tom, mais pas avant que celui-ci n'ait hurlé : « Et vlan ! Démon mutant ! » en direction d'Hilda.

Elle les surprit là tous les deux, occupés à leurs jeux idiots. À faire des bêtises. Ils méritaient de bonnes punitions.

Elle sourit – ce qui n'était jamais bon signe – et s'approcha.

— Alors, les enfants ? On s'amuse ?

Tom laissa tomber ses armes et baissa les yeux. Margot l'imita.

— Tom ? Que fais-tu dans le couloir ?

Il resta muet.

— Réponds-moi, petit !

— Je… j'étais distrait en classe, Miss Marx.

Son regard sévère se porta sur Margot.

— Et Margot ? Pourquoi es-tu sortie de la nursery ?

— J'avais besoin de faire pipi, mademoiselle.

Les lèvres d'Hilda se retroussèrent. Elle leva un bras épais comme une branche et désigna le bout du couloir.

— Les toilettes sont là, petite. Allez.

Margot s'élança dans la direction désignée par Hilda. Parvenue à la porte des toilettes, elle se retourna. L'écho de la gifle décochée à Tom retentit jusqu'au bout du couloir.

Le rapport de M. O'Hare sur l'insolence de Tom, ses mauvaises notes et son inaptitude à rester sage en classe confirma que la Tombe devenait nécessaire pour discipliner le garçonnet.

Après le couvre-feu, tous les anges se retrouvèrent sur le palier au-dessus du hall d'entrée. Sheren nous apprit ce qui se produirait ce soir-là : Hilda et M. O'Hare rendraient visite à Tom quand les autres se seraient endormis. Ils le déshabilleraient, le battraient et l'enfermeraient deux semaines dans la Tombe. Aucun enfant de moins de dix ans n'y était encore resté plus de dix jours. La punition était particulièrement sévère, nous expliqua Sheren, parce que Tom rappelait à Hilda ce qu'elle avait été jadis. Tous les anges devaient se mobiliser pour aider Tom à traverser cette épreuve atroce, car les séquelles de cette expérience se répercuteraient sur sa vie : épisodes maniaco-dépressifs, violence, carrière littéraire avortée, destruction de son couple et mort prématurée. Tout cela, avant l'âge de trente-cinq ans, et tout cela, à cause d'Hilda Marx.

Je rejoignis Margot. C'était sa première nuit à Saint-Anthony et elle n'arrivait pas à dormir. Trop de personnes dans la chambre. Trop de grincements, de chuchotements, de ronflements et de pleurs pour qu'elle ne soit pas terrifiée. « Hé, ma grande », la rassurai-je en souriant. Elle répondit à mon sourire. Ce sourire courut de ses lèvres à sa poitrine pour soulever le rocher qui s'y était posé, puis dans tout son corps, ce qui fit passer son aura d'une teinte d'eau boueuse à un jaune doré aussi lumineux qu'un lever de soleil. Lentement, elle succomba à un profond sommeil.

Léon s'avança rapidement vers moi. Il me fit signe de le suivre. Je m'assurai que Margot dormait et je lui emboîtai le pas. Il me conduisit dans le dortoir voisin, où les autres anges s'étaient rassemblés. Nous attendîmes quelques instants. La plupart des enfants s'étaient assoupis. Tom, meurtri et ensanglanté après sa rencontre de l'après-midi avec Hilda, était bien éveillé et occupé à mettre au point un plan d'évasion de la planète Rusefog pour aller affronter les éléphants extraterrestres de la planète Gymsock.

L'ange gardien de Tom, Léon, avait été son frère jumeau. Il était mort quelques minutes avant la naissance de Tom. Même énergie nerveuse, même tignasse en bataille. Il se frotta les mains anxieusement.

Sheren regarda à droite et en suivant son regard je perçus des murmures dans le couloir. Deux têtes se profilèrent dans le clair de lune déversé par la fenêtre. Hilda et M. O'Hare. Ils traversèrent le dortoir en silence. Nous nous écartâmes pour les laisser passer – notre impuissance me fit bouillonner de rage – et les observâmes tirer Tom hors du lit, plaquer la main sur sa bouche et l'empoigner à bras-le-corps pour le traîner dans une pièce un étage plus bas. Là, il fut dépouillé de ses vêtements et battu avec une brique. Quand il s'évanouit, il fut réveillé par un seau d'eau glacée pour qu'il ait bien conscience d'entrer dans la Tombe. Cette dernière mesure était une tactique de terreur – les hurlements d'un enfant à minuit remplissaient les autres enfants d'une peur qui ne les quitterait plus jamais de leur vie. Cela les incitait à rentrer dans les rangs.

Je suivis les anges jusqu'à la Tombe, située dans une dépendance à côté du réservoir d'eaux usées. Hannetons, cafards et rats pullulaient autour d'un tuyau qui déversait ces eaux usées dans la Tombe, où elles stagnaient sur cinq centimètres. Un gros rocher, émergeant de cette boue visqueuse, permettait au prisonnier de s'y percher pour rester à sec. Tom supplia, vomit, traîna ses pieds nus sur le gravier jusqu'à ce qu'ils soient écorchés jusqu'au sang. Nous entrâmes en file indienne dans la Tombe. Je fus la dernière à y pénétrer. Je restai figée un instant en me rappelant le jour où j'y étais entrée, à l'âge de huit ans, moment terrifiant qui avait transformé ma vie : c'était la toile de fond de tous mes cauchemars, la première marche de ma dégringolade dans l'alcoolisme.

Je retins mon souffle et passai à l'intérieur. La porte était fermée mais nous distinguions le trio qui se dirigeait vers nous : M. O'Hare et Hilda flanquaient Tom, en le portant et en le traînant à moitié. Lorsqu'il comprit où il était, il se débattit avec son dernier gramme d'énergie. Ils le laissèrent hurler quelques minutes. Un poing froid s'écrasa sur sa petite mâchoire. Il atterrit tête la première dans la boue. La porte fut verrouillée derrière lui.

Pour empêcher Tom de se noyer, Léon dut le déplacer de façon qu'il puisse respirer. Avec précaution, il le souleva pour le déposer sur le rocher. Un caillot de sang s'était formé sous son crâne. S'il n'était pas soigné, ce caillot se déplacerait jusqu'au cerveau et le tuerait d'ici au matin. Léon posa les deux mains sur la tête de Tom. Immédiatement, une lumière dorée se déversa de ses paumes et le caillot de sang se résorba.

Quand Tom se réveilla, il se mit à trembler violemment, à la fois de froid et de choc. Sa propre imagination n'aurait pas pu inventer un lieu aussi affreux que la Tombe. Les créatures du tuyau émergèrent, maîtresses de ce territoire, et se mirent à ramper à travers ses épais cheveux, à avancer vers ses organes génitaux, à mâchouiller ses pieds. Sheren leur balança un éclair bleu. Elles reculèrent et ne s'attaquèrent plus à lui. Mais la peur et l'odeur d'égout le firent vomir et déféquer jusqu'à ce que ses entrailles soient mises à vif. Il passa le reste de la nuit à pleurer et à appeler sa mère. Il ne se rendait pas compte que Léon le tenait dans ses bras en sanglotant.

Je passai la nuit à faire des allers-retours entre la Tombe et le dortoir, pour m'assurer que Margot allait bien. La quatrième nuit, à cause de la faim et de la soif, Tom fut victime d'hallucinations. Il croyait voir ses parents. Pis encore, on les assassinait sous ses yeux. Ses hurlements s'élevaient jusqu'au bâtiment principal. Hilda envoya M. Kinnaird, le gardien, lui porter un seau d'eau froide et une tranche de pain. Sheren fit en sorte que M. Kinnaird entende mal Hilda : il apporta une miche de pain entière au pauvre Tom, qui la dévora.

Chaque nuit, quand le soleil se couchait et que la terreur de Tom s'intensifiait, nous formions un cercle autour de lui, paume contre paume, notre lumière collective le recouvrant d'un dôme protecteur : rasséréné, il finissait par s'endormir. La dernière nuit, Léon termina de guérir les pires blessures de Tom mais laissa un hématome dans son cerveau.

— Pourquoi ? demandai-je.

— L'oubli, expliqua-t-il. Il oubliera le pire si je lui laisse cette blessure.

Et ce fut ainsi que le garçonnet nu et squelettique qu'Hilda et M. O'Hare finirent par traîner hors de la Tombe survécut. M. Kinnaird, qui faisait également office de pseudo-médecin, prescrivit à Tom deux semaines au lit, et se trouva soudain enclin à agrémenter les pathétiques platées de bouillie du petit garçon de suppléments de viande et de légumes. Tom retrouva son imagination débordante – grâce à Léon – et l'employa à inventer des portes secrètes dans des recoins sombres et à trouver des épées dans des coffres cachés pour combattre ses ennemis fictifs.

Environ un an plus tard, un cousin vint à Saint-Anthony pour prendre Tom. Léon partit avec lui et, me dit-on, s'assura que l'esprit de Tom transforme toutes les expériences – à la fois conscientes et inconscientes – vécues au foyer à la façon dont une huître transforme un grain de sable en perle.

L'attention d'Hilda put donc se reporter vers les autres délinquants confiés à ses soins.

Margot en faisait partie.

9.

Le Chant des Âmes

J'avais l'impression de vivre un mauvais rêve.

Les souvenirs de mes quatre à six ans sont trop gorgés d'émotions enfantines, trop brouillés par les interprétations et les scènes reconstituées, trop inextricablement mêlés à mon comportement et à mes convictions plus tardives pour n'être que des souvenirs.

Autrement dit, chaque fois que Margot était fouettée par Hilda, battue par les autres enfants ou rejetée par les gamines de son dortoir à tel point qu'elle se sentait seule et abandonnée de tous, la douleur de la voir souffrir s'ajoutait à celle, plus profonde, de mes souvenirs. C'était parfois insoutenable.

On entendait parler d'anges dont les Êtres Protégés étaient des pédophiles, des tueurs en série, des terroristes, et de tout ce qu'ils devaient supporter au quotidien. Veiller. Protéger. Enregistrer. Aimer. Des anges qui avaient passé leur vie mortelle au service de l'Église, des ménagères modèles qui avaient choyé leurs enfants et leurs petits-enfants dans le parfum des fleurs et des tartes aux pommes, passaient leur seconde vie à suivre des dealers de drogue et des maquereaux dans des repaires d'héroïnomanes, à regarder de pauvres filles se faire avorter d'enfants non désirés. Obligés de les protéger contre tout ce qui pouvait frustrer leurs choix. Obligés de les aimer.

Pourquoi ?

Il le faut, affirmait Nan. Dieu n'abandonne aucun de ses enfants.

Ma propre situation me semblait pire que ces récits qui circulaient entre les anges de Saint-Anthony. Rien, absolument rien ne peut être comparé à une existence où les souvenirs effroyables du passé débordent sur le présent. Rien ne peut être comparé à ce quotidien submergé de regret. J'en connaissais déjà le dénouement. Et je ne pouvais rien y faire.

Je bombardais Nan de questions. S'agissait-il d'une espèce de loterie céleste ? Comment nous étaient alloués notre Êtres Protégés ? Comment m'étais-je retrouvée avec Margot ? Cela avait-il un rapport avec la façon dont j'étais morte ?

J'acculai Sheren pour lui demander comment elle était morte, elle.

— Cinquante aspirines et une bouteille de sherry.

— Donc, quand on se suicide, on devient son propre ange gardien ? Ça veut dire que je me suis tuée ?

— Pas forcément.

— Alors quoi d'autre ?

— J'ai déjà rencontré un ange obligé de traverser ce type d'expériences. D'après lui, c'est en lien avec la façon dont nous avons vécu.

— C'est-à-dire ?

Elle désigna Hilda, qui fourrait un doigt arthritique sous le nez d'une fillette de quatre ans qui avait fait pipi au lit.

— Tu connais le Chant des Âmes ?

— Le quoi ?

Sheren secoua la tête et leva les yeux au ciel. J'eus l'impression d'être une idiote.

— C'est ce qui nous distingue des autres anges. Quand on protège son « soi » mortel, on a une aptitude plus grande à influencer et à protéger cette personne. Regarde.

Elle s'approcha d'Hilda. L'image de la Tombe tournoyait déjà au-dessus de sa tête – manifestement, elle avait l'intention d'y envoyer la petite fille. Sheren se tint près d'Hilda et se mit à chanter. On aurait dit une berceuse folklorique écossaise, lente, mystérieuse, belle, bien que les paroles soient dans une langue que je ne reconnaissais pas. Sa voix était puissante et sonore, si puissante que le plancher en vibrait. Les ailes de Sheren se soulevèrent et se mirent à se mouvoir autour d'Hilda, les encerclant toutes les deux. Leurs auras prirent la même teinte pourpre. Les pensées d'Hilda se détournèrent peu à peu de la Tombe. Elle se contenta d'envoyer la fillette se coucher sans dîner.

Je m'approchai de Sheren.

— Où as-tu appris ça ?

— Le Chant des Âmes peut être n'importe quelle musique qui crée une harmonie entre Margot et toi, quelque chose qui vous relie sur le plan spirituel, quel que soit le stade où elle en est dans sa vie humaine. Quelle chanson te rappelles-tu de ton enfance ? Quelle musique avait un sens particulier pour toi ?

Je réfléchis. Tout ce qui me venait à l'esprit, c'étaient des comptines enfantines – Dieu sait que j'en avais chanté à Margot chez Sally et Padraig pour l'empêcher de pleurer. Mais je me rappelai alors une chanson que chantait Toby quand il s'efforçait d'écrire. C'était une chanson irlandaise, *She Moved Through the Fair*. Je me souvins qu'Una aussi l'avait chantée à Margot.

— D'accord, dis-je. Alors, comment ça marche ?

— Le Chant des Âmes relie ta volonté à celle de Margot. Tu es toujours Margot, mais sous une forme et avec un nom différents. Tu as la même volonté, tu fais les mêmes choix.

— Je peux la pousser à choisir autrement ?

Sheren secoua la tête.

— Pas tout le temps. C'est elle qui a le corps. Elle a le dessus. Tu ne peux que l'influencer.

J'en avais mal à la tête. J'allai rejoindre Margot. Va pour le Chant des Âmes. Peut-être qu'à force de chanter, j'arriverais à la faire sortir de là.

À huit ans, Margot dépassait d'une tête les autres enfants de son âge. Si elle connaissait son âge, c'était parce que chaque année, le 10 juillet, un instituteur lui apprenait qu'elle avait un an de plus. Mais on lui aurait facilement donné onze ou douze ans, ce qui signifiait que lorsqu'elle faisait des bêtises d'enfant de huit ans, elle était punie plus sévèrement. Aucun enfant du même âge ne voulait être son ami, et ceux de douze ans ne s'y intéressaient pas non plus. Enfin, ce n'est pas tout à fait exact. Deux fillettes de douze ans, Maggie et Edie, étaient obsédées par Margot. Jalouses de ses longs cheveux d'un blond nordique, elles faisaient en sorte qu'ils soient teints en rouge de temps à autre par un saignement de nez, ou lui faisaient des yeux au beurre noir pour qu'elle ressemble à un panda.

J'aurais voulu les noyer toutes les deux, ou pousser par-dessus la rampe de l'escalier l'énorme bibliothèque en chêne pour qu'elle leur tombe sur la tête. Non seulement parce que c'était moi qui enlaçais Margot lorsqu'elle pleurait dans son lit la nuit, moi qui étais forcée de regarder Maggie s'asseoir sur Margot pendant qu'Edie lui piétinait la figure, mais aussi parce que je m'en souvenais. Je n'étais pas complètement impuissante – je m'assurai une fois qu'un coup vicieux à la tête de Margot ne lui casse pas la colonne vertébrale –, mais je ne pouvais pas les en empêcher, encore moins me venger.

Comme une mère outrée, je pris à parti les anges de Maggie et d'Edie. Toutes deux m'expliquèrent les raisons de la violence des fillettes. Et maltraitance par-ci, et torture par-là. Je balayai leurs excuses du revers de la main. Je m'en fous, arrêtez-les, avant que je ne m'en charge ! Clio et Priya – c'étaient les noms des anges – échangèrent un regard. Quand Maggie passa une nuit dans la Tombe parce qu'elle avait été impertinente, elle se retrouva soudain à penser aux sévices qu'elle avait infligés à Margot avec un sentiment de remords inédit. Edie rêva de sa grand-mère – c'était ce qu'avait été Priya – qui lui disait d'être sage. Pendant un moment, Margot n'eut ni plaies ni bosses.

Jusqu'à ce que je lui chante le Chant des Âmes.

J'avais découvert qu'une famille venait de s'installer dans le village voisin, d'honnêtes gens au bon cœur.

J'avais eu une vision : le mari, Will, dans la petite quarantaine, était représentant de commerce. Sa femme, Gina, avait été professeur de piano plusieurs années, jusqu'à la naissance de leur fils, Todd. Ils étaient partis d'Exeter, dans le Nord, pour venir s'occuper des parents âgés de Gina. J'avais le sentiment qu'ils seraient une bonne famille pour Margot et surtout, qu'ils la prendraient chez eux.

La révélation de Sheren au sujet du Chant des Âmes m'avait prouvé ce que je n'avais fait que soupçonner jusque-là : ma vie en tant que Margot n'était pas gravée dans le marbre. Elle était simplement écrite, comme sur une page, et par conséquent elle pouvait être corrigée. Si je réussissais à amener Margot à choisir autrement, nous pourrions échapper à Saint-Anthony plus tôt que prévu.

Cette nuit-là, j'attendis le couvre-feu avant d'exercer mes cordes vocales rouillées. Je me levai et, un peu gênée, m'assurai que les autres anges ne me regardaient pas avant de chanter, d'abord à voix basse. Margot était sur le point de s'endormir, elle s'agitait sur son matelas bosselé, le bras gauche sous la tête. Je chantais juste. J'élevai un peu la voix. Elle ouvrit les yeux.

Je sentis les cascades dans mon dos se redresser, comme j'avais vu les ailes de Sheren s'élever au-dessus d'elle comme des arches. Je vis l'aura de Margot s'étendre et prendre une teinte plus soutenue. Elle me regardait en face mais elle ne pouvait ni me voir ni m'entendre. Elle éprouvait seulement quelque chose de différent, de viscéral. Je chantai plus fort, jusqu'à ce que tous les anges de la pièce se retournent pour me regarder. Je voyais le cœur de Margot maintenant, plus fort, plus sain. Et je vis son âme, un cercle de lumière blanche, semblable à un œuf, remplie d'un seul désir : avoir une mère.

En chantant, je me concentrai de toutes mes forces sur la famille que j'avais vue dans le village. Je conçus un plan d'évasion, ainsi que des instructions pour Margot :

« Répands la rumeur que tu passes la nuit dans la Tombe. Cache-toi dans la chaufferie jusqu'à l'aube, faufile-toi dans la cour arrière et, quand le camion de livraison démarrera, monte dedans et cache-toi sous les sacs de charbon. Quand le camion ralentira pour traverser la clôture à moutons de l'entrée du village, saute et cours jusqu'à la maison qui a une porte bleu ciel. Ils te prendront chez eux. »

Quand j'arrêtai de chanter, Margot était assise toute droite dans son lit, ses genoux osseux ramenés contre sa poitrine, en train de réfléchir. Je voyais ses pensées : elle se représentait mon plan d'évasion, le soupesait. Oui, se disait-elle. Le camion de livraison passe à cinq heures du matin tous les jeudis – après-demain. Elle l'avait vu à quelques reprises. Le vieux Hugh, le conducteur, était sourd d'une oreille. Elle en tirerait parti.

Le lendemain matin, elle confia à Tilly, la fillette de onze ans qui occupait la couchette du dessus, qu'elle serait enfermée dans la Tombe cette nuit-là.

— Ouille, qu'est-ce que tu as fait ?

Margot n'avait pas songé à cela.

— Euh, j'ai fait une grimace à Miss Marx.

— Tu as fait une grimace à Miss Marx ? Quel courage ! Attends que je raconte ça aux autres !

À l'heure du déjeuner, toutes les tables bourdonnaient de ragots. L'anecdote avait pris de l'ampleur. Margot ne s'était pas contentée de faire une grimace. Bien pire. Elle avait traité Miss Marx de « tas de merde ». Quand Miss Marx avait essayé de traîner Margot jusqu'à son bureau pour la battre, Margot l'avait giflée, deux fois, avant de retrousser sa jupe pour lui montrer ses fesses. Margot serait sûrement condamnée à rester dans la Tombe pour l'éternité.

Le problème suivant se présentait à Margot : elle n'avait aucun moyen de mettre en scène son départ pour la Tombe. Depuis quelque temps, Hilda et M. O'Hare venaient chercher les délinquants, nus, à l'heure du coucher : seule cette exécution publique de la sentence suffisait désormais à assouvir la soif de châtiment d'Hilda. Margot répandit donc une autre rumeur : elle allait se cacher pour leur rendre la tâche plus ardue. Après tout, sa punition était déjà bien assez sévère. Comment pourraient-ils la corser ?

Il y avait une part de vérité à cela : Margot se cacha bel et bien. Après le dîner, encouragée par la plupart des autres enfants, elle fourra des restes de nourriture dans son cartable et fila dans le couloir vers la chaufferie, où elle tira une couverture sur ses genoux et attendit.

J'avais mis les autres anges au courant de mon projet. Sheren me dévisagea, inquiète.

— Tu sais ce qui va se passer ensuite, non ?

Je secouai la tête. Je n'avais aucun souvenir de cet événement, rien que l'espoir que nous réussirions. Sheren soupira et retourna dans le bureau d'Hilda en promettant qu'elle ferait son possible.

Heureusement, ce soir-là, c'était M. Kinnaird qui éteignait les lumières. Alors qu'il faisait le tour des dortoirs pour compter les têtes, il trouva le lit de Margot vide.

— Elle est dans la Tombe, monsieur, expliqua Tilly.

— Ah ? fit-il en vérifiant ses notes. Il n'y a personne dans la Tombe, pas ce soir en tout cas.

Tilly prit un air innocent.

— Vous avez encore oublié vos lunettes, n'est-ce pas, monsieur ?

C'était le cas.

— Ah oui, en effet. Eh bien je coche son nom, hein ?

Tilly hocha la tête. Des chuchotements parcouraient le dortoir. M. Kinnaird ne remarqua rien.

Margot n'arrivait pas à dormir, malgré la chaleur de la chaufferie qui l'y incitait. Les grincements et les bruits de la tuyauterie lui tordaient les entrailles : elle avait peur que quelqu'un n'ait deviné son plan et ne vienne l'arracher à sa cachette. Je restai avec elle toute la nuit, l'enveloppant dans ma robe lorsqu'elle commença à trembler de froid et de terreur, lui promettant que nous réussirions. La vision de la famille du village était tellement nette que Margot distinguait maintenant leurs visages. Elle brûlait de les rejoindre. Elle tambourinerait à leur porte et les supplierait de l'accueillir. « Je vous apporterai le petit déjeuner au lit ! Je ferai toutes les corvées de la maison ! Mais sauvez-moi de Saint-Anthony. Donnez-moi une famille. »

Le crissement du gravier rompit le silence de l'aube. Il faisait encore noir, mais les doigts du soleil taquinaient l'horizon. Le bruit du moteur crachotant du camion de livraison. Le fredonnement discordant de Hugh. « Maintenant », soufflai-je à Margot. Elle ramassa son cartable, ouvrit doucement la porte et s'avança sur la pointe des pieds dans l'air cinglant du matin.

Elle le voyait devant la maison, traînant lourdement ses bottes du camion à la porte d'entrée, déchargeant de gros sacs de nourriture, de charbon et de vêtements offerts par les villageois. Elle respirait à peine et son cœur battait si follement qu'on aurait dit qu'elle allait s'évanouir. Je m'avançai vers le camion pour voir si on risquait de la surprendre. Ses genoux fléchirent. Je l'attrapai juste avant qu'elle ne tombe. Je dus passer les deux bras autour de ses épaules pour qu'elle se ressaisisse. Je la pousse peut-être trop, songeai-je. Elle n'est peut-être pas prête.

Hugh remonta à bord du camion et mit le contact. Vite ! Margot fonça jusqu'à l'arrière du camion, ouvrit la porte et sauta sur des tas de légumes moisis, de sacs de charbon et de bois à brûler. Le camion se dirigea en cahotant vers la route principale.

Margot se cacha sous les sacs de charbon. Je portai mes mains à ma poitrine en sautant sur place. On avait réussi ! Elle s'était évadée ! Je songeai à la famille du village. Je me vis murmurant à l'oreille de la mère que Margot était la fille qu'elle n'avait jamais eue, la fille qu'elle avait appelée de ses vœux, qu'elle pourrait aimer et choyer à jamais.

Je regardai le camion s'éloigner, bringuebalant, et fondis en larmes. Margot pleurait aussi, le cœur si rempli d'espoir et de peur qu'elle craignait qu'il n'éclate.

Tout d'un coup, le moteur cala. En plein milieu de la route. Le camion s'arrêta. Hugh jura, remit le contact et fit grincer le levier de vitesse. Un toussotement mécanique s'éleva du capot. Je regardai à l'intérieur du moteur : noyé d'huile. Facile à réparer. Mais vite ! Hugh sifflait joyeusement en soulevant le capot.

Ce fut à ce moment-là que Sheren apparut à côté de moi.

— Je suis désolée, Ruth.

Je me figeai.

Le bruit d'une bousculade et un hurlement. On ouvrit les portières arrière du camion. Avant que je ne puisse réagir, des mains s'étaient abattues sur Margot. Hilda la traîna par les cheveux de l'arrière du camion jusqu'à la porte d'entrée de Saint-Anthony, sans que le vieux Hugh se rende compte de quoi que ce soit.

À ce moment précis, la vision de la famille du village s'évanouit. Comme s'ils étaient morts. Pour Margot, cela revenait au même.

Cette fois, Hilda ne la roua pas de coups de poings et de coups de pieds ; pour la battre, elle ne se servit pas non plus du fouet, mais du sac de charbon, petit mais lourd, auquel Margot s'était agrippée lorsqu'on l'avait traînée hors du camion. Sheren sanglotait en chantant à Hilda, faisant tout ce qui était en son pouvoir pour l'empêcher de soulever le sac au-dessus de sa tête et de l'abattre sur le petit corps de Margot gisant par terre. Quant à moi, je ne pouvais rien, à part empêcher chaque impact du sac de charbon de lui fracasser le crâne ou de lui faire éclater les reins. Plus tard, alors que tous les anges passaient leurs nuits à soigner Margot dans la Tombe, nous formâmes un cercle autour d'elle, pour guérir ses blessures et empêcher le poison de la punition d'Hilda de s'infiltrer jusqu'au cœur de la vie de Margot.

L'idée d'évasion que j'avais semée dans l'esprit de Margot ne disparut pas pour autant. Au contraire, elle s'y enracina ; il lui poussa des branches et des feuilles.

Elle porta ses fruits de manière inattendue.

Margot avait douze ans lorsque Hilda décida de la tuer. Sheren me divulgua cette information la mort dans l'âme, mais elle n'avait pas le choix car il ne s'agissait pas seulement d'une idée en l'air : le projet d'Hilda tuerait Margot à coup sûr si nous n'intervenions pas. La tentative d'évasion de Margot démontrait qu'il fallait lui rogner les ailes une fois pour toutes. Elle serait donc enfermée un mois entier dans la Tombe : la plus longue sentence jamais infligée à un enfant à Saint-Anthony.

Le réconfort des anges ne suffirait pas, cette fois. Il fallait l'empêcher d'entrer dans la Tombe. Sheren me demanda de suivre ses instructions à la lettre. Je la fixai des yeux un moment. Je ne songeais plus depuis longtemps à ce qu'elle avait jadis été. J'avais oublié ma haine pour elle. Je lui avais pardonné.

Sheren nous pria de laisser Margot se faire tirer du lit ce soir-là. Hilda et M. O'Hare l'entraînèrent dans les toilettes du rez-de-chaussée, la déshabillèrent et la poussèrent si violemment contre le vieux radiateur rouillé qu'elle perdit conscience. J'étais au bout du rouleau. Incapable de me contenir plus longtemps, je me tournai vers Sheren.

— Répète ceci à Margot, dit-elle rapidement.

Je m'agenouillai près de Margot en lui tenant la tête. Une coupure, au-dessus de son œil, saignait abondamment. Son souffle était peu profond. Elle était toujours inconsciente. Hilda ordonna à M. O'Hare de retirer sa ceinture.

Je répétai les mots de Sheren :

« Quand Hilda était petite, elle aimait Marnie plus que tout en ce monde. Et Marnie l'aimait. Mais Marnie mourut et Hilda fut très, très triste. Aujourd'hui, Marnie regarde Hilda et c'est Marnie qui est triste. S'il te plaît, répète après moi, Margot : "Si Marnie vous voyait maintenant, elle se tuerait à nouveau." »

Margot toussa et revint à elle.

— Monsieur O'Hare, c'est quand vous voulez, déclara Hilda.

Il brandit sa ceinture, mais son ange l'arrêta – un éclair de pitié avait permis à l'ange de M. O'Hare d'intervenir et de retenir son bras. Lentement, il l'abaissa et consulta Hilda du regard, incapable de frapper Margot tant qu'elle était par terre.

Sheren et moi flanquions Margot, qui se releva. Nue et ensanglantée, elle se tourna vers Hilda, inspira profondément, rageusement, et avant que les scrupules de M. O'Hare n'aient pu se dissiper, elle récita :

— Si Marnie pouvait vous voir maintenant, elle se tuerait à nouveau.

Hilda en resta bouche bée. Elle plissa les yeux.

— Qu'est-ce que tu viens de dire ?

Sheren me chuchota autre chose, que je relayai à Margot.

La mâchoire de Margot se serra. Elle parla haut et fort.

— Qu'est-ce que Marnie vous a dit avant de mourir ? « Sois gentille, pour qu'on se revoie au Paradis. » Regardez-vous maintenant, Miss Marx. Hilda.

Marnie est triste. Vous êtes devenue comme Ray, et Dan, et Patrick, et Callum.

Les prénoms de ceux qui avaient abusé d'Hilda. Cette fois, ses yeux se remplirent de larmes. Son aura vira au rouge et la haine déforma ses traits. Elle se jeta sur Margot et la gifla. J'en ressentis la brûlure. Margot tourna la tête pour fixer Hilda et M. O'Hare. Ni l'un ni l'autre ne bougeait. La fillette ramassa ses vêtements, tourna les talons et sortit de la pièce.

« Maintenant, cours. »

Dès qu'elle s'aperçut qu'ils ne la poursuivaient pas, Margot prit ses jambes à son cou. Passant sa jupe et son pull, elle ouvrit précipitamment la porte d'entrée pour se ruer jusqu'au bout de l'allée. Et là, entre deux piliers en pierre, nous nous arrêtâmes toutes les deux pour regarder derrière nous. Margot haletait – l'adrénaline la faisait tellement saliver qu'elle arrivait à peine à avaler. J'agitai la main pour saluer tous les anges qui s'étaient rassemblés devant le bâtiment. Ce serait la dernière fois que je verrais la plupart d'entre eux. Je cherchai Sheren des yeux. Elle leva les deux bras, comme elle l'avait fait en m'apprenant le Chant des Âmes, et je hochai la tête. Je savais ce qu'elle voulait me dire par là.

Lorsque Margot eut repris son souffle, nous nous mîmes en route pour le village. Titubant dans l'aube, frigorifiée, à moitié morte, Margot trouva la porte bleu ciel et la martela de ses poings jusqu'à ce qu'un homme échevelé et effaré lui ouvre. Elle tomba à genoux et pleura à ses pieds.

10.

Le marché de Grogor

L'homme qui avait ouvert n'était pas celui de ma vision.

La famille de la vision avait vendu la maison pour rentrer à Exeter : le nouveau propriétaire y habitait depuis plus d'un an.

Mais, lorsque je le vis, je bondis de joie et le pris dans mes bras pour l'embrasser, avant de me mettre à tourner en rond en me tordant les mains et en parlant toute seule comme une cinglée, pendant que Margot lui expliquait qui elle était et pourquoi elle avait rampé jusqu'à sa porte à huit heures du matin avec l'air d'être rescapée d'un naufrage.

J'avais le sentiment d'être Énée descendant aux Enfers pour y retrouver tous ceux qu'il avait aimés et perdus. Car cet homme était Graham Inglis, que j'avais appelé papa pendant dix longues et merveilleuses années. Je ne m'étais jamais consolée de sa mort et je mis plusieurs semaines à assimiler le fait qu'il était de nouveau là, avec son visage rougeaud criblé de verrues comme celui d'une vieille truie, ses rots et ses pets monstrueux; il était là, cet homme qui n'arrêtait pas de parler, même la bouche pleine de tourte à la viande, et qui pleurait au moindre prétexte. Papa ne se contentait pas d'avoir le cœur sur la main. Il vous le tendait dès la première rencontre et le laissait saigner jusque dans vos veines.

Graham drapa une vieille couverture autour des épaules de Margot, la fit rentrer et lui prépara une boisson chaude. Il lui dit de rester là pendant qu'il allait chercher Irina – qui fut ma maman pendant un an – et tandis qu'ils conduisaient Margot calmement dans le salon. Je restai dans le couloir, haletante. C'était trop. J'étais figée sur place, je me parlais toute seule, ébahie, en toisant maman comme si elle pouvait disparaître à tout instant. Je m'imprégnais de tout ce qui m'avait tant manqué : ses mains dodues et douces toujours tendues en offrande, la façon dont elle donnait des coups de coude dans le ventre de Graham lorsqu'il disait une blague ou une énormité tout en retenant un gloussement, la manie qu'elle avait de lisser sa queue-de-cheval entre le pouce et l'index lorsqu'elle réfléchissait. Les profondeurs veloutées et parfumées à la rose de son étreinte. S'ils avaient été là à la naissance de Theo… Disons simplement que ma vie aurait été un peu moins chaotique.

Mais je digresse. Pendant un moment, je perdis un peu les pédales. Je me dirigeai vers le jardin où Gin, le labrador noir le plus affectueux du monde, bondit vers moi. Nan était debout sous le pommier. Elle me rejoignit aussitôt. Je l'enlaçai en sanglotant.

— Nan, m'écriai-je, le nez contre son épaule tiède et solide, tu sais qui je viens de voir?

Elle hocha la tête et m'agrippa les épaules.

— Oui, bien sûr que je sais, mais… du calme…

Je déglutis, stupéfaite. Les mains de Nan sur mes épaules me ramenaient sur terre, pour ainsi dire. Je me calmai instantanément.

— Désolée, me repris-je, je suis tellement…

Elle posa un doigt sur mes lèvres.

— Marchons un peu, proposa-t-elle. Il faut qu'on parle.

Avant que je ne relate notre conversation, un souvenir.

C'était une semaine avant la mort de maman. Un samedi matin, je fus réveillée par une curieuse sensation : une espèce d'immobilité dans l'air, trop palpable, trop lourde pour être paisible. Mon cœur battait à tout rompre sans raison. Je me levai pour aller voir maman. Elle était toujours au lit : son visage formait une tache jaune sur les draps blancs. Je regardai par la fenêtre et vis papa qui partait faire sa promenade matinale avec Gin. J'aspergeai mon visage d'eau froide. La sensation était devenue un hurlement, j'avais les tripes nouées, je devinais qu'il allait arriver quelque chose. Nous savions que maman était très malade, mais ce n'était pas sa mort que je pressentais. Je me demandai si on n'avait pas commis un meurtre dans les champs durant la nuit. Y avait-il quelqu'un dans la maison ? En descendant l'escalier, je posai le pied sur chaque marche aussi lentement et doucement que possible afin de ne pas les faire grincer. En bas des marches, je savais qu'il fallait que je me ressaisisse. Je pris la lourde tasse à café de papa sur le bord de la fenêtre et passai dans le salon. En y entrant, je poussai un cri. Un homme de très haute taille vêtu d'un costume à rayures tennis se tenait devant la cheminée, mais il n'avait pas de jambes, rien que des volutes d'épaisse fumée noire, comme s'il brûlait ou se dissolvait sur place. Lorsqu'il se retourna pour me regarder, ses yeux étaient entièrement noirs, sans blanc. La tasse de café de papa me tomba des mains et se fracassa par terre. Quand je regardai de nouveau, l'homme avait disparu.

Je n'ai jamais raconté ce souvenir à qui que ce soit.

Si je l'évoque maintenant, c'est parce que Nan m'en parla comme si elle avait assisté à la scène ; l'homme sans jambes n'était ni le fruit de mon imagination ni un fantôme. Il s'appelait Grogor. Grogor était un démon, m'apprit Nan. Il était déjà sur place. Et j'allais bientôt faire sa connaissance.

Jusque-là, je n'avais rencontré les démons que sous forme d'ombres ou de présences menaçantes, non sous forme d'individus. J'avais vu ceux qui vivaient chez Sally. Parfois, son visage se dédoublait, comme si une image s'y superposait, lorsqu'un démon affleurait à la surface ; son aura se transformait souvent comme un ciel d'orage, passant de l'orangé au noir d'encre. J'avais vu un brouillard sombre flotter dans le hall d'entrée de Saint-Anthony, si dense parfois que les anges devaient le contourner. Et de temps en temps, lorsque j'observais attentivement Hilda, ce que j'avais pris pour une extension de son aura était apparu comme une influence atmosphérique sinistre, gorgée de méchanceté et de mépris. Toutefois, pour l'instant, nous avions coexisté sans frayer.

Maintenant, apparemment, l'un d'entre eux cherchait l'affrontement.

— Pourquoi veut-il me rencontrer ? demandai-je à Nan.

— Il est ici pour affaires, expliqua Nan. Il veut te proposer un marché.

Je m'immobilisai et me tournai vers elle.

— Tu veux dire qu'il est ici parce que j'y suis ?

— Je le crains.

— Quelle est sa proposition ?

— Il veut que vous partiez, toi et Margot.

— Sinon ?

Nan soupira. Elle regrettait de devoir me l'apprendre.

— Sinon il rendra ta mère malade.

Voilà pourquoi Nan avait hésité à parler. Mes genoux flanchèrent un peu et je dus m'appuyer sur elle, le temps d'assimiler cette information.

Maman était tombée malade très brusquement environ un mois après mon arrivée. Personne ne comprenait ce qu'elle avait. Les médecins ne trouvaient rien. Les médicaments n'agissaient pas. Jusqu'à la minute de sa mort, papa avait été absolument, totalement convaincu qu'elle s'en tirerait. Moi aussi.

Je m'accroupis et pressai le visage contre mes cuisses en sanglotant.

Nan venait de m'apprendre que c'était moi qui avais tué maman. Si je n'étais pas apparue à leur porte, ils ne m'auraient jamais accueillie, et elle aurait vécu encore vingt ou trente années de bonheur. Papa n'aurait pas été anéanti par la souffrance.

Je devrais prendre mon courage à deux mains pour affronter Grogor. Nan et moi revînmes vers le cottage. Avant de se diriger vers le pommier, elle me caressa le visage.

— Rappelle-toi que tu es un ange. La toute-puissance de Dieu te soutient. Tu n'en soupçonnes pas encore l'étendue.

Sur ces mots, elle disparut.

Le spectacle qui m'attendait à l'intérieur du cottage me rendit le sourire. Margot était assise au coin du feu, blottie sous la couverture crasseuse, une tasse fumante posée sur ses genoux maigrichons. Elle expliquait en bégayant, tremblante, comment elle avait abouti chez Graham et Irina. Elle leur expliqua la raison pour laquelle elle s'était retrouvée à Saint-Anthony et tout ce qui s'y passait, elle leur raconta la Tombe et les enfants qu'on battait avec des briques, elle leur dit que les bleus sur son visage venaient d'une raclée administrée quelques heures auparavant. Elle décrivait tout cela d'une voix tellement prosaïque qu'ils ne doutèrent pas un seul instant de la véracité de ses propos : ils se contentaient de lui redonner du thé. Au bout d'un moment, ils prirent des notes. Quand Margot eut fini son récit, elle pleura longtemps. Graham passa son imper pour aller au commissariat.

Quand Irina me frôla, des informations qui allaient bien au-delà de ce que je savais d'elle m'emplirent l'esprit. Je vis son père – un homme froid aux lèvres pincées – sans l'avoir jamais rencontré ni avoir vu une photo de lui. Je vis des conflits avec Graham qui n'avaient jamais été résolus, je vis son amour profond pour cet homme, enraciné dans son âme comme un vieil arbre; je vis son regret le plus amer. Un avortement. Graham à son côté. Tous deux très jeunes. Maman, je suis désolée, songeai-je. Je ne savais pas.

Irina passa dans la cuisine sans se rendre compte de ma présence. Je la suivis et j'entourai sa taille épaisse des deux bras. À cet instant-là, elle se retourna pour regarder devant elle. Au début, je crus qu'elle fixait la porte de la cuisine. En fait, elle observait Margot par la porte entrouverte. Elle sourit. Quelle jolie petite fille, nota-t-elle. Oui, en effet, approuvai-je en retour. Je crois qu'elle dit la vérité, pensa-t-elle. Oui, tout est vrai. Tout est vrai, confirmai-je.

Au cours des deux semaines suivantes, je repoussai les révélations de Nan au sujet de Grogor. Après le passage de Graham au commissariat, Saint-Anthony avait reçu la visite surprise d'un inspecteur accompagné de deux agents de police. Ce qu'ils y découvrirent les conduisit à fermer l'établissement immédiatement. Des rumeurs circulèrent dans le village : on parlait d'un enfant de cinq ans enfermé sans eau ni nourriture pendant près d'une semaine dans une pièce si exiguë qu'il pouvait à peine s'y tenir debout. Cet enfant était maintenant en réanimation. Les autres avaient été dispersés dans des foyers d'accueil et des orphelinats partout dans le pays. Quant à Hilda Marx, on l'avait retrouvée dans son bureau, sans vie, un flacon de comprimés dans une main, une bouteille de sherry vide dans l'autre.

À la radio – les Inglis n'avaient pas la télé –, nous entendîmes des membres du gouvernement déclarer qu'ils s'engageaient à verser des subventions plus importantes aux orphelinats du pays, et promettre « solennellement » d'améliorer les conditions de vie des enfants. Irina regarda Margot, qui buvait un bouillon de poulet.

— Tu devrais être fière de toi, ma chérie, s'exclama-t-elle. C'est à toi qu'on doit tout ça.

Margot sourit et détourna le regard. Lorsqu'elle releva les yeux, Irina était toujours debout devant elle. Quand elle s'agenouilla devant Margot, ses genoux arthritiques craquèrent. Elle prit les petites mains froides de Margot dans les siennes.

— Graham et moi, nous aimerions que tu restes ici aussi longtemps que tu voudras. Ça te plairait ?

Margot hocha rapidement la tête.

— Oui, souffla-t-elle.

Irina sourit. Son sourire me rappelait beaucoup celui de Nan. Je suppose que c'était pour cette raison que j'avais tout de suite fait confiance à Nan. Le visage d'Irina était ridé et rougeaud, ses yeux d'un bleu de mer des Caraïbes, ses cheveux épais et blonds comme ceux d'une jeune fille, avec une queue-de-cheval bondissante. Elle plissa les yeux. Son sourire s'effaça brusquement. Margot se demanda un instant si elle avait fait quelque chose de mal.

— Es-tu un fantôme venu me hanter? demanda Irina très sérieusement.

Une question se formula dans l'esprit de Margot – je me rappelais l'avoir pensée : « Est-ce à moi qu'elle parle? » La perplexité se peignit sur ses traits. Irina cala quelques mèches des cheveux de Margot derrière ses oreilles. En guise d'explication, elle murmura :

— C'est simplement que... tu me ressembles beaucoup, lorsque j'étais petite. Je pensais que...

Ce qui n'éclairait pas Margot. Elle n'y comprenait rien; elle eut peur d'être chassée. Mais je compris, moi : Irina se demandait si Margot était le fantôme de l'enfant dont elle s'était fait avorter bien des années auparavant. Je m'avançai vers Margot et posai la main sur son épaule pour dissiper l'angoisse qui lui montait à la gorge.

— Oublie ce que j'ai dit, fit doucement Irina. On a de drôles d'idées dans la tête quand on a vécu trop longtemps, comme moi.

Elle se releva et alla faire griller du pain pour Margot.

Graham et Irina étaient tous deux écrivains. Graham pondait des polars provocants et sensationnalistes sous le pseudonyme de Lewis Sharpe. Irina était poétesse : elle avait peu de lecteurs mais ils lui étaient dévoués. Trop timide pour donner des lectures publiques, elle rédigeait ses poèmes en prenant son temps, avec soin, assise au coin du feu, et produisait un mince volume profondément émouvant tous les quatre ans. Son nouveau recueil s'appelait *La Fileuse de mémoire* et elle l'avait presque terminé.

Ils passaient leurs soirées à écouter la radio ou, le plus souvent, à parler littérature. Margot tombait en plein milieu d'un débat : Lady Macbeth avait-elle eu ou non des enfants ?

— Évidemment, qu'elle a eu des enfants ! Pourquoi diable parlerait-elle de donner le sein si elle n'en avait pas eu ?

— C'est une métaphore, Irina ! Ce n'est qu'une ruse pour pousser Macbeth à tuer Duncan !

Elle joua ensuite les arbitres silencieux dans une dispute houleuse sur les mérites respectifs de Sylvia Plath et de son mari Ted Hughes.

— C'est impossible à mesurer ! À quel titre serait-il meilleur poète qu'elle ?

— Arrête, avec ta psychologie de bazar !

Intriguée, Margot se mit à passer de longs après-midi à dévorer les écrits de Plath, Hugues, Shakespeare, Plaute, Virgile, Dickens, Updike, Parker, Fitzgerald et Brontë. Les livres de Saint-Anthony étaient des vieux bouquins écornés offerts par des associations caritatives ou des écoles : les lectures de Margot s'étaient faites au petit bonheur la chance, entre les romans à l'eau de rose et la poésie du XVIIe siècle. Plus souvent les premiers que la seconde. Maintenant, taraudée par des questions qui devaient à tout prix être résolues (Heathcliff était-il irlandais ?) et des ambiguïtés narratives qui devaient être élucidées (Hamlet et Ophélie étaient-ils frère et sœur ou amants ?), Margot lisait rapidement et attentivement. Elle était décidée à intervenir dans ces conversations au lieu de passer son temps à se demander si Caliban et Énée étaient des personnes ou des planètes. En plus, elle adorait les défis.

J'étais tourmentée par ce que m'avait dit Nan, sur le fait que je n'appréhendais pas la totalité du monde spirituel. J'avais aperçu l'ange gardien d'Irina deux ou trois fois, mais celui de Graham ne donnait pas signe de vie. La communauté des anges de Saint-Anthony me manquait. Je me demandais pourquoi je ne voyais pas tout le temps les anges, pourquoi les démons et les fantômes ne pullulaient pas autour de moi, pourquoi j'avais parfois l'impression d'être humaine.

Je savais cependant que Grogor était là ; son invisibilité lui donnait un avantage sur moi et cela m'inquiétait. Il fallait peut-être que je le cherche davantage.

Cela se produisit un soir, alors que Graham, Irina et Margot discutaient du poème *Trois Femmes*, de Sylvia Plath. Graham venait de lancer une plaisanterie sur le film de Polanski, *Rosemary's Baby*. Irina et lui avaient éclaté de rire. Margot, qui ne voulait pas être hors du coup, avait décidé qu'elle verrait ce film coûte que coûte. Riant toujours, Irina alla chercher un verre d'eau dans la cuisine. Elle referma soigneusement la porte derrière elle. Je vis son sourire s'effacer rapidement. Elle s'appuya sur le bord de l'évier et regarda par la fenêtre. Lentement, elle pencha la tête et de grosses larmes brûlantes tombèrent dans l'évier.

Alors que j'étais sur le point d'aller la réconforter, un homme apparut à côté d'elle. Il l'enlaça et posa la tête sur son épaule. Une seconde, je crus qu'il s'agissait de son ange gardien, jusqu'à ce que je remarque le costume à rayures et la fumée noire hideuse qui remplaçait ses jambes. Il l'étreignait comme un amant, lui chuchotait à l'oreille, lui caressait les cheveux.

L'ange gardien d'Irina apparut de l'autre côté de la fenêtre. Il avait l'air furieux et affolé : les mains appuyées contre la vitre, il suppliait qu'on le laisse entrer. C'était comme s'il était enfermé dehors. Mon regard alla de Grogor à l'ange à l'extérieur. Je n'y comprenais rien. Ce que Grogor disait à Irina la bouleversait de plus en plus, et, pour une raison quelconque, son ange gardien n'y pouvait rien.

J'intervins.

— Hé ! m'exclamai-je à haute voix.

Sans lâcher Irina, Grogor se retourna pour me regarder. Il sourit. Je détournai les yeux de ses immondes yeux noirs dont les pupilles semblaient nager dans le goudron, et de sa curieuse peau semblable à de la cire fondue.

— Il paraît que tu me cherches ? lançai-je.

Très lentement, il se tourna de nouveau vers Irina.

— Hé ! criai-je. Je te parle.

Avant que l'ange gardien d'Irina ou moi-même n'ayons pu régir, Grogor enfonça la main dans le corps d'Irina aussi facilement que dans une armoire et y déposa quelque chose. L'ange d'Irina martela la vitre de ses poings avant de disparaître. Grogor aussi, mais une seconde plus tard, il était devant moi. Il me scruta de la tête aux pieds.

— Alors c'est de ça que tu auras l'air plus tard.

Je n'arrivais pas à situer son accent, mais sa voix était étonnamment nasillarde.

— Ma réponse est « non », alors fous le camp.

Il sourit – je constatai, dégoûtée, qu'il n'avait pas de dents, rien qu'un trou gris et mouillé en guise de bouche – et hocha la tête.

— Nandita est passée te voir, c'est ça ? Je parie qu'elle ne t'a pas tout raconté.

— Je crois qu'elle m'en a assez dit.

Il cracha sur moi. Il cracha littéralement sur moi – un glaviot noir et gluant sorti des profondeurs de cette bouche infâme – et disparut.

Je m'essuyai le visage, prise d'un haut-le-cœur. Irina se redressa aussitôt. On aurait dit qu'un immense fardeau venait de lui être retiré. La porte de la cuisine s'ouvrit. C'était Graham. Elle s'essuya rapidement les yeux de sa manche et se retourna pour lui sourire.

— Ça va, ma chérie ?

Elle prit son verre d'eau.

— J'avais oublié ce que j'étais venue chercher. Tu me connais.

Il hocha la tête, peu convaincu, et attendit qu'elle le suive dans le salon.

Cette nuit-là, je dormis auprès de Margot en l'enveloppant avec ma robe pour la protéger. J'étais furieuse contre les deux autres anges qui traînaient dans la maison. Si nous avions travaillé en équipe, nous aurions peut-être pu foutre Grogor à la porte. Mais ils refusaient de se montrer.

Juste avant le lever du soleil, Grogor apparut au-dessus de moi, flottant à côté de l'abat-jour comme un nuage d'orage doté d'un visage. Je fis comme s'il n'était pas là. Au bout de quelques minutes, il parla.

— La maladie d'Irina est particulièrement douloureuse. C'est une très vilaine mort qui l'attend, la pauvre. Évidemment, tout ce qu'il te suffit de faire, c'est d'emmener Margot ailleurs, et Irina ira beaucoup mieux.

Je levai la tête et le menaçai du regard.

— Pourquoi Irina ? sifflai-je. Elle n'a rien à voir dans tout ça. Cette histoire, c'est entre toi et moi.

Il s'approcha de mon visage, si près que je sentis son haleine sur mon visage. Je serrai les dents.

— Toi et moi ? répéta-t-il. Et qui se dresse entre toi et moi, à ton avis ?

Je me reculai pour enlacer plus étroitement Margot. Lorsqu'il me lança un rocher de goudron, je levai la main et élevai un champ de protection autour du lit. Comme un dôme de lumière, le bouclier absorba la masse noire et gluante. Grogor se transforma en nuage de suie pour envelopper le rempart jusqu'à ce qu'il en ait presque effacé la lueur. Je dus me concentrer de toutes mes forces pour que le champ reste intact, pour l'empêcher d'y pénétrer. Il finit par y renoncer, reprit son immonde forme semi-humaine et se colla contre le dôme.

— Rappelle-toi simplement ceci. Elle n'est pas obligée de mourir.

Que faire ? Chaque jour, au contact d'Irina, Margot devenait plus intelligente, plus heureuse ; elle se hissait manifestement hors du gouffre affectif dans lequel l'avait plongée Saint-Anthony. J'observais, le cœur brisé, la maladie croître en Irina comme une mauvaise herbe. Bientôt, elle se plaignit de démangeaisons. Un soir, dans la lueur du feu, Margot remarqua qu'elle avait mauvaise mine.

— Ça va, Irina ?

Irina fit comme si elle n'avait pas entendu la question et répondit :

— Appelle-moi maman.

Margot passait ses après-midi à lire ou à regarder par la fenêtre de sa chambre les autres enfants qui jouaient dans le jardin des voisins de Graham et Irina, en regrettant de ne pas avoir d'amis. Je lui glissai :

« Passe du temps avec maman, Margot. Sinon, tu le regretteras. »

Elle referma donc la fenêtre et descendit à la cuisine, où Irina, assise en peignoir, s'efforçait de boire une tasse de soupe, la gorge trop serrée pour en avaler plus d'une goutte à la fois. Sans un mot, Margot s'assit en face d'elle. Lentement, elle nourrit Irina à la petite cuiller. Irina entourait de ses mains osseuses celles de Margot chaque fois qu'elle portait une cuillerée à sa bouche. Elles se regardaient les yeux dans les yeux en silence. Quand Margot eut fini, les dernières gouttes de soupe étaient froides et elle avait le visage inondé de larmes.

J'aurais du mal à expliquer pourquoi j'ai sollicité Grogor. Ce n'était pas forcément parce que je ne voulais pas endurer la douleur de perdre maman. Margot était comme mon enfant, mais souvent, ses expériences et ses chagrins n'étaient plus les miens. Nous commencions déjà à nous distinguer l'une de l'autre.

Je dis à Grogor que c'était moi qui partirais ; que Margot resterait. J'en parlerais à Nan. Nous trouverions un autre ange gardien à Margot, si c'était ce qu'il fallait. Je ne savais pas si c'était possible ou même envisageable, mais j'étais prête à tenter le coup. Le regard de Graham, qui voyait Irina passer de plus en plus de journées au lit, me faisait souffrir le martyre.

La réponse de Grogor me surprit.

— Intéressant, commenta-t-il.

Et il disparut.

Maman s'accrocha plusieurs mois mais elle mourut dans la douleur et sans dignité. Il y eut des moments de réconfort. L'ange gardien d'Irina parut plus souvent, pour renforcer ses muscles afin qu'elle puisse s'asseoir dans son lit, lui donner des aperçus du Paradis dans ses rêves, la persuader de dire à Graham et à Margot les choses qu'ils avaient désespérément besoin d'entendre. Qu'elle les aimait. Qu'elle serait toujours là avec eux. Qu'il était absolument impossible qu'Hamlet et Ophélie soient frère et sœur, et que

Graham devrait se faire examiner par un psychiatre rien que pour l'avoir envisagé. Elle était d'accord avec la théorie de Margot au sujet de Caliban, en revanche : c'était une femme, indéniablement.

Ses obsèques eurent lieu par un lundi matin pluvieux d'octobre. Un petit groupe de proches et d'anges se rassemblèrent auprès du prêtre autour de la fosse. Lorsqu'on descendit le cercueil en terre, je m'éloignai autant que possible de la foule, enfouissant mes pleurs dans les plis de ma robe. En me retournant, je vis Margot, qui broyait ses larmes de ses poings, et Graham, livide et anéanti, et je compris que je devais les aider à traverser cette épreuve. Je rejoignis donc Margot, l'enlaçai et l'incitai à tenir Graham par le bras. Il était un peu éloigné d'elle, à sa gauche. Elle hésita.

« Je sais que c'est difficile pour toi. Jusqu'ici, c'est de maman que tu étais le plus proche. Mais Graham a besoin de toi maintenant. Et tu as besoin de lui. »

Elle inspira. Le prêtre lisait un psaume : « L'ange de l'Éternel campe autour de ceux qui le craignent et les délivre… » J'observai Margot tendre le bras et, très lentement, le glisser sous celui de Graham. Il revint à lui à ce moment-là et se décala un peu pour se rapprocher d'elle.

— Ça va, papa ?

Graham cligna des yeux. Il hocha la tête pendant quelques instants. C'était la première fois qu'elle l'appelait « papa », et cela lui donna du courage. Il enveloppa de sa main rugueuse celle de Margot tandis qu'elle s'agrippait à son bras. J'aurais pu jurer qu'il souriait.

Je mis plusieurs années à comprendre comment un démon pouvait tuer un être humain. Plus tard, Nan m'apprit que ce n'était pas lui, mais la culpabilité qui avait tué maman. Ou du moins, sa culpabilité de s'être fait avorter tant d'années auparavant avait été le terreau fertile où le germe planté par Grogor avait pu s'enraciner. L'explication ne me consolait pas. Au contraire, elle planta en moi une autre sorte de semence – celle de la vengeance.

11.

Sketch sur le thème de l'arrogance

Bon, autant que je vous prévienne. Adolescente, je n'étais pas un ange.

Désolée, c'était plus fort que moi. Mais vous voyez ce que je veux dire.

Lorsque j'atteignis ma treizième année, mon univers se rétrécit soudain jusqu'à atteindre la taille d'un sac en papier contenant de la colle. J'avais découvert que cette substance magique était à la fois capable de fixer les posters de mes chanteurs préférés aux murs de ma chambre et de m'arracher à la douleur installée chez moi à demeure depuis la mort de maman, comme si elle avait planté ses bottes boueuses sous la table de la cuisine. Peu de temps après mon inscription à l'école du village, on voulait déjà m'en expulser. Papa se battit pour qu'on me garde. J'étais première de classe en anglais et on accepta, à condition que j'arrête de faire l'école buissonnière et d'encourager les autres gamins à se défoncer.

Dans les années qui suivirent la mort de maman, j'errai comme un loup solitaire : j'écrivais des poèmes déchirants, la nuit, pour tuer le silence, j'avais de mauvaises fréquentations, je regardais papa passer ses journées les yeux rivés sur l'horloge de la cheminée, qui s'était arrêtée depuis longtemps. Il finit par terminer un nouveau roman. Je lisais ses manuscrits et lui faisais des remarques détaillées. Il riait de mon aptitude précoce à repérer les faiblesses de l'intrigue ou des personnages. Il souleva un jour sa vieille machine à écrire de son bureau et la posa sur ma coiffeuse. « Écris », m'ordonna-t-il. J'obéis.

Des trucs nuls, au début. Ensuite, des nouvelles plutôt correctes. Puis des lettres d'amour destinées à un grand dégingandé du nom de Seth Boehmer. On aurait dit que Seth avait du mal à se tenir debout ou à rester assis sans bouger. Il gominait ses cheveux noirs de façon qu'une mèche se rabatte sur la moitié de sa figure comme l'aile d'un corbeau mort. Il regardait rarement qui que ce soit dans les yeux, et gardait ses mains enfoncées dans ses poches en permanence. Mais j'avais seize ans, il en avait vingt, il était taciturne et il roulait à tombeau ouvert. Comment aurais-je pu ne pas tomber amoureuse de lui ?

Je regardai Margot s'enfoncer avant de la rejoindre au fond du trou. Je levais les yeux au ciel et je me parlais toute seule. Traitez-moi de cynique. Tout ça, je l'avais déjà vécu, déjà fait, et maintenant ça me donnait envie de vomir. Seth était une espèce de jalon : je commençais à mesurer le chemin que j'avais parcouru depuis que Margot s'était engagée sur la voie de l'autodestruction.

Désormais, tout cela avait perdu son charme. C'était comme si je regardais une comédie romantique ratée – de celles où l'on sait exactement qui est qui, ce qui va suivre, comment ça va se passer, et où l'on peut prévoir l'arrivée des violons à la seconde près. C'était d'un ennui mortel. Et j'avais peur. Je voyais des choses que je n'avais jamais, au grand jamais vues auparavant. Je ne parle pas du monde spirituel, d'auras ou de trompes de Fallope. Je parle des conséquences de mes expériences à Saint-Anthony. Bien que nous ayons fait l'impossible pour les empêcher de gâcher la vie des enfants qui franchissaient le seuil de Saint-Anthony, certaines eurent malgré tout de mauvaises répercussions. Seth, par exemple.

Margot rencontra Seth alors qu'elle passait la nuit chez Sophie, sa meilleure amie. C'était le cousin de Sophie. Après avoir perdu ses parents très tôt, il avait vécu plusieurs années chez ceux de Sophie : bien qu'il ait hérité de la ferme familiale, il préférait passer la plupart de ses soirées dans le pavillon infesté de chats de sa tante et de son oncle. Depuis que Sophie avait commencé à inviter des copines à dormir chez elle, Seth débarquait de plus en plus souvent avec son oreiller et ses couvertures.

Sketch sur le thème de l'arrogance.

Décor : la cuisine. Heure : le milieu de la nuit. Ambiance : un brin sinistre. Une fille de seize ans descend au rez-de-chaussée sur la pointe des pieds. Elle fouille les armoires pour trouver du paracétamol – ses crampes menstruelles l'empêchent de dormir. Elle n'aperçoit pas la silhouette assise à la table de la cuisine, qui lit en fumant. La silhouette l'observe quelques minutes. Il l'a remarquée la veille pendant que Sophie et sa bande de chipies se tartinaient de maquillage. Grande (un mètre soixante-quinze), mince comme le sont les gamines de seize ans (petit bedon, cuisses effilées), d'épais cheveux d'un blond nordique qui lui arrivent à la taille. Des lèvres roses pulpeuses, des yeux impertinents. Et un rire très coquin. Il la regarde fouiller les armoires avant d'annoncer sa présence.

— Tu fais un casse, ou quoi ?

Margot fait volte-face, laissant tomber par terre une dizaine de boîtes de comprimés contre la migraine. La silhouette attablée se penche et agite la main comme la reine d'Angleterre. Le clair de lune révèle qu'il s'agit du cousin de Sophie.

— Salut, dit-il d'une voix atone.

Elle glousse.

— Salut, répond-elle, tellement gênée que ça me consterne. Qu'est-ce que tu fais là ?

Il ne répond rien. Mais il tapote la table. Docile, elle s'assied immédiatement en face de lui. Il aspire profondément une bouffée de cigarette, tout en évaluant combien de temps elle lui accordera. Comment l'accrocher en faisant le moins d'efforts possible. Elle passe l'examen haut la main.

— Alors, reprit-il en grattant ses rouflaquettes de l'ongle de son pouce. Je ne dors pas. Tu ne dors pas. Et si on faisait un truc plus intéressant que regarder le clair de lune ?

Encore des gloussements. Puis, quand il sourit, mon rire d'adolescente.

— Quoi, par exemple ? Un gâteau ?

Il lance son mégot dans l'évier, pose les mains à plat sur la table et cale son menton dessus en lui souriant comme un chien.

— Tu es maligne, tu sais bien ce que je veux dire.

Elle lève les yeux au ciel.

— Euh, je ne crois pas que Sophie apprécierait que je couche avec son cousin.

Il se redresse, extirpe une autre roulée de derrière son oreille, fait semblant de s'indigner.

— Qui a parlé de ça ?

— Je suis maligne, je sais bien ce que tu veux dire.

Elle ne sourit pas. Elle le regarde droit dans les yeux. Il écarquille les siens. En fait, elle est beaucoup plus maligne qu'il ne croyait.

— Tu veux une taffe ?

— Oui.

— Dis, Margot ?

— Ouais ?

J'articule en silence en même temps que lui les mots qu'il prononce :

— Et si toi et moi, on faisait une balade dans le parc ?

Margot aspire une bouffée en faisant de son mieux pour ne pas tousser.

— Il n'y a pas de parc dans le coin.

— Tu es maligne, tu sais bien ce que je veux dire.

Je me penche vers elle et je lui dis très clairement : « N'y va pas. » Je sais que je parle pour rien. Je n'ai jamais obéi aux ordres, pas à quarante ans et encore moins à seize. Je sais qu'il est inutile de dresser des obstacles sur mon chemin – je n'en serai que plus décidée à les franchir. Je réfléchis à la tactique à suivre. Dans ces circonstances, je ne peux rien faire, à part laisser Margot faire ce que Margot a fait. Et quand tout sera fini, quand elle aura commis les pires erreurs, je ferai de mon mieux pour tirer de la beauté des décombres. La sagesse, par exemple.

Je n'ai jamais étudié la psychologie à l'université. Je n'ai jamais rien pigé à Freud. Mais une chose m'apparut très clairement à cette époque, qui éclaira un choix de vie que je n'avais jamais très bien compris, et dont je ne me suis jamais entièrement remise.

Les disputes excitaient Margot.

Sérieusement. Elle encaissait les claques et les coups de pied, les provocations et les mensonges car elle savait qu'ensuite les baisers en seraient d'autant plus doux, que les promesses et les gestes romantiques seraient d'autant plus forts qu'ils suivaient une raclée.

Une fois, quand Seth escalada la gouttière jusque dans la chambre de Margot au milieu de la nuit et insista pour qu'elle monte en voiture avec lui, je les suivis à contrecœur jusque dans un bar situé dans une plus grosse bourgade, à quinze kilomètres de là.

Alors que Johnny Cash joue à plein pot à la radio, Seth dit :

— Je t'aime, bébé.

— Je t'aime encore plus, Seth.

Il baisse le volume.

— Tu es sûre ?

— Ouais, acquiesce Margot.

— Tu mourrais pour moi, Margot ?

— Évidemment !

Une pause.

— Et toi, tu mourrais pour moi, Seth ?

Il la toise sans ciller. Ses yeux sont gris comme des balles de revolver et il a un sourire incendiaire.

— Pour toi, je tuerais, Margot.

Elle défaille. Je me tortille anxieusement sur mon siège.

Moins d'une heure plus tard, Seth la traîne hors du bar et la plaque contre un mur en briques. Il agite l'index devant son visage :

— Je t'ai vue !

Margot s'étrangle.

— Tu as vu quoi ?

— Ce type. Tu le regardais.

— Pas du tout !

— Tu mens !

Elle prend son visage entre ses mains :

— Seth… c'est toi que j'aime.

Il la gifle. Fort. Ensuite il l'embrasse. Doucement.

Et bizarrement, elle savoure chaque seconde de ce mélodrame.

Je consultai l'ange gardien de Graham tandis que Margot faisait les cent pas dans la chambre. Elle se tordait les mains et parlait toute seule, en se demandant comment lui annoncer la nouvelle. L'ange de Graham – Bonnie, sa petite sœur – hocha la tête et disparut. Je m'interrogeais sur sa tactique – s'éclipser ? – quand Bonnie reparut. Elle était accompagnée d'Irina, plus jeune de trente ans, le visage lisse et l'œil limpide, vêtue d'une longue robe blanche. Mais aucune cascade ne coulait de ses épaules. Elle me regarda, tendit la main et me caressa la joue. Je plaquai ses doigts sur ma bouche, les yeux remplis de larmes.

— Maman.

Elle m'attira contre elle. Au bout d'un long moment, elle recula et prit mon visage entre ses mains.

— Comment vas-tu, ma chérie ?

Submergée par les larmes, j'eus du mal à répondre. J'avais tellement de choses à lui dire, tellement de questions à lui poser. Je ne réussis qu'à articuler :

— Tu me manques vraiment.

— Toi aussi, ma chérie, tu me manques. Mais tu sais, tout s'arrangera. Je ne suis pas loin, je te le jure.

Elle jeta un coup d'œil à Graham. Je savais qu'elle était venue pour lui.

— Combien de temps peux-tu rester ? lui demandai-je rapidement.

Elle jeta un coup d'œil à Bonnie.

— Pas longtemps. Les esprits n'ont le droit de visiter la terre que lorsque c'est indispensable. Mais nous nous reverrons bientôt.

Elle essuya mes larmes et porta mes mains à sa bouche pour les embrasser.

— Je t'aime, murmurai-je.

Elle sourit en s'asseyant à côté de Graham sur le canapé où il ronflait en bavant et posa la tête sur sa poitrine.

Je montai précipitamment dans la chambre de Margot. Debout devant le miroir, elle articulait des mots en silence.

Ce fut plus fort que moi.

— Margot ! haletai-je. Maman est en bas, fais vite !

Elle ne m'entendit pas et continua à répéter son petit discours. Un discours dont je me souviens très bien.

« Je sais que je te déçois, et je sais que maman serait déçue, elle aussi... » Ses yeux se remplirent de larmes. « Mais comme l'a dit Lady Macbeth, ce qui est fait ne peut pas être défait. J'y ai beaucoup réfléchi et j'ai décidé de garder le bébé. C'est à toi de voir si tu veux me flanquer à la porte. »

J'avais vu le bébé alors qu'il n'était pas plus gros qu'un microbe, je l'avais regardé tournoyer et se dérouler jusqu'à ce qu'il se pose comme un diamant sur un coussin rouge, avec son pauvre cœur tremblant. Un petit garçon. Mon fils.

Margot termina son monologue et se regarda dans le miroir. Un instant, nos reflets se confondirent. Nous étions jumelles, de part et d'autre de la mort. Seuls nos regards différaient. Les yeux de Margot étaient ceux de quelqu'un qui s'approche d'un pont surplombant un gouffre. Les miens, ceux de quelqu'un qui l'a déjà traversé.

Elle descendit lentement.

— Papa ?

Il renâcla, toujours assoupi. Elle fit une nouvelle tentative. Irina le poussa doucement et il s'éveilla. Margot se figea aussitôt de terreur. Elle avait espéré qu'il continuerait à dormir et qu'elle aurait un sursis. Il se redressa brusquement et regarda autour de lui. Il vit le visage de Margot.

— Ça va ? Il t'est arrivé quelque chose ?

Il se leva et fouilla dans ses cheveux pour trouver ses lunettes.

Margot le rassura aussitôt.

— Rien, rien, papa.

Si seulement c'était vrai.

— Allez, viens t'asseoir, l'invita-t-il d'une voix enrouée par le sommeil.

Margot lui obéit en détournant les yeux. Elle pleurait déjà. Graham tituba jusqu'à la cuisine.

— Tu es blanche comme un linge. Tu te sens mal ? Assieds-toi, je vais nous faire du thé. J'ai honte d'avoir dormi aussi longtemps... Je rêvais de ta maman, tu sais.

— C'est vrai ? dit Margot, les joues trempées de larmes.

Il lança de la cuisine :

— Elle m'a demandé de mieux m'occuper de toi. Tu t'imagines ?

Margot ne répondit rien. Au lieu de cela, elle enfonça ses ongles dans ses cuisses pour ne pas hurler. Irina s'approcha d'elle pour lui enlacer la taille.

Quand Graham revint, il vit le visage de Margot, posa son plateau et lui prit les mains.

— Qu'est-ce qu'il y a, mon cœur ? demanda-t-il délicatement.

Elle ferma les yeux et inspira profondément. Je me plaçai derrière elle et posai la main sur son épaule.

— Je crois que je suis enceinte, papa.

Je détournai le regard. Le spectacle du visage de papa précipité dans la douleur, vieillissant en une seconde, était trop dur à supporter une seconde fois. Et pourtant, quand je levai les yeux et vis son expression, je compris : ce n'était ni le chagrin, ni la déception, ni la colère, du moins pas contre Margot.

C'était l'échec.

On y devinait les contours de son enfant avec Irina, celui qu'ils avaient choisi de ne pas garder.

— Doucement, lui souffla Irina. Elle a besoin d'être conseillée, pas jugée.

Il rapprocha lentement son visage de celui de Margot, si près qu'elle lut la tristesse de son regard.

— Quoi que tu décides de faire, tu dois bien réfléchir, sans trop penser à l'instant présent, mais en tenant compte de l'avenir.

Il s'assit à côté d'elle et prit ses mains tremblantes et glacées entre les siennes.

— Il t'aime ?

— Qui ?

— Le père.

— Oui. Non. Je ne sais pas.

Elle chuchotait maintenant, et ses larmes dégoulinaient de ses lèvres sur ses cuisses.

— Parce que, s'il t'aime, tu as une chance. S'il ne t'aime pas, tu dois songer à ton avenir.

Elle aurait préféré qu'il lui crie dessus, qu'il la chasse. La réaction de Graham augmentait sa confusion. Je posai une main sur sa tête. Son cœur affolé s'apaisa. Au bout d'un moment, elle dit :

— Je dois savoir s'il m'aime ou pas.

Graham hocha la tête.

— Vas-y.

Il regarda le portrait d'Irina sur la cheminée, au moment même où Irina me souriait avant de repartir d'où elle était venue.

— Quand il y a de l'amour, rien ne peut nous arrêter.

Je me rappelai qu'à l'époque je connaissais déjà la réponse. Et que je connaissais déjà la solution. Mais je voulais que ce soit quelqu'un d'autre qui me la dicte, pour me confirmer que je n'étais pas mauvaise parce que je voulais me débarrasser du bébé.

Il faut que vous compreniez : les pensés de Margot me cinglaient comme des coups de fouet. Par-dessus tout, l'ignorance de ses dix-sept ans. Pas une seule fois ne s'était-elle représenté un autre être humain, un vrai enfant. Elle voyait cet embryon comme une vermine qu'il fallait écraser. Sale gosse, se disait-elle, et je repensais à Margot bébé, à sa naissance, à son abandon, à mon désir qu'elle survive, qui avait crû en moi jusqu'à devenir inextinguible. « Comment pourrais-je m'occuper d'un bébé ? Pourquoi aurais-je envie de le faire ? » Et je me rappelai, non sans un sentiment de culpabilité, que je m'étais moi-même demandé s'il ne valait pas mieux que Margot meure, que je n'aie pas vécu du tout. Je vis d'autres pensées se dérouler dans l'esprit assombri de Margot, que je n'ai même pas le courage de révéler.

Elle trouva une clinique d'avortement à Londres qui ferait ce qu'il fallait pour la coquette somme de deux cents livres. Elle parla de son projet à Graham, qui se contenta de hocher la tête en répondant qu'il lui donnerait l'argent ; il ajouta que ce serait une expérience pénible et qu'elle devrait faire preuve de courage.

Elle n'apprit la nouvelle à Seth qu'une semaine plus tard. La mâchoire de Seth se décrocha très légèrement ; il détourna le regard et se mit à faire les cent pas. Elle le laissa faire pendant quelques minutes.

— Seth ? dit-elle enfin.

Il se retourna pour lui faire face. Son grand sourire et ses yeux étincelants firent vaciller les convictions de Margot. Elle ne s'était pas attendue qu'il serait heureux. C'était peut-être une bonne chose. Ils resteraient peut-être ensemble. Elle garderait peut-être son enfant, après tout.

Je savais ce qui l'attendait. Je baissai la tête et levai la main pour dévier l'impact de la gifle. Margot perdit l'équilibre et se rattrapa au dossier d'un fauteuil avant de se retourner pour faire face à Seth, hagarde et haletante.

— Seth ?!

Une voix résonna alors dans mon âme. « Laisse faire. » Je voulus retenir Seth, mais je me retrouvai soudain de l'autre côté d'un mur. De là, j'entendis chaque coup de poing, le bruit mat de ses coups de pied. Je criais d'un côté du mur et Margot criait de l'autre, et je martelais la brique froide de mes poings.

Je me retournai rapidement. J'étais dans le jardin de Seth, parmi les mauvaises herbes, sous un soleil mourant.

L'instant d'après, je sentis un bras m'enlacer. Je levai les yeux. Solomon, l'ange gardien de Seth. Nous nous étions déjà croisés. Il prit ma main pour me réconforter.

— Laisse-moi, aboyai-je. Aide-moi à retourner à l'intérieur !

Il secoua la tête.

— Je ne peux pas, affirma-t-il. Tu le sais.

— Pourquoi sommes-nous ici ? hurlai-je.

Solomon se contenta de me dévisager.

— Certaines choses ne peuvent être changées, me chuchota-t-il. Quand ils font un choix, nous n'avons aucun pouvoir.

Un autre cri à l'intérieur, le bruit d'une porte qui claque. Silence. Solomon jeta un coup d'œil au mur.

— Tu peux rentrer maintenant. Seth est parti, dit-il doucement.

J'avançai et je me retrouvai dans la chambre avec Margot.

Elle gisait par terre, haletante, les cheveux emmêlés et collés par le sang et les larmes. Un élancement de douleur dans son ventre la fit se redresser avec un glapissement. Elle lutta pour reprendre son souffle.

— Respire lentement, profondément. Lentement, profondément, l'apaisai-je d'une voix brisée par les sanglots.

Elle regarda autour d'elle, terrifiée à l'idée que Seth puisse revenir, désirant pourtant qu'il revienne pour la réconforter.

Je me penchai sur elle pour réparer l'irréparable. Mais le diamant niché dans son ventre avait disparu. Le coussin rouge déroulait ses épais lambeaux de velours par terre.

J'allai chercher des secours et parvins à persuader une voisine de téléphoner chez Seth. Lorsqu'on ne répondit pas, elle décida d'entrer pour voir si le jeune Seth allait bien. Lorsqu'elle trouva Margot par terre, elle appela une ambulance.

Tout en luttant pour accepter ce qui venait de lui arriver, Margot décida de partir le plus loin possible de Seth. Elle fit tournoyer le globe terrestre de Graham, ferma les yeux et tendit l'index. Ce fut moi qui arrêtai le globe terrestre, moi qui guidai son doigt vers la meilleure destination possible :

New York.

12.

Bleu océan

Détail intéressant : lorsqu'on devient un ange gardien (ce qui n'est pas donné à tous), on a droit à une classe spéciale dans l'avion. La classe affaire, on oublie. La première classe, c'est pour les lavettes. Essayez la classe ange, pour voir. On s'assied sur le nez de l'avion ; quand on veut se dégourdir les jambes, on va se balader sur l'aile. Si vous croyez que l'expérience se limite à une vue plus dégagée des nuages et des couchers de soleil, d'une sorte de siège hublot amélioré, détrompez-vous. Assise sur cet avion, en survolant le Groenland et la Nouvelle-Écosse, je vis bien plus que des nuages. Je vis l'ange de Jupiter, si immense que ses ailes – faites de vent plutôt que d'eau – enveloppaient l'énorme planète, repoussant constamment les météores qui se dirigeaient vers la Terre. Je vis des stratosphères d'anges planer au-dessus de notre planète, écouter les prières et se porter au secours des anges gardiens. Je vis les trajectoires des prières et des choix humains qui zigzaguaient comme de gigantesques autoroutes. Je vis les anges illuminer les continents, les pays et les villes – la poire tête en bas de l'Afrique, éclairée par les bougies du Cap et de Johannesburg, la tête de chien de l'Australie, frangée de flammes dorées, et la sorcière sur son balai, l'Irlande, qui lançait en l'air les pièces d'or de Dublin, Cork, Derry et Belfast. Ce n'étaient pas les lumières des villes qui éclairaient la Terre vue du ciel, mais celles des anges.

Margot ne comptait rester à New York que pour l'été. Les dégâts infligés par Seth ne se limitaient pas à la fausse couche. Ni à l'humiliation infligée par les infirmières de la clinique d'avortement, qui avaient marmonné « encore une ado enceinte ! » tout en pratiquant un curetage sans égards pour sa dignité ou sa douleur physique. Ni à la souffrance, au sentiment de trahison qu'elle avait éprouvé lorsqu'elle avait enfin compris que Seth ne l'avait jamais aimée. Chez chaque individu, il existe un type de réalité qu'il est incapable d'assimiler. Il commet inlassablement les mêmes erreurs, reçoit les mêmes leçons jusqu'à ce qu'il finisse par comprendre. Dans le cas de Margot, c'était son inaptitude à distinguer l'amour de la haine. New York était l'endroit où elle comprendrait enfin – et où tout partirait en vrille.

Mais il m'arriva quelque chose de curieux. Le jour du départ, je remarquai que ma robe prenait des lueurs argentées. Je me dis qu'elle devait refléter une couleur dans l'environnement. Lors du vol vers New York, elle vira au lilas. Elle se mit ensuite à changer de couleur à toute vitesse, parcourant tout le spectre des bleus, du violet à l'azur. En atterrissant à JFK, je titubai dans le hall des bagages en me demandant pourquoi elle était désormais turquoise.

Lorsque je regardai autour de moi, j'eus le choc de ma vie. Ma vision avait à nouveau changé : le monde spirituel m'était enfin dévoilé. C'était comme si on avait tiré un rideau : les deux mondes, l'humain et le spirituel, se juxtaposaient. Des centaines, non, des milliers d'anges. Quelle expression emploie-t-on dans la Bible ? Des essaims, voilà. Des essaims, des chœurs, des armées, des légions – ils étaient là, dans un brouillard coloré. Des anges rassemblés autour des familles qui accueillaient leurs proches à la porte ou qui aidaient des hommes d'affaires ventrus à arracher leurs lourdes valises du carrousel. Des fantômes – eh oui ! – qui erraient çà et là, désorientés, perdus, accompagnés d'anges qui attendaient patiemment le jour où ils comprendraient enfin qu'ils étaient bien morts et qu'il était temps de partir. Et enfin, des démons.

N'allez pas vous imaginer que les démons et les anges coexistent en paix. Maintenant que je voyais clairement le monde spirituel, je comprenais que les démons vivaient parmi nous comme des rats dans une grange, conspirant pour s'emparer de tous les mortels qui leur tombaient sous la main, et, si on les laissait faire, capables d'infliger les dégâts les plus atroces.

Comme les anges, les démons adoptaient des apparences variées. Je constatai que leur forme – qu'il s'agisse d'une ombre noir d'encre ou d'un brouillard épais, d'un visage suspendu dans les airs ou, comme Grogor, d'un être tout habillé doté d'un visage – était fortement liée à l'aura de l'être humain qu'ils suivaient. J'observai un jeune homme en jean et tee-shirt blanc moulant traverser le terminal de l'aéroport en traînant une valise, mâchant du chewing-gum, musclé et joyeux. À le voir, on n'aurait pas cru qu'il méritait non pas un, mais deux démons, qui le flanquaient comme des dobermans. Ce fut alors que je vis son aura – d'un pourpre noir d'aubergine. Quoi que ce jeune homme ait pu faire dans sa vie, il était dénué de conscience : la lumière qui couronne la tête de la plupart des gens avait disparu. Il n'en restait pas même une ombre.

Margot prit son unique sac de voyage sur le carrousel et regarda autour d'elle, étourdie par les foules qui allaient et venaient, sans trop savoir quoi faire. Elle avait l'adresse d'un ami d'ami disposé à l'héberger jusqu'à ce qu'elle trouve ses marques. Je me rappelais très bien cela – le type en question, propriétaire d'une librairie, avait allégrement exploité Margot, prête à travailler gratuitement en échange d'une petite chambre à l'étage décorée d'un curieux tapis noir grouillant qui était en réalité un essaim de cafards. Je donnai donc un coup de coude à un ange qui se tenait près de la sortie pour lui demander son aide. Je fus ravie de l'entendre me répondre dans le plus pur accent du Bronx qu'il en toucherait un mot à son « gars », autrement dit son Être Protégé. Son « gars » était chauffeur de taxi. J'aiguillai Margot vers lui.

Le chauffeur de taxi connaissait justement un endroit où Margot pourrait à la fois trouver du boulot et dormir, en plein cœur de la ville. En prime, c'était juste à côté du meilleur petit café authentiquement américain de la ville. On y faisait des omelettes démentes. Margot était ravie de ce coup de bol. Elle souriait comme une citrouille d'Halloween quand le chauffeur de taxi s'arrêta devant sa destination. Moi, en revanche, j'arrivais à peine à croire à un tel hasard. Devinez où nous nous retrouvâmes ? Allez-y, devinez. Ce n'est pas difficile.

Babbington Books ressemblait à un magasin de prêteur sur gages plus qu'à une librairie. Bob Babbington avait hérité du commerce de son père. S'il avait accepté de le reprendre, c'était moins par passion pour les livres – il ne lisait que des magazines automobiles – ou par désir de reprendre le flambeau de la troisième génération de libraires Babbington que par l'attrait de disposer ainsi d'un logement gratuit et d'un boulot où il pouvait se contenter de rester assis en fumant, vu qu'il était flemmard. En effet, le moins qu'on puisse dire, c'est que Bob n'avait pas le cœur à l'ouvrage, ça se voyait à dix kilomètres. La façade de la librairie, peinte en noir et ornée de jardinières vomissant des mauvaises herbes et des cannettes de bière, était à peu près aussi accueillante qu'un tombeau ouvert. Et dedans, c'était pire.

Sans se laisser décourager par l'allure sinistre de l'endroit, Margot poussa la porte et lança : « Allô ? Il y a quelqu'un ? » C'était ainsi que la plupart des clients s'annonçaient, en se demandant s'ils ne dérangeaient pas. Au fin fond du magasin, elle distingua un buisson de cheveux noirs, une moustache en guidon de vélo surmontée d'un nuage de fumée blanche et un énorme sourire blafard qui semblait suspendu dans le vide – c'était la panse de Bob qui débordait d'un tee-shirt trop court. Il jeta un coup d'œil à la gitane blonde en pantalon écossais qui venait de franchir le seuil de son établissement et la première idée qui lui vint à l'esprit fut de lui passer des menottes. Aïe.

Quoi qu'il en soit, Bob tint parole et donna à Margot la chambre à l'étage en échange de son « aide » dans le magasin. Je serrai les mâchoires en les suivant en haut, repoussant au passage du bout du pied Pirate, le chat borgne et pelé de Bob, et émettant un petit rayon de lumière pour chasser rats et cafards.

Margot se glissa entre les draps tachés du canapé-lit en songeant à quel point Graham lui manquait, et pleura jusqu'à ce qu'elle s'endorme. Quant à moi, je fis les cent pas sur le plancher grinçant. Ma robe changeait de nouveau de couleur : comme l'océan, elle était passée au bleu sombre avec le crépuscule. J'attendais Nan – en général, elle se manifestait aux points tournants de ma vie –, mais elle ne vint pas. Je tentai donc de comprendre seule ce qui m'arrivait.

Je n'eus pas à réfléchir longtemps. Il y avait quelques indices. Si le monde spirituel m'avait ouvert ses portes quelques heures à peine auparavant, c'était maintenant au tour du monde naturel de se dévoiler. En regardant par la fenêtre, je vis ce qui me sembla d'abord être des nuages de poussière flotter à deux mètres du trottoir. Je me rendis compte que ces nuages étaient en réalité des essaims de maladies à travers lesquels des hommes et des femmes passaient sans défiance. Je vis, horrifiée, un homme traverser un nuage et attraper le sarcome de Kaposi, qui se répandit sur ses gencives et sur la peau de ses genoux ; une femme marchant d'un pas rapide entraîna avec elle le souvenir d'une vérole vieille d'un siècle. Je fis signe à leurs anges, et chaque fois leurs réponses résonnèrent dans ma tête aussi nettement qu'un message sur répondeur : « Regarde de plus près, la bleue. Chaque virus est porteur de leçon. »

Je mis très, très longtemps à les regarder d'aussi près que ça.

Comme vous pouvez vous l'imaginer, la chambre de Margot était un véritable nid à microbes. Je passai la nuit à protéger ses poumons des spores qui s'accrochaient dans l'air et d'une forme de grippe assez virulente incrustée dans l'oreiller qu'elle étreignait. Mais tout ça, c'était un jeu d'enfant par rapport à ma principale préoccupation. Comme dans un jeu de quilles, je passai le reste de la nuit à renverser les balises d'un sentier tracé pour Margot par trois démons dont je ne distinguais pas les visages.

Je m'explique. Les démons, appris-je, n'ont pas recours aux suggestions chuchotées ou aux coups de coudes. Ce sont des scientifiques de la faiblesse humaine. Ils encouragent les âmes sœurs à s'épouser, tout en repérant la plus infime fissure de leur union, sur laquelle ils passeront des années à cogner jusqu'à ce que le divorce ne fasse pas que déchirer le couple, mais aussi leurs enfants, leurs petits-enfants, et ainsi de suite ; jusqu'à ce que cette fracture affecte les vies de plusieurs générations à venir. Les démons se fixent des cibles très en amont. Ils chassent en meute. Trois d'entre eux passèrent une bonne partie de la nuit à exécuter un plan qu'ils avaient mis en place depuis des années : persuader Margot d'attenter à sa propre vie.

J'avais repéré les balises dès que j'avais mis les pieds dans la librairie. La première d'entre elles, c'était Bob. Dès qu'il avait vu Margot, il avait songé à la menotter.

Une autre pensée avait traversé son esprit, comme un petit film : il l'enfermerait dans l'appartement du premier étage pendant des semaines, des mois, voire des années. Elle pourrait faire la cuisine et le ménage et il lui fournirait de telles quantités d'herbe qu'elle n'aurait même pas l'idée de s'échapper. Son sens défaillant de l'humanité repoussa cette pensée, mais elle ne cessait de le tarauder. Dix anges se joignirent à moi pour former un cercle autour du lit de Bob, afin de peupler ses rêves de souvenirs de sa mère. Tandis que la lumière autour de sa tête s'intensifiait, les trois autres forces de l'immeuble se manifestèrent. Ce fut à ce moment-là que j'appris qu'il existe une hiérarchie dans le monde des anges : quatre d'entre eux brandissaient des épées de lumière, qui semblaient faites en quartz. Quoi qu'il en soit, ce fut efficace. Les démons battirent en retraite et leur plan échoua. Mais je ne comptais prendre aucun risque. Je passai toute la nuit à déterminer un nouveau cours pour la vie de Margot avec les autres anges. Ils partirent accomplir leurs tâches.

Au matin, ma robe avait viré à l'indigo et j'étais à la fois désorientée, effrayée et excitée. Je ne savais pas pourquoi ma robe avait changé de couleur au moment même où j'avais enfin déchiré le rideau du monde spirituel. Si j'avais su combien cela accroîtrait les responsabilités pesant sur mes épaules et le besoin de protection de Margot, je crois que j'aurais laissé le rideau en place.

Mais il était déjà trop tard.

13.

Rendre les armes

J'abordai la journée suivante avec un nouveau but : découvrir comment j'étais morte. Ou, plus précisément, qui m'avait tuée.

Margot allait avoir dix-huit ans. Elle était aussi naïve qu'un caneton et aussi appétissante qu'un gâteau. Et comme si cette combinaison n'était pas déjà assez périlleuse en soi, elle avait la tête remplie de rêves d'une vie qui ne se réaliserait jamais : une carrière littéraire brillante, six enfants (trois garçons, trois filles) et une maison à clôture blanche dans le nord de l'État de New York, où elle cuisinerait des tartes aux pommes pour une version plus séduisante de Graham. En l'observant tandis qu'elle se penchait à la fenêtre de l'appartement, qui surplombait des rues décapées par une pluie sale et les taxis jaunes, avec ses rêves peints dans l'air autour d'elle, aussi colorés que des violettes, je ne pus m'empêcher de songer, paralysée par le regret : quand tout cela avait-il changé ? Quand le destin de Margot avait-il déraillé ?

Était-ce par la faute d'Hilda ? De Seth ? De Sally et Padraig ? De Lou et Kate ? De Zola et Mick ? Était-ce à cause des événements à venir, son mariage avec Toby, la naissance de Theo ? Était-ce ce divorce que j'avais négocié en naviguant sur un réservoir de vodka ? Margot en était arrivée au point de sa vie où elle aurait pu prendre son envol. Une jeune blonde vivant à Manhattan à une époque où les plus belles révolutions – sociale, politique, sexuelle, économique – déboulaient dans la rue n'aurait pas dû se retrouver morte trois décennies plus tard dans un hôtel à moins de huit kilomètres de là. Oui, évidemment, ce sont des choses qui arrivent. Mais c'était compter sans moi.

Margot ferma la fenêtre, passa ses vêtements (un pantalon en tissu écossais fait maison, un pull en laine marine) et brossa ses longs cheveux. Elle se regarda dans un miroir en pied. Je me tenais derrière elle, la tête sur son épaule.

— Ma cocotte, soupirai-je, il faut vraiment que tu te trouves d'autres fringues.

Elle fit une petite moue, se tapota les joues, inspecta ses sourcils embroussaillés et elle fit une petite pirouette – ai-je précisé que son pantalon écossais était également à taille haute et ample aux hanches ? – et fronça les sourcils. Moi aussi.

J'avais vraiment cette dégaine-là ? Et on me laissait me balader dans la rue comme ça sans m'arrêter ?

Dans le magasin, Bob empilait des livres sans ordre particulier tout en tentant de manger un roulé à la cannelle. Quand il vit Margot, il détourna les yeux d'un air piteux. L'apparition de sa mère dans ses rêves l'avait alarmé. Il n'avait plus l'intention d'enfermer Margot. Je commençais à découvrir un autre aspect de sa personnalité. En fait, Bob était une taupe humaine. Curieux mais aveugle, grognant et traînant les pieds entre ses étagères encombrées de livres, il jouissait de l'absence de contact humain. Son ange – son grand-père, Zenov – le suivait, les bras derrière le dos, en secouant la tête d'un air désapprobateur face au chaos environnant. Quand j'observais attentivement Bob, je décelais des univers parallèles de chaque côté de lui : on aurait dit des écrans télé plongés sous l'eau. Lorsque je me concentrais, l'image devenait plus nette, comme si l'eau avait cessé de bouger : sur l'un des écrans, Bob était un petit garçon qui se cachait dans le placard pour fuir les raclées de son père ; sur l'autre, c'était un retraité, célibataire, sénile, toujours en train d'empiler des bouquins. Ces deux images m'inspiraient un peu de pitié pour lui.

Il offrit du thé à Margot, qu'elle refusa, et lui montra la librairie. Désolée, j'ai dit librairie ? Disons plutôt une caverne d'Ali Baba littéraire. Bob calait sa table de billard avec des tomes centenaires de Plaute, des exemplaires dédicacés par Langston Hugues, poète et romancier né à Harlem, ramassaient la poussière sous le comptoir, une première édition des poèmes d'Anna Akhmatova lui servait de sous-verre. Tandis que Bob se lamentait de ses mauvaises affaires, du fait qu'il ne savait pas pourquoi on rangeait les livres d'histoire selon des critères géographiques, et ainsi de suite, j'attirai enfin l'attention de Margot sur le livre d'Akhmatova. Elle le prit et scruta la couverture.

— Vous savez qui c'est ?

Une bonne minute s'écoula.

— Qui ?

— La femme sur la couverture de ce livre.

— Qu'est-ce que j'aime votre accent anglais. Vous pouvez répéter ce que vous venez de dire ?

— C'est Anna Akhmatova. L'une des poétesses les plus révolutionnaires de notre époque.

— Euh…

— Et ça ?

Elle tira un exemplaire des œuvres de Shakespeare d'une autre étagère.

— Il est dédicacé par Laurence Olivier. Les départements de littérature des plus grandes universités du monde se l'arracheraient.

Elle le regarda, dans l'expectative. Je hochai la tête. Bob se dandina sur place.

— Ça fait combien de temps que ça traîne ici, tout ça ?

Bob leva les mains, comme pour se rendre.

— Euh, j'sais pas.

Elle parcourut d'autres rayons. Bob regardait autour de lui comme s'il s'attendait que l'Inquisition espagnole fît irruption d'un instant à l'autre. Margot s'arrêta de fouiller et posa les mains sur les hanches.

— Hum, fit-elle en faisant les cent pas.

Elle avait réussi à éveiller la curiosité de Bob.

— Quoi ? Quoi ?

Elle s'arrêta et pointa du doigt vers lui d'un air pensif. Il tira sur son tee-shirt.

— Il vous faut des trucs plus récents, souligna-t-elle.

— Quoi ? De nouveaux vêtements ?

— Non ! De nouveaux livres. Il y a trop de classiques en rayon. (Elle recommença à déambuler.) Des vide-greniers. Ça a lieu où, ici ?

— Des vide-quoi ?

— Des déballages, des endroits où les gens vendent des trucs dont ils ne veulent plus.

— Euh...

— On pourrait acheter des livres d'occasion pour pas cher.

— On... ?

— Je vais aller voir où on pourrait trouver de nouveaux stocks.

— Euh, Margot ?

Elle se dirigea vers la porte. Elle avait déjà passé son manteau. Elle le dévisagea.

— Quoi ?

Bob se gratta le ventre.

— Rien... Bonne chance.

Elle sourit et sortit.

Pour ceux d'entre vous qui ne s'en souviennent plus, qui n'étaient pas nés à l'époque ou qui étaient naufragés sur une île déserte, New York à la fin des années 1970 était une discothèque urbaine ouverte vingt-quatre heures sur vingt-quatre et sept jours sur sept, survoltée, fauchée, infestée de crime et de drogue, criblée de taudis. J'étais à la fois inquiète et folle d'excitation de m'y retrouver. Il semblait y avoir dix anges pour chaque être humain, des anges de types différents – certains étaient vêtus d'une robe blanche, certains avaient l'air enflammés, d'autres, énormes, semblaient parcourus de pulsations lumineuses. Pas étonnant que la ville bourdonne d'une impression d'invincibilité, comme si elle avait des ailes pour s'envoler dès qu'on tentait de la piétiner. Par exemple, les rues parcourues par Margot ce matin-là avaient été très récemment souillées de sang, de reporters et de rats après les meurtres du tueur en série surnommé « Son of Sam ». La peur et la suspicion s'étaient abattues sur la ville, rendant l'air irrespirable, les trottoirs trop glissants pour y marcher. Maintenant la vie florissait de nouveau. Des coquelicots insolents poussaient dans les fissures des trottoirs récemment bouclés par les flics. Je me rappelai que c'était pour ça que je m'étais sentie en sécurité ici, même si j'avais été braquée quatre fois en dix-huit mois. C'était pour ça que j'avais adoré New York : pas à cause des cafés qui servaient de planque aux Black Panthers, ni des poètes beatniks de la 6e Avenue ou des révolutionnaires, mais à cause de la résilience de cette ville. J'avais l'impression de pouvoir escalader les hauts murs de mon passé et de m'y jucher pour aller encore plus haut.

Il s'était mis à pleuvoir. Margot tira son manteau sur sa tête et tenta de se repérer sur son plan de la ville. Elle confondit la droite et la gauche et finit par se retrouver dans une rue résidentielle de l'East Side. Il y avait longtemps qu'elle n'avait vu des maisons aussi serrées les unes contre les autres, comme des bûches empilées au fond d'une grange. Elle resta immobile quelques minutes à scruter la rangée de maisons blanches à trois étages, avec de petits escaliers devant les portes d'entrée. À quelques mètres d'elle, un type BCBG à la tignasse en bataille et une grande femme noire en longue robe jaune sortaient des cartons d'une maison pour les charger à l'arrière d'un pick-up. Ils semblaient être en train de s'engueuler. La femme agita les paumes de chaque côté de sa tête, les yeux écarquillés, les lèvres bougeant à toute vitesse. Dès que Margot s'approcha assez pour les entendre, BCBG laissa tomber sa boîte et s'engouffra dans la maison. La femme continua à charger les cartons comme si de rien n'était. Margot l'aborda.

— Bonjour. Vous déménagez ?

— Pas moi. Lui, aboya la femme en désignant l'entrée d'un signe de tête.

Margot regarda la boîte que transportait la femme. Elle était pleine de livres.

— Ça vous dirait de me les vendre ?

— Si ça ne tenait qu'à moi, je vous les donnerais. Mais ce ne sont pas les miens. Il faut que je lui pose la question.

La femme grogna, posa son paquet, en sortit un livre, s'en servit comme d'un parapluie et courut jusque dans la maison. Margot s'avança lentement vers la boîte et en inspecta le contenu. Salinger, Orwell, Tolstoï... Ce lecteur avait du goût.

BCBG parut sur le pas de la porte. Vu de près, il n'avait pas l'air aussi BCBG que ça, en fin de compte. Pâle comme un vampire, un buisson de cheveux noirs, des yeux sombres et liquides qui avaient vu trop de douleur.

— Salut ! lança-t-il à Margot. Alors, mes livres vous intéressent ?

Margot sourit.

— Heu, oui, si ça vous intéresse de me les vendre. Ou de me les donner, comme vous préférez.

Elle rit. Les yeux du garçon s'éclairèrent.

— Vous venez d'où ?

Il s'avança d'un pas. La bouche de la femme tressauta ; elle grogna en soulevant son carton. Je fouillai ma mémoire pour me souvenir de cette rencontre.

— D'Angleterre. Enfin, d'Irlande, à l'origine, répondit Margot, qui ne sentait plus la pluie. En fait, je viens d'arriver. Je travaille dans une librairie.

— De quelle partie de l'Angleterre ?

— Le Nord-Est.

— Ah bon ?

— Tu te grouilles ?

Sa petite amie, Miss Pète-sec. Allez, dégage, lui dis-je. Son ange gardien me foudroya du regard.

— J'arrive ! rétorqua-t-il, rentrant dans le rang. Désolé, je déménage aujourd'hui. Pas le temps de discuter. Prenez cette boîte, elle est à vous.

— Vous êtes sûr ?

— Pour une compatriote, c'est gratuit.

Il lui adressa un signe de tête.

On me tapa sur l'épaule. En me retournant, je reconnus Léon, l'un des anges de Saint-Anthony.

— Léon ! m'écriai-je en le serrant dans mes bras. Ça va ?

Mon regard alla de lui à BCBG. Tout d'un coup, cela fit tilt dans ma tête.

BCBG était Tom de Saint-Anthony. Tom, le défenseur de la planète Rusefog, le premier enfant que j'avais protégé dans la Tombe, le garçon dont je me souvenais vaguement qu'il m'avait remis un fusil invisible.

— Et toi, ça va ? me demandait Léon.

Mais j'étais plongée dans mes pensées. Tom fit demi-tour, rentra dans la maison et un monde parallèle s'ouvrit dans l'espace – ou alors, c'était peut-être une projection de mes propres désirs, je n'en savais rien – où ces deux âmes sœurs réalisaient les rêves de Margot, avec des millions de bébés et des soirées passées à discuter de Kafka. Je lui hurlai :

— C'est lui, c'est lui ! C'est le petit Tom ! Dis-lui qui tu es ! Parle-lui de Saint-Anthony !

Je réussis peut-être à me faire entendre : quoi qu'il en soit, Margot prit le carton plein de livres. Mais avant de partir, elle inscrivit son nom et son adresse dans un exemplaire du *Rapport minoritaire* de Philip K. Dick, qu'elle laissa sur le pas de la porte.

Quelques jours plus tard, Tom passa à la librairie et demanda Margot.

— De la part de qui ? grogna Bob.

— Dites-lui que c'est Tom. Le fan de Philip K. Dick.

— Il écrit comme un pied, ce type.

— Elle est là ?

— J'sais pas.

Tom soupira, tira un calepin de la poche de sa veste et inscrivit son numéro de téléphone.

— Vous pourriez lui remettre ça, s'il vous plaît ?

Je m'assurai que Bob le fasse. Je m'assurai que Margot rappelle Tom. Et je m'assurai que lorsqu'il l'invita à dîner, elle accepte.

C'est ainsi que Margot et moi, aussi nerveuses et excitées l'une que l'autre, prîmes un taxi par un mardi soir pluvieux jusqu'au Lenox Lounge de Harlem. Nous rêvions toutes les deux de l'avenir – moi, d'une longue vie avec Tom, Margot d'à peu près la même chose. Je me félicitais d'avoir enfin réussi à changer le cours des événements. Je pilotais le navire de ma destinée vers des rivages où il n'y aurait ni traces de pas ni regrets.

Tom l'attendait devant le Lenox Lounge en costume noir et chemise blanche sans cravate, assis sur une borne, les jambes croisées aux chevilles, essuyant de temps en temps la pluie de ses yeux. Je saluai Léon d'un signe de la main. Margot aperçut Tom et hurla « Stop ! » au chauffeur de taxi si brusquement qu'il pila sur les freins et fit un arrêt d'urgence en plein milieu de la circulation. Margot déversa des pièces de vingt-cinq cents et des excuses sur le siège avant et sortit de la voiture. Je la suivis. De l'autre côté de la rue, quelqu'un me faisait signe. C'était Nan. Je laissai Margot aller devant et traversai la rue.

Nan me serra dans ses bras.

— J'aime bien ta nouvelle couleur. Alors, bleu ? Tu dois voir les choses différemment, maintenant.

Elle passa son bras sous le mien et m'entraîna.

— Très différemment, confirmai-je. Qu'est-ce que ça veut dire, ce changement de couleur ? Pourquoi ma robe changerait-elle de couleur toute seule ?

— Bon sang, une question à la fois, rit-elle. Le changement est lié à ta progression spirituelle. Tu as franchi une étape importante, on dirait. Bleu, c'est une bonne couleur.

— Mais qu'est-ce que…

Elle s'arrêta et me dévisagea très sévèrement.

— Il faut qu'on parle de ces deux-là.

Elle se tourna vers Margot et Tom, qui bavardaient et flirtaient timidement.

— J'écoute.

— N'écoute pas. Contente-toi de regarder.

Et là, sur Lenox Avenue, les nuages au-dessus des poubelles boulimiques et des immeubles lépreux s'écartèrent pour révéler une vision.

C'était un jeune garçon d'environ neuf ans, le visage sale, vêtu comme un gamin des rues du XIXe siècle : béret en tweed, chemise crasseuse, culottes courtes et blazer miteux. Il leva les bras et ouvrit la bouche comme s'il allait chanter. Je compris qu'il était sur scène. La femme noire en robe jaune que nous avions rencontrée quelques jours auparavant se trouvait dans le public, plus âgée, les cheveux coupés court. Les yeux scintillants, elle regardait intensément la scène. Je compris que le garçon était son fils. Un rideau s'agita dans les coulisses et le garçon s'y engouffra. L'homme qui le prit dans ses bras était Tom. Son père.

— Tu comprends pourquoi je suis venue ? déclara Nan en haussant un sourcil.

— Tu veux que j'empêche Margot et Tom de tomber amoureux.

Nan secoua la tête.

— Je veux que tu étudies le puzzle en entier avant de te mettre à permuter les pièces. Tu connais déjà le futur mari de Margot. Et tu viens de voir le résultat des choix de Tom.

— Mais il ne les a pas encore faits ! Margot non plus !

Je me tus et j'inspirai profondément.

— Écoute, si je suis mon... si je suis l'ange gardien de Margot, c'est pour une raison, et je crois que cette raison, c'est parce que je sais parfaitement ce qu'elle aurait dû faire et ne pas faire. Et l'une des choses qu'elle n'aurait pas dû faire, c'est épouser Toby.

Nan haussa les épaules.

— Pourquoi ?

Je la dévisageai. Pourquoi ? Je ne savais même pas par où commencer.

— Crois-moi. Toby et moi… nous n'étions pas faits l'un pour l'autre. Ça n'a pas marché, d'accord ? À quoi bon laisser Margot se marier quand ça ne marchera pas ?

Nan haussa un sourcil.

— Et tu crois que ce serait différent avec Tom ?

Je fermai les yeux et renversai la tête en soupirant de frustration. C'était comme si j'essayais d'expliquer la neurologie à un homme des cavernes.

— Tu sais, j'ai découvert le Chant des Âmes, dis-je enfin.

— Ah oui ? Et tu as obtenu des résultats ?

Je m'immobilisai.

— Il y a quelque chose de plus que le Chant des Âmes, n'est-ce pas ? En fait, je peux vraiment changer le cours des choses.

— Ruth…

— Je peux découvrir qui m'a tuée et l'en empêcher ! Je peux réorganiser le cours de ma vie…

Nous étions devant le Lenox Lounge.

Nan me regarda dans les yeux.

— Tu peux faire beaucoup, beaucoup de choses en tant qu'ange gardien, particulièrement dans ton cas. Mais ce n'est pas une question de « je peux ». « Je peux », c'est un concept humain. Une affaire d'ego. Tu es un ange. C'est la volonté de Dieu qui compte, maintenant.

Elle commença à s'éloigner.

Ce fut à mon tour de jouer au jeu des « pourquoi ».

— Explique-moi pourquoi c'est ça qui compte, Nan. Je n'ai pas encore vu Dieu. Pourquoi ne pas changer le cours des choses quand je sais exactement comment les améliorer ?

— Le sais-tu ?

Son expression apitoyée me désarçonna. Je repris, avec un peu moins de conviction :

— Même morte, je vis quand même la vie de Margot par procuration. Peut-être que j'arriverai à retourner les choses de façon qu'au lieu de mourir dans la fleur de l'âge, avec un fils condamné à la prison à perpétuité, je vivrai une longue vie, je ferai peut-être le bien en ce bas monde…

Nan s'estompait maintenant, comme pour échapper à ma tirade. Je me mordis la lèvre. L'idée de nous quitter sur une dispute me faisait horreur.

— Prends soin de toi, recommanda-t-elle avant de disparaître.

Je me retournai et regardai derrière moi. Un brouillard sombre, et, dans la vitre d'une voiture, un reflet : le visage de Grogor. Il me fit un clin d'œil.

Je restai debout sous la pluie. Dans mon dos, mes cascades pulsaient. Je ne savais pas si le cœur qui battait dans ma poitrine était le mien ou un souvenir du mien, si les choix que faisait Margot étaient les miens ou les siens, et je ne savais pas, pour la première fois de ma vie, si j'avais mon mot à dire sur quoi que ce soit. Et ça me mettait hors de moi.

Il était minuit. Margot et Tom, bras dessus, bras dessous, quittaient le Lenox Lounge. Ils n'avaient pas encore compris qu'ils s'étaient connus à Saint-

Anthony. Ils savaient seulement qu'ils voulaient être amants, et vite.

Ils s'étreignirent et s'embrassèrent longtemps.

— Ici, demain soir ? proposa Tom.

— Absolument.

Margot l'embrassa de nouveau. Je me détournai.

Tom repéra un taxi qui roulait vers eux.

— Prends-le, offrit-il. J'ai envie de rentrer à pied ce soir.

Le taxi ralentit et s'arrêta. Margot y monta d'un bond. Elle le regarda longuement et sourit. Impavide, Tom tira un Magnum .44 invisible de la poche intérieure de sa veste et fit feu sur elle. L'espace d'un instant, un souvenir de Saint-Anthony traversa l'esprit de Margot, mais s'évanouit tout aussi rapidement. Alors que je me tenais près de Tom, tous deux perdus dans nos souvenirs, le véhicule démarra dans une marée de néons.

J'étais assise à côté de Margot sur la banquette arrière : elle se retournait sans arrêt vers le pare-brise arrière, riant toute seule en pensant à Tom. La lumière autour de son cœur s'agrandissait, débordait d'espoir. Je songeai aux mots de Nan. « Tu crois que ce sera différent avec Tom ? » Oui, pensai-je. Oui, absolument.

Alors que le taxi ralentissait à un feu rouge, on frappa sur la vitre. Le chauffeur la baissa et jeta un coup d'œil à la silhouette qui se dressait sous la pluie. Un homme se pencha en s'abritant la tête avec un calepin en cuir.

— Je peux partager votre taxi ? Je vais au West Village.

Je me figeai. J'aurais reconnu cette voix n'importe où, même enterrée dans un tombeau égyptien avec une fanfare militaire défilant par-dessus.

Le chauffeur de taxi consulta Margot du regard dans son rétroviseur.

— D'accord, accepta-t-elle en glissant sur la banquette pour faire place au nouveau passager.

Non, dis-je en fermant les yeux.

Le feu passa au vert. Un jeune homme en costume de velours côtelé couleur de citron vert repoussa ses cheveux longs et tendit la main à Margot.

— Merci. Je m'appelle Toby.

— Margot, répondit Margot, et je pleurai.

— Ravi de faire votre connaissance.

14.

TROIS DEGRÉS D'ATTIRANCE

Comment vous retranscrire la scène dans cette voiture, cette sensation qui oscillait au-dessus de nos têtes comme une bâche lourde d'eau de pluie, prête à déborder ? Les gouttes ricochaient sur le pare-brise en grésillant telle une radio entre deux stations. Les essuie-glaces battaient comme un électrocardiogramme et le chauffeur de taxi chantonnait *Singin' in the Rain* en hongrois.

Il y avait trois types, plutôt trois degrés d'attirance dans cette voiture.

1. Margot regardait Toby et se sentait étrangement séduite par ses longs cheveux fins couleur de feuille d'automne, la douceur de ses yeux, la sincérité de son « merci ».

2. Toby regardait Margot à la dérobée en se disant : « jolies jambes ». Malgré ma frustration, cela me remua. Il avait supposé, d'entrée de jeu, que Margot avait un petit ami, qu'elle étudiait à Columbia (à cause de sa petite jupe en tweed vert mousse, très à la mode chez les étudiantes cette année-là), et qu'il

était absolument inenvisageable qu'elle daigne s'intéresser à quelqu'un dans son genre. Alors il lui sourit poliment, tira un calepin de sa poche et continua à prendre des notes pour une nouvelle.

3. Quant à moi, assise entre eux, mon attirance pour Toby relevait du lien profond, loyal, saccagé par la guerre, me rattachant à l'homme qui avait été le père de mon enfant, mon mari, mon client, et, jadis, mon meilleur ami. Le câble aussi épais que celui d'une ligne de tramway qui avait fini par claquer et m'avait heurtée de plein fouet. Et maintenant, assise si près de lui que je distinguais les taches de rousseur fauves sous ses yeux, le velouté de ses joues – il aurait bien voulu se faire pousser la barbe pour prouver qu'il avait plus de vingt et un ans –, je tremblais d'amour, de désir, de haine et de souffrance.

Bien que je n'aie plus de souffle à retenir, je le retins comme un bien précieux, raide comme une statue jusqu'à ce qu'il sorte de la voiture, frappe sur la vitre pour dire au revoir et disparaisse dans la nuit. Je desserrai alors les poings et ris jusqu'à ce que le tremblement nerveux de ma voix s'apaise. Je savais qu'ils se reverraient ; la part de moi-même qui le haïssait encore houspillait la part de moi-même qui le désirait.

Au sein de ce conflit angélique, une négligence : quand je me retournai vers Margot, elle se baissait pour ramasser un objet tombé de la poche de Toby lorsqu'il était descendu du taxi. Avant que je ne puisse réagir, que j'aie eu le temps de me réinsérer dans le présent, elle lisait déjà.

C'était une nouvelle, ou peut-être un essai, gribouillé dans une petite écriture en pattes de mouches – une écriture d'intellectuel, mais avec de grosses voyelles rondes qui trahissaient le sens de l'empathie de Toby. Le texte était écrit, curieusement, sur une page qui avait jadis fait partie d'une édition fin de siècle du *Décaméron* de Boccace, si vieille que la page était jaune mayonnaise et l'encre, presque entièrement délavée.

Toby était en quelque sorte l'artiste maudit par excellence. Il était si maigre que son costume en velours côtelé pendait sur son corps, aussi informe qu'un sac de couchage ; ses longues mains fines étaient toujours marbrées, toujours glacées. Il vivait des chèques qu'il recevait tous les trimestres de la New York University, comptait sur les restes du stand de hotdogs d'un ancien camarade de fac pour se nourrir et habitait un studio au-dessus d'un café de Bleecker Street ouvert la nuit. Il n'aurait jamais, au grand jamais admis qu'il était pauvre. Il se gavait de mots, il festoyait de poésie, et il avait l'impression d'être millionnaire lorsqu'il disposait d'un stylo plein d'encre et de feuilles blanches. Il était écrivain ; le pire dans tout ça, c'était que Toby croyait – soutenait même – que la pauvreté la plus abjecte faisait partie du lot.

Donc, imaginez un bout de papier fragile aux caractères italiens effacés perçant sous les gribouillis artistiques d'un stylo-plume, et vous aurez une idée de ce que Margot ramassa par terre, déplia et lut.

L'Homme en bois
Par Toby E. Poslusny

L'homme en bois n'était pas un pantin ; contrairement à Pinocchio, l'homme en bois était un homme véritable, alors que tous ceux qui s'agitaient autour de lui ne l'étaient pas. Au pays des pantins, l'homme en bois trouvait la vie très dure. On ne pouvait décrocher d'emploi si l'on n'avait pas des fils attachés aux membres et si l'on ne pouvait pas parler sans faire bouger sa bouche. Il n'y avait ni maisons ni bureaux, et, dernièrement, les églises étaient venues à manquer ; au lieu de cela, toute la planète avait été transformée en scène géante où les pantins se pavanaient et se battaient, et l'homme en bois se sentait de plus en plus seul. Vous voyez, l'homme en bois n'était pas fait en bois, mais son cœur l'était ; ou plutôt, son cœur était un arbre à plusieurs branches, mais ni pêche ni poire n'y poussaient, et aucun oiseau ne venait jamais y chanter.

Bien que Margot ne sût rien de l'homme au côté duquel elle avait été assise pendant dix-sept pâtés de maisons, elle eut l'impression qu'on lui avait ouvert une lucarne sur son monde, comme si elle avait lu une page de son journal intime ou une lettre d'amour. La solitude qui perçait derrière ces mots éveilla sa compassion. Pour ma part, bien sûr, je n'y voyais qu'un chapelet d'inepties prétentieuses, sans originalité et pleines d'auto-apitoiement, ainsi qu'une espèce de parabole sur l'époque encore récente de la chasse aux sorcières du sénateur anticommuniste McCarthy. Le jeune Toby Poslusny n'était pas encore un grand écrivain : il mettrait des années à maîtriser son art. Mais pour une jeune amoureuse des livres qui avait le mal du pays et qui pouvait réciter par cœur des passages entiers des *Hauts de Hurlevent*, le palimpseste de Toby était un champ de mines de symboles délicieusement révélateurs.

Ce fut ainsi que l'homme qui chassa Tom des pensées de Margot ne fut pas Toby, mais l'un de ses personnages. Tom rappela la librairie cinq fois. Chaque fois, Margot arpentait les rues, pillait les autres librairies pour le genre de marchandise que Bob aurait dû aligner sur ses rayons, obsédée par le récit de Toby. Les ouvrages des mâles blancs morts qui encombraient le magasin de Bob l'énervaient de plus en plus ; bien qu'elle ait repeint la façade en blanc, remplacé les ampoules vacillantes et passé tout un week-end à réparer le panneau « Babbington Books », les clients qui s'aventuraient à l'intérieur ne voulaient tout simplement plus de Hemingway ou de Wells. Ils voulaient les nouvelles voix rageuses qui surgissaient des ghettos de Detroit, des squats de Londres, Manchester et Glasgow ou des quartiers populaires de Moscou. Après JFK, le Vietnam, le Watergate et un tueur en série sur le pas de leurs portes, la nouvelle génération de lecteurs voulait une littérature qui exprime la folie ambiante.

Je finis par me consoler de l'occasion perdue avec Tom et j'encourageai avec enthousiasme le projet de Margot, bien que j'en connus le prix : étudier la littérature à NYU, l'université de New York. Elle appela Graham.

— Hé, papa ! C'est moi ! Ça va ?

Un reniflement étouffé.

— Margot. Margot ? C'est toi ?

Elle consulta sa montre. Elle s'était encore trompée sur les fuseaux horaires. Il était quatre heures du matin au pays.

— Margot ?

— Oui, papa, excuse-moi je t'ai réveillé ?

— Non, non.

Une toux comme du gravier qu'on pelte et un bruit de crachement.

— Absolument pas, non. Je viens de me lever. Tu as l'air excitée, qu'est-ce qui se passe ?

Elle lui expliqua donc son projet. Il rit en entendant la façon dont elle le formulait : « une chance de ne pas ressembler aux Philistins qui nous gouvernent ». Il lui demanda combien ça coûterait. En moins d'une minute, le vœu de Margot était exaucé. Graham paierait ses frais de scolarité et lui enverrait par virement de quoi défrayer son hébergement chez Bob pendant un an. Il ne demandait qu'une chose en retour : qu'elle lise son dernier manuscrit et lui donne ses impressions. Marché conclu.

Vous vous rappelez cette propriété dont je parlais, celle qui aurait fait une multimillionnaire de Margot ? J'observais soigneusement Midtown West, en incitant de temps en temps Margot à oublier ses terrains vagues apocalyptiques pour songer à sa proximité à Times Square, à oublier les guerres des gangs et les descentes de police pour songer à son prix incroyablement dérisoire sur le marché. Quand l'argent de Graham arriva sur son compte, il y en avait assez pour acheter quinze mille mètres carrés de terrain. La banque lui prêterait sûrement de quoi construire un petit hôtel. Je lui suggérai l'idée en rêve, en ajoutant des images de chambres d'hôtel lumineuses avec des draps bien repassés, des pivoines sur les tables de chevet, de feu de cheminée dans le hall d'entrée…

J'avais l'impression d'être une cinéaste, sans avoir besoin de caméra, simplement de mon imagination et de ma main posée sur le front de Margot. Lorsqu'elle s'éveilla, elle eut soudain envie d'un lit plus douillet, d'une douche chaude, de room service. Mais l'idée de l'hôtel ne s'enracina jamais. NYU l'appelait. Elle était portée par son désir d'apprendre.

Je me laissai donc entraîner comme une vieille chèvre blasée à travers Washington Square Park jusqu'à NYU ; elle gravit les marches d'un immeuble victorien au toit qui fuyait et s'assit timidement dans une salle pleine de courants d'airs, avec un tableau noir posé sur une cheminée en marbre. Les autres étudiants – ils étaient quinze – demeuraient silencieux, impatients de vomir leur avis concernant le poststructuralisme sur le professeur, qui n'était pas encore arrivé. L'une des filles, une riche héritière chinoise dénommée Xiao Chen, le crâne rasé, affublée de jambières en satin doré sur des Doc Martens à quinze œillets et d'un blouson de motard en cuir couvert de pointes, croisa le regard de Margot et lui sourit. Je regardai Xiao Chen et songeai aussitôt à des tequilas bues cul sec et à un braqueur gisant à moitié mort dans une ruelle. Ah, Xiao Chen… Elle m'avait initiée à l'art du vol.

Tandis que les arbres tournaient au rouge avant de se dénuder et de blanchir sous les flocons de neige, Margot et Xiao Chen dévoraient l'équivalent de plusieurs forêts de livres. Quant à moi, ulcérée, je regardais s'élever un lotissement dans le terrain vague de Midtown, dont chaque brique vaudrait bientôt un lingot d'or.

Bien des années après notre premier rendez-vous, j'avais appris que Toby enseignait à NYU lorsque j'y étais étudiante. Nous ne nous y étions jamais croisés. Il remplaçait le professeur Godivala durant son congé de maternité, et son séminaire « Shakespeare freudien » avait fait le plein d'inscriptions quelques heures à peine après avoir été annoncé au tableau d'affichage. Margot, stylo à la main, s'apprêtait d'ailleurs à s'y inscrire, mais lorsque je lus le nom de l'enseignant, « M. Tobias Poslusny », j'entonnai aussitôt le Chant des Âmes, au grand étonnement des anges mêlés aux étudiants. Margot ne fit qu'hésiter un instant, avant de porter son nom sur la liste. Heureusement, Xiao Chen vint à ma rescousse.

— Tu ne vas pas assister à ce cours, tout de même ?

— Mais non, Xiao Chen. C'est d'ailleurs pour ça que je mets mon nom sur la liste. Et toi, alors, ça ne t'intéresse pas ?

Xiao Chen secoua la tête.

— Tu plaisantes ? Le séminaire est le lundi matin à huit heures et demie ! En plus, tu détestes Shakespeare. J'ai choisi le cours sur le modernisme, allez, prends-le avec moi.

Margot hésita.

— Je t'offre un verre si tu t'inscris, ajouta Xiao Chen.

Elle arracha le stylo de la main de Margot, biffa son nom et la poussa vers la liste du séminaire sur le modernisme. Margot ajouta son nom et elles se dirigèrent vers le café étudiant.

Je les suivais tout en observant les bourgeons des arbres de Washington Square, petits cœurs verts prêts à éclater au soleil, lorsque j'avisai Toby qui écrivait tout seul sur un banc. Je profitai de ce que deux membres de l'équipe de hockey de la fac draguaient Xiao Chen et Margot pour m'approcher de lui.

Un ange au visage triste encadré de longs cheveux argentés était perché dans les branches d'un saule, derrière lui. Elle était si lumineuse que, de loin, on aurait dit qu'une cascade scintillant au soleil se déversait des branches. Je reconnus Gaia, la mère de Toby, bien que je ne l'aie jamais rencontrée de mon vivant. Elle m'aperçut et m'adressa un signe de tête, sans sourire. Je m'assis à côté de Toby. Une jambe croisée sur l'autre, plongé dans ses pensées, il écrivait furieusement.

— Ça me fait plaisir de te revoir, Toby, dis-je.

— Moi aussi, ça me fait plaisir, lâcha-t-il distraitement.

Il redressa aussitôt la tête, perplexe.

Je me relevai brusquement. Toby regarda autour de lui, se gratta le crâne et se replongea dans son calepin. Tandis qu'il écrivait, son mur d'émotions et de processus intellectuels – qui prenaient la forme de couleurs et de textures ondoyantes parcourues d'étincelles – laissa apparaître de petites fissures, là où affleuraient de nouvelles connexions entre ses idées. Je saisis l'occasion.

Il fallait que je lui pose la question.

Il fallait que je sache, car si c'était lui qui avait tué Margot, si ma vie s'était aussi abruptement terminée par la faute de cet homme, je devais faire en sorte que Margot et lui ne se revoient jamais.

— C'est toi qui as tué Margot, Toby ?

Il continua à écrire.

Je parlai plus fort.

— Tu as tué Margot ?

Gaia leva les yeux.

Je scrutai les mondes parallèles de son passé et de son avenir qui s'ouvraient à ses côtés pour y déceler des indices. Mais je n'y aperçus que les visages de ses étudiants, le personnage de l'homme en bois qui dansait tout seul au pays des pantins et un poème en friche.

Et un flash : Margot dans le taxi.

J'avançai d'un pas. Il sourit, comme si une idée agréable lui avait traversé l'esprit, avant de recommencer à écrire. Puis il sourit de nouveau et au-dessus de sa tête, de nouveau le visage de Margot dans le taxi.

Je jetai un coup d'œil à Margot et Xiao Chen, prisonnières consentantes des hockeyeurs aux yeux bleus, et me rassis à côté de Toby.

— Mon fils n'est pas un assassin.

Gaia se dressait devant moi, argentée comme une lame de couteau.

— Alors qui a tué Margot ?

Elle haussa les épaules.

— Je suis désolée, je n'en sais rien. Mais ce n'est pas Toby.

Elle s'éloigna. Un coup de vent s'engouffra dans le parc, soulevant la jupe d'une fille, ce qui suscita quelques applaudissements. Toby ne se laissa pas distraire.

Je scrutai son aura toute en tons terreux et découvris, étonnée, à quel point ses reins et ses os étaient fragiles. Je contemplai son visage calme, féminin, ses yeux dorés au regard pénétrant. Je vis la lumière blanche de son âme se contracter avant de se déployer sous l'emprise d'une idée qui reflétait ses espoirs les plus profonds ; je vis ces espoirs s'élancer du noyau de son âme pour se projeter sur de petits écrans. Être aimé. Écrire des livres qui changeraient le monde. Avoir une chaire à NYU. Avoir un enfant de la femme qu'il aimerait.

Les hockeyeurs entraînaient maintenant Xiao Chen et Margot. Celle-ci ne retrouverait Toby qu'un peu plus tard. Je me penchai pour l'embrasser, doucement, sur la tempe. Il me regarda droit dans les yeux, et ce qu'il prit pour un nuage sombre qui éclatait en pluie était mon cœur, fracassé en mille morceaux.

J'étais en train de retomber amoureuse de lui.

15.

Un chien et un traiteur

Margot, quant à elle, avait entamé la conquête de l'équipe de hockey sur glace de NYU. Elle jeta ensuite son dévolu sur leur entraîneur jusqu'à ce que l'épouse de ce dernier l'apprenne, avant de distribuer ses faveurs aux membres de l'équipe de karaté. Dans sa voracité, elle croqua la moitié du corps enseignant avant de dévorer Jason. Mais le Jason en question se trouvait être le petit ami de Xiao Chen. Cette dernière, après avoir chipé leurs athlètes de fiancés à une dizaine de blondes du Connecticut, s'était enfin rangée. Xiao Chen n'aurait pas dû s'étonner : Margot était son élève, et l'élève avait dépassé le maître. Inutile de dire que leur belle amitié succomba à ce drame.

Pour ma part, j'exécrais de plus en plus Margot au fil des jours. Margot, lui disais-je, je te déteste, et pour toutes sortes de raisons.

1. Je déteste ton pseudo-accent américain.
2. Je déteste ton pseudo-féminisme et ta vocation quasi religieuse de salope.

3. Je déteste que tu mentes à papa. Quand il apprendra que tu vas être recalée, il sera effondré.
4. Je déteste ta philosophie de comptoir et ta grosse voix de fumeuse. Je te déteste parce que tu n'entends jamais la mienne.
5. Et par-dessus tout, Margot, je déteste le fait que, jadis, j'aie été toi.

Le temps des examens arriva. Je rassemblai un groupe d'anges et nous travaillâmes d'arrache-pied à inciter nos Êtres Protégés à assurer leur avenir. Bob, lui, regardait les mecs défiler dans la chambre de Margot au premier étage en se disant qu'après tout il aurait peut-être sa chance, lui aussi. La veille du premier examen de fin d'année de Margot, il lissa ses cheveux crépus, enfila son tee-shirt le plus propre et son jean le plus moulant avant de frapper à sa porte.

— Margot ?

— Je dors.

— Non, tu ne dors pas, sinon tu ne répondrais pas.

— Va-t'en, Bob.

— J'ai du vin. C'est du rouge. Du ché-bliss.

La porte s'ouvrit toute grande. Margot, dans sa nuisette, affichait son sourire le plus hypocrite.

— J'ai entendu chablis ?

Bob inspecta la bouteille et regarda Margot.

— Euh, ouais.

— Entre donc.

Je réussis à empêcher le rêve de Bob de se réaliser, mais à quel prix ! Ils tombèrent tous deux ivres morts dans la kitchenette. Trop de vin rouge nuit à l'homme blanc, comme dirait Bob.

J'eus plus de mal à souffler à Margot les réponses de l'examen. Affalée sur son pupitre, elle tentait en vain d'escalader le mur de sa gueule de bois. Je levai les mains au ciel et marchai vers la fenêtre. Toby était assis au bureau du surveillant. Je m'assis à côté de lui et le regardai écrire.

Je reconnus quelques-unes de ses phrases : on les retrouverait plus tard dans son premier roman, *Glace noire*. De temps en temps, il claquait de la langue et biffait rageusement un mot ou une phrase d'un trait épais : Gaia posait un bras sur son épaule et l'encourageait à continuer. Parfois elle réussissait à l'atteindre, parfois pas. J'observais attentivement le processus : un paysage d'idées montait de l'esprit de Toby. Son aura se contractait tout d'un coup tandis qu'une épaisse barrière – on aurait dit de la glace – s'élevait autour d'elle. Cela ne durait qu'un instant mais, à quelques reprises, cette barrière se maintint pendant une dizaine de secondes. Gaia dut appeler Toby plusieurs fois pour que la barrière disparaisse. Mais elle ne se dissolvait pas dans l'éther : elle se résorbait en Toby.

— Qu'est-ce qui se passe ? demandai-je à Gaia au bout d'un moment.

— C'est la peur. Toby a peur de ne pas être à la hauteur. Ça ne t'est jamais arrivé avec Margot ?

Je secouai la tête. Pas comme ça.

— Je suppose que ça peut prendre des formes différentes, dit-elle en haussant les épaules. C'est comme ça que Toby se protège. Mais je m'inquiète. Ces derniers temps, il se protège de choses qui seraient bonnes pour lui. Et je n'arrive pas à l'atteindre.

Je hochai la tête.

— Nous pourrions peut-être nous y mettre à deux.

Elle sourit.

— Peut-être.

Elle continua à essayer de le secouer mais la barrière ne cessait de se reformer et seul Toby pouvait la dissoudre. Il n'y avait rien à faire. S'il s'était secoué, il aurait peut-être remarqué que Margot ramassait ses affaires et partait une heure avant la fin de l'examen.

Je la suivis. Elle contempla l'Hudson les bras croisés. Puis elle se mit à marcher de plus en plus vite, jusqu'à courir, à toute vitesse, la sueur perlant sur son visage, ses cheveux flottant derrière elle comme la queue d'une comète, moi à ses trousses.

Nous courûmes ainsi jusqu'au milieu du pont de Brooklyn. Margot suffoquait, haletait, les mains appuyées sur les genoux, son cœur cognant dans sa poitrine. Elle regarda la circulation à ses pieds et s'appuya à la rambarde pour contempler le panorama de Manhattan. Le soleil l'obligeait à protéger ses yeux de sa main en visière. On aurait dit qu'elle cherchait quelqu'un : elle scruta les Twin Towers et le restaurant Pier 45 avant de tituber jusqu'à un banc, où elle s'affala.

Tout autour d'elle, le chagrin et la confusion éclataient comme de petits orages. Son cœur décochait des centaines de lueurs roses qui circulaient dans son corps et s'infiltraient dans son aura. Penchée en avant, les paupières serrées, le menton tremblant, elle pensait à Maman. Je ne pouvais rien faire à part poser la main sur sa tête. « Allez, allez, ma grande, ça n'est pas si grave que ça. » Quand je m'assis à côté d'elle, elle enfonça les coudes dans ses cuisses, se prit la tête entre les mains et éclata en longs sanglots. Parfois, il y a un gouffre sans fond entre le désespoir et l'acceptation.

Elle resta sur ce banc tandis que des dizaines de cyclistes filaient devant elle. Le soleil passa par tous les tons de l'or jusqu'à ce que la ville lance des lueurs de bronze et que l'Hudson s'embrase.

Je fouillai mes souvenirs pour me rappeler ce moment, mais en vain. Je cessai donc de chercher et m'adressai à Margot.

— Tu penses à sauter du pont, ma grande ? Parce que laisse-moi te dire que l'escouade antisuicide a prévu le cas.

Je tapotai les grillages de la rambarde.

Elle se remit à pleurer. Je radoucis le ton. Non qu'elle puisse m'entendre. Mais elle pouvait peut-être me sentir.

— Qu'est-ce qu'il y a, Margot ? Pourquoi es-tu encore là ? Pourquoi est-ce que tu n'es pas en train d'étudier comme tu avais promis de le faire, de préparer ton avenir ?

Je me surpris à entonner des clichés ronflants comme « l'avenir t'appartient » et je soupirai : il fallait changer de tactique.

— Parmi tous ces types avec qui tu couches, y en a-t-il un qui te rende heureuse ? Y en a-t-il un que tu aimes ?

Elle secoua lentement la tête avant d'éclater de rire.

— Voilà que je me parle toute seule, maintenant. Je deviens vraiment cinglée.

Elle se pencha, bras croisés, observant le panorama, scrutant l'horizon.

— On est vraiment tout seul en ce bas monde, n'est-ce pas, murmura-t-elle.

Ce n'était pas une question. Je me rappelai soudain ce besoin puissant, déchirant, d'être sauvée. Je me rappelai que sur ce pont, j'avais eu l'impression d'être à des millions de kilomètres de la terre ferme, prisonnière d'un caillou au milieu de l'espace. Personne n'était venu me secourir.

Sauf que j'étais là, moi. Alors que j'enlaçais Margot, je sentis d'autres bras sur les miens, et d'autres encore : lorsque je levai les yeux, je vis Irina et Una, venues de l'au-delà. Elles nous enlaçaient toutes les deux, Margot et moi, en lui répétant que tout irait bien, qu'elles étaient là, qu'elles l'attendaient. Je pleurai et leur touchai les mains ; j'aurais voulu m'y agripper le plus longtemps possible. Elles m'embrassèrent, me tinrent dans leurs bras et m'assurèrent qu'elles seraient toujours là pour moi, que je leur manquais. Je pleurai jusqu'à ce que j'aie l'impression que mon cœur allait éclater. La lueur qui nimbait le cœur de Margot vacillait comme la flamme d'une bougie en pleine tempête.

Elle finit par se lever, l'air résolu. Elle descendit lentement du pont et rentra chez elle en taxi, et les étoiles cachèrent leurs secrets derrière des nuages impénétrables.

La mauvaise nouvelle, c'était qu'évidemment Margot avait été recalée à tous ses examens. Et elle n'avait pas échoué à moitié : elle avait décroché la moyenne la plus basse de tous les étudiants. Elle et Bob fêtèrent cet exploit par une soirée de beuverie particulièrement braillarde.

La bonne nouvelle, c'était qu'on lui offrait la possibilité de redoubler son année. Je lui soufflai un plan d'action. Comme elle ne pouvait avouer à Graham qu'elle avait claqué des centaines de livres sterling à entretenir une gueule de bois chronique, elle trouverait deux ou trois petits boulots, économiserait tout l'été et financerait de ses deniers le deuxième round.

Elle se fit engager comme barmaid dans un pub irlandais et comme promeneuse de chiens dans l'Upper East Side. Lorsque je vis la boule de poils qui aboyait au bout de sa laisse, je gémis. Ce toutou allait nous entraîner tout droit vers Sonya.

Et pourtant, je ne fis rien pour empêcher les retrouvailles de Margot avec Sonya Hemingway.

D'abord parce que Sonya était vraiment marrante. Et superbe, avec sa silhouette de rêve et ses cheveux jusqu'aux fesses, roux flamboyants, qu'elle repassait une demi-heure tous les matins. Sonya aimait les endroits qui donnent le vertige, les drogues dures et les demi-vérités. Elle n'avait absolument aucune ambition dans la vie. Elle se vantait aux créateurs de mode, aux dealers de drogues et à qui voulait l'entendre d'être une parente éloignée d'Ernest Hemingway. Bobard ou pas, c'était efficace. Parmi les retombées : une carrière de mannequin en pleine ascension et un blizzard permanent de poudre blanche.

Ensuite, parce qu'il me restait une énigme à résoudre. Avait-elle couché avec Toby, oui ou non ? Puisque j'avais l'occasion de tirer au clair ce léger problème existentiel, autant que j'en profite.

Mais, pour l'instant, nous marchions dans la direction opposée de celle où nous étions censées la rencontrer. Paris, le petit chien, trottinait sagement à côté de Margot. Je me retournai pour scruter la 5e Avenue. Sonya était sur le trottoir d'en face. Il était temps que j'intervienne.

Je me penchai pour caresser les oreilles duveteuses de Paris et posai la main sur son front.

— C'est l'heure de la pâtée, mon coco, non ?

Le chien en bava d'enthousiasme. Je projetai aussitôt les images d'un festin canin dans sa petite tête.

— Qu'est-ce qui te ferait plaisir, hein ? De la dinde ? Du bacon ?

Une dinde rôtie et une brochette de bacon apparurent dans l'esprit de Paris. Il aboya.

— Attends, je sais. Une mégatonne de salami !

À ces mots, Paris détala. Un peu plus vite que je l'avais prévu et avec une force surprenante, il remorqua Margot jusqu'au milieu de la rue. Deux taxis et une Chevrolet durent freiner d'urgence pour l'éviter : à quelques centimètres près, elle se faisait percuter. Elle hurla, lâcha la laisse et Paris poursuivit sa course, sa petite queue remuant à toute allure, forçant une autre voiture à freiner brusquement tandis qu'un cycliste était projeté au-dessus de son guidon sur un chariot à hot-dogs. Le moins qu'on puisse dire, c'est qu'il n'en fut pas ravi.

Margot, honteuse, attendit le feu vert pour traverser la rue comme pour faire amende honorable et s'engouffra à la suite de Paris chez le traiteur. Je restai à la porte, morte de rire : c'était encore plus tordant la deuxième fois. Paris s'était rué au fond du restaurant pour se jeter sur la livraison de charcuterie et dans sa petite angoisse canine de rafler le plus gros morceau, il avait renversé le distributeur d'eau, dont le contenu s'était répandu par terre. Le patron gueulait en agitant les bras pour chasser Paris. Celui-ci obtempéra, un saucisson entre les dents. Margot l'attrapa, lui tapa sur le museau à plusieurs reprises et le traîna dans le restaurant pour présenter ses excuses au patron, qui ramassait les débris de viande.

— Je suis désolée ! Je vous promets que je vous rembourserai tout ! Faites une liste et je reviendrai vous payer, je ne sais pas comment, mais dès que possible.

Le patron la foudroya du regard et lui dit – en italien – de se fourrer ses excuses là où le soleil ne brillait jamais. Margot se tourna vers une fille rousse qui inspectait en riant ses vêtements détrempés par les exploits de Paris. C'était Sonya.

— Je suis vraiment désolée, répeta Margot. Ce n'est pas mon chien…

Sonya tordit ses cheveux mouillés.

— Tu es anglaise, non ?

Margot haussa les épaules.

— Plus ou moins.

— Tu ne parles pas comme la reine.

— Je suis vraiment navrée, pour votre chemisier. Il est foutu ?

Sonya s'avança vers elle. Elle transgressait systématiquement les limites de l'espace personnel en s'approchant de parfaits inconnus – en l'occurrence Margot – de si près qu'ils se retrouvaient quasi nez à nez avec elle. Très jeune, elle avait appris que les gens réagissent lorsqu'on les agresse un peu. Parfois ça tournait mal, mais, quoi qu'il arrive, elle s'était fait remarquer, et c'était le but.

— Dis, la « plus ou moins Anglaise », tu as des projets pour ce soir ?

Margot distinguait le blanc des yeux de Sonya et le rouge à lèvres rouge qui lui tachait les dents. Elle recula d'un pas.

Sonya avança de nouveau d'un pas. Paris lui lécha le bras.

— Ton chien m'aime bien, on dirait.

Margot se ressaisit.

— Je suis navrée pour ton chemisier. Il est ravissant.

Sonya baissa les yeux sur son chemisier à jabot en soie violette, qui lui collait à la poitrine.

— Je m'en fous, j'en ai des tas d'autres. Tiens.

Comme par un tour de passe-passe, elle fit apparaître une carte de visite noire et la glissa sous le collier de Paris.

— Tu peux te faire pardonner si tu viens à ma fête ce soir.

Elle adressa un clin d'œil enjoué à Margot et sortit, toujours dégoulinante.

Sans chien, et sans savoir ce qui l'attendait, Margot débarqua ce soir-là devant la maison de Sonya à Carnegie Hill. Persuadée qu'elle s'était trompée d'adresse, elle la vérifia de nouveau sur la carte de visite noire avant de sonner. Aussitôt, la porte s'ouvrit sur Sonya, tout sourire, vêtue d'une robe moulante à imprimé panthère.

— Ah, c'est « Plus ou moins » ! s'écria-t-elle en tirant Margot à l'intérieur.

Je gloussai. Plus ou moins. Quel culot.

Sonya présenta Margot à ses invités – elle devait hurler leurs noms pour couvrir la musique de Bob

Marley crachée par deux énormes haut-parleurs. Elle parvint enfin à un jeune homme qu'elle surnomma « M. Shakespeare ».

— Quand il vient dans une fête, il passe sa soirée le nez dans un bouquin.

Je retins mon souffle. C'était Toby.

Margot tendit la main à la silhouette calée dans un fauteuil et masquée par un livre.

— Salut.

— Salut, répondit-il sans baisser son livre.

Lorsqu'il la vit il répéta « Salut », mais avec un point d'exclamation, cette fois.

— Toby, se présenta-t-il en se levant.

— Margot. Je crois qu'on s'est déjà rencontrés.

— Je vous laisse, lança Sonya en s'éloignant.

Margot et Toby se dévisagèrent avant de détourner les yeux timidement. Margot s'assit et ramassa le livre qu'il lisait. Toby tripota les passants de la ceinture de son pantalon avant de s'asseoir à côté d'elle. Son regard vers Sonya qui flirtait et riait à l'autre bout de la pièce confirma mes soupçons : il l'avait toujours préférée à moi, dès le début.

— Alors, dit Margot. C'est toi, Toby.

— Oui, c'est moi.

On avait vraiment été aussi guindés que ça ? Dans mes souvenirs, notre deuxième rencontre avait été beaucoup plus enjouée.

— Sonya, c'est ta fiancée ?

Toby cligna des yeux pendant quelques secondes, ouvrit la bouche et la referma.

— Euh, comment décrire notre relation… Quand j'étais bébé, elle me volait ma tétine. Je crois qu'un jour elle s'est mise toute nue pour grimper dans mon berceau mais depuis, nos rapports ont été assez platoniques.

Margot hocha la tête en souriant. Gaia se pencha au-dessus de l'épaule de Toby.

— Margot est la femme de ta vie, Toby.

Elle l'avait dit, comme ça. Et, en plus, Toby l'avait entendue. Il se tourna vers Gaia, le cœur emballé par cette illumination. J'observai la scène, humble et émerveillée. Gaia savait que j'avais été Margot, elle m'avait vue accuser son fils de meurtre. Et pourtant, elle le poussait vers Margot.

Toby se tourna vers Margot. Tout d'un coup, il avait envie de mieux la connaître. Elle s'était plongée dans son livre.

— Tu aimes bien bouquiner ?

Elle tourna une page.

— Ouais.

— Tu sais, tout le monde est tellement anti-Shakespeare en ce moment, mais *Roméo et Juliette*, on est forcé d'aimer, non ?

J'éclatai de rire. Toby n'était vraiment pas doué pour faire la conversation.

Margot, en revanche, adorait les grandes discussions. Elle leva les yeux de son livre, croisa les jambes en tailleur et le dévisagea d'un air sérieux.

— *Roméo et Juliette* est un fantasme sexiste de l'amour. Moi, à la place de Juliette, j'aurais versé un chaudron d'huile bouillante par-dessus le balcon.

Le sourire de Toby se ratatina comme une fougère dans les flammes. Il détourna le regard en cherchant une réplique. Margot leva les yeux au ciel et s'extirpa du fauteuil. Aussitôt, Gaia apparut au côté de Toby et lui chuchota quelques mots à l'oreille. Margot cherchait des yeux un interlocuteur mieux à même de lui tenir tête, et je me surpris à avoir pitié de Toby.

Aucun des chuchotements de Gaia n'atteignait Toby tant il était bouleversé par son envie soudaine d'établir une complicité avec Margot. Il était nerveux, tendu ; il se demandait pourquoi il était tant attiré par une fille qui était aussi peu son genre.

Je finis par intervenir.

— Toby, l'interpellai-je fermement, dis-lui d'aller se faire foutre.

Je répétai deux fois ma phrase. Gaia me dévisageait comme si j'étais devenue folle. Toby se leva enfin.

— Margot ! l'appela-t-il tandis qu'elle s'éloignait. Margot ! répéta-t-il, et elle se retourna.

Une pause dans la musique. Plusieurs têtes se retournèrent pour les dévisager. Toby pointa du doigt vers elle.

— Tu te trompes, Margot. Cette pièce est l'histoire de deux âmes sœurs qui surmontent tous les obstacles pour être ensemble. C'est une histoire d'amour, pas de sexisme.

La musique reprit : les premières mesures de *I Shot the Sheriff*. Sonya tira tous ses invités de leurs fauteuils pour les faire danser. Margot fixa Toby à travers la foule droit dans les yeux. Un instant, elle eut envie de lui lancer une remarque cinglante. Mais quelque chose dans le regard de Toby l'en empêcha. Alors elle s'éloigna, sortit de la maison et regagna son appartement au-dessus de *Babbington Books*.

16.

Une vague d'âmes perdues

Au cours des mois suivants, j'affrontai plus d'une fois les démons. L'ange de Sonya – Ezekiel, son père, qui avait été absent de sa vie – arpentait patiemment le couloir de sa maison, évincé par Luciana et Pui, les deux démons de Sonya auxquels elle était totalement accro. Contrairement à Grogor, elles étaient difficiles à distinguer des jolies filles qui fréquentaient la maison. Je savais qu'elles passaient beaucoup de temps avec Sonya, mais, en général, je ne les voyais pas.

J'appris à cette époque que les démons se dissimulaient avec une habileté redoutable. Comme les millions d'insectes qui grouillent dans les placards et entre les lattes du parquet, les démons s'immiscent dans les moindres interstices des demeures des vivants. Alors que j'observais Sonya poser un gros pendentif en nacre sur sa coiffeuse, j'y aperçus les visages de Luciana et de Pui qui la regardaient. Parfois, elles se baladaient dans ses sacs à mains griffés ; d'autres fois, elles s'enroulaient sur son avant-bras comme des bracelets.

Sonya était plutôt, disons, inconstante dans son style de vie. Lundi, elle faisait du yoga et sirotait de l'aloe vera. Mardi, elle gisait sur la moquette, le visage dans une flaque de vomi, au bord de l'overdose. Du coup, Luciana et Pui étaient soit en train de se prélasser sous forme humaine dans l'immense canapé de Sonya, soit réduits à l'état de taches sombres dans son âme. Mais elles ne la quittaient jamais.

Au bout de deux semaines, Sonya invita Margot à emménager chez elle. Elle prétendait qu'elle avait pitié de Margot, obligée de faire trois boulots à la fois et pis encore, d'habiter l'appartement immonde de Bob. Mais, en réalité, Sonya se sentait seule. Même la présence de Luciana et de Pui était liée à cette solitude. Elle n'avait jamais compris pourquoi elle se sentait brusquement moins seule lorsqu'elle se droguait. Elle attribuait ce phénomène aux effets de la drogue sur son cerveau. En réalité, Luciana et Pui, ses compagnes fidèles et malfaisantes, s'enroulaient alors autour d'elle comme du lierre sur un tronc d'arbre.

Je déclarai tout de go que je ne resterais pas les bras croisés pendant que les démons anéantissaient l'âme de Sonya. Par leur faute, celle-ci exerçait une influence néfaste sur Margot. Déjà, elle expérimentait : un peu d'herbe par-ci, un peu de coke par-là. Je voyais ce qui se préparait, aussi clairement que s'il s'était agi d'une locomotive fonçant à toute allure sur le corps de Margot allongée sur les rails. Luciana et Pui virent mon intervention d'un mauvais œil. Elles se métamorphosèrent en colonnes de fumée rouge en forme de cobra pour me cracher des boules de feu. Personne ne m'avait avertie ou préparée à une telle situation, mais je réagis instinctivement, en levant les mains pour arrêter les boules de feu. Je fermai les yeux et me représentai la lumière émanant de mon corps qui s'intensifiait : lorsque je les rouvris, elle était si aveuglante que les démons s'étaient blottis dans un coin, comme des ombres en plein midi. Elles ne se manifestèrent plus pendant un bon moment.

Ezekiel put donc revenir dans la vie de Sonya, plus déterminé que jamais. Elle envisagea d'arrêter la drogue, de mener une vie plus saine, voire de se ranger pour de bon si elle trouvait un type bien.

— Alors, qu'est-ce que tu penses de Toby ? demanda Sonya à Margot un matin en prenant le café.

Margot haussa les épaules.

— Il a l'air gentil. Tranquille.

— Je pense que je devrais sortir avec lui.

Margot s'étrangla.

— Sortir avec lui ? Et puis quoi encore ? Tu vas te mettre à la pâtisserie ? Apprendre à tricoter ?

Sonya – il faut l'imaginer recroquevillée au-dessus de son café au lait, en peignoir à motif panthère et balconnet rouge, ses cheveux en bataille retombant comme des estafilades sanglantes sur son visage pâle – s'offusqua. D'autant plus, d'ailleurs, qu'elle se rendait compte que la perspective de faire de la pâtisserie ou du tricot ne l'offusquait pas.

— Je crois que je vieillis.

— Toby et toi, vous avez eu une histoire ?

Sonya secoua la tête. Pour une fois, elle disait la vérité.

— On s'est rencontrés à la maternelle. Il est comme un frère pour moi. Beurk, comment ai-je pu avoir une idée pareille ? Et toi ? Ça avait l'air de coller entre vous, le soir où tu l'as rencontré chez moi, non ?

— Je l'ai insulté.

— Et puis ?

— Et puis rien. Je ne l'ai plus jamais revu.

— Ça te dirait de sortir avec lui ?

Margot réfléchit. Elle finit par hocher la tête.

C'est ainsi que Margot et Toby eurent leur premier rendez-vous en tête à tête.

Toby se pointa à la librairie. Bob était à son poste habituel, derrière le comptoir, en train de fumer un mélange de tabac et d'herbe tout en lisant un article sur la nouvelle Cadillac Fleetwood Brougham. Il jeta un coup d'œil à Toby et lui tapota son joint sous le nez.

— Je viens pour Margot…

Bob se contenta de toussoter. Toby jeta un coup d'œil au rayon « Nouveautés ».

— Il y a de bons livres ici. Je ne connaissais pas cet endroit.

— Mmh hum.

— Alors, Margot est là ?

— Il faudrait lui poser la question.

J'ai toujours admiré la patience infinie de Toby. Je jetai un coup d'œil à Zenov, accoudé au comptoir, et fis mine de décocher une gifle à Bob. Zenov secoua la tête comme pour dire « Je n'y peux rien ».

Toby noua ses mains dans son dos et envisagea la suggestion de Bob.

Puis il hurla à pleins poumons :

— Margot ?

Bob en tomba de sa chaise et se retrouva le cul par terre.

— Margot Delacroix, c'est Toby Poslusny, je suis ici parce qu'on doit sortir ensemble. Tu es là, Margot ?

Son rugissement de prêcheur évangélique contrastait avec son attitude calme et vaguement perplexe. Il n'avait pas quitté Bob des yeux.

Bob se leva tandis que Zenov ricanait derrière sa main.

— Euh, je vais voir si elle est là...

— Merci.

Toby, qui souriait toujours, adressa un signe de tête à Bob.

Margot émergea de derrière un paravent quelques minutes plus tard, vêtue d'une robe de cocktail des années 1950 en tulle vert, trop petite de deux tailles. Elle était encore en train de mettre des épingles dans ses cheveux et elle rougissait. Je vis Toby s'y reprendre à deux fois pour s'assurer qu'il avait bien vu sa robe, son cou de ballerine, ses jambes.

— Salut, dit-elle. Désolée de t'avoir fait attendre.

Toby la salua d'un signe tête et lui tendit le bras en lui faisait signe de le prendre.

Elle obéit et ils sortirent de la librairie la tête haute.

— À onze heures, je ferme à clé, toussa Bob, mais la porte claqua avant qu'il ait pu finir sa phrase.

On dit que la dynamique d'une relation amoureuse s'établit au cours des deux premières semaines. Je pense que ça va beaucoup plus vite que ça. Dès le premier rendez-vous, les repères sont posés.

Toby ne faisait rien comme les autres. Dîner et cinéma, très peu pour lui. Il emmena Margot faire un tour de barque sur l'Hudson. Elle trouva cela très drôle : jalon important dans une histoire d'amour. Toby perdit une rame et se mit à réciter du W. B. Yeats. Elle trouva cela fascinant. Alors – forcément – elle sortit de la cocaïne. Toby trouva cela répugnant.

— Range ça, je ne prends pas ces trucs-là.

Margot le dévisagea comme s'il venait de lui pousser une deuxième tête.

— Mais tu es un ami de Sonya, non ?

— Ouais, mais ça ne veut pas dire que je me défonce.

— Je ne me défonce pas, Toby, je veux juste m'amuser un peu, c'est tout.

Il détourna le regard. J'en fis autant, gênée. Je me détestais. J'abhorrais ce moment qui mettait une note discordante dans un paysage amoureux prometteur. Et, comme toujours, c'était ma faute.

Margot le prit de haut.

— Eh bien si tu n'en veux pas, ça en fera plus pour moi.

Elle sniffa les deux lignes.

Toby inspectait les immeubles sur l'autre rive. Les lampadaires commençaient à scintiller au bord de l'eau, déroulant des rubans or et rouge vers la barque. Il sourit. Il posa sa rame. Il retira sa veste, ses chaussures. Puis sa chemise.

— Tu fais quoi, là ? lui demanda Margot.

Il continua à se déshabiller, ne conservant que son slip. Il se leva, tendit ses bras maigres et blancs, inclina son torse osseux vers ses genoux dans la position d'un plongeur, et sauta dans le fleuve.

Margot en laissa tomber son miroir à coke. Elle se pencha par-dessus bord, stupéfaite. Il ne ressortait pas. Elle attendit en se tordant les mains. Toujours pas de signe de vie. Elle se demanda si elle devait appeler à l'aide. Elle finit par retirer sa veste et ses chaussures et sauta dans l'eau à son tour. Ce ne fut qu'à cet instant qu'il ressurgit en riant comme un fou.

— Toby ! hurla-t-elle en claquant des dents. Tu m'as piégée !

Toby rit et lui envoya une giclée d'eau.

— Non, ma douce Margot, c'est toi qui te prends à ton propre piège.

Elle le dévisagea.

Qu'est-ce qu'il est sage, songeai-je.

Qu'est-ce qu'il est dingue, songea Margot.

— Quoi ?

Il se rapprocha d'elle en nageant comme un chien.

— Tu crois vraiment qu'en prenant de la coke tu deviens plus marrante ? Parce que si tu crois ça, alors tu es bien plus bête que je ne l'aurais cru.

L'eau lui dégoulinait du nez et le froid faisait trembler sa voix. Margot le regarda, et, au moment même où l'idée de l'embrasser lui traversait l'esprit, il se pencha vers elle et l'embrassa. C'était – je m'en porte garante – le baiser le plus doux, le plus sincère qu'on lui ait donné de sa vie.

Je passai les mois suivants dans le minuscule studio de Toby au-dessus du café de Bleecker Street à étudier attentivement Margot et Toby, qui s'enfonçaient de plus en plus profondément dans un gouffre qui commençait à ressembler à l'amour. Au début, je me disais qu'ils étaient simplement amoureux de l'amour, que c'étaient les circonstances et non l'amour qui les rapprochaient : ils n'avaient ni argent ni projets d'avenir, et pas grand-chose en commun. Mais en les observant, enrobés de serviettes sur le balcon bancal qui surplombait le West Village, en train de boire du café et de lire les journaux comme un vieux couple, je me dis : « Un instant. Je rate un truc, là ? Qu'est-ce que j'ai raté, la première fois ? »

Est-ce que je me sentais de trop ? Disons que j'étais heureuse que Gaia soit là. J'appris à mieux la connaître. Durant les moments d'intimité de Toby et de Margot, moments sacro-saints que je tenais à respecter, Gaia et moi parlions de l'enfance de Toby. Elle était morte d'un cancer du col de l'utérus alors qu'il avait quatre ans. Jusque-là, l'ange gardien de Toby avait été sa tante Sarah.

— Ah ? Je croyais que les anges gardiens étaient assignés à vie, m'étonnai-je.

— Non, rectifia Gaia, simplement aussi longtemps qu'on a besoin de nous. Une personne peut avoir vingt anges gardiens différents dans sa vie. Tu garderas sans doute plus d'une personne, toi aussi.

Cette perspective me donnait le vertige.

Toby m'avait raconté qu'il n'avait qu'un seul souvenir de sa mère. Elle lui apprenait à monter à vélo. Il avait peur de tomber et restait figé devant la maison, les mains crispées sur le guidon. Il se rappelait qu'elle lui avait dit d'aller seulement jusqu'au bout du sentier du jardin, et que, s'il pouvait aller jusque-là, il pouvait essayer d'aller jusqu'au bout de la rue, puis jusqu'au bout du prochain pâté de maisons, et ainsi de suite.

Lorsqu'il parvint au bout du sentier – à quatre mètres de là –, elle l'applaudit avec tant d'enthousiasme qu'il pédala jusqu'à l'autre bout de la ville : il serait allé encore plus loin si elle ne l'avait pas obligé à rentrer. Il me confia qu'il usait d'une tactique semblable lorsqu'il écrivait – écrire jusqu'à la fin de la page, puis jusqu'à la fin du chapitre, et ainsi de suite, jusqu'à ce qu'il termine un roman. Et il n'avait jamais oublié l'image de sa mère qui l'applaudissait.

Gaia sourit.

— Oui, je me souviens de cette aventure à vélo.

— C'est vraiment arrivé ?

— Oui. Mais ce qui est drôle, c'est que Toby n'avait pas quatre ans à l'époque. Il en avait cinq. Et je n'étais plus vivante. J'étais son ange à ce moment-là.

Je la regardai fixement.

— Tu en es sûre ?

Elle hocha la tête.

— Toby a toujours été capable de me voir de temps à autre. Il ne sait pas que je suis sa mère. Parfois il me prend pour quelqu'un qu'il a connu à l'école, ou peut-être une ancienne voisine, ou juste pour une folle qui se tient trop près de lui dans une librairie. C'est rare, mais ça arrive.

Je regardai Toby et Margot, allongés sur le canapé en cuir défoncé, enlaçant et délaçant leurs doigts, et je me demandai, pleine d'espoir, si Toby me verrait un jour. Que se passerait-il s'il me voyait ? Pourrais-je lui demander pardon ? Pourrais-je jamais, au grand jamais, me racheter de ce que je lui avais fait subir ?

Le mariage eut lieu dans la « Chapel of the Flowers » de Las Vegas après neuf mois de bonheur.

Je tentai en vain de convaincre Margot d'exiger une noce en Angleterre, une cérémonie un peu plus fastueuse qui procurerait à Graham le plaisir de donner sa fille unique en mariage. Toute ma vie, j'avais réinventé l'histoire de cet événement en brodant dessus pour qu'elle se rapproche de celle dont j'avais rêvé après-coup. En réalité, Toby débarqua un soir dans le pub irlandais où travaillait Margot. Il avait posé sa candidature pour un poste de professeur à NYU et il semblait qu'il ait des chances de l'obtenir. Alors il avait acheté une Chevrolet 1964 et un cadeau pour Margot. Un modeste anneau solitaire.

Elle le dévisagea.

— Tu es sérieux ?

Il lui fit un clin d'œil.

— Il est trop grand pour mon doigt, tu as vu ?

Le sourire de Toby s'évanouit.

— Ah bon ?

— Mais il me va au pouce. Donc, je suppose que ce n'est pas une alliance.

Elle lui adressa un clin d'œil à son tour et inspira profondément. « Alors, ça y est ? » se dit-elle. Oui, lui répondis-je. Ça y est. Elle regarda Toby :

— Tu n'es pas censé me poser une question, là ?

Il mit un genou à terre et lui prit la main :

— Margot Delacroix...

— ... oui ?

Elle fit papilloter ses cils d'un air mutin. À côté d'elle, j'observais Toby attentivement. Je voulais qu'elle se ressaisisse, qu'elle soit sérieuse, qu'elle s'imprègne de ce moment, je voulais être à sa place, dire « oui » pour elle et le penser de tout mon cœur.

— Margot Delacroix, répéta Toby très sérieusement. Raisonneuse, emmerdeuse (le sourire de Margot se flétrit), passionnée, courageuse, belle Juliette de mon cœur (elle sourit de nouveau), femme de mes rêves, je t'en supplie, je t'en supplie, retiens-toi de me verser un chaudron d'huile bouillante sur la tête et accepte plutôt de devenir ma femme.

Elle le regarda, les yeux souriants, en mâchonnant l'intérieur de sa joue. Elle parla enfin.

— Toby Poslusny, Roméo de mon âme, esclave introspectif de la littérature, victime du syndrome du martyr…

Il hocha la tête. En toute impartialité, c'était vrai. Mais ce n'était pas tout. Elle le fit attendre.

— … mon adorable, mon patient Toby.

Une minute s'écoula.

— Margot ?

Toby lui pressa la main. Il avait mal aux genoux.

— Je n'ai pas déjà dit oui ?

Il secoua la tête.

— Oui !

Elle sauta en l'air. Il s'étrangla de soulagement et se leva péniblement.

Tout en admirant sa bague, elle eut une illumination. Ou plutôt, avec le recul, un moment de folie. Vraiment ? Voilà :

— Et si on se mariait à Las Vegas ?

Je vous jure que j'ai essayé de l'en dissuader. J'ai même entonné le Chant des Âmes. Mais elle ne voulait pas en démordre.

Toby envisagea la question. Il lui dépeignit un mariage en blanc l'année suivante dans une chapelle anglaise pittoresque, dégoulinante de lys et de roses,

Graham la conduisant à l'autel. J'articulai la réponse de Margot en silence. « C'est ringard », dirait-elle. « Pourquoi attendre ? »

Toby fit un compromis. Il se conduisit en homme respectable, ce qui était tout à son honneur. Il se rendit à la cabine téléphonique la plus proche et appela Graham pour lui demander la main de Margot. Non, Margot n'était pas enceinte, lui assura-t-il. Il l'aimait, tout simplement. Elle ne voulait pas attendre un instant de plus. Silence à l'autre bout du fil. Enfin, Graham parla, d'une voix étranglée de larmes. Bien sûr qu'ils avaient sa bénédiction. Il paierait la cérémonie et une lune de miel en Angleterre. Margot glapit « Merci » et « Papa je t'aime ! » dans le combiné. Elle ne voulut pas prendre le temps de parler un peu avec lui – je retins une furieuse envie de lui botter les fesses – et entraîna Toby vers la voiture tandis que le combiné restait suspendu dans le vide. Elle n'entendit même pas les vœux de bonheur de Graham.

Et c'est ainsi qu'ils partirent pour Las Vegas. Trois jours de route. Ils passèrent chez Sonya pour que Margot lui emprunte une tenue de mariage – une robe panthère et des escarpins en cuir vernis rouge. Une boucle d'oreille en forme d'anneau, trouvée dans la boîte à bijoux de Margot, servirait d'alliance à Toby. De la nourriture ? Des provisions pour le long voyage ? Ne dites pas de bêtises ! Ils étaient amoureux – ils n'avaient besoin de rien.

Le soleil commençait à glisser derrière les collines lorsque Nan apparut sur la banquette arrière de la voiture de Toby.

— Tiens, salut, Nan, m'exclamai-je. Tu es venue me dire que je dois empêcher le mariage, en fin de compte ?

J'étais encore un peu fâchée contre elle depuis notre dernière rencontre. Elle regardait droit devant elle, l'air sinistre.

— Qu'est-ce qui se passe ?

Elle se pencha vers moi sans détourner les yeux du paysage crépusculaire.

— Margot et Toby vont rouler en plein milieu d'une Maison Pôle.

Je clignai des yeux.

— C'est quoi, une Maison Pôle ?

— Un rassemblement de démons. Cette Maison Pôle est particulièrement puissante. Ils sauront que Toby et Margot vont se marier et ils tenteront de les arrêter.

— Pourquoi ?

Elle me jeta un coup d'œil.

— Le mariage, c'est l'amour, la famille. C'est ce que tout démon cherche à combattre le plus âprement, à part la vie elle-même.

Je suivis son regard. Je ne vis rien d'autre que l'éclat orangé du soleil couchant et les phares des voitures qui nous croisaient en sens inverse.

— Nous l'avons peut-être déjà dépassée.

Nan secoua la tête et continua à scruter le paysage d'un air anxieux.

Soudain, la voiture fut secouée et fit une brusque embardée. Je m'agrippai au dossier du siège de Toby, tendant la main pour protéger Margot.

— Pas encore, dit calmement Nan.

Mais la voiture se déporta de nouveau vers la gauche. Je crus un instant que nous allions faire un tonneau ou entrer en collision avec les voitures roulant en sens inverse. Nan m'agrippa la main.

— On fait quoi ? hurlai-je.

— On y va ! cria Nan.

À l'instant même, nous nous retrouvâmes dehors avec Gaia, accrochées au coffre de la voiture roulant à toute allure, en train de la tirer vers la droite. Des bruits de klaxon retentirent devant nous. Plusieurs voitures firent une incartade vers le bas-côté. Toby se débattit avec le volant et donna un coup de roue juste à temps pour éviter un camion qui fonçait vers lui.

Il retrouva le contrôle de son véhicule et ralentit pour se ranger sur un sentier en terre battue, juste à côté du panneau qui disait « Bienvenue au Nevada ». Le moteur s'arrêta avec un soubresaut et tandis que je tentais de retrouver mes esprits, Margot et Toby riaient.

— Hou la, qu'est-ce que j'ai eu la trouille !

— Je vais regarder sous le capot.

Des voix sur la banquette avant. Excitées. Énervées.

Nan s'était mise à marcher vers la lisière de la plaine jaune, sa silhouette dessinée à contre-jour par le soleil. J'abritai mes yeux de ma main en visière et je m'efforçai de distinguer ce qu'elle regardait.

— Qu'est-ce que tu vois ?

Pas de réponse. Je regardai autour de moi. Par-delà les collines violettes, j'aperçus des silhouettes qui s'avançaient vers moi. Je me mis à mon tour à marcher vers elles, le bras tendu, prête à décocher ma lumière la plus aveuglante. Ils apparurent alors. Tout d'abord, je crus qu'il s'agissait des troupes de choc de l'Enfer, si lumineuses que je dus détourner les yeux. Une centaine d'êtres dorés, flamboyants, beaucoup plus grands que moi, aux ailes de feu. Je m'apprêtais à me retourner pour appeler Nan, mais elle était déjà à côté de moi.

— Des archanges, m'expliqua-t-elle. Ils veulent simplement nous faire savoir qu'ils sont là.

— D'accord, mais pourquoi sont-ils là ?

— Tu ne l'as pas senti ? Regarde tes ailes.

Repliées autour de moi, de sorte que l'eau courait sur ma poitrine et coulait vers mes pieds, mes ailes étaient sombres et débordaient comme le contenu d'un réservoir. Ce fut alors que j'éprouvai une sensation intense, effrayante, comme si j'étais au bord d'un gouffre s'ouvrant sur l'Enfer : on nous pourchassait.

Toby referma le capot et s'essuya les mains avec un chiffon.

— Ne craignez rien, gente damoiselle, tout va bien, lança-t-il à Margot qui avait sorti la tête par la fenêtre passager.

Il remonta à bord de la voiture et tourna la clé de contact.

Je fis mine de remonter moi aussi mais Nan me retint.

— Regarde, dit-elle en désignant la voiture.

Je vis une fumée noire s'élever du capot, d'abord en mince filet, puis en nuage. Je me demandai pourquoi Toby ne coupait pas le contact pour vérifier ce qui se passait. Mais la voiture démarra en douceur alors que la fumée continua à s'élever du capot vers le toit et le coffre, jusqu'à ce qu'elle enveloppe toute la voiture comme une seconde peau, une barrière, semblable à celle que j'avais vue s'élever autour de Toby.

Soudain, un visage dans la fumée.

Grogor.

Je bondis vers la voiture et sautai du capot sur le toit. Les derniers rayons de soleil se noyaient dans l'horizon, ce qui me plongea dans l'ombre, incapable d'évaluer le volume de la fumée qui montait autour de mes pieds. Au loin, derrière moi, Nan brandissait une boule de lumière au-dessus de sa tête. Elle se mit à flotter vers moi, de plus en plus lumineuse au fur et à mesure qu'elle se rapprochait. Je baissai les yeux et vis la fumée s'écarter de mes pieds mais elle continuait à s'épaissir partout ailleurs, montant régulièrement comme une vague de boue.

— Ruth ! cria Nan au loin.

Un mur de fumée noire s'éleva au-dessus de moi comme un raz-de-marée. Alors que la boule de lumière m'atteignait et flottait directement au-dessus de ma tête, je vis que ce n'était pas de la fumée, mais des centaines de mains noires comme du charbon qui se tendaient vers moi.

— Nan ! hurlai-je.

Mes ailes palpitaient. Le raz-de-marée s'écrasa sur moi avec la force d'une avalanche.

Lorsque je revins à moi, je gisais au bord de l'autoroute, paralysée. Je cherchai Nan des yeux. Je tournai la tête : une guerre faisait rage au beau milieu des voitures et des poids lourds qui filaient sur l'autoroute. Des centaines de démons attaquaient les archanges que j'avais vus dans le désert, lançant des énormes boules de feu et des flèches embrasées que les archanges repoussaient de leurs épées. De temps en temps, l'un d'eux s'effondrait et disparaissait. Avait-il été tué ? Comment était-ce possible ?

J'entendis des pas derrière moi. Je tentai de me lever.

— Nan, m'écriai-je.

Au moment où je disais cela, je compris que ce n'était pas Nan, mais Grogor.

Les pas s'immobilisèrent au niveau de ma tête. Je me retournai et levai les yeux. Au-dessus de moi se dressait non pas un être avec des jambes en colonnes de fumée et un visage avec une blessure de carabine à la place d'une bouche, mais un véritable être humain. Un homme de haute taille à la silhouette en lame de couteau, vêtu d'un costume noir. Il donna un petit coup de pied à mes jambes pour s'assurer que j'étais bien paralysée avant de s'accroupir à côté de ma tête.

— Pourquoi ne pas te joindre à l'équipe qui gagne ? suggéra-t-il.

— Et toi, pourquoi tu ne te fais pas prêtre ?

Il ricana.

— Tu veux vraiment finir comme ça ?

Il regardait un archange qui venait de prendre une boule de feu en pleine poitrine. Stupéfaite et horrifiée, je le vis s'effondrer et disparaître dans un éclair de lumière.

— Comme si ça n'était déjà pas assez pathétique de vous voir rester plantés là pendant que les humains foutent tout en l'air, toi et ta bande, reprit-il en claquant la langue d'un air désapprobateur. Mais je pense que je t'ai comprise, Ruth. Tu préférerais changer le cours des choses, les améliorer. Et pourquoi pas ?

Soudain, je sentis mes ailes battre en moi ; leur courant me pénétrait. Porté par le courant, un message, une voix dans ma tête : « Lève-toi. »

Au moment même où je tentais de me remettre debout, une déflagration de lumière écarlate : le sol ondula sous mes pieds, comme si une bombe avait explosé sous terre. Les archanges encerclaient les démons, leurs épées pointées vers le ciel. Dégringolant des nuages, une tempête de feu s'abattit sur les démons, qui explosèrent dans un énorme nuage de poussière. Lorsque je me tournai de nouveau vers lui, Grogor avait disparu.

Nan courait vers moi à travers la boule de feu. Elle me prit par la main et m'aida à me relever.

— Ça va ? me demanda-t-elle.

— Je croyais qu'ils ne pouvaient pas nous faire de mal.

Elle m'examina soigneusement.

— Bien sûr qu'ils peuvent nous faire du mal, Ruth. Sinon, pourquoi aurions-nous besoin de nous défendre ?

— Je croyais que je n'avais rien à craindre ?

Elle épousseta ma robe.

— Que t'a raconté Grogor ?

Je secouai la tête. Je ne voulais pas le répéter, avouer que ce qu'il avait dit était vrai. Nan haussa un sourcil.

— Tu ne peux pas te permettre d'éprouver de la culpabilité, des doutes, des peurs, ni aucune des émotions barricades que tu éprouvais quand tu étais humaine. Tu es un ange. Tu es soutenue par Dieu et tout le Paradis.

— C'est ce que tu n'arrêtes pas de me répéter, en effet.

L'aube pointait au-dessus des collines. Les anges se mirent à s'évanouir dans le ciel rose.

— Le pire est passé, m'assura Nan. Va retrouver Margot. Je reviendrai te voir très bientôt.

Elle se tourna vers les collines.

— Attends, la retins-je.

Elle fit volte-face.

— Je suis amoureuse de Toby. Si je ne trouve pas le moyen de changer le cours des choses, je le perdrai. Je t'en prie, aide-moi, Nan.

Je la suppliais, maintenant. J'étais désespérée.

— Je suis désolée, Ruth. Mais je t'ai déja expliqué. Tu as déjà eu une vie pour faire tous tes choix. Dans cette vie-ci, ce n'est pas à toi de les faire. Tu dois aider Margot à les faire.

— Alors c'est ainsi ? hurlai-je. Je n'ai eu qu'une chance ? Et moi qui croyais que Dieu accordait toujours une deuxième chance !

Mais elle avait disparu et je me retrouvai seule au milieu de la Route 76 à scruter le ciel, à chercher Dieu des yeux.

— Tu m'aimes, non ? hurlai-je. C'est comme ça que tu me le montres ?

Rien qu'une pluie soudaine qui tombait au ralenti, et le son du vent qui faisait « chut »...

17.

Une graine

Je parvins à Las Vegas peu de temps après. Lorsque Gaia voulut me raconter les détails de la cérémonie, je la fis taire d'un ton assez acerbe, je l'avoue, car je m'en souvenais parfaitement. Le cœur en néon de l'enseigne de la chapelle était cassé – déjà un mauvais présage. Les fleurs en plastique, la musique d'ascenseur déversée par l'orgue électrique du vestibule, la moumoute du greffier qui voletait comme l'aile d'un oiseau mort dans la clim ; Toby prononçant ses vœux avec un rire nerveux. Mon hésitation au moment de dire oui. J'avais plutôt envie de demander comment c'était, le mariage, et comment on était censé savoir si on avait choisi le bon partenaire. Comment on se sentait quand on était réellement amoureuse au lieu d'être enfoncée jusqu'au cou, comme je l'avais si souvent été, dans un besoin profond de se faire dire qu'on ne valait rien. Je me rappelais m'être dit que ce n'était peut-être pas le moment le plus indiqué pour ce genre de discussion, que je devrais peut-être me contenter d'un simple « oui », que nous vivrions heureux jusqu'à la fin des temps. Évidemment.

La lune de miel eut lieu une semaine plus tard. Avec toutes leurs économies, Toby et Margot achetèrent deux allers-retours pour Newcastle upon Tyne, dans le nord-est de l'Angleterre. Margot traversa au pas de course le petit aéroport en tirant Toby derrière elle tant elle était impatiente de revoir Graham pour la première fois depuis trois ans.

Ils arrivèrent jusqu'à la sortie sans l'avoir aperçu.

— Tu crois qu'il a pu oublier ? demanda Toby. On devrait peut-être prendre un taxi.

Margot secoua la tête et ratissa l'aéroport d'un regard angoissé.

— Il n'a pas pu oublier. Enfin, ce n'est pas comme s'il avait cinquante filles.

Toby hocha la tête et s'assit sur la valise.

Lorsque je vis la silhouette de Graham se profiler à l'autre bout de l'aérogare, je me penchai vers Margot pour lui souffler tristement :

— Il est là.

Elle se retourna pour examiner la silhouette éclairée à contre-jour.

— C'est lui ? s'enquit Toby en suivant son regard.

— Non. Ce type-là est trop maigre. Et il a une canne. Papa serait arrivé en courant.

La silhouette l'observa un moment sans bouger, puis, très lentement, elle sortit de l'ombre d'un pas laborieux pour révéler Graham très vieilli et amaigri.

Margot lutta pour réconcilier l'image de l'homme qui s'avançait péniblement vers elle avec sa représentation mentale de Papa. Je me rappelais ce moment avec une netteté si douloureuse que j'avais du mal à regarder la scène, car ce que Margot découvrait était une espèce de substitution effarante : en son absence, le Graham qu'elle avait connu, avec sa panse de père Noël, ses larges épaules et ses grosses pattes de boucher, avait été remplacé par un Graham qui semblait émerger d'une traversée du Sahara. Ses cheveux en broussaille n'étaient plus qu'une poignée d'herbes sèches, ses grosses joues rouges s'étaient creusées et ses yeux – c'était là le plus choquant – ne pétillaient plus.

— Papa ? souffla Margot, toujours clouée sur place.

Toby devina la panique dans sa voix. Il regarda Margot, puis l'homme qui traînait les pieds vers eux, les bras mollement tendus, et s'avança à sa rencontre.

— Graham, je présume ? lança-t-il joyeusement.

Il agrippa la main flasque de Graham et réussit à le rattraper au moment même où il trébuchait. Il s'affala dans les bras de Toby.

Margot plaqua ses mains sur son visage. « Du calme, lui dis-je. Reprends-toi, ma chérie. Tu ne vas tout de même pas sortir les grandes eaux, Papa n'a pas besoin de ça. » Et, oui, c'étaient des paroles courageuses car moi aussi, j'étais consternée de le voir ainsi, non pas à cause de son aspect physique, mais de son aura : autour de son cœur, la lumière s'était scindée en dizaines de filaments qui pendaient et pulsaient faiblement, comme de petits filets de sang coulant d'une plaie mal cicatrisée. Au-dessus de sa tête, les feux d'artifices de son intelligence et de sa créativité n'étaient plus que des pétards mouillés qui éclataient au ralenti, comme dans un brouillard.

Fidèle à lui-même, Graham donna une tape dans le dos de Toby d'un air approbateur avant de l'écarter pour atteindre Margot. Le visage trempé de larmes, elle posa la tête sur son épaule et le serra fort.

— Papa, murmura-t-elle en respirant son odeur.

Graham ne répondit rien. Il pleurait dans ses cheveux.

Arrivée chez Graham, Margot se coucha tout de suite pour se remettre du décalage horaire tandis que Toby inspectait les romans qui s'alignaient sur les étagères, signés Lewis Sharpe, mais ornés de la photo de Graham en quatrième de couverture. Gaia, Bonnie, les deux hommes et moi nous assîmes devant la cheminée. Pendant un moment, silence.

— Alors, comment l'as-tu convaincue d'accepter ? interrogea enfin Graham.

Toby toussa dans son poing.

— Ah, la demande en mariage ? Eh bien, j'ai sorti l'alliance, comme moyen de pression bien sûr, et j'ai posé la question des questions…

Graham sourit faiblement. Il se pencha en avant, les coudes sur les genoux. Je remarquai que sa bouche était légèrement affaissée du côté droit.

— Non. Ce que je veux dire, c'est qu'il s'agit de Margot, après tout. Il serait plus facile d'attraper un colibri au lasso que de passer la bague au doigt de Margot, c'est ce que ma femme avait l'habitude de dire. Margot a toujours été un cheval sauvage. Qu'est-ce qui a changé ?

Toby mit un bon moment à réfléchir à la question de Graham. Je regardai tristement les photos de Margot et d'Irina sur la cheminée. Je ne savais pas que Papa me voyait comme ça.

— Eh bien, monsieur, répondit Toby en se grattant la barbe. Je sais que Margot peut donner cette impression. Vous avez mis dans le mille. Mais, au fond, je crois qu'elle désirait cela plus que tout au monde. Si elle est inconstante et a tant de mal à s'engager, c'est parce que la vie lui a appris que l'engagement finit toujours dans la douleur.

Graham hocha la tête. Lentement, il se pencha vers la bouteille de whisky sur la table basse et leur versa à boire à tous les deux.

— Tu dois savoir quelque chose, dit-il doucement.

Alarmé par le ton de Graham, Toby vint s'asseoir en face de lui et hocha la tête.

Graham vida son verre, le posa bruyamment sur la table basse et regarda Toby.

— Je suis en train de mourir.

Une longue pause suivit, tandis que Toby assimilait la gravité de ces paroles.

— Je... c'est... je suis vraiment désolé de l'apprendre, monsieur.

Graham agita les mains comme des drapeaux de reddition.

— Ce n'est pas ça qu'il faut que tu saches. C'est simplement le préambule, poursuivit-il en se raclant la gorge. Je suis en train de mourir, et je m'en fous. Ma femme est là, quelque part. J'ai hâte de la revoir. Mais tu comprends...

Il s'avança sur son fauteuil : son visage était si proche de celui de Toby que celui-ci voyait les flammes de la cheminée danser dans les yeux du vieil homme.

— Je ne veux pas mourir avant de savoir que tu t'occuperas de Margot pour moi.

Toby se cala dans son fauteuil, conscient de l'anxiété qui s'affichait sur le visage de Graham. Tout s'éclaircissait, maintenant. Il se gratta la barbe en souriant. Un instant, le poids de la nouvelle de Graham fut allégé par une immense sensation de bonheur. Il était heureux que Graham aime autant Margot. Il était heureux de sentir que Graham lui confiait quelque chose d'aussi précieux que sa fille unique, qu'il lui faisait confiance.

Il finit par lui faire la seule promesse qu'il se sente en mesure de tenir.

— Je ne l'abandonnerai jamais. Je le jure.

Le feu s'éteignait. Souriant du choix de mots de Toby, Graham s'enfonça dans son fauteuil et s'endormit aussitôt.

Plus tard, allongé à côté de Margot, mais incapable de dormir à cause du décalage horaire, Toby la contemplait en pensant à la requête de Graham. Il se frotta le visage en réfléchissant à la façon dont il annoncerait la triste nouvelle à Margot. Il songea aux propos de Graham. « Il serait plus facile d'attraper un colibri au lasso que de passer la bague au doigt de Margot. » Il rit tout bas. Mais tout d'un coup, la barrière glaciaire se dressa autour de lui. Gaia et moi échangeâmes un regard. La barrière était dure, vitreuse et plus épaisse que jamais. Nous observâmes Toby qui fixait Margot et je me rendis compte qu'il avait pris un risque énorme en m'épousant. La pire, la plus paralysante des peurs de Toby était de me perdre, et pas seulement à cause de la promesse qu'il avait faite à Graham. J'avais toujours su qu'il avait perdu sa mère très jeune, mais je constatais maintenant que cette tragédie avait envahi chaque recoin de sa vie. Elle était inscrite dans toutes ses convictions, dans sa vision du monde. Et si Margot le quittait, elle ? Si elle partait ? Alors quoi ?

À partir de ce moment-là, je décidai de consacrer tous mes efforts à ce que ce mariage dure. Je chanterais le Chant des Âmes à chaque instant de la journée s'il le fallait. Je vanterais toutes les qualités de Toby à l'oreille de Margot, je lui apprendrais ce qu'elle devait faire pour transformer ce mariage en paradis plutôt qu'en purgatoire.

Mais je ne me faisais pas d'illusions. Comment aurais-je su ce qu'il fallait faire pour que ça dure, moi ?

Une semaine plus tard, il fut temps de partir. À regret et en larmes, Margot fit ses adieux à Papa, non pas à l'aéroport mais à la porte de sa maison. Là, il n'avait pas l'air aussi diminué par l'agitation et le bruit du monde extérieur ; il semblait moins brisé, comme si cet environnement qui n'avait pas changé – le feu de cheminée, les photos de Maman et la présence de Gin, assoupi dans un coin – lui redonnait vie.

À leur retour à New York, Margot et Toby furent accueillis par deux mauvaises surprises :

1. La candidature de Toby pour un poste de professeur à NYU avait été rejetée et ses cours ne figuraient plus au programme. Ses services n'étaient plus requis.

2. Son appartement au-dessus du café de Bleecker Street avait été transformé en nouvelle salle. Ce qui avait jadis été un salon était maintenant occupé par des tables et des menus. Les affaires de Toby avaient été entassées dans des cartons et rangées dans la cuisine, à côté du congélateur à viande, de sorte que tous ses livres et ses carnets pueraient la vache morte pour toujours.

Ils avaient deux options : emménager chez Bob ou chez Sonya. Celle-ci leur avait offert le premier étage de sa maison jusqu'à ce que Toby trouve du travail. Ils s'installèrent donc chez Sonya et, au début, leur nouveau foyer fut un nid douillet. Sonya ne les dérangeait pas. Margot continua à travailler comme serveuse dans le pub irlandais, économisant en secret les pièces de vingt-cinq cents pour se payer un nouveau voyage en Angleterre. Toby veillait jusqu'au milieu de la nuit, à fumer sur le balcon en observant les gens des maisons d'en face. Il affrontait la pire des catastrophes qui leur soient tombées dessus récemment : il avait l'angoisse de la page blanche.

Le garçon intercepta Margot alors qu'elle se rendait au travail. Elle venait de lâcher ses études à NYU – elle prétendait prendre une année « sabbatique », et elle-même le croyait. Elle travaillait maintenant sept jours sur sept afin d'économiser de quoi payer la caution d'un appartement. Mais elle se sentait seule, déprimée, et elle avait le mal du pays. Toby essayait de terminer son roman – l'histoire tragique d'un homme qui n'arrive pas à surmonter sa peur de l'échec, rédigée sous forme de roman épistolaire – tout en cherchant du travail. Il tenta même de se faire engager comme débardeur. Les types en salopettes crasseuses le regardèrent de la tête aux pieds avant de lui dire de se casser. Ils n'avaient pas besoin d'un mec capable d'écrire un essai sur Shakespeare, mais d'un costaud à même de trimballer quarante kilos de charbon cent fois par jour.

Voilà pourquoi l'arrivée de ce jeune homme me semblait être en effet bien joué de la part de Luciana et Pui. Eh oui, elles traînaient toujours dans les parages, malgré la récente conversion de Sonya à la religion et à la vie saine. Elle était désormais bouddhiste et végétalienne. Malgré son prosélytisme exaspérant (« Tu savais que le lait donne le cancer ? »), elle était en meilleure forme, plus heureuse et donc de bien meilleure compagnie. Elle représentait aussi une influence beaucoup plus positive pour Margot. J'en avais presque oublié que je lui en avais voulu pendant des années entières. Mais ce ressentiment allait bientôt commencer à s'enraciner chez Margot.

La graine de cette rancœur se trouvait dans la poche du jeune homme. Un échantillon, dit-il, de ce qu'il vendait à Sonya dans le temps. Si ça plaisait à Margot, si ça lui faisait de l'effet, il reviendrait la semaine prochaine et il lui en vendrait à prix d'ami. Margot le scruta de la tête aux pieds. Âgé de pas plus de dix-sept ans, il n'avait pas l'air particulièrement dangereux – je ne voyais pas les choses du même œil, évidemment. Elle le trouvait même assez sympathique.

— Ça s'appelle comment, ce truc ? lui demanda-t-elle.

Il sourit.

— Acide lysergique diéthylamide, plus communément appelé « acide ». La pilule du bonheur.

Sur ces mots, il la salua et tourna les talons.

Je me tordais les mains en tentant de me rappeler cette rencontre. Le problème, avec la drogue, c'est qu'elle a tendance à vous transformer le cerveau en yaourt. Je finis par réciter une prière avant de parler très sérieusement à Margot.

— Margot, ce truc-là, c'est toxique. Tu ne dois pas te mettre ça dans le corps. Ça va gâcher ta vie.

La voix de la sagesse est toujours entachée de clichés incontournables.

Elle ne m'entendit pas. Et donc, quand le garçon revint la semaine suivante, et la semaine d'après, et celle d'après, Margot acheta de plus en plus de graines, et elles s'enracinèrent et s'épanouirent en fleurs affreuses.

Le livre de Toby était presque terminé. Il s'était guéri de son angoisse de la page blanche en se barricadant littéralement dans la petite pièce adjacente à leur chambre à coucher, pour taper jour et nuit sur la vieille machine à écrire de Graham. Jusque-là, il n'avait pas remarqué que Margot avait changé. Il tapa le mot « Fin », une tradition pour lui bien que le mot soit toujours supprimé par son éditeur, grimpa sur sa chaise et brandit le poing en l'air. Il ouvrit toutes les serrures et annonça :

— Margot ? Margot, mon amour ! J'ai fini ! On mange ?

Il la trouva en train de courir dans tous les sens, de sortir des livres des étagères pour les jeter par terre, d'arracher les coussins du canapé et de ramasser des chaussures pour leur taper dessus comme si quelque chose était coincé à l'intérieur. Autour d'elle, un blizzard de plumes blanches du matelas éventré.

— Margot ?

Elle l'ignora et poursuivit ses recherches.

— Margot, qu'est-ce qui ne va pas ? Margot !

Il l'attrapa par les épaules et la dévisagea.

— Ma chérie, tu as perdu quelque chose ?

La tête, avais-je envie de répondre, mais ce n'était pas le moment de plaisanter. Toby, qui n'avait jamais fumé un seul joint de sa vie, ne pouvait pas deviner qu'elle était aux prises avec une addiction dont, je ne le savais que trop, elle mettrait des années à se libérer. Pourtant, ça crevait les yeux. Semblable au fil du destin que j'avais vu chez Una et Ben, l'addiction de Margot s'était enroulée autour de son cœur et, à partir de là, elle s'était insinuée partout, jusqu'à ce que chacun de ses organes, chacune de ses artères, de ses cellules sanguines en soit ganté.

Margot fixa Toby d'un œil vide.

— Lâche-moi.

Perplexe et blessé, il la relâcha et la dévisagea.

— Écoute, dis-moi ce que tu as perdu et nous le retrouverons ensemble.

— Non, tu ne peux pas. Il arrive.

Une pause.

— Qui arrive ?

— Je ne sais pas son nom.

— Pourquoi « il » arrive ? Il vient ici ? Margot ?

Il tenta de l'agripper de nouveau mais elle le repoussa et se précipita dans l'escalier. Toby, Gaia et moi la suivîmes.

Sonya, dans la cuisine, buvait une soupe miso en lisant. Margot fonça vers elle, la main tendue.

— J'ai besoin de cent dollars.

C'était une belle somme dans les années 1980.

Sonya la fixa. Elle crut un instant que Margot plaisantait. Mais quand elle vit les yeux de Margot, son visage en sueur, sa main tremblante, elle posa son bol et se leva.

— Margot, tu as pris quoi, ma chérie ? Tu n'es pas toi-même...

Toby intervint.

— Je crois qu'elle est malade. Il n'y a pas une épidémie de fièvre jaune, en ce moment ?

Sonya lui fit signe de se taire.

— Ça, ce n'est pas la fièvre jaune, mon chou.

— Mon chou ?

Margot. La paranoïa s'empara d'elle brutalement. Elle regarda Toby, puis Sonya. Ils l'empêchaient d'obtenir ce qu'elle voulait. Ils étaient de mèche. Ils voulaient la virer. Non. Ils étaient amants.

— Tu as couché avec elle ? demanda Margot à Toby.

— Il faut l'emmener chez un médecin, vite, décida Sonya.

— Quelqu'un veut bien m'expliquer ce qui se passe ? lança Toby à la cantonade.

On frappa à la porte. C'était M. Dealer-de-dix-sept-ans. Allez, rentre, mon gars.

Sonya traversa le salon à grands pas et ouvrit la porte. Elle le reconnut aussitôt.

— Patrick ?

— Salut.

Il regarda Margot par-dessus l'épaule de Sonya.

— Je vous ai pourtant dit, à toi et à tes copains, que je ne... Tu viens pour Margot ?

Patrick réfléchit.

— Euh. Non ?

Toby lâcha Margot pour s'approcher de Sonya.

— C'est qui, ce type ? Qu'est-ce qu'il veut à Margot ?

Patrick avait quelque chose dans la main.

— Montre-moi ça ! hurla Sonya.

Avant qu'il ne puisse fourrer l'objet dans sa poche, Toby le lui arracha des mains.

Un pendentif en or.

— C'est pour Margot ? dit Toby d'une voix blanche.

Il se retourna vers Margot. Sa respiration s'accélérait et la barrière de glace se formait tout autour de lui.

— Non, c'est à moi, rectifia Sonya en lui arrachant le pendentif. Regarde.

Elle l'ouvrit pour révéler deux photos miniatures de ses parents.

— Comment as-tu eu ça, Patrick ? Tu me l'as volé ?

Patrick bégaya.

— Ça vaut moins que ce qu'elle a prétendu, fit-il en désignant Margot, puis il détala.

Eh oui. Mon heure de gloire. Évidemment, je n'en ai aucun souvenir. J'étais complètement à l'ouest. Margot marchait en rond sur la peau d'ours devant la cheminée en se tapant les flancs et en sanglotant. Toby s'approcha d'elle.

— Ma chérie ? Margot ?

Elle s'arrêta de marcher et le regarda.

— Je te demande pardon, ma chérie. C'est ma faute. J'ai passé trop de temps sur ce foutu bouquin…

Doucement, il lui prit le visage entre les mains, les yeux pleins de larmes.

— Je vais tout arranger, je te le promets.

Il se pencha pour l'embrasser. Elle le repoussa brutalement et se jeta vers Sonya.

— Tu ne peux pas coucher comme ça avec les maris des autres ! hurla-t-elle en la giflant violemment.

Sonya vacilla en se tenant la joue. Elle palpa sa lèvre, qui saignait à l'endroit où l'alliance de Margot l'avait frappée.

— Je veux que vous foutiez le camp. Prenez vos affaires.

Elle regarda Toby. Il hocha la tête.

— Laisse-moi simplement l'emmener chez le médecin avant.

Luciana et Pui émergèrent d'un coin de la pièce et se mirent à rôder autour de Margot comme des loups. Elles lui chuchotèrent, douces comme des chatons :

— Il t'a toujours préféré Sonya. C'est pour ça qu'il t'a épousée, non ? Pour se rapprocher de Sonya. Sonya est belle, Sonya est marrante. Pas comme toi.

Un instant, je voulus leur sauter dessus, mais une sensation familière dans mes ailes, une voix passa de leur flux dans ma tête : « Mets ta main sur la tête de Margot et pense à Toby. » Je me plantai donc devant Margot et posai la main sur son front pour lui remplir la tête de tous ses beaux souvenirs avec Toby : la nuit en barque sur l'Hudson, leur voyage à Las Vegas, sa promesse de lui être toujours fidèle, le sentiment, au plus profond de son cœur, qu'il tiendrait parole.

Elle tomba à genoux, secouée de sanglots sans larmes.

Sonya fouilla dans la cuisine et revint quelques instants plus tard avec un verre d'eau et un Xanax.

— Tiens, donne-lui ça, proposa-t-elle à Toby.

— Non, s'écria-t-il. Plus de drogues.

Elle lui fourra le cachet dans la main.

— Ça va la faire dormir pendant que tu réfléchis. On dirait qu'elle n'a pas fermé l'œil depuis plusieurs jours.

Elle avait raison. Margot n'avait pas dormi. Et Toby n'avait rien remarqué.

À contrecœur, il lui donna le cachet.

— C'est la pilule du bonheur, Toby ?

— Oui, Margot, c'est la pilule du bonheur.

— D'accord, Toby.

— Bois ton eau, Margot.

— D'accord.

Peu de temps après, lovée sur le canapé, elle dormait profondément.

Sonya émergea de la cuisine et tendit une tasse de café à Toby.

— Je suis désolée, mon petit Toby, mais pas question que je la laisse voler mes affaires. Ça me vient de ma mère.

Elle brandit le pendentif.

Toby s'affala à côté de Margot et sanglota doucement tandis que Sonya lui expliquait les effets de la drogue, ce qu'il devait faire maintenant, comment on pouvait l'aider à décrocher. Et je compris, pour la première fois depuis plusieurs décennies, que Sonya était vraiment mon amie. La plus sincère de tous.

Je ne lui en voulus donc pas lorsqu'elle tint parole et exigea que Toby et Margot s'en aillent après que Margot eut passé deux semaines au lit, deux semaines sans drogue. Elle promit qu'elles resteraient amies. Elle les aida même à déménager leurs affaires dans leur nouvel appartement de la 10e Avenue.

Revenir de cette descente aux enfers fut aussi ardu qu'escalader une falaise escarpée à mains nues. Mais Margot refusa de demander de l'aide. Elle décrocha à l'ancienne : au lit, la porte verrouillée, entourée de livres, d'eau, d'oreillers dans lesquels elle hurlait lorsque le poing de l'addiction l'étreignait. Méthodiquement, Toby mit au point un rituel : ravitaillement régulier de café et nouvelles condensées du monde extérieur. Pat Tabler vient de passer des Yankees aux Cubs. Reagan a nommé aujourd'hui la première femme à la Cour Suprême. Simon et Garfunkel viennent de donner un concert gratuit à Central Park. Non, je n'y suis pas allé. Je ne voulais pas que tu manques de café.

Lorsqu'elle commença à s'aventurer hors de sa chambre et de son addiction, Toby trouva un poste dans un lycée de quartier. À la demande de Gaia, il donna du travail à Margot : réviser son manuscrit avant qu'il ne l'envoie à des éditeurs. Dès qu'elle put à nouveau s'immerger dans la lecture, elle s'épanouit. Tout comme moi. Retrouver le manuscrit du premier livre de Toby – dont le premier tirage, sachez-le, a été épuisé en deux mois – était un régal. Je le lus par-dessus l'épaule de Margot, lui soufflant mes suggestions, affûtant son regard d'éditrice, la poussant à remettre en question chaque scène, chaque personnage. Pour la première fois depuis longtemps, elle m'écoutait.

Puis arriva un matin que je reconnus. Des écoliers couraient dans la rue avec des masques en forme de citrouille ou de fantômes. La petite monnaie de l'automne s'amoncelait au pied de l'escalier. « Tu es enceinte », dis-je à Margot. « Non, je ne le suis pas », se dit-elle. « Eh bien fais le test », répondis-je. « Tu verras. Tu verras. »

18.

Messages dans l'eau

On dit que la maternité, c'est toujours mieux la deuxième fois, et je le confirme.

Ou alors, c'est simplement que cette fois-là, j'étais prête. Je ne sais pas. Tout en contemplant la petite graine de lumière enfouie en Margot, j'incitai son cœur à commencer son code morse, ce rythme anxieux de l'être. J'observai, la gorge nouée, les dizaines de fois où le corps de Margot menaça de noyer la douce mélodie de cette nouvelle vie à coups de virus, de toxines, de marées d'hormones. Mais la vie s'accrochait en elle, comme une petite silhouette cramponnée au mât d'un bateau secoué par les bourrasques.

Elle apprit la nouvelle à Toby. Gaia poussa un cri de joie et sauta en l'air – je m'étais abstenue exprès de la lui annoncer, pour voir sa réaction. Toby recula d'un pas, en s'efforçant de contenir sa joie car il devinait que Margot n'était pas heureuse.

— Un bébé ? Eh ben… c'est dingue. C'est… enfin, c'est merveilleux, non ? Pas vrai ?

Margot haussa les épaules et croisa les bras. Toby la prit par les épaules et l'attira contre lui.

— Ma chérie, ne t'en fais pas. On ne le garde pas si tu n'en veux pas.

Elle le repoussa.

— Je le savais bien, que tu ne voudrais jamais un enfant de moi…

Des projections de ses propres émotions. Je m'écartai du soleil aveuglant et me retirai dans l'ombre.

— J'ai déjà essayé de m'en débarrasser, soupira-t-elle, les yeux mouillés.

Mensonges. Elle le mettait à l'épreuve.

Le visage de Toby s'effondra. Un long silence. Un regard grave. C'est ici que le glissement de terrain commence, songeai-je.

— C'est vrai ?

— Oui. J'ai… je me suis jetée dans l'escalier. Ça n'a pas marché.

Encore des mensonges. Elle croisa les bras.

Le soulagement et la colère envahirent simultanément le visage de Toby. Il ferma les yeux. Gaia l'enlaça et lui parla : « Elle a besoin de savoir que tu ne l'abandonneras pas. »

Les bras pendus le long du corps, il la laissa marcher jusqu'à la fenêtre.

— Je ne vais pas te quitter, Margot. C'est notre bébé, affirma-t-il avait d'ajouter, sur un ton moins convaincu : C'est notre couple.

Avec prudence, il s'approcha d'elle. Lorsqu'elle ne cilla pas, il l'enlaça par derrière en pressant ses paumes contre son ventre.

— C'est notre bébé, dit-il doucement, et elle sourit et se retourna très lentement, acceptant son étreinte.

Je passai la majeure partie de la grossesse de Margot à me rappeler avec une netteté accablante tout ce que j'avais fait pour essayer de me détourner de la réalité. J'oscillais constamment entre la honte et l'enthousiasme. La honte de la voir fumer de la marijuana chez Sonya pendant que Toby était au travail, la honte de la voir mentir – « Mais ce n'est pas mauvais pour le bébé, Margot ? » « Pas du tout. Si je suis détendue, le bébé reçoit plus de vitamines », etc. La honte de voir les effets de la drogue, qui descendait en elle jusqu'à la lumière vacillante. La honte des pensées qui l'obsédaient – « Je devrais peut-être vraiment essayer de me jeter dans l'escalier, avec un peu de chance, je le perdrais », etc. Petit à petit, elle s'enthousiasma, tout comme moi. Nous nous émûmes de découvrir les ombres du visage de Theo sculptant la lumière dans le ventre de Margot, de l'étonnement de Margot lorsqu'elle sentit un pied minuscule pousser contre la paroi de son utérus. Soudain, elle comprit pleinement qu'un vrai bébé était en elle, que tout ça était vraiment en train d'arriver.

Luciana et Pui avaient emménagé sur le rebord de la fenêtre de l'appartement de Toby et Margot. « Des chats parmi les pigeons, c'est ça ? » leur avais-je lancé, tandis que, grimaçantes, elles appelaient Margot pour l'attirer chez Sonya, pour donner plus de « vitamines » au bébé. J'incitais alors Theo à donner un coup de pied et Margot décidait qu'elle n'avait pas envie d'aller voir Sonya, en fin de compte. Elle avait plutôt envie de marcher jusqu'à Inwood Hill Park pour prendre l'air et changer de paysage. Cela devint une habitude quotidienne.

Je reconnus la vieille porte bordeaux de l'appartement d'en face, dont la peinture s'écaillait en frisant. Margot avait remarqué que les journaux et les bouteilles de lait s'accumulaient sur le paillasson. Elle était à peu près certaine que le logement était habité. De temps en temps, la lumière du salon restait allumée jusqu'au milieu de la nuit, mais, au matin, elle était éteinte. Les rideaux étaient toujours tirés. Margot hésitait. « Est-ce que je devrais aller voir ce qui se passe ? » « Oui », l'incitai-je. Elle baissa les yeux vers son ventre rond. « Ça va aller, ma grande, la rassurai-je. On ne va pas te faire de mal. Allez, allez. »

La porte d'entrée était entrouverte. Elle prit néanmoins la précaution de frapper. Pas de réponse.

— Allô ? lança-t-elle.

Elle ouvrit un peu la porte, les doigts dans la poussière.

— Il y a quelqu'un ?

L'odeur la frappa de plein fouet, comme un torchon mouillé. Ordures, humidité, excréments. Elle retint son souffle et plaqua sa main contre son nez et sa bouche. J'hésitai. Oui, je savais qui vivait là mais je n'étais plus certaine de devoir encourager cette rencontre. Puis, les messages de l'eau s'écoulant de mon dos : « On a besoin d'elle, ici. Fais-la entrer. »

Avant que Margot ne se convainque de s'éloigner, une voix rauque s'éleva :

— Qui est là ?

Une voix de femme. De femme très vieille et très malade. Rose Workman. Je devançai Margot dans la chambre obscure et oubliée de tous, jusqu'à la silhouette dans le canapé. J'avais hâte de revoir le visage de Rose, froissé comme une feuille de papier qu'on aurait chiffonnée pour la jeter à la corbeille, puis lissée ; les lourdes bagues sur ses longs doigts noirs comme des pièces de monnaie en équilibre sur ses jointures, chacune avec son histoire. Des histoires que je n'ai jamais oubliées.

La silhouette sur le canapé n'était pas celle de Rose Workman. Un gros homme blanc, torse nu, repoussa une couverture et rugit. C'était un démon. Surprise, je reculai d'un bond.

— Allô ? Qui est là ?

La voix de Rose dans la cuisine, les petits chocs de sa canne sur le parquet, guidant ses pas traînants dans l'obscurité. Margot s'approcha tout doucement.

— Bonjour, dit-elle, soulagée et rebutée à la fois. Je suis votre voisine d'en face. Je voulais juste vous saluer.

Rose souleva ses lunettes et leva les yeux vers Margot. Elle lui sourit largement, chaleureusement, et ses yeux se plissèrent jusqu'à n'être plus que des fentes sombres dans les plis profonds de son visage.

— Eh bien entre, ma petite. Je n'ai pas souvent de visiteurs, ça non !

Margot la suivit dans la cuisine, remarquant les murs nus et humides, la couche de poussière sur la table vermoulue, l'écho de ses talons sur les lattes nues du parquet. En passant à la hauteur du vieux démon du canapé, elle frissonna. Tout d'un coup, elle voulait s'en aller. Moi aussi.

Le démon se leva d'un bond et s'avança d'un air menaçant. Cent quarante kilos de chair glabre et blanche, torse nu, avec des yeux en trou d'épingle. Il se dressa devant moi, grogna et me poussa.

— T'as rien à foutre ici, aboya-t-il.

Je campai sur mes positions tout en surveillant Margot et Rose dans la cuisine et en cherchant l'ange de Rose du coin de l'œil. Il se jeta de nouveau sur moi mais je levai la main pour lui lancer un boulet de canon enflammé.

— Si tu oses encore me toucher, je te transforme en steak haché.

Il se contenta de hausser un sourcil en ricanant. Manifestement, il n'avait pas le sens de la repartie. Il fit une grimace et brandit un doigt vers moi.

— Ne te mêle pas de mes affaires, gronda-t-il.

Il s'affala sur le canapé et tira la couverture sur lui. J'inspectai la pièce en titubant, sonnée par cet affrontement, cherchant à comprendre pourquoi le démon était là, mais pas l'ange.

Un petit moment plus tard, Margot sortit de la cuisine avec un plat de cookies emballé dans du papier alu. Rose avait posé le bras sur les épaules de Margot. Elle lui racontait l'histoire de la bague de son index gauche. Cela avait à voir avec son fils aîné, tué à la guerre. Elles se dirigèrent vers la porte.

— Désolée, il faut que j'y aille, déclara Margot. J'ai promis à mon mari de le rejoindre dans le parc. Mais je reviendrai.

— Y a intérêt, plaisanta Rose en prenant congé.

Je suivis, déconcertée. Pas d'ange ? Nan n'avait-elle pas dit que Dieu n'abandonnait aucun de ses enfants ?

Margot rendit visite à Rose le lendemain, le surlendemain et le jour d'après, jusqu'à ce qu'elle finisse par passer trois fois par jour. Autant j'avais jadis adoré ces visites, savouré les propos rassurants et joyeux de cette femme qui avait eu treize enfants et qui, à ma grande joie, me présentait l'accouchement et la maternité comme des cadeaux plutôt que comme le purgatoire que j'imaginais, autant je redoutais maintenant la vue de cette porte pelée, les menaces et les provocations issues du canapé, les constantes agressions.

Je finis par appeler Nan à la rescousse. Elle ne m'avait plus rendu visite depuis la bataille du Nevada et je m'étais dit qu'on ne se reverrait plus. Mais elle me manquait. Et surtout, j'avais besoin d'elle.

Quelques minutes plus tard, elle apparut à mon côté. Je commençai par faire amende honorable.

— Nan, je te demande pardon, soufflai-je. Je suis vraiment désolée, désolée.

Elle balaya mes excuses du revers de la main : elle était toujours aussi sourcilleuse quant à ce qu'elle souhaitait ou ne souhaitait pas entendre.

— Ce n'est pas grave, m'assura-t-elle en me serrant dans ses bras. C'est la première fois que tu es un ange, tu as encore tellement à apprendre.

Je lui expliquai la situation avec le démon de Rose.

— Pourquoi n'y a-t-il aucun ange assigné à Rose ? Et c'est qui, cet éléphant de mer qui vit sur son canapé ?

Elle eut l'air étonnée. Sincèrement étonnée.

— Mais... tu ne... L'ange de Rose, c'est Margot !

— Pardon ?

Elle éclata de rire, vit mon expression et reprit son sérieux.

— Tu sais qu'un être humain peut avoir plus d'un ange gardien ?

— Ouais, d'accord.

— Et tu savais que l'ange gardien de Rose s'était fait assigner ailleurs récemment ?

— Non. Continue.

Elle soupira.

— Ma chérie, il faut vraiment que tu apprennes à les utiliser, dit-elle en me tapotant les ailes. Pour l'instant, c'est Margot qui joue le rôle d'ange gardien pour Rose.

Je la regardai fixement. Certains détails ne collaient pas. Par exemple, le fait que Margot soit une mortelle.

Nan haussa les épaules.

— Et alors ? Il n'y a pas que les morts qui soient des anges, ma chère. Sinon, à quoi serviraient les parents ? Les amis, les frères et sœurs, les infirmières, les médecins…

— Ça va, j'ai pigé, la coupai-je, même si ce n'était pas vrai.

— Et ta mission, pour l'instant, est de la protéger de Ram.

— Le démon ?

— Oui. Tu as sans doute déjà compris qu'il tenait Rose sous son emprise.

Je réfléchis. J'avais deviné que pour une quelconque raison, Ram avait réussi à s'enraciner dans la vie de Rose, un peu comme un mari qu'on n'arrive pas à quitter. Mais, pour autant que je sache, il ne l'incitait à aucune tentation. Rose allait à l'église. Elle n'avait pas d'addictions. Elle n'avait tué personne. Elle n'était même pas capable d'écraser les cafards qui trottinaient allégrement sur le lino de sa cuisine.

— Observe plus attentivement, me conseilla Nan. Tu verras son but, et la force de son emprise sur Rose.

L'incident se produisit le jour où Rose raconta à Margot l'histoire de la bague ornée d'un souverain en or sur son annulaire gauche.

— Cette bague, dit-elle en la tapotant d'un air songeur, est entrée dans ma vie un après-midi quand j'étais petite. Je n'avais pas plus de douze ans à l'époque. J'étais dans la ferme de mon père, en train de cueillir des pommes dans le verger à côté de la grange. Il faisait tellement chaud qu'on aurait pu cuire un rôti de porc dans les champs, oui madame. Même les vaches tombaient les quatre fers en l'air, leurs barriques d'eau étaient aussi sèches que des dunes avant même qu'elles ne puissent traverser le pâturage. Je savais que je n'avais pas le droit, mais c'était plus fort que moi. Je suis allée jusqu'au bayou, je me suis déshabillée, j'ai dit une prière et j'ai plongé dans l'eau noire et fraîche. J'ai même mis la tête sous l'eau. Je sens encore ces lames d'eau courir délicieusement dans mes cheveux, entre mes jambes nues... Je serais restée là tout l'après-midi si j'avais pu rester en apnée tout ce temps. En fin de compte, j'ai été obligée de retenir mon souffle plus longtemps que prévu. Au début, j'ai cru que ce qui me tirait, c'était le courant. Et puis j'ai senti quelque chose de chaud autour de ma cheville, une chaleur qui s'est transformée en brûlure, une brûlure qui m'a fait hurler comme un cochon qu'on égorge. Quand j'ai ouvert les yeux, même le sang ressemblait à du feu. À travers les bulles et le sang, j'ai vu une grande queue. Un alligator, aussi long qu'un pick-up. Je me rappelais que mon papa m'avait dit que leurs yeux étaient vulnérables, alors je me suis penchée vers son museau et je lui ai enfoncé le pouce dans l'œil. Pendant une seconde, il m'a lâchée, et pendant cette seconde j'ai donné des coups de pied et je suis remontée à la surface pour respirer. Mais l'alligator a attrapé mon autre jambe et, cette fois, il m'a tirée jusqu'au fond. J'ai eu l'impression de rester tellement longtemps sous l'eau que je me suis dit encore une seconde et je vais voir Jésus. Mais c'est à ce moment-là qu'un homme m'a sortie de là, dans la chaleur du jour, dans la chaleur d'une nouvelle vie. C'est lui qui m'a donné cette bague.

Qui sait si ces histoires étaient vraies ? Mais chaque fois que Rose les relatait, la lueur autour de sa tête brillait si fort que Ram se traînait hors du canapé pour se planquer près de la sortie de secours en grognant comme un ours migraineux.

— Mon premier mari, c'est lui qui m'a donné ça, déclara Rose en souriant à la photo d'un bel homme voilée de toiles d'araignée. Il m'a dit : « N'arrête jamais de raconter tes histoires, raconte-les au monde entier. » Il est sorti pour m'acheter un beau stylo et des carnets reliés en cuir et il m'a demandé de les écrire. Je n'ai jamais cessé de le faire.

— Ces carnets, voulut savoir Margot, où sont-ils ?

Rosa agita la main.

— Ah non, je ne vais pas les déterrer. Il y en a trop !

Margot ramassa un carnet à couverture cartonnée qui traînait par terre.

— C'est le plus récent ?

Rose leva ses doigts tordus.

— Oui, mais j'ai trop mal à la main. Je ne peux plus écrire.

Margot se mit à lire à haute voix. De petits mondes parallèles qui surgissaient et disparaissaient de l'aura de Rose se déployèrent jusqu'à ce qu'ils remplissent la pièce tout entière. J'observai le montage d'images : Rose, enfant, à qui ses parents demandaient de raconter des histoires aux clients de leur pension de famille en Louisiane ; Rose, maman, écrivant ses histoires à côté d'un berceau ; Rose, à l'âge qu'elle avait maintenant, mais plus mince, plus alerte, attablée sous les fenêtres de la bibliothèque de Columbia University, entourée d'hommes en costumes et de femmes en robe, en train de sourire comme si on la prenait en photo, quelqu'un qui lui remettait un certificat. Lorsque je parvins à lire l'inscription, j'en restai bouche bée : prix Pulitzer du roman.

La vision fit un zoom sur le certificat, encadré et accroché dans le salon de Rose, mais ce n'était pas la pièce où nous étions actuellement : celle de la vision était trois fois plus grande, avec une cheminée en marbre, de la moquette et des rideaux en satin ivoire encadrant des bow-windows. Une femme de chambre époussetait les innombrables photos aux cadres dorés des fils et des petits-enfants bien-aimés de Rose et – ceci me fit pleurer – les images de ces photos montraient ses fils à leurs cérémonies de remises de diplôme et celles de leur service militaire : l'un d'entre eux serrait la main du président Reagan. À ma connaissance, aucun de ses enfants n'avait terminé le lycée.

La vision disparut et je restai figée, sous le choc, le souffle coupé, jusqu'à ce que je remarque que Ram était revenu.

Margot feuilletait le carnet de Rose.

— C'est incroyable, s'exclama-t-elle. Pourquoi n'avez-vous pas publié tout ça ?

Ram, assis à côté de Rose, lui prit doucement la main.

— Tu n'as pas assez de talent, Rosie.

Rose le répéta en secouant la tête.

— Je n'ai pas assez de talent, ma petite.

— Les livres, c'est pour les gens riches, pas pour les gens comme toi, ajouta Ram.

Rose reprit, comme un robot :

— Les livres, c'est pour les gens riches, pas pour les gens comme moi.

— Vous racontez n'importe quoi, la rabroua Margot tandis que Ram la foudroyait du regard. C'est magnifique. Vous écrivez merveilleusement bien.

Ram éleva la voix.

— L'argent, ça ne t'intéresse pas. L'argent, ça pourrit les gens.

Un ombre traversa le visage de Rose. Elle répéta les paroles de Ram.

Margot avait l'air perplexe.

— Je regrette que vous pensiez ça, dit-elle doucement.

Soudain, une idée. Elle ne venait pas de moi.

— Je peux montrer vos carnets à mon mari ? Il est écrivain, lui aussi.

Ram se leva. Il ouvrit sa sale gueule et hurla des insultes à Margot. Rose plaqua ses mains contre ses oreilles comme si elle avait une attaque. Margot tendit la main vers elle.

— Rose, qu'est-ce qui ne va pas ?

— Va-t'en. S'il te plaît, gémit Rose.

Margot tenta de lui prendre la main, mais Rose la lui arracha pour en recouvrir son visage et sanglota.

Margot fit un pas vers la porte. Ram leva les yeux vers un vieux ventilateur en bois suspendu au-dessus de sa tête. Je m'interposai.

— Ne t'avise pas de faire ça.

Il ricana et sauta en l'air pour tirer dessus.

— Vite, criai-je à Margot avant de me jeter sur la panse de Ram pour le plaquer au sol.

Du plâtre s'éparpilla par terre. Rose hurla. Margot s'élança pour saisir le carnet sur les genoux de Rose et sortit en courant. Ram se releva et me jeta un regard haineux, les narines dilatées. Il fléchit les genoux comme s'il allait charger mais, tout d'un coup, l'eau de mon dos se transforma en flammes. Ram, bouche bée, recula avant de se cacher comme un cafard derrière la photo du premier mari de Rose.

Il se passa alors quelque chose d'incompréhensible. Rose était debout devant moi, sereine, souriante. Elle me regardait droit dans les yeux.

— Je suis prête, déclara-t-elle. Faites en sorte que cet homme ne me tourmente plus. Emmenez-moi chez moi.

Elle me tendit la main. Je la pris. Je la sentis traverser mon corps et mes ailes, et elle disparut.

Je passai la nuit à arpenter l'appartement de Rose, à contempler les photos qu'elle avait chéries, à pleurer devant les armoires de cuisine vides, les rats presque apprivoisés qui vivaient sous son lit, l'eau marron qui dégoulinait des robinets. Je cherchais à comprendre pourquoi elle avait choisi cet endroit, pourquoi elle s'était laissé intimider par ce démon au lieu de profiter de la vie qu'elle était censée vivre. Mais je ne trouvai pas la réponse.

Je pris cependant les mesures nécessaires. Lorsque Margot arriva le lendemain et trouva le corps de Rose recroquevillé sur le canapé, quand elle cria et sanglota par terre, je l'enlaçai en lui chuchotant d'être courageuse, et je lui rappelai l'existence des carnets. Après avoir appelé l'ambulance, elle s'aventura jusqu'à l'armoire à côté du lit de Rose. Il n'y avait pas de vêtements à l'intérieur, mais des dizaines de carnets. Elle en remplit plusieurs valises et demanda à Toby de l'aider à les traîner jusqu'à leur appartement avant que l'ambulance n'arrive.

Un peu plus tard, coup de fil de l'éditeur de Toby. Les carnets de Rose l'intéressaient, mais il faudrait les éditer et il n'avait tout simplement pas le temps de le faire. Margot était-elle disponible le lendemain ? Elle baissa les yeux vers la petite planète qui lui gonflait le ventre et pria pour que le bébé y reste encore un peu. Oui, dit-elle. Je suis disponible.

Je devrais le préciser : pour moi, c'était un rêve qui se réalisait. Il grandissait en moi depuis longtemps, comme un secret qu'on m'aurait fait jurer de ne pas divulguer, comme le bébé, en quelque sorte. Je n'avais jamais su ce que je voulais faire quand je serais adulte – je pense que je n'étais pas sûre d'arriver jusque-là –, jusqu'à ce que je passe des heures le nez plongé dans les livres de Graham et Irina, à disséquer les manuscrits de Toby pour trouver la vérité dans la fiction, la fleur dans le bouton.

C'est curieux : le boulot de mes rêves m'est tombé dessus par hasard, sans que je le sache. Ou du moins, je mis longtemps à le comprendre. Je marchais ce matin-là avec Margot d'un pas assuré. « Mon petit chou, lui dis-je, si tout était à recommencer, ça, c'est une chose que je ne changerais pas. » En fin de compte, les choses prenaient le tour qu'elles étaient censées prendre.

Le bureau de l'éditeur était au-dessus d'un célèbre traiteur de la 5e Avenue, celui-là même que Margot avait si mémorablement saccagé plusieurs années auparavant. Elle détourna le visage lorsqu'elle croisa le patron, et nous grimpâmes jusqu'au troisième étage.

Hugo Benet, directeur général de Benet Books, était doté des dents les plus blanches et les plus droites que j'aie vues de ma vie. C'était un vétéran du monde de l'édition. Malgré tous ses efforts, il avait été incapable de trouver une assistante compétente depuis le jour où il avait quitté son Toronto natal. Les carnets étaient une trouvaille formidable, dit-il à Margot. Ils allaient publier la première série après les avoir édités. Le travail l'intéressait-il ?

Elle ne savait pas.

« Bien sûr que ça t'intéresse », lui glissai-je.

— Bien sûr que ça m'intéresse, répéta-t-elle en sentant l'eau s'écouler lentement sur sa cuisse, la douleur foudroyante lui traverser le ventre.

Elle retint un hurlement.

19.

Le bus

Au bout de dix heures de contractions, Margot décida qu'elle ne voulait plus accoucher. La maternité n'était pas sa tasse de thé, en fait elle ne voulait plus avoir ce bébé, elle voulait rentrer chez elle, maintenant, s'il vous plaît.

Une autre contraction s'abattit sur elle avant qu'elle n'ait pu terminer son petit plaidoyer à l'infirmière, Mae.

— Non, madame Poslusny, répondit fermement l'infirmière. Encore une poussée et on y est. Si vous pouviez garder vos forces pour pousser au lieu de crier, on pourrait sortir cet enfant de là plus rapidement. Merci.

Margot hurlait à la mort. Toby faisait les cent pas dans le couloir : il se surprit à chanter *Shema Israël* pour la première fois depuis des années.

L'infirmière passa le bras entre les jambes de Margot pour sentir la position du bébé. Toujours dans le col utérin. Mais, au lieu d'une tête, une jambe. Elle leva les yeux vers Margot.

— Je reviens tout de suite, dit-elle en sortant précipitamment pour aller chercher un médecin.

Une autre contraction roula sur le corps de Margot comme un tank. Bon sang, qu'est-ce que je m'en souvenais, de cette sensation. On prétend qu'on oublie, mais c'est faux. Et évidemment, le fait de revivre la scène ravivait d'autant plus mes souvenirs. Les mâchoires sanglantes de la contraction mordirent Margot violemment. Je fermai les yeux et posai les mains sur son bassin. Tout d'un coup, à côté de moi, un autre ange. Un jeune homme dans la petite vingtaine, avec des cheveux couleur de cappuccino qui lui balayaient la mâchoire et un regard intense. Il me rappelait quelqu'un. Je le scrutai.

— On se connaît ?

Il contempla le spectacle du lit d'hôpital et grimaça.

— James, se présenta-t-il rapidement sans détacher les yeux de Margot. Je suis l'ange gardien de Theo.

Margot hurla de nouveau. Elle se débattit pour se lever.

— Tiens bon, l'encourageai-je. Je vais essayer de retourner Theo.

— Theo ? gémit-elle.

Je levai les yeux. Elle m'avait entendue. Encore un choc : elle me regardait comme si elle pouvait me voir.

— Madame l'infirmière, me supplia-t-elle en tendant la main vers moi, donnez-moi des médicaments. Donnez-moi n'importe-quoi. Je n'en peux plus.

Mes yeux étaient comme des soucoupes. Elle ne m'avait pas vue depuis dix ans au moins. Je me demandai un instant comment elle me voyait. Elle hurla de nouveau et je me ressaisis.

— Votre petit garçon se présente par le siège, lui expliquai-je posément. J'essaie de le retourner. Mais vous devez rester aussi immobile que possible.

Je jetai un coup d'œil vers la porte. J'entendais des voix au bout du couloir : l'infirmière revenait avec le médecin.

— Comment savez-vous que c'est un garçon ? haleta Margot.

Sans répondre, je lui posai la main sur le ventre. Je regardai James, qui avait l'air un peu effrayé.

— Viens là, dis-je. Tu es l'ange de Theo, c'est ça ?

James hocha la tête.

— Alors persuade ce petit bonhomme de se retourner dans le bon sens.

James posa ses mains sur les miennes, ferma les yeux et aussitôt, une lueur dorée inonda le corps de Margot. Je tentai d'absorber une part de sa douleur, comme je l'avais fait tant de fois auparavant. Je serrai les paupières et quand la contraction suivante arriva, je m'en emparai, l'agrippai comme une barre métallique et la tirai vers moi. Et tout comme Rose m'avait traversée, la barre métallique passa à travers moi jusqu'à mes ailes pour disparaître dans une autre partie de l'univers. Margot soupira de soulagement.

Je voyais le bébé maintenant, le petit Theo, effrayé et dérouté, qui essayait de se retourner. Margot hurlait de nouveau ; les contractions s'écrasaient sur elle comme des gratte-ciel qui s'effondrent. Je me rapprochai de sa tête et posai la main sur son cœur.

— Essaie d'être aussi calme que possible, lui conseillai-je. Theo a besoin que tu respires lentement, lentement, lentement.

Elle respira aussi profondément que possible, et juste au moment où James retournait le bébé dans sa position finale, l'attirant vers sa sortie dans un monde glacial, le médecin et l'infirmière entrèrent.

— Incroyable ! s'exclama l'infirmière.

La tête du bébé apparut au moment même où Margot poussait une dernière fois : elle sentit le corps entier de l'enfant s'exhaler hors du sien, tête la première.

— Madame Poslusny, s'écria l'infirmière, stupéfaite, vous avez un beau petit garçon !

Margot leva péniblement la tête.

— Theo, dit-elle. Je crois qu'il s'appelle Theo.

Theo Graham Poslusny et ses quatre kilos et demi étaient blottis contre le sein de Margot. Il n'arrêta de téter qu'à la nuit tombée.

Margot eut des problèmes de placenta et resta donc à l'hôpital quelques semaines : la nuit, on ramenait le bébé à la pouponnière pour qu'elle puisse dormir. Je suppose que j'aurais dû laisser James faire son boulot pendant que je veillais sur le sommeil de Margot, mais c'était plus fort que moi. J'étais dingue du petit gigot rose qui gazouillait dans son berceau, sa mèche de cheveux rouge feu recouverte du bonnet en laine que Rose lui avait tricoté plusieurs mois auparavant. Il avait tellement faim qu'il passa la nuit à rechercher un sein invisible, mais les infirmières l'apaisèrent avec une tétine et je caressai son visage magnifique.

James finit par m'aborder. Je le trouvai très courageux.

— Écoute, commença-t-il après être longtemps resté debout en silence à côté de moi au pied du berceau de Theo. C'est mon boulot de veiller sur Theo. Tu es censée être avec Margot.

Je regardai par-dessus son épaule : j'apercevais Margot à travers le rideau tiré de son box. Elle dormait à poings fermés.

— Quoi, tu penses que je ne la surveille pas ? Je la vois très bien d'ici. Aurais-tu oublié que je suis un ange ? On est capable de voir à travers les murs, tu sais.

Il pencha la tête sur l'épaule et fronça les sourcils.

— Je devrais peut-être t'expliquer mon rapport avec Theo.

— Je me fous de ton rapport avec Theo. Tout ce qui m'importe, c'est que tu t'assures qu'il ne finisse pas en taule pour meurtre.

Du coin de l'œil, je le vis reculer d'un pas. J'y étais peut-être allée un peu fort. C'était sans doute un parent de Toby. Un oncle ou quelque chose dans le genre. Quoi qu'il en soit, je n'avais aucune raison de lui crier dessus. À vrai dire, je voulais avoir Theo pour moi toute seule. On m'offrait une occasion que je n'aurais jamais imaginé avoir – et que je n'aurais jamais cru désirer –, celle de revivre le miracle de la naissance de mon enfant. Je me faisais l'effet d'une louve qui gronde pour effrayer les prédateurs. Je voulais que James reste en retrait. Mais, manifestement, il tenait à jouer son rôle.

Je me retournai vers lui.

— Je te présente mes excuses, d'accord ? capitulai-je en lui tendant les mains en signe de sincérité.

Il soutint mon regard sans répondre. Pendant un moment, nous nous fixâmes ainsi tandis que je sombrais toujours plus profondément dans l'écho de mes paroles inconsidérées. James rejeta mes excuses. Finalement, quand Theo se mit à geindre, il se leva. Je fis mine de caresser la joue de Theo, mais James devança mon geste. Il posa la main sur la tête de Theo et ce dernier s'assoupit aussitôt.

— Tu n'es pas obligée de m'aimer, murmura James sans croiser mon regard. Mais je te demande de me faire confiance.

Je hochai la tête. J'eus envie de m'excuser à nouveau. Mais James me tourna le dos et je m'éclipsai discrètement pour rejoindre Margot.

Plusieurs jours plus tard, Margot retrouva un appartement étincelant de propreté et une nursery fraîchement repeinte, équipée de chacun des articles pour bébé sur lesquels elle s'était extasiée dans le magasin. Toby, très en avance sur son temps, avait insisté pour que son employeur lui accorde un congé de paternité. Lorsque cette requête lui avait été refusée, il l'avait pris quand même et s'était fait virer aussitôt. Mais le spectacle d'un nouveau-né ne remplit-il pas le monde de bonheur ? Sans boulot, sans le sou, dans le vacarme des sirènes de police, Toby avait néanmoins le sentiment que sa petite famille était invincible.

Le meilleur restait encore à venir : il apprit à Margot qu'avec le reste de leurs économies il avait payé un billet d'avion à Graham qui arriverait à JFK le lendemain soir pour rencontrer son petit-fils. Ce fut à ce moment-là que je chantai le Chant des Âmes pour la première fois depuis longtemps. « Appelle papa », dis-je à Margot, et, tout d'abord, l'idée s'enfonça comme une pierre dans son esprit survolté. « L'appeler ? Mais je n'ai pas le temps… J'ai tellement à faire avant qu'il n'arrive… » Je l'exhortai de nouveau et elle finit par céder.

J'écoutai en pleurant des larmes de bonheur et de tristesse ce coup de fil que je n'avais jamais passé, soulagée que quelqu'un, quelque part, m'ait permis de réorganiser juste un peu les pièces du puzzle, juste assez pour dire les choses que je n'avais jamais dites.

— Papa !

Le son rocailleux d'une quinte de toux. Comme d'habitude, Margot s'était embrouillée dans ses fuseaux horaires. Mais peu importe.

— Papa, Toby vient de m'apprendre la nouvelle ! Tu restes combien de temps ? Tu prends le premier vol demain matin ?

Une pause.

— Oui, oui, Margot, mon amour. Le vol part à sept heures, le taxi passe me prendre à quatre heures…

Theo se mit à hurler.

— C'est mon petit-fils que j'entends ?

Toby passa Theo à Margot et elle tint le combiné près de Theo pour le laisser hurler jusqu'en Angleterre. Elle finit par le repasser à Toby. Il s'accrocha aussitôt au petit doigt de son père qu'il se mit à téter.

— Je crois qu'il a faim, chuchota Toby.

Elle hocha la tête.

— Papa, il faut que je raccroche. J'ai hâte de te voir demain. Fais bon voyage, d'accord ?

Silence.

— Papa ?

— Je t'aime, ma chérie.

— Je t'aime aussi, papa. À demain.

— À demain.

Toute la nuit, tandis que Margot se retournait sans arrêt, incapable de dormir tant elle était excitée, je tournai en rond dans la chambre, à la fois soulagée d'avoir pu ajouter la pièce qui avait toujours manqué au puzzle et bouleversée par ce qui était sur le point d'arriver. Car je savais qu'il y avait des limites à ce que je pouvais changer. Encore maintenant, tant de choses échappaient à mon contrôle.

Le coup de fil arriva en fin de journée. C'était Mme Bieber, la voisine de Graham, qui appelait pour informer Margot, d'une voix tendre et hésitante, qu'une heure auparavant, un chauffeur de taxi avait frappé chez elle. Il avait découvert Graham assis sur le pas de sa porte, valise à la main, froid et immobile. Il était mort en douceur, dit-elle, et sans douleur.

Margot était inconsolable. Je restai assise près d'elle, enfermée dans la petite salle de bains, à pleurer les mêmes larmes que celles qui s'égouttaient régulièrement dans ses paumes.

Avec le temps, j'avais réussi à me convaincre que j'étais responsable des sentiments que j'avais éprouvés peu de temps après la naissance de Theo. Mais cette fois-ci, en voyant les hormones qui inondaient le cerveau de Margot et ses neurones affolés, je compris qu'il s'agissait d'un phénomène purement physiologique de dépression post-partum. Chaque fois que Theo criait – ce qu'il faisait souvent, et pendant des heures –, une vague rouge submergeait le corps de Margot et ses cellules nerveuses s'emballaient jusqu'à ce qu'elle tremble de la tête aux pieds. Elle avait l'impression de passer ses journées à le nourrir. Elle était anémique – bien que les médecins lui assurent qu'il n'en était rien – et elle souffrait d'une infection non diagnostiquée du col utérin. Elle s'aperçut soudain qu'elle haïssait Toby. Elle le haïssait parce qu'il était capable de dormir profondément alors que le bébé pleurait dans son berceau juste à côté de sa tête. Elle le haïssait parce qu'il n'était pas obligé, lui, de se transformer en machine à allaiter. Elle le haïssait parce qu'elle était épuisée, désorientée, et que l'idée de passer une nouvelle journée à endurer ce chaos lui faisait une peur bleue.

Toby se mettait en quatre pour lui faire plaisir. Puis, une heureuse surprise. Le livre de Toby, *Glace noire*, était devenu un best-seller. Bon, ça je l'avais su, mais plusieurs mois après. Ce fut Toby qui répondit au téléphone et remercia son éditeur tout en regardant Margot s'efforcer d'allaiter Theo pour la septième fois en une heure, le visage rouge, en larmes. Je comprenais désormais ce que je n'avais pas compris à l'époque : en fait, Theo ne mangeait pas. Il faisait des bruits de déglutition, mais c'était de l'air qu'il avalait. Et tandis que son petit ventre se tordait de faim, les seins de Margot s'embrasaient d'un trop-plein de lait.

— Fais quelque chose ! sifflai-je à James.

Il me jeta un coup d'œil.

— Je fais de mon mieux.

Gaia intervint.

— Laisse-moi essayer.

Elle chuchota quelque chose à Toby. Il raccrocha et s'approcha de Margot.

— Ma chérie ?

Elle l'ignora. Il posa la main sur son épaule.

— Margot ?

— Qu'est-ce qu'il y a, Toby ?

— Pourquoi tu ne sors pas quelques heures ? Je peux m'occuper du bébé.

Elle leva les yeux vers lui.

— Tu n'as pas de seins, Toby. Il va falloir encore le nourrir dans quelques minutes.

Toby sourit.

— Non, mais je peux lui donner du lait en poudre. Allez, va chez le coiffeur, ou ailleurs. Fais-toi plaisir.

Elle le regarda.

— Tu plaisantes ?

— Pas du tout.

— Nous n'avons pas un sou.

Il détourna le regard. Il mentait mal, même quand c'était pour la bonne cause.

— Disons que j'ai mis une petite somme de côté pour des moments comme celui-ci.

— Vraiment ?

— Vraiment.

— Combien ?

— Arrête de poser des questions ! Prends le chéquier et vas-y ! Fais-toi faire un masque, une pédicure, je ne sais pas, moi, ce que les filles se font faire aux ongles, mais allez, sors d'ici.

Elle disparut plus vite qu'on ne peut dire « massage suédois ».

Je descendis l'escalier avec elle et la suivis dans la rue jusqu'à l'arrêt de bus. Je perçus un message dans mes ailes : « Encourage-la à marcher. Ne la laisse pas prendre le bus. »

« Pourquoi ? » songeai-je. Je vis le bus approcher. « Pourquoi ? » demandai-je de nouveau. Pas de réponse. « Très bien. Si vous ne me dites rien, je ne vous écouterai pas. »

Nous nous assîmes au fond. Margot pressa un gant de toilette mouillé sur son front ; le courant d'air de la fenêtre ouverte apaisait la douleur de sa poitrine. Quelques passagers montèrent. Une femme s'assit en face de Margot. Et mon estomac se tordit.

C'était le sosie d'Hilda Marx. Même cheveux roux avec des fils argentés empilés sur la tête, même nez couperosé, même mâchoire prognathe de bouledogue. Je vis Margot inspirer brusquement et fixer la femme tandis que celle-ci retirait son manteau – un trench noir, semblable à celui que portait Hilda – et mâchonnait dans le vide, exactement comme elle. Au bout d'un moment, nous comprîmes que cette femme n'était pas Hilda car l'un des passagers l'interpella en l'appelant Karen. Lorsqu'elle sourit et se mit à bavarder, son visage changea d'expression. À en juger son accent, elle avait passé toute sa vie dans le New Jersey.

Évidemment, j'aurais dû me rappeler cet incident. Je regardai Margot, impuissante, replonger dans ses souvenirs de Saint-Anthony. Elle avait la chair de poule en se rappelant la Tombe ; la peur, l'humiliation, le désespoir qu'elle y avait vécus refluèrent dans son esprit comme une épave remonte à la surface avec ses cadavres ballonnés tendant leurs visages immondes au soleil. Margot regardait ses pieds en haletant. Je pressai ses épaules et la réconfortai : « Tu es ici, maintenant. Tout ça, c'est derrière toi. Tu es en sécurité. » Elle inspira lentement, profondément, en s'efforçant d'ignorer les images qui se présentaient à ses yeux : Hilda qui la battait avec un sac de charbon. Hilda qui la tirait de la Tombe rien que pour l'y enfermer de nouveau. Hilda qui la traitait de moins que rien.

Elle descendit du bus à l'arrêt suivant et marcha rapidement, sans savoir où elle était ni où elle allait. Elle avait tout oublié du massage. Au lieu de cela, elle éprouvait une envie folle d'être ivre morte. Elle regretta un instant de ne pas pouvoir appeler Xiao Chen pour aller au bar de NYU. Elle décida qu'elle irait seule.

« D'accord », dis-je à haute voix. En Dieu, je crois. « J'écoute, maintenant. Envoyez-moi des messages, une idée de ce que je suis censée faire, là. Vous voyez, je sais ce qui va se passer. Je sais qu'elle va claquer cinquante dollars à se bourrer la gueule, et je sais qu'elle va se laisser peloter par un type dont le nom m'échappe, et je sais que, quand elle va sortir à minuit, elle aura pratiquement oublié qu'elle a un mari et un foyer. Ah, et un enfant. »

Et vous savez quoi ? Que dalle. Pas le moindre murmure. Aucun message dans mes ailes, aucune intuition. Évidemment, je parlai à Margot, je m'époumonai, je chantai le Chant des Âmes... Mais elle me bloquait. Le pire, c'est qu'à notre arrivée au bar

Grogor nous attendait à la porte. Quand Margot entra, il l'enlaça par la taille et la conduisit à l'intérieur. Et je n'y pus rien.

Si Toby n'avait pas appris à Margot le succès de *Glace noire*, c'était parce qu'ils ne s'étaient pas parlé pendant plusieurs semaines. Un ancien collègue de NYU avait appelé Toby du bar où il avait repéré Margot qui s'enfilait des cocktails en roulant des pelles à un étudiant. L'appel se déroula comme suit :

Le téléphone sonne dans la cuisine de Toby et Margot à onze heures du soir. Toby n'a plus de lait en poudre et tous les magasins sont fermés. Theo hurle.

— Allô ?

Il éloigne aussitôt le combiné de son oreille. Une musique assourdissante à l'autre bout du fil.

— Hé, mon pote. C'est Jed. Dis, Toby, tu ne viens pas d'avoir un bébé récemment ?

Une pause.

— Ouais.

— Et... ta femme, c'est une blonde qui s'appelle Margot ?

— Ouais.

— Et elle est où, en ce moment ?

Toby regarde autour de lui. Il s'était assoupi. Il jette un coup d'œil dans la chambre.

— Je ne sais pas au juste. Pourquoi ?

— Mon pote, je ne sais pas comment t'annoncer ça. Je pense qu'elle est ici.

— Où ?

Et alors, Toby prend le bébé, l'emmaillote, et tous les deux, ils roulent jusqu'à l'endroit où Margot tient la main d'un inconnu en vomissant tripes et boyaux sous un lampadaire.

Impuissante et repentante – plus repentante que vous ne pouvez l'imaginer –, je regardai Toby se ranger à côté de Margot et vérifier que Theo était bien installé avant de sortir de la voiture d'un bond. Gaia et James restèrent dans la voiture. Je détournai le regard. Toby s'approcha de Margot. Elle savait qu'il était là mais elle refusa de lui répondre jusqu'à ce qu'il finisse par déclarer :

— Theo a besoin de toi.

Ces mots réveillèrent son amour maternel et son sens des responsabilités. Elle tituba jusqu'à la voiture et faillit s'affaler sur Theo sur le siège avant.

Il n'y a pas de mots.

Il n'y a pas de mots pour décrire ce que j'éprouvai ce soir-là.

Voilà tout ce que je puis en dire :

Je voulais tout changer. Je voulais arracher le rideau qui me séparait de Margot, réintégrer son corps et supplier Toby de me pardonner. Je voulais prendre Theo dans mes bras et m'enfuir avec lui en courant, je voulais l'emmener loin, le plus loin possible de cette femme épouvantable et brisée, et en même temps je voulais guérir toutes ses blessures, je voulais revenir en arrière et voir Dieu et l'engueuler pour tout ce qui était arrivé à Margot et qui avait fait d'elle ce qu'elle était.

À partir de ce soir-là, le mariage qui avait été blessé à mort avant même la première rencontre de Toby et

Margot saigna en silence, et Toby passa ses journées à écrire, et Margot édita les carnets de Rose, et les yeux de Theo allèrent d'un visage triste vers l'autre, puis vers moi. Je lui dis que je l'aimais, que j'aimais son père. Que j'étais désolée.

Et je priai pour que quelqu'un, quelque part, m'entende.

20.

La chance de changer

Lorsque l'horreur de cette nuit-là se fut atténuée jusqu'à n'être plus qu'un mauvais souvenir, lorsque Toby entendit enfin Gaia lui suggérer de pardonner à Margot, ils décidèrent d'essayer de repartir de zéro.

Ce fut le jour le plus heureux de ma vie, à la fois avant et après ma mort.

Margot avait vu une publicité pour le livre de Toby à un arrêt de bus. Elle rentra, ployant sous le poids d'un sac de courses, et fut accueillie par son dos.

C'était un spectacle familier. Mais, cette fois-là, elle était furieuse. Et elle était blessée.

— Pourquoi tu ne m'as jamais dit, pour ton livre ?

Un temps de battement.

— Hein ?

Il ne s'était même pas retourné.

Elle lâcha ses courses par terre.

— Ton livre, répéta-t-elle. Ton « best-seller international ». Pourquoi suis-je la dernière à savoir ? Tout le monde sait, dans le quartier, sauf moi, alors que je suis ta femme.

Il se retourna enfin. Elle se rendit compte tout d'un coup qu'elle ne l'avait pas regardé dans les yeux depuis une semaine.

— Ma femme, murmura-t-il comme s'il s'agissait d'un mot dans une langue étrangère. Ma femme.

Le visage de Margot se radoucit. Soudain, sans savoir pourquoi, elle fondit en larmes.

— Ma femme, répéta Toby en se levant pour s'avancer lentement vers elle.

— Je te demande pardon, geignit-elle à travers ses larmes.

— Je te demande pardon, moi aussi, répondit Toby en l'enlaçant.

Elle ne s'écarta pas.

Je vous assure que, désormais, chaque fois qu'un message m'est parvenu par mes ailes, je l'ai écouté et j'ai obéi aux ordres. Je ne les ai plus jamais remis en cause. Je me foutais de savoir si c'était Dieu, un autre ange ou ma propre conscience qui m'envoyait ces messages. Le fait est que si j'avais écouté, si j'avais encouragé Margot à ne pas monter dans ce bus, l'iceberg qui avait failli faire sombrer leur mariage aurait pu être esquivé.

Ce n'était pas que leur mariage qui en avait souffert. Toby était un autre homme. Ses yeux débordaient d'une tristesse qui ne s'y trouvait pas auparavant. Il prit l'habitude d'ajouter du whisky à son café. D'abord une goutte, ensuite une bonne rasade. Il regardait d'autres femmes en se demandant : et si j'avais fait le mauvais choix ?

C'était insupportable. Les souvenirs de notre rupture se bousculaient dans ma tête, avec toute l'animosité et toutes les trahisons qui l'avaient accompagnée. Et je me dis que c'était ma faute. C'était moi qui l'avais poussé à me tromper.

Un point d'interrogation restait suspendu au-dessus de cette histoire, comme une épée de Damoclès. Je ne l'avais jamais pris en flagrant délit. Je ne savais même plus, d'ailleurs, pourquoi j'étais convaincue qu'il m'avait trompée. Mais, même sans preuves, c'était indéniable. Il avait couché avec Sonya. Et pour cela, je l'avais détesté.

Peu de temps après le premier anniversaire de Theo, Margot et Toby assistèrent à ses premiers pas. Leur joie fut de courte durée lorsqu'ils comprirent que, désormais, leur petit garçonnet dodu pouvait parvenir jusqu'aux fenêtres du salon, qui donnaient sur un gouffre de quatre étages. Ils déménagèrent donc dans un appartement du West Village, près de l'ancien studio de Toby, mais cinq fois plus grand. Les droits d'auteur de Toby leur permirent de s'offrir le cadre de vie dont avait toujours rêvé Margot : un lit en fer forgé, une débauche de canapés, et leur premier téléviseur. C'était comme si un filet géant s'était soudain tendu sous le monde de Margot. Elle se sentait enfin en sécurité. Et elle était heureuse.

Du coup, le reste de la maisonnée était heureux aussi. James et moi réussîmes même à oublier notre lutte de pouvoir. Avec Gaia, nous formions donc une petite famille d'anges qui veillait sur l'autre trio. Margot, Toby et Theo s'éloignaient lentement mais sûrement des décombres du passé pour se diriger vers un avenir plus prometteur, moins destructeur.

Toby passait ses soirées à écrire son nouveau roman ; Margot critiquait et corrigeait ses premiers jets. Dans la journée, ils emmenaient Theo au parc, lui apprenaient les noms de tous les animaux du zoo, et le serraient fort entre eux quand le bruit des sirènes, des coups de feu ou des disputes des voisins le faisaient pleurer.

Toby voulut convaincre Margot de renouer ses liens d'amitié avec Sonya.

— Pas question, protesta-t-elle. Tu es dingue ? Alors qu'elle nous a virés de son appartement, sans nulle part où aller ?

Toby songea à lui rappeler le vol du pendentif de Sonya mais se retint.

— Très bien, capitula-t-il. C'est juste que... je n'aime pas te voir seule, tu comprends ? Les jeunes mamans ont besoin de soutien. (Il avait dû regarder Oprah Winfrey à la télé.) Je pense simplement que ce serait bien pour toi d'avoir une amie. Sonya et toi, vous étiez...

— On était quoi ?

— ... comme des sœurs. Vous étiez comme ça, ajouta-t-il en croisant l'index et le majeur. Vous étiez tellement proches.

Oui, me dis-je. On l'était. Dans le temps.

Margot insista auprès de Toby pour que ce soit lui qui passe le coup de fil. Lorsqu'elle se fut assurée que Sonya ne lui raccrocherait pas au nez, elle prit le combiné. Elle finit par répéter les paroles que Toby articulait en silence de l'autre côté de la pièce, « pourquoi ne passes-tu pas dîner un soir », mais comme une affirmation plutôt qu'une question. Elle détestait la perspective d'avoir à supplier.

Je ne raffolais pas de l'idée non plus. Mes soupçons ne s'étaient pas atténués, pas le moins du monde. Mais je ne fis rien. Je les regardai tous les trois passer une soirée parfaitement agréable, affalés sur les nouveaux canapés en cuir, et porter des toasts au succès de Toby tandis que Theo, qui avait maintenant quatre ans, dormait comme une bûche.

Sonya avait passé les deux dernières années à Paris. Perchée sur des talons compensés de quinze centimètres, elle émaillait ses propos de mots français et de noms de célébrités et de photographes. Margot trépignait dans son fauteuil. Elle baissa les yeux vers son vieux pull bouloché avec des trous sous les bras et son jean usé jusqu'à la corde aux genoux. Elle regarda Sonya, resplendissante dans ses vêtements griffés, avec ses jambes de un kilomètre. « Elle est tellement belle », se dit Margot. « Laisse tomber, dis-je. Elle est boulimique et seule. » « Pourquoi ne suis-je pas comme elle ? Toby aurait mieux fait de la choisir au lieu de moi. » Et, pour la première fois, je compris. Comme une ex-anorexique qui regarde ses photos de l'époque sur lesquelles elle était squelettique en se disant enfin, « oui, c'est vrai, je n'étais pas grosse », je compris. Ce n'était pas Toby qui ne m'aimait pas. C'était moi qui ne m'aimais pas.

Je continuai donc à haranguer Margot. « Toby t'aime », lui répétai-je. Mais alors qu'elle regardait Sonya raconter à Toby d'interminables anecdotes sur le milieu de la mode parisien, en se penchant de temps en temps pour retirer une poussière invisible de la jambe de son pantalon, Margot, vaincue d'avance, s'enfonçait dans la morosité. Sonya finit par prendre la main de Toby pour la serrer vigoureusement.

— Promets-moi que tu viendras me voir à Paris, Toby, s'il te plaît.

Gaia s'efforçait d'attirer l'attention de Toby sur l'expression de Margot. Mais il y avait longtemps qu'il n'avait pas bu quatre gins tonic d'affilée. Résultat, il se penchait de plus en plus vers Sonya, acceptait de venir la voir à Paris, puis, pour retourner le couteau dans la plaie, il se mit à rire avec Sonya de souvenirs où Margot ne figurait pas. Gaia parvint enfin à rompre la membrane qui enveloppait la lucidité de Toby et lui titilla la conscience. Il jeta un coup d'œil à Margot et lâcha la main de Sonya.

— Ça va, ma chérie ? dit-il doucement.

Margot détourna le regard, dégoûtée. À ce moment-là, Theo hurla.

— J'y vais, déclara-t-elle en se levant.

Toby n'était pas ivre au point de ne pas avoir remarqué l'humeur de Margot. Il se tourna vers Sonya et consulta ostensiblement sa montre en la rapprochant de son nez.

— Sonya, ça m'a fait plaisir de te revoir, mais il se fait tard…

Sonya le dévisagea avant d'engloutir le reste du contenu de son verre. Elle s'avança doucement vers lui en le regardant dans les yeux.

— Tu as parlé à Margot de notre conversation dans le restaurant ?

Margot, dans le couloir, entendit qu'on prononçait son nom à voix basse. Elle se figea à la porte, tout ouïe.

Lentement, Sonya fit pivoter ses longues jambes du canapé pour les poser par terre et se rapprocha encore plus.

— Non, dit Toby. Pourquoi ?

Sonya haussa les épaules et sourit.

— Hé, tu es un homme marié, je ne te dirai pas quoi faire. C'est simplement que…

Elle jeta un coup d'œil à la porte.

— Quoi ?

Sonya sourit plus largement.

— Je me demandais qui avait eu l'idée de m'inviter à dîner. Elle ou toi ?

Je me rappelais cette phrase comme si elle avait été imprimée au fer rouge dans mes névroses. Margot, qui écoutait à la porte, laissa les questions soulevées par ces mots s'insinuer dans ses soupçons.

Toby cligna des yeux en regardant Sonya, sans trop savoir où elle voulait en venir.

— La mienne, je crois.

Sonya hocha la tête.

— Et tu as d'autres idées dans ce genre-là, si je puis me permettre ?

Je regardai sa main remonter le long de la jambe de Toby pour s'arrêter juste avant l'entrejambe. Elle gloussa. Toby posa sa main sur celle de Sonya et l'agrippa.

— Sonya, tu fais quoi, là ?

De la porte, Margot entendait le ton insinuant de Sonya. Elle posa la main sur la poignée.

Sonya se renversa dans le canapé.

— À ton avis, Toby? C'est bien ça que tu veux, non?

Je respirais tellement vite que j'avais l'impression que j'allais m'évanouir. Gaia, debout à côté de moi, dit « Regarde, regarde », et je lui répondis que j'en étais incapable. Devant la porte, Margot éprouvait la même chose. Une moitié d'elle voulait faire irruption dans le salon et l'autre voulait s'enfuir à toutes jambes.

Alors je regardai. Toby, qui avait toujours des reparties si rapides, bafouillait des mots sans suite.

— C'était « oui » ? dit Sonya en parlant pour lui.

Elle attira la main de Toby vers sa cuisse. Il la retira.

Soudain, il dégrisa.

— Sonya, ne fais pas ça.

Il se redressa en secouant la tête. Gaia me regarda, très sérieuse. « Alors il n'a pas couché avec elle? » songeai-je.

Sonya, désinvolte, adossée dans le canapé, croisa ses longues jambes en jouant avec les volants de sa robe.

— Dis-moi simplement une chose, fit-elle d'un ton très sérieux tandis que Toby la regardait. La fois où tu m'as dit que tu étais amoureux de moi – tu étais sincère?

Je vis Margot, dans le couloir, plaquer sa main sur sa bouche. J'observai attentivement.

— C'est loin, tout ça, marmonna Toby en regardant ses pieds.

— Tu étais sincère? répéta Sonya, insistante, et même désespérée.

Ezekiel émergea de son coin et posa la main sur l'épaule de Sonya. Sa question exprimait une vulnérabilité, une douleur qui s'enracinait dans quelque chose qui allait bien au-delà de Toby.

Toby la regarda.

— Oui.

Elle bondit vers lui, passa la jambe droite pardessus les siennes pour le chevaucher et se pencha pour l'embrasser.

Et ce fut à ce moment-là que Margot rentra dans la pièce.

Ce fut à ce moment-là que l'enfer se déchaîna.

Ce fut à ce moment-là que mon mariage se brisa.

Margot demanda à Toby de faire ses valises le lendemain matin. Ses émotions dressèrent une forteresse contre toutes mes supplications, contre toutes les excuses de Toby. Il prit donc des vêtements de rechange et alla dormir chez un copain. Au bout d'un mois, il reprit l'appartement de ce copain, qui partait s'installer dans le nord de l'État. Margot était hébétée. J'étais effondrée. Au bout de six mois, Margot entama les démarches de séparation. Le matin où il reçut la lettre, Toby arracha un miroir du mur et le fracassa par terre. Dans chaque éclat, mon visage apparut, très brièvement, avant que les larmes de Toby ne le fassent s'évanouir dans le néant.

Mon chagrin se transforma en désespoir absolu en pensant à ce que je me rappelais de ma vie, juste avant de mourir. Les circonstances de ma mort n'étaient pas encore élucidées : un instant j'étais vivante, celui d'après je contemplais mon cadavre et une seconde plus tard, je bavardais avec Nan dans l'autre monde. Mais la période qui avait précédé ma mort était limpide comme de l'eau de source : Theo avait été condamné à la prison à perpétuité. Et quelque chose, dans mes tripes, me disait que j'en étais responsable.

Peu de temps après, Grogor se manifesta. Il décida d'apparaître dans la chambre de Theo – une menace implicite, me dis-je –, ce qui fit hurler l'enfant dans son sommeil. Il monopolisa Margot assez longtemps pour que Grogor ait une conversation avec moi.

Je ne sais pas pourquoi et je ne tiens pas à le savoir, mais Grogor n'était plus le monstre embrasé au visage immonde que j'avais connu au début. Il était devenu tout à fait humain. Grand, la mâchoire carrée, des cheveux noir d'encre lissés sur les oreilles – le genre d'homme qui m'aurait séduite, à l'époque. Il avait même une repousse de barbe et une dent ébréchée. Il était tellement humain que cela me prit au dépourvu.

— Je viens en paix, déclara-t-il en levant les mains, souriant.

— Fous le camp, Grogor, rétorquai-je en brandissant une main pleine de lumière.

Je n'avais pas oublié notre dernier tango.

— Je t'en prie, pas ça, supplia-t-il en joignant les mains en signe de repentir. Je suis venu présenter mes excuses. Sincèrement.

Je lui décochai un rayon de lumière, aussi violent qu'un coup de pare-chocs, qui l'envoya valser à l'autre bout de la pièce. Il s'écrasa contre la commode et toussa, à quatre pattes.

— Si tu ne fous pas le camp, je te tue, menaçai-je.

— Me tuer ? ricana-t-il en se relevant péniblement. J'aimerais bien voir ça.

— Très bien, ripostai-je en haussant les épaules. Te faire exploser en mille morceaux, ça me va aussi.

Je brandis une petite boule de lumière et visai ses jambes.

— Attends, insista-t-il en s'accroupissant légèrement.

Je penchai la tête sur l'épaule. Il leva la main.

— J'ai une offre très généreuse à te faire. Écoute ce que j'ai à te dire.

— Tu as dix secondes.

Il se redressa et tira sur sa veste pendant qu'il reprenait ses esprits.

— Je sais que tu veux changer le cours des choses. Je sais que Margot fait de son mieux pour foutre en l'air une vie merveilleuse, une vie dont tu aurais préféré avoir de bons souvenirs, une vie qui aurait dû ouvrir à Theo la voie d'un meilleur avenir…

Je me retournai pour lui faire face. Mes ailes m'envoyaient des messages à toute allure. « Vire-le, maintenant. Il enrobe ses mensonges dans des vérités. Vire-le. »

— Fous le camp, Grogor, avant que je ne me fâche.

Il sourit.

— Compris.

Il marcha vers la fenêtre avant de se retourner.

— Si jamais tu changeais d'avis, je te jure qu'il y a un moyen. Tu peux changer le destin de Theo.

Et sur ce, il disparut.

Immédiatement, Theo se calma. Margot caressa sa joue et il se rendormit, le visage aussi paisible qu'un brouillard matinal. Margot s'assit à côté de lui et repoussa le souvenir de Toby. Je la regardai en me disant que je pouvais encore changer le cours des choses. Je pouvais encore tout arranger.

Le doute s'était insinué en moi. Je n'en mesurais pas encore les conséquences.

21.

Les suspects habituels

Lorsque Nan revint me voir, je lui posai la question qui me tourmentait depuis la dernière visite de Grogor.

— Qu'est-ce qui se passerait si je changeais le cours de la vie de Margot ?

Nous étions sur le toit de l'immeuble de Margot et nous regardions les carrés de lumière orangée qui se déversaient des fenêtres de la ville. Des ombres chinoises se dessinaient de temps en temps dans la lumière – seules ou à deux, pour s'embrasser ou se disputer – comme des insectes pris dans l'ambre.

Elle mit longtemps à me répondre, et ce fut pour me gronder :

— Tu sais très bien que nous ne sommes pas là pour réorchestrer la symphonie, mais pour nous assurer que son interprétation respecte les intentions du compositeur.

J'avais toujours eu du mal à comprendre ses métaphores.

— Mais tu m'as bien dit que je pouvais réarranger un peu les pièces du puzzle, non ? Et si je changeais toute l'histoire ? Si je la rendais plus belle ?

— Qui est venu te voir ?

Toujours aussi sagace.

— Grogor, avouai-je.

Elle cilla.

— Le démon qui a tué ta mère ?

— Tu m'as dit que c'était la culpabilité qui avait tué maman.

— Grogor t'a-t-il parlé du prix à payer pour changer l'histoire ?

— Non.

Elle leva les mains.

— Il y a toujours, toujours un prix à payer. Voilà pourquoi nous ne changeons pas le cours des choses au-delà de ce qu'on nous ordonne de le faire : c'est le navigateur qui guide l'avion, pas les passagers. Mais ça, tu le sais déjà. N'est-ce pas ?

Je hochai la tête rapidement.

— Bien sûr, bien sûr. Je me posais simplement la question.

— Nous avons quatre missions. Veiller, protéger, enregistrer...

— ... aimer, terminai-je à sa place.

Oui, je savais tout cela.

— Par curiosité, hasardai-je après une pause respectable, c'est quoi, le prix à payer ?

Elle plissa les yeux.

— Pourquoi veux-tu le savoir ?

J'expliquai, du mieux que je le pouvais à quelqu'un qui n'était pas dans la situation exaspérante d'être son propre ange gardien et d'éprouver les regrets les plus cuisants au quotidien, qu'il y avait simplement des choses de mon passé que j'aurais préféré faire un petit peu mieux. Et que je voulais tellement plus pour Theo. Tellement plus qu'une condamnation à la prison à perpétuité pour meurtre.

— Le prix, c'est ça, répondit-elle en montrant sa paume vide. Pour l'instant, tu as la possibilité d'aller au Paradis dans la paume de ta main. Les anges ne sont pas seulement des serviteurs, tu sais. On nous donne une mission pour que nous prouvions que nous méritons d'aller au Paradis, parce que la plupart d'entre nous n'ont pas réussi ce genre de mission dans leur vie. Le prix, c'est ça. (Elle fit claquer son autre main dans sa paume ouverte.) Quand tu auras fini d'être un ange, tu ne verras pas le Paradis.

Je me mis à pleurer. Je lui dis que j'étais amoureuse de Toby, que Margot demandait le divorce. Toute réunion avec Toby devenait impossible.

Elle soupira.

— J'ai vécu ce que tu vis, dans le temps. Je me posais des questions, j'éprouvais des remords, je regrettais ce que j'avais perdu. Tu verras Dieu. Tu verras le Paradis. Et au Paradis, il n'y a que la joie. Ne l'oublie pas.

Mais chaque fois que je voyais l'expression de manque et de douleur sur le visage de Toby quand il passait prendre Theo, chaque fois que je voyais les rêves anéantis de Margot, que je la voyais pleurer et s'enfoncer dans la haine, les paroles de Grogor résonnaient à mes oreilles, jusqu'à ce que je n'entende plus les mensonges qui s'y dissimulaient.

Pourrions-nous reconnaître les moments qui, imprimés dans la pâte de notre vie, lui donneront forme à jamais ? Si nous pouvions revivre notre vie, serions-nous capables de les repérer ? Si tous les moments les plus déplaisants de notre existence étaient alignés devant nous comme des suspects dans une séance d'identification au commissariat, pourrions-nous pointer un doigt accusateur vers le coupable ? « Oui, monsieur l'inspecteur, c'est lui, avec sa mauvaise langue. Oui, c'est bien lui, celui qui ressemble à mon père. Mais oui, je le reconnais. C'est lui qui a foutu ma vie en l'air. »

J'avais pratiquement renoncé à repérer les tournants de ma vie. Margot était ce qu'elle était, et je ne pouvais rien faire sinon remplir les missions qui m'avaient été confiées, notamment la dernière, la plus importante : l'aimer. Mais Margot ne me facilitait pas la tâche. Par exemple, ceci :

Margot se prépare pour aller travailler. Mais elle meurt d'envie de boire un verre. Elle extirpe une bouteille de derrière la cheminée et la fracasse aussitôt contre un mur : elle est vide. Des éclats de verre volent dans tous les sens. Theo s'éveille. Il est déjà en retard pour l'école. Il a sept ans. Il a les yeux tranquilles et les cheveux roux de son père, mais le tempérament de Margot : prompt à se fâcher, prompt à aimer. Il adore son père. Il essaie d'écrire des histoires comme lui, mais il souffre de dyslexie. Ses lettres à l'envers et son orthographe bizarre le mettent hors de lui.

Margot hurle à Theo de se lever. C'est elle qui a négligé de le réveiller, mais ça, elle l'a oublié. Il sort du lit et va dans la salle de bains. Il veut faire pipi, mais Margot le bouscule pour chercher une bouteille dans le réservoir des W-C. Il crie. Elle crie aussi. Elle a un mal de tête épouvantable et il ne fait que l'empirer. Il lui pourrit la vie, lui aboie-t-elle. Depuis toujours. Qu'est-ce que tu veux dire ? hurle-t-il. C'est toi qui as un problème d'alcool. Elle répond à sa question. Qu'est-ce que je veux dire ? Je veux dire que ma vie aurait été meilleure si tu n'avais pas été là. Ma vie aurait été meilleure si tu n'étais pas né. Très bien, rétorque-t-il. Je vais aller vivre avec papa. Et il s'habille pour l'école et il claque la porte, et puis quand c'est l'heure de rentrer à la maison, il rentre, et personne ne parle.

Le tournant, pour Theo, ne fut pas le moment où Margot lui apprit qu'elle regrettait qu'il soit né. Ce genre de propos, ça faisait un bon moment qu'il les entendait. Non. Le tournant pour Theo se produisit un peu plus tard, mais prit naissance au moment où il vit Margot chercher frénétiquement sa vodka. Bien qu'il sache que sa mère était pochtronne et cinglée, et bien qu'il se soit souvent demandé à quoi son père avait bien pu penser en l'épousant, malgré tout cela, une question persistait : qu'est-ce que ça a de si bien, pour qu'elle le recherche comme l'élixir de jouvence ?

Et après cette question, une réponse, lorsqu'on lui tendit une bouteille de Jack Daniels à l'âge de dix ans : d'accord.

Conséquence de cette réponse : l'ivresse. Et dans cette ivresse, une bagarre avec un gamin plus jeune que lui. Un gamin qui avait un couteau. Un couteau qui se retrouva dans la main de Theo. Un couteau qui finit dans le ventre de l'autre gamin.

Ce fut ainsi que le département de la justice des mineurs de la ville de New York condamna Theo à un mois de détention dans un centre de redressement pour délinquants juvéniles. Des délinquants juvéniles coupables de viols et d'agressions avec coups et blessures. Et qui continuèrent à les commettre sur leurs codétenus. Notamment Theo.

Je l'appris par James lorsqu'il revint avec Theo un mois plus tard, le visage comme du bois pétrifié, les ailes inondées de sang. Quand je vis Theo, je pleurai avec James.

Autour de l'aura couleur de bronze de Theo s'élevait une armure de douleur hérissée de pointes, si dense et lourde qu'il semblait crouler sous son poids. Lorsque j'observai de plus près cette armure, je remarquai que d'étranges tentacules se tordaient à l'intérieur, pénétraient l'aura de Theo et rampaient jusqu'à son cœur. C'était comme si un parachute rigide et inflexible, accroché à son âme, s'était déployé autour de lui. Aucun d'entre nous n'avait vu de pire forteresse affective – Theo se rendait prisonnier de sa propre douleur.

Il n'adressa la parole ni à Margot ni à Toby pendant plusieurs jours. Il posa ses sacs dans sa chambre, déroba les couteaux à steak dans le tiroir de la cuisine et les cacha sous son lit. Lorsque son thérapeute vint le voir, Theo menaça de se jeter par la fenêtre s'il essayait de discuter avec lui.

Cette nuit-là, je regardai les cauchemars de Theo remplir sa chambre. Des souvenirs récents de ses agressions dans le centre de redressement. Deux garçons lui labouraient le ventre avec le poing américain qu'un visiteur leur avait fait passer en contrebande. Un autre garçon, plus âgé que lui, lui avait maintenu la tête sous l'eau jusqu'à ce qu'il s'évanouisse. Le même garçon pressait un oreiller contre son visage la nuit. Le même garçon le violait.

Et comme si ça ne suffisait pas, des mondes parallèles tournoyaient parmi les cauchemars : des images de Theo, adulte, le corps couvert de tatouages, arborant aux poignets les stigmates de tentatives de suicide à répétition. Au début, je fus soulagée de constater qu'il n'était plus en prison. Mais je le vis caler une arme à feu dans son pantalon, ouvrir le coffre d'une voiture et aider un autre homme à en sortir un sac contenant un corps. Quand le sac remua, Theo sortit son arme, la braqua vers le sac et tira quatre fois.

L'armure qui avait poussé autour de lui n'était pas seulement une seconde peau : elle l'avait transformé en arme vivante.

Qu'auriez-vous fait à ma place ? Le prix à payer vous aurait-il importé ?

Je sortis dans la nuit, montai sur le toit de l'immeuble et appelai Grogor.

Instantanément, deux pieds apparurent dans l'ombre. Il s'avança d'un pas, le visage solennel, les yeux pénétrants comme des lames.

— Dis-moi pourquoi.

— Pourquoi quoi ?

— Pourquoi as-tu changé d'avis ?

Je le dévisageai.

— Il faut que je redevienne Margot, juste assez longtemps pour arranger les choses. Dis-moi ton prix.

— Mon prix ? Tu me prends pour un marchand de tapis ?

— Tu m'as très bien comprise.

Il s'approcha si près de moi que je distinguais les veines de son cou et les pattes d'oie qui s'ouvraient en éventail vers ses pommettes. Il ressemblait tellement à un homme.

— Tu veux avoir la possibilité de changer le cours des choses. Mais pour devenir une mortelle, le temps de faire ce qu'il faut faire, il va falloir que tu bouches ça.

Il désigna mes ailes.

— Comment fait-on ?

Il posa sa main sur sa poitrine et s'inclina profondément.

— Ce serait un honneur pour moi de te rendre ce service. Elles doivent être scellées, autrement dit, on doit les détourner du cours du fleuve éternel qui coule devant le trône de Dieu, afin qu'Il ne voie pas ce que tu fais. Et c'est ainsi que tu auras l'occasion de changer ce qui doit l'être. Compris ?

— Allez, Grogor. Il y a autre chose, non ?

Il feignit la perplexité. Je le regardai fixement. Il détourna les yeux et haussa les épaules.

— Il y a un risque.

— Et quel est-il ?

Il mit un moment à répondre.

— À ton avis, quelle est la réaction de Dieu quand l'un de ses anges enfreint les règles ?

— Je risque de ne jamais voir le Paradis.

Il applaudit très lentement.

— Tu risques de ne jamais voir le Paradis.

Theo non plus, de toute façon.

Croyez-vous que j'aurais hésité un instant ?

22.

Sept jours

Et c'est ainsi que tout comme Cendrillon rejette ses haillons pour enfiler sa robe de bal, je quittai ma robe bleue pour entrer dans le temps.

Je laissai Grogor appliquer sur mes ailes des poignées de goudron brûlant tirées des entrailles de l'Enfer. Quand l'eau s'arrêta de couler, je retrouvai mes sensations de mortelle : je hurlai de douleur au contact du goudron chaud sur ma peau, je tremblai de froid sur le carrelage de la salle de bains, et je titubai, accablée par le poids de mon propre corps, comme si un éléphant m'était tombé dessus.

Pas aussi gracieuse que Cendrillon. Mais je laissai bien derrière moi l'équivalent d'une pantoufle de vair.

Ou du moins, dès que je me déshabillai, ma robe rétrécit pour se transformer en petite pierre bleue. Je la cachai dans la commode de Margot. J'étais désormais un agent secret dans le monde des hommes et je devais dissimuler toutes les traces de mes agissements jusqu'à ce que j'aie accompli ma mission : renouer avec Theo et guérir ses blessures. C'était peut-être présomptueux de ma part, mais j'étais persuadée que bien que je lui aie gravement manqué la première fois, cette fois-ci, je pourrais étendre le baume de l'amour maternel sur ses plaies. D'une façon ou d'une autre, je parviendrais à pérenniser les résultats de mon intervention en faisant comprendre à Margot combien Theo avait besoin d'elle, en lui ouvrant les yeux sur la vulnérabilité et la souffrance de son fils.

J'avais soigneusement choisi mon moment. L'avocat du divorce de Margot lui avait conseillé de passer un mois dans une clinique de désintoxication afin de prouver au juge qu'elle était apte à être mère. De prouver qu'elle méritait la garde de Theo, ou au pire une garde alternée. Pas de problème, avait-elle répondu, bien qu'elle ne sache pas si elle voulait vraiment de l'une ou de l'autre. Elle savait seulement qu'elle voulait gagner quelque chose, n'importe quoi, pour démontrer qu'elle n'avait pas absolument tout perdu.

Donc, alors que Margot se faisait admettre à Riverstone, une clinique de désintoxication haut de gamme près des Hamptons, je me retrouvai seule dans son appartement, à fouiller dans les vêtements de son placard, à boire son lait, à occuper sa place dans le monde. Theo habitait chez Toby au coin de la rue. Je passai ce premier jour fascinée par les sensations procurées par ma peau et mes cheveux, le chaud et le froid, le bruit que produisait ma main quand je tapais sur la table, le goût d'une pizza. En découpant cette pizza de trente-cinq centimètres, avec double ration de pepperoni et supplément de mozzarella, je me coupai le bout du pouce avec le couteau à pain. Un instant, je songeai au poème de Sylvia Plath : « Petit pèlerin, l'Indien, il t'a scalpé, l'Indien », et le sang surgit de la coupure blanche, coula sur mon bras comme de l'encre rouge. J'avais presque oublié ce que je devais faire jusqu'à ce que j'aperçoive un vase de tournesols sur la table de la salle à manger : j'y plongeai le bras. Ma main tout entière brûlait d'une douleur lancinante.

Tout était tellement solide. Quand je regardais la table, je ne voyais plus la pièce suivante à travers, ni les traces des gens qui s'y étaient assis ou les volutes du bois sous le vernis. Je ne voyais pas les ondes et les particules du temps danser comme une tempête de sable. Si l'on m'avait vue ce soir-là, on m'aurait enfilé une camisole de force, c'est sûr. Je passai beaucoup de temps à ramper le long des murs, la joue contre le plâtre, ou à me cogner contre la brique, stupéfaite par la soudaine et familière matérialité du monde. Elle me rappelait ce sentiment des limites qui est indissociable de la mortalité; le consentement profond, continu à ces limites que l'on éprouve lorsqu'on habite un corps plein de sang.

Le pire de mes crimes était sans doute d'abandonner Margot, de la laisser sans protection au moment où elle en avait le plus besoin. À contrecœur, j'appelai Nan, en sachant ce qui m'attendait.

Enfin, une voix aussi lointaine que si elle sortait d'un haut-parleur au bout d'un long couloir.

— Tu comprends la portée de ton acte ?

Je regardai autour de moi.

— Où es-tu ?

— À côté de la table.

Je regardai.

— Pourquoi ne puis-je pas te voir ?

— Parce que tu as conclu un marché avec un démon. Un marché qui pourrait te coûter tout et ne rien te rapporter.

Sa voix tremblait d'émotion. M'avançant vers la table, je la vis enfin, debout derrière le vase de tournesols, sous la forme d'un rayon de lune.

— Je savais bien que tu ne comprendrais pas, Nan, soupirai-je. Ce n'est pas permanent. J'ai sept jours pour trouver le moyen de défaire ce qui a été fait.

— Tu n'as peut-être même pas sept heures, répondit-elle.

— Quoi ?

La lumière autour d'elle trembla tandis qu'elle poussait un long soupir.

— Tu es aussi vulnérable qu'une cocotte en papier dans un tsunami. Tu sais quelle cible de choix tu représentes pour les démons en ce moment ? Tu n'as ni les armes d'un ange pour les combattre ni celles dont Dieu a doté les humains pour se défendre, car tu n'es ni l'un ni l'autre. Tu es le pantin de Grogor. Il n'attendra pas que Dieu t'envoie en Enfer. Il essaiera de t'y entraîner lui-même.

Chancelante, j'encaissai l'impact de ses paroles. Nan disait vrai.

— Aide-moi, murmurai-je.

Elle me prit la main. Sa peau sombre et ridée scintilla autour de la mienne comme un fin brouillard.

— Je ferai tout ce qui est en mon pouvoir.

Elle me laissa seule, à contempler la ville, impuissante, éprouvant douloureusement l'absence des archanges.

Je dormis tard, tombai du lit en me réveillant et m'ébouillantai sous la douche car j'avais oublié que rouge signifiait eau chaude et bleu, eau froide. J'enfilai le jean de Margot, un chemisier noir, et je me regardai dans le miroir. J'avais l'air plus jeune que Margot, un peu plus mince, un peu plus saine. Mes cheveux étaient plus longs, plus sombres, mes sourcils plus clairs et plus broussailleux que les siens. Je trouvai du rouge à lèvres, une pince à épiler et du blush ; je me versai un flacon d'eau oxygénée sur la tête en espérant que le résultat serait potable. Ensuite, un coup de ciseaux. Quand j'eus fini de me relooker, j'avais oublié la menace que faisaient peser sur moi les démons et j'étais plus que jamais déterminée à mettre mon plan à exécution.

Je sortis dans la fraîcheur du matin de Manhattan. Je comptais prendre le bus pour me rendre à l'école de Theo, mais je savourais tellement la sensation du vent sur mon visage que je décidai de parcourir les trente pâtés de maison à pied. Je croisai une femme qui me lança un « bonjour » et je lui répondis ; un SDF me demanda de la monnaie et je m'arrêtai pour lui dire qu'il avait de la chance d'être vivant. Il me suivit des yeux, bouche bée, tandis que je m'éloignais, heureuse de pouvoir parler aux gens, qu'ils m'entendent, qu'ils me répondent.

Je ralentis le pas en parvenant aux grilles de l'école de Theo. Je devais planifier avec soin mes actes. Ce n'était plus un rêve, un scénario que je pouvais récrire ou une pièce dont je pouvais changer la mise en scène. Désormais, chacun de mes mots, chacun de mes gestes serait gravé dans la pierre. Non, c'était plus que ça, plus lourd de conséquences. Je graverais sur une pierre qui avait déjà été gravée. Et si je ne procédais pas avec la plus grande attention, la pierre risquait de se fendre.

J'avais prévu d'attendre la sortie des classes pour aborder Theo et l'inviter à se promener avec moi. Mais si Toby était là ? Et si Theo, en me voyant, prenait ses jambes à son cou ? Il valait mieux carrément le chercher en classe. Si son professeur lui demandait de partir avec moi, il serait sans doute obligé d'obéir, quitte à traîner les pieds.

Je me présentai à l'accueil. Je reconnus Cassie, la réceptionniste aux yeux langoureux, et lui souris. Elle ne répondit pas à mon sourire : je me rappelai que nous avions eu quelques accrochages. Elle me scruta de la tête aux pieds, les lèvres pincées, avant de lâcher :

— Je peux vous aider ?

Je ne pus m'empêcher de rire. J'étais encore émerveillée que les gens me parlent. Elle s'imagina sans doute que j'étais ivre ou défoncée.

— Bonjour, ça va ? Euh, oui, je suis Ruth… euh, non, pardon, Margot. Margot Delacroix.

Elle me fixa, les yeux écarquillés. Là, j'avais vraiment commis une bourde. Je suis Margot, Margot, Margot, me répétai-je. Je me rendis compte que j'avais parlé à haute voix : Cassie en était bouche bée.

— Je suis la maman de Theo Poslusny, repris-je, très posément, comme si l'anglais n'était pas ma langue maternelle. Je dois l'emmener un petit moment. Urgence familiale.

Je pinçai les lèvres. Il était trop risqué de parler. Cassie décrocha le téléphone et composa un numéro.

Soit elle appelait l'hôpital psychiatrique, soit elle prévenait le prof de Theo.

— Ouais, c'est l'accueil. La mère de Theo Poslusny veut lui parler. Ouais. D'accord.

Elle raccrocha, cligna des yeux et annonça :

— Il arrive.

Je lui adressai un salut militaire et claquai les talons. Je le jure, c'était comme si j'étais atteinte du syndrome de Tourette. Je regardai autour de moi, j'avisai une chaise et je courus m'y asseoir, chevilles et bras croisés.

Et puis, Theo. Theo avec son sac à dos passé par-dessus son épaule, sa chemise bleue qui lui sortait à moitié du pantalon, ses cheveux roux hérissés de gel et frisés sur la nuque comme des pétales. Theo avec les taches de rousseur de son père, son nez encore mignon comme un petit champignon, ses baskets boueuses déglinguées, son visage crispé par la confusion, la méfiance et la dureté.

Je fondis en larmes en résistant à l'envie de tomber à genoux devant lui, de lui demander pardon de tout, même des choses qu'il n'avait pas encore vécues. Je repoussai la vague de culpabilité que je voulais vomir à ses pieds, et j'eus du mal à dire simplement « Salut, Theo », comme si ma bouche ne pouvait contenir ces mots avec leur trop-plein de nostalgie, d'années d'attente ; une douleur soudaine et aveuglante me foudroya tant j'avais envie de le serrer dans mes bras.

Il resta planté là à me regarder. Cassie vint à ma rescousse.

— Hé, Theo, déclara-t-elle en souriant, apparemment il y a une urgence familiale. Prends le temps qu'il faut pour t'occuper de ça, d'accord ? Pas de pression. Tu sais que je couvre tes arrières, hein, mon pote ?

Elle lui adressa un clin d'œil. Je lui fus reconnaissante d'avoir fait diversion. Je me ressaisis et ravalai mes larmes. Theo, toujours éberlué, me laissa lui mettre la main sur l'épaule et sortit avec moi dans le soleil.

Nous parcourûmes deux pâtés de maison avant qu'il n'ouvre la bouche.

— Papa est mort ?

J'avais complètement oublié cette histoire d'« urgence familiale ». Je m'arrêtai.

— Non, non, Toby va très bien. J'avais simplement envie de… passer un moment avec toi. Qu'on fasse un truc sympa, tous les deux.

Theo secoua la tête et commença à rebrousser chemin. Je le rattrapai.

— Theo, qu'est-ce qui ne va pas ?

— Avec toi, c'est toujours pareil.

Ah bon ?

— Quoi ? m'exclamai-je. Qu'est-ce que j'ai fait ?

— Laisse-moi, répliqua-t-il en accélérant le pas. Je savais bien que tu mentais. Qu'est-ce que tu veux cette fois, hein ? Tu veux me kidnapper, rien que pour emmerder papa ? Tu veux me monter la tête contre lui, c'est ça ? Eh bien laisse tomber.

Il continuait de marcher. Chacune de ses paroles était comme un coup de pied en pleine poitrine. Je restai figée sur place à le regarder, puis je repris mes esprits et courus pour le rattraper.

— Theo, écoute ce que j'ai à te dire.

Il s'arrêta et inspira profondément : il refusait toujours de me regarder en face.

— Et si je te disais qu'on peut faire absolument n'importe quoi, hein ? Si on réalisait un de tes rêves ? De quoi as-tu envie, plus que tout au monde ?

Il me regarda pour voir si je parlais sérieusement et réfléchit un moment.

— Je voudrais cent dollars.

Je réfléchis à mon tour.

— C'est bon. Autre chose ?

— Une console Nintendo. Avec dix jeux.

— C'est bon. Quoi d'autre ?

— Je veux un costume de Luke Skywalker, avec la cape, et les bottes, et le sabre !

— Excellent choix. Autre chose ?

Il réfléchit. Je tentai de l'orienter.

— Tu aimerais qu'on fasse un truc tous les deux ? Qu'on aille au zoo, peut-être ? Qu'on aille au restaurant et au cinéma ? Allez, c'est moi qui régale.

Il haussa les épaules.

— Non, merci.

Il se remit à marcher. Clouée sur place, je le laissai s'éloigner avant de me rappeler que James était sans doute avec lui.

— James, chuchotai-je, donne-moi un coup de main.

Une voix :

— Il voudrait jouer aux cartes avec Toby et toi.

Jouer aux cartes ? C'était tout ? Je me souvins alors qu'à l'époque où nous essayions de recoller les morceaux – Theo ne devait pas avoir plus de six ans – Toby s'était servi d'un jeu de cartes pour lui apprendre à lire l'heure. Nous nous étions retrouvés tous les trois assis par terre dans le salon en train d'enseigner les règles du poker à Theo. Au bout d'une heure, il nous battait déjà tous les deux à plate couture. Nous n'avions jamais tant ri.

Cela ne s'était jamais reproduit. Et pourtant, tout d'un coup, ce gamin avait envie de jouer aux cartes plus que d'aller à Disneyland. Pourquoi ? Mystère.

— Et si on jouait aux cartes ? lui lançai-je.

Il s'arrêta. Je le rejoignis.

— Tu te rappelles, toi, papa et moi, comme au bon vieux temps ?

— Papa et toi ? répéta-t-il en me regardant fixement. Mais tu le détestes.

J'accusai le choc. Si seulement tu savais, songeai-je.

— Je ne le déteste pas, parvins-je enfin à articuler. J'aime ton père.

— C'est pas vrai !

Il lut dans mon regard que je ne mentais pas. Je le répétai et, cette fois, il me crut. Je crois que cela le secoua un peu : les possibilités s'entrechoquaient dans sa tête comme des billes et une petite lueur s'allumait au fond de son cœur.

— Les autres trucs, j'en veux pas, déclara-t-il. Je veux juste jouer aux cartes.

Ouf. Je ne savais pas où je lui aurais dégoté un billet de cent dollars.

Nous rentrâmes à la maison et j'appelai Toby. Je vis Nan lorsque j'accrochai mon manteau – de nouveau, elle m'apparut sous la forme d'une brume scintillante, près de l'escalier – et je poussai un long soupir de soulagement. Elle surveillait mes arrières.

Mais j'avais d'autres raisons d'être nerveuse. Je n'avais pas prévu d'affronter Toby lors de ce séjour, je ne prévoyais que de m'occuper de Theo, de la façon dont je pouvais le changer, de ce que je pouvais dire et faire pour guérir les blessures que j'avais infligées à sa jeune vie.

Mais, mieux que quiconque, j'aurais dû deviner que parfois la pierre se fend plusieurs siècles après le coup.

J'appelai Toby chez lui. Je savais qu'il travaillait à la maison car il était en train de corriger les épreuves de son nouveau livre. Dès qu'il m'entendit, il me demanda d'une voix dure et soupçonneuse :

— Qu'est-ce qui ne va pas ?

— Euh, rien, absolument rien. Theo et moi, on se demandait simplement si tu voulais te joindre à nous ce soir pour une partie de poker.

Un temps de battement.

— C'est une plaisanterie ?

Je clignai des yeux. Theo souriait, ce qui était encourageant, et il fit le geste de manger.

— Et... je crois que Theo aimerait bien qu'on mange un morceau ensemble. On pourrait prendre quelque chose chez le traiteur.

Theo mima une prise de Kung Fu.

— Des plats chinois.

— Margot, dit Toby d'un ton sévère et impatient. Je croyais qu'on s'était mis d'accord et que tu allais en désintox' pour un mois. Non ? Ou est-ce que tu es encore revenue sur tes promesses ?

Sa colère me décontenança. J'hésitai. Gaia, songeai-je, je t'en prie, laisse-lui me donner une chance. Juste une fois. Juste cette fois.

— Toby, repris-je doucement, je te demande pardon. Je te demande pardon.

Je vis le visage de Theo fondre de joie et d'étonnement. J'entendais le souffle lent de Toby au bout du fil ; je l'imaginais envisageant plusieurs hypothèses – est-elle ivre ? Enceinte ? En phase terminale ? – avant d'en arriver à la possibilité que je sois sincère.

— Écoute, Margot…

Je l'interrompis.

— J'ai réservé une chambre à la clinique pour la semaine prochaine. Tu as ma parole, Toby. Je te promets. La semaine prochaine, je pars me désintoxiquer, affirmai-je en riant. Maintenant, ramène-toi avant que Theo et moi on ne distribue les cartes sans toi.

Et donc, pour la première fois depuis trente ans, je m'assis avec mon fils et mon mari pour disputer une partie de poker. Je n'avais pas joué depuis si longtemps qu'ils passèrent la moitié de la soirée à m'en réapprendre les règles et à m'expliquer le but du jeu comme à un enfant de deux ans. Ils se tordaient de rire en voyant à quel point j'étais devenue bête. Et je mangeai de la cuisine chinoise – avec une fourchette plutôt qu'avec des baguettes, ce qui suscita une nouvelle crise d'hilarité. Je fis tout et n'importe quoi pourvu que ça fasse rire Theo, tout ce qui pouvait soulever sa voix comme une plume au clair de lune. J'abordai des sujets qui l'intéressaient, comme le nouveau Spielberg, qu'il attendait en trépignant d'excitation. Quand il serait grand, clamait-il, il serait acteur. Toby nous regardait l'un et l'autre au-dessus de ses cartes déployées en queue de paon, souriant et pensif.

Lorsque dix heures sonnèrent et que le petit corps de Theo fut sur le point d'éclater comme un sac de pop-corn tant il était excité, Toby le mit au lit. Quelques minutes plus tard, il redescendit, prit son manteau sur le fauteuil et le jeta sur ses épaules frêles.

— Bon, alors bonne nuit.

— Attends, le retins-je.

Sa main se figea sur la poignée de porte.

— Il faut vraiment que tu t'en ailles si tôt ? fis-je avec un rire forcé.

Il se retourna.

— Qu'est-ce que tu veux, Margot ?

Je joignis les mains comme pour une prière.

— Je veux que tu saches que je suis désolée.

Sa mâchoire se serra.

— De quoi ? De te bourrer la gueule devant notre enfant toute la journée, tous les jours depuis… depuis des semaines ? D'avoir couché avec son prof et fait de lui la risée de toute l'école ? De le laisser sortir en vêtements sales, de ne pas l'emmener chez le médecin quand il a l'appendicite ? C'est de ça que tu es désolée ?

J'ouvris la bouche. Aucun mot ne sortit. Il reprit :

— Ou est-ce à cause de la façon dont tu m'as traité, Margot ? Merde, on pourrait passer la soirée à compiler la liste de ces péchés-là, non ? Je vais te dire : c'est moi qui suis désolé. D'accord ?

— Désolé de quoi ?

— Je suis désolé de ne pas pouvoir accepter tes excuses. Je n'y crois pas. J'en suis incapable.

Sans me regarder, il sortit de l'appartement et referma la porte derrière lui.

Le lendemain, j'emmenai Theo à l'école. En me réveillant dans une tache humide, j'avais compris que mes ailes repoussaient. Le temps m'était compté.

Tandis qu'il marchait – non, qu'il gambadait – à mon côté, il me parlait du deuxième round de la partie de poker qu'on allait disputer avec papa, il se félicitait d'avoir eu trois as et un valet alors que je n'avais eu que des trois et des neuf, il disait qu'on pourrait peut-être aller au zoo tous ensemble pour son anniversaire. Moi, je pensais à Margot. Mon intervention devait être relayée, pérennisée. Il fallait que je voie Margot, que je fasse en sorte qu'elle ne gâche pas ce que j'avais réussi à accomplir durant ce bref séjour. L'idée que tout ce que j'avais fait, tout ce que j'avais sacrifié, puisse s'effondrer si Margot s'avisait de demander qui avait sorti Theo de sa classe me faisait peur – ou plutôt, me rendait folle de terreur. J'avais peur aussi que mon comportement ait suscité trop d'espoir chez Theo et Toby : si Margot les décevait, ils n'en retomberaient que de plus haut.

La clinique Riverstone était un immense édifice blanc en forme de soucoupe volante, avec des cigognes en plastique grandeur nature sur la pelouse et des bouddhas en bronze placidement assis de part et d'autre de colonnes blanches. Un étang à canards scintillait au-delà des buissons qui entouraient l'édifice circulaire. Je suivis les indications et me rendis à l'accueil.

Mes souvenirs de Riverstone sont vagues, c'est le moins qu'on puisse dire. Comme un étang sous la pluie, je ne me souviens que d'éclaboussures de scènes, courtes et intenses : une psy condescendante dans une pièce qui sentait la piscine, le matin où, en baissant les yeux, je m'étais rendu compte qu'il m'avait poussé deux doigts de plus sur chaque main – un effet secondaire des tranquillisants, sans doute, car les doigts supplémentaires tombèrent rapidement –, et une femme qui souriait en me prenant la main pour me parler de kangourous.

Je trouvai l'hôtesse d'accueil assise dans box futuriste sous un dôme en verre. Je me présentai sous le nom de Ruth, soulagée de pouvoir enfin utiliser mon vrai nom.

— Vous êtes… la sœur de Mme Delacroix ?

J'avais tenté d'atténuer notre ressemblance. Des lunettes. Un béret. Un maquillage accusé. Manifestement, cela n'avait pas suffi.

— Sa cousine, mentis-je.

— Ça se voit, commenta-t-elle en souriant et en fronçant le nez. Enfin, normalement nous n'autorisons pas les visites…

— C'est une urgence, la coupai-je – et c'était vrai, c'était une urgence. Un membre de la famille est en train de mourir et je préférerais qu'elle l'apprenne maintenant, pas dans un mois.

Le visage de l'hôtesse d'accueil s'allongea.

— Ah. Euh, d'accord. Je vais appeler sa thérapeute. Mais je ne promets rien.

On m'emmena dans une salle commune, où Margot et d'autres « invités » étaient apparemment en train de se « détendre ». Ça avait l'air ennuyeux à mourir. Margot était probablement en train de devenir folle, là-dedans. Je sais que moi, je le serais devenue. Les murs étaient décorés de posters dans des cadres dorés, affichant des mots d'ordre comme « Acceptation » et « L'attitude, c'est l'altitude ». Je levai les yeux au ciel tout en m'imaginant que ces mots étaient remplacés par « Cynisme » et « L'échec est inévitable » : rien de tel qu'un sens affûté des réalités pour accélérer une guérison. Quoi qu'il en soit, la personne qui avait décoré la pièce était manifestement convaincue que des tas de canapés en velours blanc et de tables basses ornées de loupiotes et de tulipes auraient un effet thérapeutique. De la musique classique s'écoulait délicatement d'un haut-parleur invisible. Je consultai l'horloge de style Big Ben au-dessus de la porte et mon cœur s'affola. Si on me demandait de revenir le lendemain, j'étais cuite.

À l'entrée de la salle commune, la psy – le Dr Gale, une petite Canadienne osseuse avec une lourde frange noire – me prit par le bras et me regarda dans les yeux à travers ses lunettes.

— Malheureusement, je ne peux pas vous laisser voir Margot. C'est contre le règlement. Mais je peux lui transmettre un message, si vous voulez.

Je réfléchis à toute vitesse.

— Je dois la voir. Vous ne comprenez donc pas ? Elle ne s'en remettra pas si elle apprend que… Nan est morte pendant qu'elle était ici. D'ailleurs, ça pourrait la faire rechuter…

— Je suis désolée, dit le Dr Gale d'un ton sentencieux, mais Margot a signé un accord en entrant dans cet établissement : aucun contact avec l'extérieur, y compris en cas de tragédie familiale. C'est important pour son traitement. J'espère que vous le comprendrez.

Un sourire, aussi bref qu'un clin d'œil. Elle fit volte-face et s'apprêta à s'éloigner.

Je fermai les yeux et inspirai. Je ne m'attendais pas à cet obstacle. Je réfléchis à toute vitesse : comment le contourner sans aller jusqu'à foutre le feu à la baraque ? D'accord, décidai-je. On y va. Et je priai pour que l'ange de cette femme l'incite à fléchir.

— Dr Gale ? criai-je à moitié.

Quelques têtes branlantes se retournèrent pour me dévisager.

Le Dr Gale s'arrêta.

— Ne parlez pas si fort, je vous en prie, me rabroua-t-elle sèchement.

— Je dois vraiment voir Margot. Je promets de ne pas perturber le cours de son traitement. Mais elle doit savoir quelque chose. C'est moi qui ne serai plus là quand elle sortira. Je dois la voir une dernière fois.

Le Dr Gale jeta un coup d'œil autour d'elle. Quelques-uns de ses collègues la regardaient fixement. Son pied droit se tourna vers la porte. Mais elle rebroussa chemin et se planta devant moi pour m'examiner lentement de la tête aux pieds.

— Bon. Vous avez dix minutes. (Elle fit une pause et reprit à mi-voix.) Margot a dû être placée sous sédatifs à plusieurs reprises depuis son admission, alors vous la trouverez peut-être un peu somnolente. C'est normal. Essayez simplement de ne pas parler trop fort ou trop vite.

Je hochai la tête. Le Dr Gale poussa la porte et appela Margot. Pas de réponse. Elle fit une deuxième tentative. Une silhouette se leva lentement d'un fauteuil près de la fenêtre et marcha lentement vers nous.

— Margot, déclara posément le Dr Gale, votre cousine est là. Malheureusement, elle a de mauvaises nouvelles pour vous.

— Ma… cousine ?

Margot. Pas toute là pour l'instant. Elle cligna des yeux très lentement et me regarda.

Le Dr Gale hocha la tête.

— Je vais vous emmener dans la salle de famille.

Dès que la porte se referma derrière elle, je me penchai pour prendre la main de Margot. Elle se recula et regarda ses cuisses. Le fait de la voir en chair et en os me serrait la gorge ; la sensation de ma propre présence physique me donnait envie de pleurer. Abrutie par les médicaments et le désespoir, elle avait l'air si fragile. J'eus honte de ne pas être à son côté pour la protéger. D'être incapable de lui rendre son intégrité.

Je finis par lui prendre la main. Elle était molle et atone.

— Margot, écoute-moi attentivement.

Elle leva la tête et me regarda. Je repris.

— J'ai quelque chose de très, très important à te dire, et il faut vraiment que tu m'écoutes. D'accord ?

Elle plissa les yeux, la tête chancelante.

— On se connaît ?

— Plus ou moins.

Elle ricana. Je venais de lui rappeler sa première rencontre avec Sonya.

— Vous avez un drôle d'accent. Vous êtes d'où ?

Je compris que ma voix prenait encore de temps à autre des inflexions australiennes, car j'avais vécu plusieurs années là-bas. Des années que Margot n'avait pas encore vécues.

— Sydney.

— En Australie ?

— Oui.

Une longue pause.

— Il y a des « roos », là-bas, non ?

— Des ruses ?

Elle retira sa main de la mienne et leva ses deux mains vers son visage pour mimer des pattes.

— Ah ! fis-je. Des kangourous.

Elle hocha la tête.

— Oui, il y a des kangourous.

Je réfléchis soigneusement à ce que je devais lui dire. Je songeai un instant à lui expliquer que j'étais elle, que je venais de son avenir. Je me ravisai aussitôt. Je ne pouvais pas, en tout cas, lui demander de me faire confiance. Je n'avais jamais fait confiance à qui que ce soit de toute ma vie d'adulte. Pas même à mon propre mari. Pas même à moi.

Alors j'optai pour la tactique qui aurait marché dans mon cas.

Je lui dis ce qui était arrivé à Theo dans le centre de détention. Je ne lui cachai rien. Je lui racontai tout, sans omettre le moindre détail, même le plus pénible. Je me mis à pleurer tandis que Margot fixait la fenêtre d'un œil vague en hochant la tête de temps en temps lorsque je lui posais une question, se touchant le visage pendant que je décrivais ce qu'avait enduré Theo et ce qu'il fallait qu'elle fasse pour l'aider.

Je parvins enfin à la véritable raison de ma présence.

— Il faut que tu pardonnes à Toby.

Elle me dévisagea en dodelinant de la tête. Les médicaments dont on l'avait bourrée l'avaient complètement assommée.

— Il m'a trompée. Avec ma meilleure amie.

— Non, il ne t'a pas trompée, Margot. Je te le jure.

Elle me regarda fixement. J'aurais voulu la secouer. Elle restait absolument immobile. Je fouillai mon esprit pour trouver quelque chose à lui dire qui franchisse le mur de sa stupeur médicamenteuse, quelque chose qui l'atteigne par-delà des années de méfiance et d'incrédulité, par-delà les couches d'autoprotection et de douleur.

Avant que je ne parle, elle me dit tout d'un coup :

— Tu sais, quand j'étais petite, je voyais des anges. Il y a longtemps. Tu crois aux anges, toi ?

Après un moment de stupeur, je finis par hocher la tête.

Elle se tut, perdue dans ses souvenirs.

Je me penchai pour lui prendre la main.

— Toby est toujours amoureux de toi. Tu as une chance – une seule – de retrouver cet amour. Mais si tu la rates, tu le perdras à jamais.

J'allai chercher Theo, en courant presque jusqu'à l'école après avoir raté le bus. Me ailes laissaient des taches humides dans le dos de mon chemisier. Chaque seconde était désormais précieuse. Je fis en sorte que le temps qui nous restait soit heureux. Nous dînâmes chez IHOP et allâmes voir *Young Guns 2* au cinéma de Union Square. Je lui achetai une nouvelle garde-robe avec la carte de crédit de Margot et nous veillâmes jusqu'au milieu de la nuit pour ranger la chambre de Theo, mettre des posters de Batman sur les murs, nettoyer le tapis, changer ses draps et revisser les battants de son armoire pour qu'elle ne menace plus de s'effondrer sur lui pendant la nuit. Enfin, je réparai ses stores et pliai tous ses vêtements. Je lui dis de se coucher avant d'aller lui chercher un verre d'eau, mais quand je revins, il s'était déjà endormi.

Je me dirigeai vers la chambre de Margot. Au bout du couloir, une lumière. Nan, songeai-je. Je m'avançai vers elle. À ce moment-là j'entendis la voix de Nan, sortant de la pièce à ma gauche.

— Ruth !

Une seconde plus tard, j'étais par terre, le visage en sang, brûlant, les poumons tellement écrasés que j'arrivais à peine à respirer. Je me relevai péniblement. Ram, Luciana et Pui se dressaient devant moi, épaule contre épaule, sous la forme de trois colonnes d'ombre. L'ancien démon de Rose brandissait une masse à laquelle était accrochée une boule hérissée de pointes au bout d'une chaîne.

Il n'y avait qu'une chose à faire. Fuir.

Ram recula d'un pas, s'apprêtant à me frapper de son arme. Je détalai vers le salon et alors qu'il m'atteignait je levai les mains pour protéger ma tête. Je vis Nan du coin de l'œil qui détournait le coup. À ce moment-là, deux bras se glissèrent sous mes aisselles pour me soulever de terre : c'était Luciana qui me maintenait, tandis que Pui plongeait la main directement dans ma poitrine. C'était comme si elle m'avait ouvert le ventre. Je poussai un hurlement de douleur. J'entendis Theo m'appeler de sa chambre. James apparut à mon côté et se dirigea vers la chambre de Theo. Mais Luciana et Pui l'avaient vu.

— Je vous l'interdis ! hurlai-je.

Pui sourit, se pencha vers moi et plongea dans mon corps aussi aisément qu'on se penche dans un placard.

À ce moment-là, je crois que je vis l'Enfer. Pui m'y entraînait, m'arrachant à ma chair pour me pousser comme sur un toboggan vers un monde si terrifiant que je sentis sa cruauté jusque dans mes os.

Et soudain, l'obscurité.

J'entendis des chocs, des rugissements et des cris. Mais lointains, comme si on m'entraînait ailleurs, dans un autre temps.

Lorsque je me réveillai, j'étais étendue, toute nue, sur le sol d'une pièce blanche. Terrifiée. Alors, tout était fini ? J'étais en Enfer ?

Je ramenai mes genoux vers ma poitrine en tremblant.

— Nan ? appelai-je. Theo ? Toby ?

Des pas derrière moi.

Je me retournai. Je mis un moment à comprendre que la silhouette lumineuse qui se dressait devant moi était celle de Nan. Son visage brillait comme le soleil en plein midi, ses ailes déployées de part et d'autre de ses épaules étaient de larges bandes de lumière rouge. Sa robe n'était plus blanche ni en tissu ; c'était comme si elle avait soulevé la surface étale d'un lac reflétant le soleil couchant pour la revêtir.

— Dis-moi, fis-je en tremblant si fort que mes mots faisaient un bruit de crécelle en me sortant de la bouche. Je vais aller en Enfer, maintenant ?

— Ça m'étonnerait, répondit posément Nan. Je viens tout juste de t'empêcher d'en devenir la plus récente pensionnaire.

— Mais je vais y aller tôt ou tard ?

— Seul Dieu peut juger des conséquences de tes choix.

Cela ne me rassurait guère. Je savais que Nan ne me mentirait pas. Mais il fallait regarder la vérité en face. Nan ne m'avait pas sauvée de l'Enfer, pas indéfiniment. Elle n'avait fait que retarder ma chute.

Je me levai et tendis la main pour toucher sa robe.

— Pourquoi as-tu changé ?

— Les anges évoluent, eux aussi, expliqua-t-elle au bout d'un long moment. Tout comme tu es passée du bébé à l'adulte quand tu étais mortelle. Après t'avoir sauvée, je suis devenue archange.

— Pourquoi ?

— Chaque sorte d'ange joue un rôle particulier au service de Dieu. Certains d'entre nous deviendront des Pouvoirs, d'autres des Vertus. Un petit nombre deviendront des Chérubins, qui protègent les humains et les guident vers Dieu. D'autres, encore moins nombreux, deviendront des Séraphins.

— Mais il n'y en a pas beaucoup qui se retrouvent en Enfer, n'est-ce pas ?

Un sourire fugitif.

— Prends ceci, ajouta-t-elle.

Je levai la main pour protéger mes yeux de l'éclat aveuglant de sa main. Elle me tendait une robe blanche.

— Et la bleue ?

— Elle ne peut plus être reportée. Voici tout ce qu'il en reste.

Elle me remit une petite pierre bleue au bout d'une chaîne en or. J'enfilai la robe blanche et m'attachai la chaîne autour du cou.

— Et alors, maintenant ? demandai-je. Ai-je changé la vie de Theo ?

Elle leva la main. Dans sa paume, un monde parallèle de la taille d'un globe de neige grossit jusqu'à ce qu'il atteigne la taille d'un melon. Je me rapprochai et regardai à l'intérieur. Comme un reflet dans l'eau, une image de Theo vers dix-huit ans apparut. Une brute au visage hargneux. Au début, je crus qu'il était assis à un bureau, mais je me rendis compte qu'il était au tribunal, vêtu du costume orange des détenus, la tête pendante. On annonçait son verdict. La voix d'une femme lança : « Coupable ! » On fit lever Theo et on l'emmena.

— C'est ça ? m'écriai-je. Après tout ce que j'ai fait, Theo se fait condamner à perpétuité et moi je vais en Enfer ?

Je me tournai vers Nan pour avoir une réponse. Elle ne m'en donna aucune.

Je tombai à genoux.

Je pleurai longtemps à quatre pattes, laissant mes larmes pleuvoir sur le sol blanc. J'avais fait tout ça pour rien. Il n'y a pas de mots pour exprimer ce que j'éprouvais.

Je finis par essuyer mes joues et me relevai pour faire face à Nan.

— Et maintenant, qu'est-ce que je fais ? Ai-je changé quoi que ce soit ?

— Oui, affirma Nan. Et le résultat ne te plaira pas forcément. Tu risques de voir Margot faire des choix qui déjoueront tous tes plans.

— Je n'ai plus de plans, Nan. Je vais en Enfer, rappelle-toi.

— Comme je te l'ai dit au début, rien n'est joué, déclara-t-elle, très sérieuse.

Je séchai mes yeux. Elle me redonnait espoir. Mais, dans mon cas, c'était plutôt un acte de cruauté.

— Qu'est-ce que je fais, maintenant ?

Pour la première fois depuis longtemps, Nan sourit.

— Tu as du travail. Va le faire.

23.

Le mot le plus difficile

J'étais là lorsque Margot rentra de Riverstone, dépouillée de ses addictions mais également de son identité : elle ne savait plus qui elle était, ni d'où elle venait, ni pourquoi elle était là. Elle posa ses sacs, repoussa ses cheveux de son visage et soupira. Toby et Theo l'attendaient dans la salle à manger. Elle regarda les tournesols fanés derrière eux.

— Margot ?

Elle leva les yeux vers Toby.

— Oui ?

— Euh, mon pote, dit-il en se tournant vers Theo, tu pourrais nous donner une minute, à ta mère et moi ?

Theo hocha la tête et se dirigea vers sa chambre. Je regardai Gaia, debout à l'entrée de la pièce. Elle me rejoignit et posa son bras sur le mien.

— Ça va ? s'enquit-elle.

Je hochai la tête, mais c'était loin d'être le cas.

Toby sortit une liasse de papiers de sa veste et les posa sur la table. Je savais ce que c'était. Il se racla la gorge et redressa les épaules en fouillant les poches de sa veste. Il cherchait quelque chose. Du courage, je crois. Pendant une ou deux minutes, sa main resta posée sur les papiers, comme si une fois qu'il l'aurait retirée, son geste deviendrait irréversible.

« Dis-lui que tu l'aimes, Margot », affirmai-je à haute voix. Mais elle continuait à regarder les tournesols.

— Ce sont… les papiers du divorce, fit Toby en inspirant. Tu n'as qu'à mettre la signature en dessous de la mienne, et on pourra tous les deux… aller de l'avant.

Margot arracha les fleurs séchées de leur vase et s'engouffra dans la cuisine sans croiser son regard. Toby la suivit.

— Margot ?

— Quoi ?

— Tu m'as entendu ?

Elle brandit les fleurs séchées.

— Elles sont mortes pendant mon absence.

— Ouais…

— Tu n'as pas remplacé l'eau ?

— Non. Je n'habite pas ici, tu l'as oublié ? Rappelle-toi, tu m'as foutu à la porte… Enfin, ne revenons pas là-dessus.

Je voyais Theo à l'entrée de sa chambre au bout du couloir. Il tendait l'oreille. Dans son cœur, l'espoir luisait comme un charbon ardent. S'il vous plaît, s'il vous plaît…

Margot examina les tournesols qu'elle tenait à la main.

— Tu sais, même si je les noie dans la baignoire, même si je les trempe pendant des journées entières, ils sont morts. C'est fini. (Elle se tourna vers Toby.) Tu comprends ?

Il hocha la tête très lentement et enfonça les mains dans les poches. Il secoua la tête.

— Non, en fait je ne comprends pas. On parle de quoi, là, Margot ? D'abord tu me demandes pardon, et puis... et puis on joue aux cartes comme si on était redevenus une famille unie...

Elle leva les yeux rapidement et dit « Aux cartes ? » comme si elle ne s'en souvenait pas, ce qui le mit en colère. Il haussa le ton.

— J'ai attendu six ans que tu me pardonnes, que tu envisages la possibilité que peut-être, peut-être je ne t'avais pas trompée, que peut-être ce que tu avais vu n'était pas ce que tu croyais, que peut-être je t'aime...

Elle le regarda.

— Tu m'aimes ?

— Je t'aimais, répéta-t-il en baissant les yeux. Je veux dire que je t'aimais.

Il jeta les papiers sur la table.

— Tu sais quoi ? Elles sont mortes, ces fleurs. J'ai besoin d'aller de l'avant.

Il partit. Le silence resta suspendu dans la pièce comme un suicidé au bout d'une corde.

Le lendemain matin, une lettre d'Hugo Benet, remerciant Margot de son travail d'éditrice sur les carnets de Rose Workman, avec un chèque de droits d'auteur.

Un chèque de vingt-cinq mille dollars.

Je regardai Margot s'agiter dans l'appartement et je me rappelai la sensation de vide que j'avais éprouvée après avoir renoncé à l'alcool : c'était comme si on avait retiré une pierre énorme de l'entrée d'une caverne. Elle regarda ses cheveux dans le miroir. J'ai besoin d'une coupe de cheveux, songea-t-elle. Puis elle se toucha le visage. Rien que des rides et de la tristesse.

Elle parcourut le couloir jusqu'à la chambre de Theo comme une funambule, en posant prudemment un pied devant l'autre pour ne pas tomber. On l'avait applaudie à la fin de sa cure de désintoxication ; on lui avait fourré un bouquet d'orchidées et de lys dans les bras et, comme un adoubement, on l'avait déclarée enfin guérie. On avait même pris une photo au Polaroïd d'elle et des autres patients à l'entrée de Riverstone, avec les bouddhas et les cigognes. Elle avait posé la photo contre l'horloge de la cheminée avec ces mots : « Tu es *clean*, maintenant. Ne l'oublie pas. » Mais voilà le problème, avec les cures de désintoxication : cette propreté n'est pas naturelle, c'est trop difficile de rester comme ça, aussi blanche que si on avait récuré son humanité à l'eau de javel. En tout cas, c'était ce que je ressentais. J'aurais voulu qu'on me montre comment vivre une vie normale, sans le soutien de colonnes de bouteilles vides.

Theo était roulé en boule dans son lit. Il faisait semblant de dormir. Les paroles de Toby le tourmentaient et il essayait de comprendre. James s'assit sur le bord du lit pour tenter de le distraire en stimulant son imagination. Mais ça ne marchait pas. Theo vit Margot debout à sa porte et se redressa lentement.

— Ça te dirait d'aller vivre ailleurs ?

Elle le dit du ton le plus léger possible, comme si elle y avait mûrement réfléchi, comme si elle savait exactement ce qu'elle faisait.

— Où, par exemple ?

Elle haussa les épaules.

— Dans le New Jersey ? suggéra-t-il.

Elle éclata de rire.

— Où, alors ? Las Vegas ?

Elle marcha jusqu'à la mappemonde affichée sur le mur au-dessus du bureau de Theo.

— Tu sais, c'est là qu'on s'est mariés, ton père et moi.

— Alors on va vivre là-bas ?

Elle inspecta la carte, les bras croisés.

— Et si on partait en Australie ?

Theo réfléchit.

— C'est à des millions de kilomètres d'ici, non ?

— Environ seize mille.

— Pas question.

— Pourquoi pas ? Il y a des kangourous.

Theo soupira et laissa pendre ses pieds hors du lit.

— Tu veux vraiment aller vivre en Australie ? Ou c'est une autre façon de te venger de papa ?

— Tu viendrais vivre avec moi ?

Theo regarda ses pieds en fronçant les sourcils. Il était à nouveau déchiré. Je regardai James.

— Dis-lui qu'il a le droit de dire non. Dis-lui qu'il peut rester avec Toby.

James hocha la tête et répéta mes paroles.

Au bout d'un long moment, Theo releva les yeux.

— Maman, je pourrai venir te voir en Australie ?

C'était sa réponse. Margot sourit, le regard fixe.

— Bien sûr.

— Tous les étés ?

— Oui, mais l'été ici, c'est l'hiver là-bas.

— Je pourrai avoir un kangourou ?

— Peut-être. En tout cas, tu pourras rester aussi longtemps que tu voudras.

Bien entendu, je prévoyais ce moment depuis longtemps. Bien que j'aie enfin vécu sur les plages ensoleillées de Sydney les moments de bien-être qui m'avaient si longtemps fait défaut, je me détestais d'abandonner Theo. Il était injuste de le sommer de choisir entre Toby et moi. J'avais été cruelle et égoïste de ne pas aller vivre dans un autre quartier ou dans un autre État, mais sur un autre continent.

Pourtant, après tout ce que j'avais traversé, après la série d'événements qui avaient failli me déchirer, c'était mon filet de sécurité.

Margot entama sa métamorphose par une coupe de cheveux stricte – un carré chocolat au menton qui rebiquait aux pointes – et un bronzage en spray. Elle encaissa le chèque d'Hugo, acheta une nouvelle garde-robe chez Saks et prit rendez-vous chez un chirurgien plastique. Blépharoplastie : l'ablation de la tristesse de ses yeux. Enlève les poches si tu veux, lui dis-je. La tristesse s'étend jusqu'à l'âme.

Elle décida de garder l'appartement encore un mois ou deux, au cas où ça ne marche pas là-bas. Je lui dis que c'était inutile, mais depuis qu'elle était rentrée de Riverstone elle n'avait pas réagi au moindre de mes conseils. Quand je chantai le Chant des Âmes, une seule fois, pour voir s'il subsistait une connexion entre nous, elle ne remua pas d'un cil, ne se redressa pas pour regarder autour d'elle, ne frémit pas en sentant ma présence. Si je ne l'avais pas mieux connue, j'aurais cru qu'il s'agissait d'une tout autre personne.

Nan vint la veille du départ de Margot pour Sydney. J'étais assise en tailleur sur le toit de son immeuble, sous un ciel nocturne plus scintillant que d'habitude, avec le sentiment d'être déconnectée de tout et de tous – Dieu, ma famille, moi-même. Je fis un pas dans le vide au bord du toit. Traitez-moi de comédienne. Je n'essayais pas de me suicider. Je voulais savoir si j'étais vraiment coupée de tout, si mon marché avec Grogor avait changé les règles. Je tombai une demi-seconde et puis… rien. Je restai suspendue dans les airs, comme un nageur dans un étang. Pour une fois, cela me rassura.

Nan écouta mes malheurs avec sa patience coutumière. Quand j'eus fini, elle me dit de regarder autour de moi. Ce qui n'était qu'obscurité au clair de lune un instant auparavant était désormais un panorama de toits illuminés sur lesquels étaient assis des rangées interminables d'archanges, chacun d'entre eux comme un rubis de trois mètres traversé de lumières, leurs visages fermes et humains arborant des expressions déterminées. Des flammes de taille et d'intensité variées tournoyaient autour de leurs corps, aussi lumineuses que des queues de comètes. Certains étaient armés d'épées et de boucliers, d'autres d'arcs et de flèches. Tous m'observaient. Me rappelaient leur solidarité. Me rappelaient qu'ils veillaient sur moi.

Nan avait gardé le silence pendant tout le temps où je me plaignais de Theo, Toby et Margot. Quand je lui posai ma question habituelle – « que suis-je censée faire ? » –, elle se leva et regarda un nuage qui dérivait comme un mouton noir dans le ciel pailleté.

— Qu'est-ce qu'il y a ? demandai-je anxieusement.

— Regarde mieux.

Je scrutai le nuage, qui dériva lentement vers la lune jusqu'à masquer son croissant d'ongle lumineux dans le ciel. Et alors, une vision.

Imaginez une bande-annonce de film : la vision représentait des fragments d'événements, comme des scènes maladroitement mises bout à bout par un monteur ivre. Les séquences étaient mal synchronisées : Margot au volant de sa voiture, chantant avec la radio. Des éclats de métal volant dans les airs au ralenti. La tête de Margot projetée en avant par l'impact. Une autre voiture tournoyant comme une toupie sur la route. Un plan serré d'un enjoliveur de roue roulant sur le trottoir. Le pare-brise en train de se fracasser. Une autre voiture faisant une embardée pour foncer droit sur une femme avec un bébé dans une poussette. Margot plongeant à travers le pare-brise, son visage se gonflant et saignant au ralenti, s'écrasant sur le bitume dans le soleil matinal, son bras replié derrière son dos, cassé, son corps tout entier qui se retournait, atterrissait sur sa hanche gauche, broyant son bassin, ricochait – mais au ralenti – jusqu'au pneu d'une autre voiture dont le capot crachait de la fumée.

— Qu'est-ce que c'est? demandai-je en jetant un coup d'œil à Nan.

— Un accident que tu dois empêcher. L'une des conséquences de ton intervention est ce que tu viens de voir. À moins que tu ne réussisses à l'éviter.

Mon cœur battait à tout rompre.

— Et si j'échoue?

— Tu n'échoueras pas.

— Mais, et si...

— Tu veux vraiment savoir?

Ce fut à mon tour de regarder Nan sévèrement. Elle soutint mon regard.

— Margot sera paralysée à partir du cou, confinée pour le restant de ses jours à une chaise roulante et à des soins vingt-quatre heures sur vingt-quatre. Mais elle aura eu de la chance. Quatre personnes mourront dans cet accident, y compris le bébé, un homme sur le point de se marier et une femme qui, à l'avenir, doit aider à déjouer un grave attentat terroriste.

Je m'appuyai les mains sur les genoux et j'inspirai profondément.

— Comment dois-je m'y prendre pour l'empêcher ?

— Sois vigilante, recommanda Nan d'un ton sévère. Cela fait partie de ton entraînement. On ne m'en a pas dit plus.

— Être vigilante ? lui criai-je à moitié. C'est ça, mes instructions ?

Elle s'avança d'un pas tandis que la vision se repliait.

— Regarde autour de toi, continua-t-elle calmement. Crois-tu vraiment que tu aies quelque chose à craindre ? Maintenant que tu es un ange, que tu sais que Dieu existe, qu'il voit ce que tu vois – pourquoi la peur fait-elle encore partie de ton être ?

Je me tus. Je ne savais pas quoi répondre.

— On t'a demandé de faire quelque chose, pas d'en avoir peur. Alors fais-le.

Elle fit un pas vers le bord du toit.

Je me tournai vers elle.

— Qu'est-ce que tu veux dire par « mon entraînement » ?

Mais elle était déjà partie.

Je marchais sur des œufs, sursautant à chaque son, à chaque mouvement. Le mot paranoïa ne suffirait pas à décrire mon état d'esprit le lendemain matin. Je regardai le soleil se lever et gémis. Je priai : « S'il vous plaît, envoyez-moi des messages. J'écoute, je le jure. Je suis désolée de m'être plantée. Mais s'il vous plaît, dites-moi quoi faire. »

Mes ailes se contentaient de dégouliner faiblement, aussi inutiles que de l'eau de robinet.

Margot avait rêvé de Sonya. Elle s'était présentée chez son ancienne amie et lui avait demandé des comptes sur sa liaison avec Toby. Elle avait retiré tous ses vêtements – la robe à imprimé léopard et les chaussures rouges qu'elle avait empruntées le soir où elle et Toby étaient partis se marier à Las Vegas – et les avait jetés aux pieds de Sonya. Sonya lui avait demandé pardon. Margot s'était sentie malheureuse, car elle avait compris que Sonya avait toujours regretté son acte. Elle avait compris qu'elle s'était trompée dès le début.

Lorsqu'elle se réveilla, elle se sentait vide. Je l'observai : pour la première fois, je voyais la trace d'un rêve dans son aura comme une flaque de café renversée sur une table. D'abord, les images éclaboussèrent la douce lueur rose qui s'élevait de sa peau comme un brouillard matinal ; les bords acérés de la journée mordirent sur son sens des réalités et le rêve se réduisit à quelques gouttes, dont chacune reflétait le visage de Sonya, sincèrement repentante.

Avant de boucler ses valises et de partir pour Sydney, Margot devait encore stocker ses affaires dans un garde-meubles et aller chercher son visa au bureau des passeports. Elle passa le jean et le chemisier noir que j'avais portés quelques jours auparavant, en se demandant pourquoi ils ne se trouvaient pas là où elle les rangeait d'habitude, prit ses clés de voiture et descendit.

Ce que j'avais d'abord pris pour une fuite d'huile s'avéra être une petite tache d'ombre qui flottait sous la voiture. Je restai debout à côté du véhicule pour inspecter le parking – je m'attendais à tomber sur Ram, Luciana, Pui ou Grogor, à qui j'aurais voulu rendre la monnaie de sa pièce – avant de reporter mon attention sur la vieille Buick argentée de Margot. Elle fit marche arrière et faillit emboutir une poubelle, et je vis l'ombre osciller comme si elle était liée par la force de gravité au-dessous de la voiture. Alors que Margot s'engageait sur la chaussée, je vis une tige noire en forme d'arc-en-ciel, qui partait de l'ombre et passait par-dessus les poubelles jusque dans la rue.

Je repensai à la vision. Je n'avais vu personne, du moins pas plus de quelques secondes. Il y avait la femme avec sa poussette sur le trottoir, mais je n'avais pas distingué son visage. L'accident serait-il provoqué par quelqu'un qui avait eu une panne d'oreiller et qui fonçait pour ne pas arriver en retard au travail ? Par un ivrogne qui s'envoyait une bouteille de Jack Daniels tout en descendant Lexington Avenue ? La voiture de Margot avait-elle eu un problème mécanique ?

Soudain, un détail de la vision. Juste avant que Margot ne soit projetée à travers le pare-brise, elle s'était retournée et avait articulé quelque chose. J'avais cru qu'elle me parlait. Tout d'un coup, je compris.

Elle s'adressait à quelqu'un assis à côté d'elle. Sur le siège passager.

Je m'installai à l'arrière de la voiture et me penchai à son oreille.

— Margot ! hurlai-je. Ne t'arrête pas. Ne laisse monter personne, tu m'entends ? Personne, même si c'est la fin du monde ! Tu m'entends, Margot ?

Elle ne m'entendait pas. Mes ailes palpitaient. Je sanglotai de soulagement. Dites-moi quoi faire, implorai-je. Donnez-moi une intuition. N'importe quoi qui me fasse comprendre ce qui se passe. La pulsation s'arrêta. Je regardai autour de moi frénétiquement.

Là, juste à côté de moi, Grogor.

— Alors, on fait une petite balade matinale ? s'exclama-t-il.

Il était plus jeune, maintenant. La trentaine avancée. On aurait dit un avocat ou un homme d'affaires. Fringant, bronzé, rasé de près. Un costume noir flambant neuf. Je me retournai pour lui faire face, prête à en découdre.

— Fous le camp, grondai-je.

Il fit claquer sa langue d'un air désapprobateur.

— Du calme, du calme. Je suis simplement passé prendre de tes nouvelles. Il paraît que tu as eu des démêlés avec Ram et compagnie. (Il fronça les sourcils.) Ça m'a beaucoup contrarié. Je peux t'assurer que les coupables ont été châtiés.

Aussitôt, des messages dans mes ailes : « Il fait diversion. »

Je fis mine de ne pas l'avoir entendu et regardai par la fenêtre, scrutant tout, tentant désespérément d'accorder ce que j'avais vu dans la vision et ce que je voyais ici et maintenant.

— J'ai une nouvelle proposition à te faire, reprit-il. Je crois que tu devrais l'écouter.

Dans la rue, je repérai une femme avec une poussette et sursautai. Mais le feu changea et nous démarrâmes. Était-il possible que la vision de Nan soit erronée ?

— Tu sais que tu vas en Enfer, poursuivit posément Grogor. Et tu sais que là-bas il n'y aura pas que trois démons qui t'en voudront. Il y en aura des millions.

Il trempa le bout de son doigt dans mon aile, rien qu'une seconde. Pendant cette interminable, cette épouvantable seconde, l'Enfer surgit dans mon esprit. Ni flammes ni soufre. Rien qu'une amertume palpable, atroce. Une pièce noire sans portes ni fenêtres, rien qu'un espace confiné plongé dans l'obscurité. Soudain, comme un coup de projecteur, une étincelle de lumière rouge révéla un jeune homme écartelé par une foule de silhouettes sombres. Elles le recousirent ensuite tranquillement en ignorant ses cris, comme s'il s'agissait d'une poupée en chiffon. Je vis d'autres pièces où des gens marchaient au travers de projections en 3D de leur propre vie, hurlant lorsqu'ils se voyaient plonger dans un corps une lame qui ne pourrait jamais en être retirée ; des hommes qui essayaient de rattraper les fragments d'une bombe qui éclatait comme un verre se fracasse au ralenti. Je savais confusément que ces projections virtuelles se répéteraient jusqu'à la fin des temps. Je vis des choses que je serais incapable de décrire. Soudain, j'eus l'impression d'être emportée hors de ce lieu sans issue, et je vis d'immenses immeubles noirs pleins de pièces comme celles que je venais de quitter, remplies de hurlements. Je me vis arriver à l'entrée de l'un de ces immeubles. Comme je l'avais fait à Saint-Anthony, je frappai à la porte. Toutes les têtes se retournèrent. On m'attendait.

— Bas les pattes, sifflai-je à Grogor.

Il se suça le doigt, brûlé par mes ailes, en me décochant un regard noir.

— Et ça, ce n'était qu'un avant-goût de ce qui t'attend, menaça-t-il. Imagine-toi une éternité de ça, Ruth. Mais tu as de la chance. Il y a une solution alternative.

J'hésitai.

— Laquelle ?

Il prit l'air perplexe.

— Ruth... tu ne sais pas qui je suis ?

Je le regardai d'un œil vide. Il secoua la tête, incrédule.

— Écoute, si tu viens avec moi maintenant, je te garantis qu'aucun des millions de démons ne lèvera la main sur toi. Ils n'oseront même pas te regarder de travers. L'immunité, en quelque sorte.

Je réfléchis, plus longtemps que je ne l'aurais dû. Et j'avoue que j'avais à moitié envie d'accepter. Grogor avait raison sur plusieurs points. J'avais commis un acte qui m'entraînait lentement mais sûrement vers l'Enfer. Quand un flic se retrouve en prison, il se retrouve aussi nez à nez avec des tas de criminels assoiffés de son sang. J'allais affronter la même situation. Seulement, ces criminels-là n'en voudraient pas à mon sang, mais à mon âme.

Les mots de Nan me revinrent : « Crois-tu réellement que tu aies quelque chose à craindre ? »

Je me tortillai sur mon siège et m'obligeai à sourire à Grogor. Il me sourit à son tour et se pencha vers moi. Il y avait, si je ne m'abuse, une certaine concupiscence dans son regard.

— Alors ? dit-il.

— Tu dois me prendre pour une idiote, Grogor. Alors je vais mettre les points sur les i : je préférerais affronter tous les habitants de l'Enfer que de passer une seconde de plus avec toi.

Il me répondit du tac au tac.

— Tu ne crois pas un mot de ce que tu dis.

Dans le reflet de ses yeux sombres, je vis soudain quelqu'un à la fenêtre derrière moi.

À ce moment précis, la portière de la voiture s'ouvrit et Grogor disparut. Quelqu'un monta sur le siège passager et claqua la portière.

— Qu'est-ce que… ? hurla Margot à la femme assise à côté d'elle.

— Roule.

C'était Sonya. Elle avait beaucoup grossi, elle était maquillée à la truelle, ses seins débordaient de son bustier gothique et ses cheveux, rouge orangé, étaient coiffés en dreadlocks. Les années n'avaient pas été tendres avec elle.

Margot croisa son regard. Rapidement, elle passa en première et démarra.

— Où allons-nous ?

— Tais-toi et roule.

— Moi aussi, ça me fait plaisir de te revoir, Sonya.

Une pause. Voilà, on y est. C'est Sonya qui provoque l'accident. Mais je repensai à la vision. Il n'y avait aucun signe de Sonya dans la voiture lorsqu'elle s'était écrasée.

Ezekiel, l'ange gardien de Sonya, était sur le capot, incapable de traverser le pare-brise. Je réfléchis à toute allure en priant : « Dites-moi quoi faire. »

— Qu'est-ce que tu veux, Sonya ? J'ai beaucoup de trucs à faire, là…

Margot prit un virage serré qui précipita Sonya contre la fenêtre passager.

Sonya se redressa et se tourna vers Margot.

— Ça fait un bail, et j'ai pensé qu'on devrait se revoir pour, je ne sais pas, moi, comparer les façons dont nos vies avaient mal tourné, par exemple. On pourrait faire une espèce de concours de malheurs.

— Tu as bien choisi ton moment, Sonya. Tu as toujours eu le chic pour ça.

— Tu sais, j'ai longtemps pensé que c'était moi qui te devais des excuses. Mais ces derniers temps, je me dis que c'est plutôt le contraire.

Margot pila sur les freins au feu rouge, précipitant Sonya vers le pare-brise.

— Si je m'en souviens bien, c'est toi qui as décroché la médaille d'or au championnat des briseuses de ménage.

Sonya prit appui sur la vitre pour se recaler dans son siège.

— Voilà, c'est justement de ça que je voulais te parler. Ce n'est pas moi qui ai brisé ton ménage. (Sa voix tremblait.) Tu sais ce que c'est, de vivre avec cette culpabilité depuis tout ce temps-là ?

Margot l'interrompit.

— Épargne-moi les scènes d'auto-apitoiement.

Elle passa en première et appuya sur l'accélérateur.

Sonya releva lentement la tête et regarda Margot. De grosses larmes noires filtrèrent de ses paupières et roulèrent sur ses joues.

— Tu ne comprends toujours pas, Margot. Je t'ai demandé pardon plein de fois. J'ai essayé plein de fois de me racheter de ce que j'ai fait ce soir-là. J'ai passé des centaines d'heures en thérapie. Mais tu n'as jamais voulu accepter mes excuses. Ce n'était jamais assez pour toi. Alors maintenant…

Elle tira un petit revolver de sa poche et se le fourra dans la bouche.

— Non !

Margot fit une embardée, ratant de près un taxi. Des klaxons retentirent de partout. Une main sur le volant, elle tendit l'autre vers le revolver et l'extirpa prudemment de la bouche de Sonya. Un instant, elle se demanda si Sonya n'allait pas appuyer sur la gâchette. Je me penchai hors de la voiture pour repousser la portière du taxi qui roulait à côté de nous et pour remettre la voiture dans l'axe.

Enfin, Sonya abaissa le revolver.

— Je vais me ranger, dit Margot d'une voix tremblante.

— Continue à rouler, ordonna Sonya en braquant le revolver sur la tempe de Margot.

Margot inspira brusquement et je me figeai de terreur. Je fais quoi, là ? Je fais quoi ?

Sonya serra les mâchoires.

— Maintenant, tu m'écoutes, ma chérie. J'ai supporté que tu m'accuses, que tu me raccroches au nez, que tu bloques mes e-mails à cause de cette histoire avec Toby. Mais c'est toi qui as saboté ton couple, pas moi…

— Et tu as attendu toutes ces années pour me l'apprendre ?

Sonya poussa le revolver pour faire pencher la tête de Margot de côté.

— Tu as épousé le type le plus adorable que j'aie jamais rencontré. Oui, merde, je l'avoue, je le voulais pour moi. Je considérais que tu le traitais tellement mal que tu ne le méritais pas. Mais tu sais quoi ? Quand j'ai essayé de le prendre, même si tu l'avais tellement repoussé qu'il était mûr pour être pris, il a dit non. Il a dit non, Margot. Et tu l'as quitté quand même. Maintenant, je te demande pardon. Je te jure que Toby n'a rien fait, absolument rien. Mais je veux te l'entendre dire. Dis-le, Margot. Dis que tu me crois. Dis que tu me pardonnes.

Ses doigts s'enroulèrent autour du revolver.

— Je te crois, murmura Margot. Je te pardonne.

— Tu es sincère ?

Lentement, Margot se retourna et le canon lui frôla le front. Elle soutint le regard de Sonya.

— Je suis sincère.

Un long silence terrifiant. Sonya poussa un énorme soupir de soulagement. Ses épaules s'affalèrent et elle posa le revolver sur ses cuisses. Son aura jaunâtre, drainée de toutes ses couleurs, vira au turquoise éclatant.

Soudain, la voiture fit une embardée à gauche.

— Qu'est-ce qui se passe ? s'écria Sonya.

Margot s'efforçait de rouler droit, ratant de près un autre véhicule.

Je me redressai. Je vis la femme avec le bébé dans la poussette à ma droite, et je bondis hors de la voiture. À l'instant même, un message de mes ailes, clair et net :

« Confiance. »

À environ trois mètres, l'homme dans la Lincoln noire débouchait d'une rue transversale. Si je tends la main, je peux l'arrêter.

« Confiance. »

La voiture noire était si proche que je voyais mon reflet dans le rétroviseur.

— Ça veut dire quoi, ça, « confiance » ? hurlai-je. Vous voulez que je reste les bras croisés sans rien faire ?

C'était comme si tout s'était tu : le bruit des moteurs, les conversations des cafés sur le trottoir, les vociférations des conducteurs, les sirènes de police, les métros, les égouts. Un seul son perçait l'air, un chuchotement.

« Confiance. »

À ce moment-là, j'eus confiance : tout se passerait comme il le fallait. La voiture de Margot ralentirait et s'arrêterait, après avoir dépassé la femme avec sa poussette et la voiture noire de l'homme qui allait se marier. Plantée au milieu de la circulation, je fermai les yeux.

Un éclair lumineux jaillit aussitôt de mon corps pour baigner tout ce qui m'entourait. C'était comme si je m'étais transformée en diamant dont chaque facette reflétait un rayon de soleil car soudain, toutes les couleurs du spectre se déversèrent hors de moi pour se répandre dans la rue. Et sur ces rayons de lumière, les archanges, bondissant devant la femme à la poussette, guidant la Lincoln noire, maintenant en place la roue de la voiture de Margot tandis qu'elle se rangeait, juste avant l'intersection que je reconnus de la vision.

Je restai à côté de la voiture tandis que les archanges réconfortaient la mère et son bébé qui pleurait, chuchotaient à l'homme dans la Lincoln noire de poursuivre son chemin, et guidaient les passants après avoir consulté leurs anges. Ils disparurent aussi vite qu'ils étaient apparus, en se retirant dans les rayons de soleil et les flaques de pluie.

Peu à peu, la lumière qui émanait de moi se retira à son tour. En touchant mes bras et mon visage, je me rendis compte que je dégoulinais de sueur.

Je regagnai la voiture de Margot et m'assis sur le siège arrière en réfléchissant à ce qui venait de m'arriver. J'aurais tant voulu que Nan me l'explique. Mais elle ne se manifesta pas.

Margot dévisagea Sonya.

— Tu sais, la prochaine fois, pas la peine de venir armée.

Sonya soutint son regard.

— Ça a marché, non ?

Un silence.

— Je suis désolée, tu sais ?

— Oui. Je suis désolée, moi aussi.

— Ma carte, ajouta Sonya en lançant une carte de visite noire sur le tableau de bord. Donne-moi de tes nouvelles, Margot.

Elle sortit en remettant le revolver dans son sac. Elle se pencha à la fenêtre.

— Rends-moi service. Remets-toi avec Toby.

Et sur ces mots, elle s'éloigna.

24.

BATTRE LES CARTES

Le lendemain matin, je pris place en classe « ange » sur le vol New York-Sydney de Qantas, pour contempler les lumières de la terre ainsi que les anges qui veillaient sur les planètes et les étoiles au-dessus de ma tête. Je repensai aux paroles de Nan – « ceci fait partie de ton entraînement » – et je me grillai quelques neurones à tenter de comprendre ce qu'elle entendait par là. Pourquoi recevrais-je un entraînement à ce stade ? Il était un peu trop tard pour ça, non ? S'agissait-il d'un entraînement pour autre chose ?

Je songeai au message que j'avais senti dans mes ailes au moment décisif : « confiance ». J'étais à la fois soulagée d'avoir choisi de l'écouter et perplexe qu'on m'ait ordonné simplement d'avoir confiance. N'avais-je pas été envoyée dans cette voiture pour agir, pour empêcher l'accident ? Je m'étais contentée de croire que, quoi qu'il arrive, tout se passerait pour le mieux. Je n'avais d'ailleurs aucune idée de ce qui s'était passé. Mais quelque chose s'était produit à cet instant-là, quelque chose de vital. Je m'étais transformée en autre chose, en quelqu'un d'autre. J'étais décidée à retenter l'expérience.

Désormais, je pratiquerais donc l'art de l'espérance. J'espérais peut-être en vain, mais j'espérais tout de même. J'espérais me racheter auprès de Dieu, afin que le souvenir de ma trahison s'estompe. J'espérais, malgré la vision que Nan m'avait montrée : il y avait peut-être encore moyen d'éviter à Theo la prison à perpétuité. J'espérais trouver le moyen de réunir Margot et Toby. J'essaierais, dussé-je me crever à la tâche. Dussé-je en mourir une deuxième fois.

Comme Nan me l'avait prédit, je devinais à certains détails que les choses s'étaient améliorées, qu'elles avaient changé. Quand je m'étais installée à Sydney, j'avais mis plusieurs semaines avant de trouver un logement : j'avais longtemps habité un foyer à Coogee, une banlieue d'East Sydney, où je partageais un dortoir avec des étudiantes thaïlandaises et une Moscovite qui passait ses journées à fumer de gros cigares en buvant de la vodka. Ma rechute avait été quasi inévitable ; je m'étais bientôt jointe à elle et ma recherche d'une maison, d'un travail et d'une nouvelle vie avait été engloutie dans ces bouteilles aux étiquettes en alphabet cyrillique.

Margot atterrit à l'aéroport international de Sydney à l'aube d'un lundi matin de septembre. Pour lui éviter le dortoir sordide de Coogee, je lui suggérai de se rendre directement à Manly pour louer un appartement avec vue sur la plage. C'était sans doute un peu prématuré – je ne l'avais trouvé que début décembre –, mais l'idée de Manly s'enracina et elle demanda des indications pour s'y rendre. Un bus et un ferry plus tard, elle traînait sa valise sur la promenade, le souffle coupé par le spectacle des pins de Norfolk qui surgirent soudain devant elle comme des arbres de Noël géants, l'écharpe ivoire du sable, la houppe indigo de l'océan qui renversait des surfeurs amateurs de leurs planches.

Alors que je lui indiquais où était l'appartement, un message de mes ailes. Plus fort que jamais. Pas seulement un message, mais un courant circulant dans mon corps, et, charriée par ce courant, une image de Margot, les cheveux longs et blonds, marchant à travers champs le long d'un lac, vers une route à flanc de colline. Ce n'était pas à Manly, ni à Sydney, d'ailleurs. Tout d'un coup, je compris : cette femme dans l'image, ce n'était pas Margot. C'était moi.

Veille. Protège. Enregistre. Aime. J'avais mis plus de trente ans à remarquer l'absence du mot « change » dans cette série de directives, tout comme l'omission des mots « influence » ou « contrôle ». Donc, tandis que Margot se promenait dans les rues de Manly, abrutie par le décalage horaire et submergée par la beauté de l'endroit, le spectacle nouveau de toutes les vitrines de magasins et de tous les coins de rue, je psalmodiai ces quatre mots comme un mantra. Je résistai à l'envie de la pousser vers l'appartement magnifique – avec son salon à plan ouvert, son balcon qui surplombait la plage, son lit à baldaquin, sa baignoire en cuivre, sa table basse avec des poissons tropicaux qui nageaient à l'intérieur – et restai à l'écart tandis qu'elle errait dans ce lieu, qu'elle errait dans le temps, comme si jamais rien n'était arrivé auparavant. Comme si tout n'arrivait vraiment que maintenant.

Je compris alors que j'avais passé le plus clair des quinze dernières années à la traiter comme une mère qui a complètement oublié ce que c'est que rêver à Noël, ce que c'est qu'entrer dans un magasin de jouets quand on a cinq, six ou sept ans, comme une mère qui a oublié pourquoi des endroits comme Disneyland suscitent une folie furieuse à mille décibels. Le privilège de vivre dans le présent, c'était les occasions infinies de s'enthousiasmer ou d'être surprise. Je n'étais pas dans ce cas. Je m'étais donc comportée envers Margot avec le même manque de compréhension qu'elle avait infligé à Theo. Sans la moindre générosité.

Je tentai donc une nouvelle approche : je la laisserais trébucher, je la laisserais tomber, et si elle tombait trop bas, je l'aiderais à se relever et je la ramènerais à bon port. Par exemple, lors de cette première nuit en Australie où, d'abord excitée et euphorique, elle s'était soudain sentie seule et perdue. Elle avait pris une chambre dans un hôtel sur la promenade et elle avait passé vingt minutes à fixer le minibar. « Ne fais pas ça », l'avais-je avertie. Elle hésita, posa les pieds par terre et ouvrit la porte du frigo. « Ce n'est pas une bonne idée. Tu es alcoolique, ma chérie. Ton foie ne le supportera pas. » Elle aligna trois bouteilles de Bailey's et un demi-gin tonic avant de voir ses mains tremblantes et de se dire, toute seule : « Je devrais peut-être arrêter. »

Comme je me le rappelais, elle décida de se fixer un plan d'action. Une série de buts. Je n'ai jamais été très douée pour rédiger des listes. Je suis plutôt une visuelle. Alors elle s'assit avec un tas de journaux et de magazines étalés par terre dans la chambre d'hôtel et découpa les photos qui représentaient ce qu'elle voulait dans la vie, et tout en découpant des images d'une maison avec une clôture en bois, des chatons, une cuisinière, une colombe, Harrison Ford, les images de mes propres buts me revinrent : elles étaient presque identiques. Je la regardai découper la photo d'Harrison Ford pour n'en garder que les yeux, découper la mâchoire et le nez de Ralph Fiennes et scalper un mannequin roux. Elle rassembla les fragments : c'était un collage de Toby.

Elle choisit ensuite une illustration dans le journal qui n'avait pas de point de référence : la couverture d'un livre où Ayers Rock se transformait en baleine. Il était intitulé *La Prison de Jonas* et son auteur était un certain K. P. Lanes. « Tu pourrais lire ce livre », lui suggérai-je.

Coup de fil à la réception.

— Bonsoir, mademoiselle Delacroix. En quoi puis-je vous être utile ?

— Y a-t-il une bibliothèque ouverte dans le quartier ?

— Euh, non, madame, désolé, il est dix heures et demie du soir. Les bibliothèques n'ouvriront que demain matin.

— Ah.

— Je peux faire autre chose pour vous ?

— Oui. Connaissez-vous un auteur du nom de K. P. Lanes ?

— Oui, tout à fait. Il se trouve que c'est mon oncle.

— Vous plaisantez ? Je viens de voir une photo de son livre dans le *Sydney Morning Herald*.

— Oui, il est magnifique, non ? Vous l'avez lu ?

— Non, je viens d'arriver ce matin.

— Vous voulez le lire ?

— Eh bien oui, en fait...

— Parfait. Je vous fais tout de suite monter mon exemplaire.

— Ce serait génial.

— Pas de problème.

Elle lut le livre d'une traite avant de s'effondrer de sommeil et de dormir douze heures d'affilée.

Une fois de plus, ce n'était pas ainsi que j'avais vécu Sydney. C'était comme si les cartes qu'on m'avait distribuées avaient été rebattues. Alors que j'avais rencontré K. P. Lanes chez l'un des nombreux éditeurs que j'avais suppliés de me donner du travail, Margot le rencontra dans le hall de l'hôtel. Ce devait être le premier des nombreux points de divergence avec ma propre vie. Je commençais à m'interroger sur la fiabilité de ma mémoire, mais aussi à comprendre que nous étions vraiment deux personnes différentes. Ce qu'elle faisait et ce que j'avais fait, ce n'était plus la même chose. Comme Toby qui aimait écrire dans de vieux livres aux caractères effacés, qui prenait un plaisir un peu pervers à épier les fantômes pâles des mots qui surgissaient sous son écriture, je pris une décision, là, dans le hall, alors que Margot serrait l'énorme main aborigène de Kit : « Laisse faire. » Laisse faire.

Mais la version des événements que je me rappelais n'était pas entièrement différente. Kit – ou K. P. Lanes, comme on l'appelait dans le monde littéraire – était un inspecteur de police à la retraite qui avait écrit toute sa vie. Grand, doux et très timide, il avait mis dix ans à rédiger *La Prison de Jonas* et vingt ans à le publier. Parce qu'il avait dévoilé des traditions indigènes considérées comme sacrées par son clan, la plupart de ses parents et de ses amis l'avaient renié. Comme il me l'avait jadis expliqué, et comme il l'expliquait maintenant à Margot qui en fut au bord des larmes, il n'avait révélé les secrets de son peuple que parce que celui-ci se mourait. Il voulait que ses traditions survivent.

La Prison de Jonas, publiée par un petit éditeur, n'avait été tirée qu'à cent exemplaires. Il n'y avait pas eu de lancement. Le rêve de Kit de faire connaître au monde les croyances et les valeurs de son peuple ne serait pas exaucé. Mais il n'était pas amer. Il était sûr que ses ancêtres l'aideraient. Margot, quant à elle, était sûre de deux choses :

1. Ce livre était extraordinaire.
2. Elle pouvait aider Kit.

Le reste du chèque qu'Hugo Benet lui avait versé pour soulager sa conscience servit à financer le tirage de deux mille exemplaires du livre, une modeste campagne promotionnelle et une fête de lancement à la bibliothèque de Surry Hill. Et c'est là que je me rendis utile : je reconnus le journaliste Jimmy Farrell, qui avait publié un article sur le parcours de Kit et sur le sacrifice qu'il avait fait en se coupant de sa culture pour en révéler ses secrets. Il avait aussi souligné le fait que, moins de six mois après la controverse soulevée par une décision de la Cour Suprême australienne sur le droit à la terre des Aborigènes, un Aborigène avait publié un livre sur les questions de territoire et d'identité.

« Va lui parler », encourageai-je Margot en la poussant vers Jim.

En décembre, le livre de Kit s'était vendu à plus de dix mille exemplaires, et lui et Margot avaient entamé une liaison. Kit partit faire une tournée promotionnelle de quatre mois. Margot loua un petit bureau sur Pitt Street, avec une vue pas trop moche – si on montait sur une pile de livres et qu'on tordait le cou, on distinguait les ailerons dorsaux de l'Opéra – et fixa une plaque sur la porte : « Agence littéraire Margot Delacroix ».

Et puis, un coup de fil de Toby.

— Allô, Margot ? C'est moi, Toby.

Il était six heures du matin. Contrairement à ses habitudes passées, Margot était déjà levée et elle traînait dans la cuisine en peignoir en buvant son nouveau poison de prédilection : de l'eau chaude avec du miel et du citron.

— Salut Toby. Comment va Theo ?

— C'est curieux que tu me parles de notre fils, c'est justement pour ça que je t'appelle.

Elle se rappela qu'elle n'avait pas parlé à Theo depuis plus d'une semaine. Elle se cogna l'orteil contre le réfrigérateur en guise de pénitence.

— Je suis désolée, Toby, c'est la folie, ici…

— Il a des ennuis, soupira-t-il.

Long silence. Elle se rendit compte qu'il pleurait.

— Toby ? Theo n'a rien ?

— Non. Enfin. Non, il n'a pas eu d'accident. Mais il est à l'hôpital. Il est allé passer la nuit chez Harry hier soir, et ils se sont dit que ce serait marrant de faire un concours à qui boirait le plus, alors maintenant Theo est à l'hôpital à cause d'une intoxication alcoolique...

Elle pressa le combiné contre sa poitrine et ferma les yeux. C'est ma faute, songea-t-elle.

— Margot, tu es là ?

— Oui, je suis là.

— Écoute, je ne te demande pas de... Je t'appelle pour te prévenir, c'est tout.

— Tu veux que je rentre ?

— Non, je... pourquoi, tu rentres ? Comment ça se passe, là-bas ?

Elle hésita. Elle mourait d'envie de lui parler de Kit, du livre. Mais elle songea à sa relation avec Kit. Toby n'avait pas eu d'histoire d'amour depuis qu'elle l'avait mis à la porte. Margot avait eu quelques aventures. Cela faisait sept ans maintenant. Sept ans, balayés comme des feuilles par la brise.

— Tout va bien, tout va bien. Dis, Toby, pourquoi je ne viendrais pas à Noël ? On pourrait peut-être jouer aux cartes ensemble.

— Je parie que ça ferait plaisir à Theo.

— Tu crois ? (Elle souriait maintenant.) Et à toi ?

— Oui, à moi aussi, ça me ferait plaisir.

Elle débarqua une semaine plus tard avec une valise pleine de shorts et de sandales dans un New York glacial. Elle n'était partie que depuis quelques mois, mais le rythme de la ville l'étourdissait, comme si elle marchait au milieu de sprinters. Elle avait déjà le sentiment de ne plus avoir sa place à New York. La ville exigeait certains talents : les siens avaient été émoussés par le mode de vie ensoleillé et désinvolte de Sydney. Elle mit une demi-heure à héler un taxi. Je sautais sur place, ravie à la perspective de revoir Gaia et James.

— Salut, m'man, l'accueillit le skinhead maigre comme un totem qui lui ouvrit.

Margot cligna des yeux.

— Theo ?

Il grimaça, découvrant un appareil dentaire argenté, et se pencha à contrecœur pour laisser sa mère le prendre dans ses bras.

— Je suis heureuse de te revoir, mon fils, dit-elle doucement.

Il rentra en traînant les pieds, tout en bâillant. Margot le suivit en remorquant ses valises.

— Papa, maman est là.

La silhouette assise à côté de la fenêtre se leva.

— Pourquoi ne m'as-tu pas appelé pour que je vienne te chercher à l'aéroport ? demanda-t-il anxieusement. Ne me dis pas que tu as pris un taxi de JFK ?

Margot l'ignora et fixa Theo.

— Tu as fait don de tes cheveux aux bonnes œuvres, mon grand ?

— J'ai le cancer. Merci de ton tact.

Toby sourit comme pour excuser Theo et enfonça les mains dans les poches.

— Je vois qu'au concours de sarcasme vous faites match nul.

Il se pencha pour déposer une petite bise maladroite sur la joue de Margot.

— Ça me fait vraiment plaisir de te voir, Margot.

Elle sourit et baissa les yeux.

Theo restait planté sur place. Visiblement, quelque chose le démangeait. Toby lui lança un coup d'œil.

— Que... Oh ! Ah oui, désolé, Theo.

Il fouilla dans sa poche, en tira son portefeuille et remit un billet de vingt dollars à Theo.

— Bon, écoute-moi, jeune homme, pas plus tard que dix heures, tu m'entends ?

Theo lui adressa un salut militaire.

— Compris. À plus tard, papa. (Un silence.) Maman.

Il traîna les pieds jusqu'à la porte.

— Je t'aime, fils, lui lança Toby.

— Je t'aime, papa.

La porte claqua.

Une fois Theo parti, le malaise entre Margot et Toby dans le salon contrastait totalement avec la chaleur de mes retrouvailles avec James et Gaia dans la salle à manger. Alors que Margot et Toby, assis tout raides dans des coins opposés de la pièce, peinaient à trouver des sujets de conversation neutres, James, Gaia et moi jacassions tous en même temps. Au bout d'un moment nous nous tûmes enfin, nos regards se croisèrent et nous éclatâmes de rire. Ils étaient devenus ma famille et ils me manquaient tous les jours. Je me maudissais d'avoir encouragé Margot à partir si loin, même si je constatais que l'éloignement avait fait du bien à Margot et Toby. Soudain, les vieilles blessures de guerre n'étaient plus que de petites égratignures. Ils étaient polis l'un envers l'autre, heureux d'être en compagnie de quelqu'un de familier, quelqu'un qu'ils avaient jadis aimé.

C'était surtout James que je voulais interroger. Gaia me mit au courant des activités de Toby : en ex-femme jalouse, je l'interrogeai surtout sur sa vie amoureuse. Je fus heureuse d'apprendre qu'elle était inexistante. Je me tournai enfin vers James.

— Sois honnête avec moi. Est-ce qu'il y a quoi que ce soit qui ait changé dans le cours de la vie de Theo ? Il a l'air plus mal en point qu'avant le départ de Margot.

James étudia le parquet.

— Il faut voir les choses à long terme dans ce genre d'histoire.

Je me tournai vers Gaia.

— Toby est un bon père, déclara-t-elle sur un ton un peu trop consolant à mon gré. Il l'empêche de faire trop de conneries. Et James est le meilleur ange gardien dont un gamin puisse rêver, ajouta-t-elle en tapant sur la jambe de James. Theo réagit de temps en temps à sa présence, ce qui est bon signe. Parfois, quand James lui parle dans son sommeil, Theo répond.

Je regardai James, étonnée.

— C'est génial ! Et qu'est-ce qu'il dit ?

James haussa les épaules.

— Des paroles des chansons de Megadeth, sa table de multiplication par douze, de temps en temps une réplique de *Batman*…

James et Gaia éclatèrent à nouveau de rire. Je ris aussi, mais j'étais découragée. Il n'y avait toujours aucune preuve que ce que j'avais fait ait bénéficié à qui que ce soit, et je devais toujours en payer le prix.

Les choses ne s'améliorèrent pas. Theo rentra après minuit, dormit tard le matin de Noël, et prétexta qu'il avait laissé sa console de jeu Sega chez Harry pour s'éclipser le reste de l'après-midi. Six jours plus tard, quand il fut temps pour Margot de rentrer à Sydney, elle avait réussi à avoir en tout et pour tout quatre conversations avec Theo, qui se déroulèrent à peu près comme suit :

Margot : « Hé, Theo, il paraît que les Knicks jouent après-demain soir, tu veux y aller ? »

Theo : « Euh... »

Margot : « C'est une décalcomanie ou c'est un vrai tatouage ? »

Theo : « Mouais. »

Margot : « Theo, il est une heure du matin. Ton père t'avait dit dix heures. Tu joues à quoi, là ? »

Theo : « Hum. »

Margot : « Au revoir, Theo. Je t'enverrai un billet d'avion et, euh, on se parle, d'accord ? »

Silence.

Gaia et James m'assurèrent qu'ils feraient tout leur possible pour protéger Theo du sort que j'avais vu. Mais quand Margot revint pour les vacances d'été, son fils était encore retourné à l'hôpital cinq fois pour abus d'alcool. Il avait aussi été arrêté par la police. Il n'avait que treize ans.

Je racontai de nouveau à Margot l'histoire du centre de détention.

— Rappelle-toi, Margot, ce que je t'ai dit à Riverstone.

Je lui relatais les épreuves épouvantables qu'avaient subies Theo, je pleurais, et James me serrait dans ses bras. Il me raconta qu'une fois un message dans ses ailes lui avait soufflé que tout ce qu'avait vécu Theo finirait par faire de lui l'homme qu'il était censé devenir, que tout ce qui arriverait serait pour son bien.

Je ne pouvais pas lui raconter que j'avais vu exactement ce que Theo deviendrait. Grogor avait fait en sorte que je voie l'image de Theo, adulte, dans tous ses détails les plus sordides.

Tout d'un coup, enfin, une percée.

Je répétais mon histoire pour la cinquantième fois quand soudain Margot m'interrompit au milieu d'une phrase. Elle et Theo beurraient des toasts dans la cuisine.

— Theo, est-ce que je t'ai déjà raconté que j'avais passé huit ans de ma vie dans un orphelinat ?

Il fronça les sourcils.

— Non.

— Ah.

Elle mordit dans son toast. Il la regardait fixement.

— Pourquoi tu étais dans un orphelinat ?

Elle mastiqua en réfléchissant.

— Je ne sais pas au juste. Je crois que mes parents ont été tués par une bombe.

— Une bombe ?

— Oui. Je pense. Je ne m'en souviens pas vraiment. J'étais très jeune. J'avais ton âge quand je me suis enfuie de l'orphelinat.

La curiosité de Theo était piquée. Il scruta la table en parlant à toute vitesse.

— Pourquoi tu t'es enfuie ? Ils ne t'ont pas rattrapée ?

Alors elle lui raconta, sans rien lui cacher, que sa première tentative d'évasion s'était soldée par des coups qui avaient failli la tuer, qu'elle avait été jetée dans la Tombe – il lui demanda de décrire les dimensions et les horreurs de ce lieu dans leurs moindres détails.

Elle lui relata ensuite sa deuxième tentative d'évasion, comment elle avait été rattrapée, puis avait affronté Hilda et lui avait parlé de Marnie.

Theo fixait sa mère avec des yeux comme des soucoupes.

« Demande-lui de parler du centre de détention », dis-je à Margot.

Elle se tourna vers lui.

— Tu sais, ce n'était pas la première fois qu'on me battait, Theo. Et ce ne serait pas la dernière.

Le souvenir de Seth lui revint à la mémoire et ses yeux s'emplirent de larmes. Elle songeait au bébé qu'elle avait perdu. James s'approcha de Theo et lui entoura les épaules de ses bras.

— Je sais qu'il t'est arrivé des trucs épouvantables dans ce centre de détention, poursuivit-elle, très sérieuse, en rapprochant son visage de celui de Theo. Il faut que tu me racontes ce qui s'est passé, parce que je le jure devant Dieu, mon fils, je retrouverai ceux qui t'ont fait ça et je les aurai, tu peux compter sur moi.

Le visage de Theo vira à l'écarlate. Il regarda ses mains, posées à plat sur la table. Très lentement, il les retira de la table et les glissa sous ses cuisses.

Ensuite il se leva et sortit de la pièce. Les choses qui lui étaient arrivées étaient de telle nature qu'il avait l'impression de ne pas être normal. Se faire asséner un coup de poing en pleine figure ou un coup de pied dans le ventre, ça pouvait s'expliquer, ça avait un nom. Mais les autres trucs ? Il n'avait pas de mots pour en parler.

Une autre année s'écoula. Theo passait moins de temps à l'hôpital et plus dans la cave de son meilleur ami, à boire du whisky, sniffer de la colle et fumer de l'herbe. Margot tournait en rond dans son appartement, désemparée. Il lui semblait qu'hier encore Theo était un bébé, que ses exigences se réduisaient à manger et à dormir. Mais en un rien de temps, les besoins de Theo s'étaient transformés en nœud qu'elle ne pouvait ni démêler ni dénouer.

Kit s'approcha d'elle alors qu'elle était assise sur son balcon, en train de se préparer son premier gin tonic depuis des lustres. Je fis signe à Adoni, l'ange gardien de Kit, son lointain ancêtre, qui n'était pas très liant.

J'observai attentivement Kit. Il était resté plus longtemps dans la vie de Margot que je ne l'avais escompté. Certes, j'étais parvenue à changer le cours de certains événements, mais étais-je pour autant satisfaite du résultat ? Pas entièrement. Dans ma version, Kit et moi avions été amants pendant quelques mois, avant de constater que nous préférions nous en tenir à des rapports professionnels, et nous étions repartis chacun de notre côté. Cette version-là aurait grandement facilité les retrouvailles de Margot et de Toby. Maintenant, en regardant Margot se lamenter tandis que Kit l'écoutait en silence en hochant la tête de temps en temps, le doute s'emparait de moi. Elle devrait peut-être rester avec Kit. Il était peut-être bon pour elle.

— Et moi, qu'est-ce que je peux faire ? demanda-t-il enfin en coinçant les petites mains pâles de Margot entre les siennes.

Elle se dégagea.

— Je ne sais pas comment réagir. Theo fait exactement ce que j'ai fait. Ce serait hypocrite de le lui interdire.

— Non, au contraire, objecta Kit. Tu es sa mère. Et justement, tu as d'autant plus le droit de l'engueuler que tu as vécu ce qu'il vit.

Elle se mordilla un ongle.

— Je devrais peut-être y aller...

Kit se cala dans sa chaise. Il réfléchit quelques instants avant de suggérer :

— Fais-le venir ici. Il est temps que je fasse sa connaissance.

Une minute passa. Elle réfléchissait. Était-elle prête à cela ?

Peu de temps après, Theo fut accueilli à Sydney par un grand Aborigène au visage scarifié coiffé de tresses africaines mouchetées de gris, qui se présenta sous le nom de Kit.

Theo n'avait jamais vu d'Aborigène – imaginez un peu sa réaction.

Kit conduisit Theo à sa Jeep cabossée dans le parking.

— On va où ? bailla Theo en balançant son sac à dos sur le siège à côté de lui.

Kit hurla par-dessus le vrombissement du moteur :

— Pose ta tête, mon petit gars, fais un somme. On y sera en un rien de temps.

Ils roulèrent pendant des heures. Theo s'endormit sur la banquette arrière, enroulé autour de son sac à dos. Quand il se réveilla, il était en plein milieu du bush australien, sous un ciel scintillant d'étoiles, dans le rugissement des criquets. La Jeep de Kit était garée sous un arbre. Theo regarda autour de lui : il avait oublié qu'il était en Australie, et il se demandait où était sa mère.

Kit apparut à côté de la portière. Il n'était plus vêtu d'un polo et d'un jean, mais nu, avec une étoffe rouge autour de la taille ; des cercles blancs ornaient son visage et son torse puissant. Il tenait un long bâton dans sa main droite.

Theo faillit avoir une crise cardiaque.

Kit lui tendit la main.

— Allez, viens, descends. Quand j'en aurai fini avec toi, tu seras un vrai indigène.

Theo se recula le plus loin possible de la main tendue vers lui.

— Et ça sera long ?

Kit haussa les épaules.

— C'est long, une ficelle ?

Trois semaines plus tard, Theo reprit l'avion. À part le temps qu'il avait passé avec Margot, il avait dormi à la belle étoile, réveillé de temps à autre pour trouver un serpent rampant près de son oreiller, tandis qu'une voix basse, dans l'obscurité, lui disait comment harponner et écorcher ce serpent. Il passait ses journées à allumer des feux avec deux petits bouts de bois, ou à faire une pâte avec de la pierre et de l'eau, qu'il appliquait sur sa peau nue ou sur une grande feuille noire.

— C'est quoi, ton rêve? lui demandait Kit sans arrêt.

Theo répondait quelque chose comme « jouer pour les Knicks » ou « avoir une moto pour Noël ». Kit secouait la tête et dessinait l'image d'un requin ou d'un pélican. « C'est quoi ton rêve? », répétait-il, jusqu'à ce qu'un jour Theo lui prenne le bâton des mains et dessine un crocodile.

— C'est ça, mon rêve.

Kit hocha la tête et pointa du doigt vers le dessin.

— Le crocodile tue sa proie en l'entraînant sous l'eau et en la maintenant jusqu'à ce qu'elle se noie. Il retire à la créature son unité de survie la plus fondamentale. (Il pointa son bâton vers Theo.) Ne renonce pas à ta propre survie aussi facilement. Maintenant, conclut-il en s'éloignant, on a fini.

Theo regarda son dessin, les marques blanches sur sa peau brûlée par le soleil, la terre rouge incrustée sous ses ongles. Il pensa au crocodile. Indestructible. L'arme totale. C'était cela qu'il voulait devenir.

Ce fut donc ce qu'il devint, dans une certaine mesure. De retour à New York, il assomma les horreurs de son passé avec toutes les substances qui lui tombaient sous la main, toutes les bagarres où il pouvait être mêlé. Quand Margot rentrait à Noël, elle racontait à Theo d'autres détails sur l'orphelinat, et tous les ans elle lui demandait de lui parler du centre de détention, et, chaque fois qu'elle lui posait la question, il partait.

Un changement survint dans la vie de Margot qui me fit pousser un cri de joie : elle demanda à Toby de devenir l'un de ses clients. Il accepta. « C'est une idée géniale ! m'écriai-je. Pourquoi ne l'ai-je jamais eue ? Ça tombe sous le sens ! » Et je me pris à rêver qu'ils se remettaient ensemble, que la deuxième fois ce serait tellement mieux, que ce serait une histoire d'amour plutôt qu'un conflit d'egos fragiles, que Theo serait heureux, que nous serions tous heureux, et que nous nous retrouverions peut-être au Paradis…

Au moment où Margot raccrochait, des pas dans le couloir.

Une silhouette dans l'embrasure de la porte.

— Kit ?

Il s'avança, avec son grand sourire blanc, les mains enfoncées dans les poches.

— Tu n'es pas censé être en Malaisie ?

Il haussa les épaules.

— Je déteste donner des interviews.

Elle lui passa les bras autour du cou et l'embrassa. Il la souleva de terre et la transporta, riant et criant, jusqu'au balcon.

— Margot, mon amour. Épouse-moi.

J'observai, le cœur battant, Margot se détourner de lui pour contempler l'océan à leurs pieds. Les vagues jetaient leurs visages sur les paumes ouvertes de la plage.

Margot leva les yeux vers Kit en souriant, mais son aura était de la même nuance dorée que celle de Toby, et elle coulait comme un fleuve qui entraînait son cœur par-dessus le Pacifique jusqu'à Toby.

Pourtant, elle se mit à hocher la tête.

« Non ! Non ! » hurlai-je sans écouter la voix dans ma tête qui me rappelait la promesse que je m'étais faite de m'en tenir aux quatre directives. Veille. Protège. Enregistre. Aime. Je m'étais promis de ne plus me mêler de sa vie – mais j'envoyai cette voix aller se faire foutre et je criai à Margot : « Ne l'épouse pas, Margot ! » Elle regarda Kit et répondit, en fronçant très légèrement les sourcils :

— Kit, je suis toute à toi.

25.

La signature manquante

Je fus ravie de découvrir qu'il y avait un petit obstacle à ce projet.

Margot n'avait jamais signé la demande de divorce. D'ailleurs, ni elle ni Toby ne savait où les papiers étaient passés. Ils s'étaient séparés depuis si longtemps qu'ils s'étaient accommodés d'une situation d'autant plus confortable qu'elle ne portait pas le stigmate affreux du mot « divorce » mais qui, en même temps, ressemblait autant à un mariage qu'une souris à une soupière.

Elle prit l'avion pour New York afin d'en discuter. Comme cela coïncidait avec le dix-huitième anniversaire de Theo, elle prétendit que c'était la raison de sa visite impromptue. Mais Toby savait que c'était faux. Il connaissait sa future ex-femme. Bien entendu, Margot ne fit pas dans la subtilité. Le caillou sur son annulaire était gros comme un marron.

— Jolie bague.

Les premiers mots de Toby à JFK.

— Le vol a été agréable, merci. On m'a surclassée.

Ils marchèrent en silence jusqu'au parking. Toby déverrouilla la portière de sa vieille Chevrolet. Ils y montèrent. Au bout de quatre tentatives, le moteur démarra.

— Bon sang, Toby, tu aurais pu remplacer cette épave, depuis le temps.

— Je ne remplacerai jamais cette voiture. On va m'enterrer avec, tu ne savais pas ?

— C'est dans cette voiture qu'on est allés à Vegas, non ?

— Pour nous marier.

— Oui. Pour nous marier.

De retour à l'appartement, Toby prépara le café, comme s'il était tout d'un coup urgent qu'ils aient un truc chaud entre les mains, que les tasses soient récurées à fond ; il s'affairait pour les distraire, lui et Margot, de l'énorme problème qui s'interposait entre eux. Le divorce.

Margot savait pourquoi il agissait ainsi. Cela l'attristait. Elle avait espéré qu'il se montrerait plus courageux. Mais je peux vous assurer que s'il avait joué les indifférents, elle aurait pleuré comme un bébé. Le fait est que, depuis des années, ils se piquaient au vif l'un l'autre. Maintenant, il importait de rester calme et mesuré. Ça n'était pas gagné.

— Je me marie, finit-elle par annoncer.

— Je vois, dit Toby à son café. Quand ?

— Dès que toi et moi, on aura… tu sais.

— Quoi ?

— Dès qu'on aura fait le truc qui commence par un D majuscule.

— Tu n'as pas signé les papiers ?

— Non.
— Ah. Pourquoi ?
— Toby…
— Non, je suis curieux de savoir.
— Je ne sais pas. D'accord ?
Silence.
— C'est qui ?
— Qui ?
Toby éclata de rire. Puis, s'adressant de nouveau à son café :
— Le mec. M. Delacroix.
— Kit, mieux connu sous le nom de K. P. Lanes.
— Ah. Ton client. Ça n'est pas illégal, ça ?
— Non, Toby. Sinon, techniquement, toi et moi on irait en prison.
— Ah oui. Parce qu'on est encore mariés.
— Oui. On est encore mariés.

Elle n'avait pas revu Theo depuis huit mois. Mais huit mois pour un adolescent, c'est comme huit mois pour un bébé : Theo avait bondi hors de son petit corps nerveux pour se transformer en géant baraqué. Il ressemblait si peu à Toby que celui-ci aurait été en droit d'exiger un test de paternité. Imaginez-les côte à côte, si vous le voulez bien : Toby, avec son ossature frêle et sa mâchoire délicate, ses cheveux fins et dorés comme les blés, ses mains minces et féminines, ses petites lunettes métalliques carrées perchées sur son nez long et fin. Et Theo, qui se penchait pour ne pas se cogner la tête en franchissant les portes, avec son nez épais et bulbeux, sa voix de basse éraillée par une surconsommation de cannabis et son menton creusé d'une fossette qui partait à angle droit de sa mâchoire.

Ses cheveux longs se dressaient sur sa tête dans une espèce de crête ébouriffée, rouge comme celle d'un coq. Ses vêtements noirs pendaient, traînaient et ballottaient autour de lui. Même ses chaussures.

— Salut, maman, dit-il lorsque Margot frappa à la porte de sa chambre.

Il était trois heures de l'après-midi et Theo dormait encore. Elle resta une minute ou deux à observer combien il avait changé, comment il avait poussé tout d'un coup : son corps à moitié nu s'était transformé en paysage de biceps et de triceps. Elle repéra un banc de musculation dans un coin.

Il se redressa et tira une bouteille de vodka de sous son matelas, mais s'arrêta avant d'en avaler une lampée pour poser le doigt sur sa bouche.

— Chut, ne le raconte pas à papa.

Je la vis s'apprêter à le gronder, mais elle se tut. De quel droit aurait-elle pu lui reprocher quoi que ce soit ?

Elle dit donc :

— Salut, Theo.

C'est tout.

L'avocat mit une semaine à rédiger une nouvelle convention de divorce. Je guettai l'arrivée de Toby à la fenêtre de l'appartement, l'enveloppe sous le bras, avec son aura faible et grise, et ses os de plus en plus fragiles. De loin, il avait l'air beaucoup plus âgé que ses quarante-quatre ans. Mais de près, il avait toujours les mêmes yeux.

Il s'installa en face de Margot et relut les documents. Margot faisait tourner sa bague de fiançailles sur son doigt.

— Bon, voyons voir, bredouilla Toby en cherchant où signer malgré le X énorme tracé par son avocat à côté de l'endroit où la signature de Toby était nécessaire. Ah, voilà.

Margot le regardait. Elle se taisait pour ne pas lui rendre cet acte plus pénible qu'il ne l'était déjà. Elle attribuait l'hésitation de Toby à son inaptitude à lâcher prise du passé. La Chevrolet, ses vieilles chaussures, même les livres qu'il écrivait… Tout l'ancrait dans ses années les plus heureuses. Tandis qu'elle méditait là-dessus, je lui rappelai : « Margot, ma chérie, tu es pareille. Toi non plus, tu n'as pas encore réussi à courir plus vite que ton passé. Pas encore. »

Toby appuya son stylo sur la ligne. Il fit claquer sa langue sur ses dents.

— Tu veux faire ça une autre fois ? lui demanda Margot.

Il fixa le mur des yeux.

— Je veux simplement qu'une chose soit très claire.

Il se tut un moment. Nous savions qu'il serait question de Sonya, mais désormais, le fait de parler d'elle lui importait moins que l'absolution qu'il recherchait.

Margot finit par le tirer d'embarras.

— Je sais que tu n'as pas couché avec Sonya.

Toby lâcha le stylo.

— Quoi ?

— Elle est venue me voir, lui expliqua doucement Margot.

— Alors, pourquoi… ?

— Je ne sais pas, Toby. Ne me pose pas la question.

Il se leva, fourra ses mains dans ses poches et arpenta la pièce. Il finit par chuchoter l'évidence.

— Il y a longtemps qu'on aurait dû le faire, non ?

— Oui. En effet.

Il regarda les papiers.

— Signe la première. Ensuite, je signerai et j'irai déposer le dossier chez l'avocat. Et ce sera fait.

— D'accord.

C'était au tour de Margot d'hésiter. Elle prit le stylo et fixa la ligne qui attendait sa signature. « Quoi, tu croyais que ce serait facile ? » lui demandai-je.

Elle posa le stylo.

— Ça peut attendre. Et si on déjeunait ?

Ils se rendirent à leur cantine de l'East Village et s'installèrent en terrasse à côté d'une tablée de touristes, dont les braillements faisaient diversion. Ils parlèrent de la chaleur, des saisons qui n'étaient plus ce qu'elles étaient, d'un documentaire sur le réchauffement climatique où l'on affirmait que le monde serait sous l'eau d'ici le XXIIe siècle… Des banalités pour noyer leurs regrets. Ils parlèrent aussi du prochain livre de Toby. Des problèmes dentaires de Margot. Des terrains neutres.

Mais ils ne parlaient plus de divorce.

James vint me chercher, à bout de souffle, les yeux exorbités. Il faisait nuit. Les sirènes des voitures de police se rapprochaient.

— Qu'est-ce qui ne va pas ? lui demandai-je.

Il se mit à pleurer. Theo avait tué un homme.

Le gamin avait reçu un coup de couteau dans la nuque avant d'être tabassé si violemment qu'il était mort noyé dans son propre sang. Pendant qu'il le rouait de coups, Theo avait réussi à lui tirer deux balles dans la jambe.

— Pourquoi a-t-il fait ça ? hurlai-je.

Avant que James ne puisse répondre, Theo fit irruption dans l'appartement. Le bruit tira Toby et Margot de leurs chambres. Quand ils virent Theo, ils crurent aussitôt que le sang qui lui dégoulinait des mains, des cheveux et des vêtements était le sien. C'était en partie vrai. Il avait le nez cassé et une blessure de couteau profonde à la hanche. Le reste, c'était le sang de la victime.

Margot courut chercher des serviettes et des pansements.

— Appelle une ambulance !

Toby chercha en vain le téléphone sans fil et finit par tirer son téléphone portable de sa poche pour composer le 911.

Au moment où Toby joignait une opératrice et donnait son adresse, une voix derrière la porte d'entrée rugit :

— Police ! Ouvrez !

Toby ouvrit et se retrouva aussitôt plaqué contre un mur tandis qu'on lui passait des menottes, tout comme à Theo et Margot, pendant que Theo hurlait :

— Il la violait ! Il la violait !

26.

Une confiance aveugle

Dans ma version, j'étais à Sydney à ce moment-là. J'avais marqué le coup du dix-huitième anniversaire de Theo en lui téléphonant et en lui faisant un virement, et passé la journée à lire le nouveau manuscrit de Kit. J'étais en réunion avec un client quand Toby m'avait appelée pour m'apprendre que Theo était en état d'arrestation. Mais je n'avais pas saisi la gravité de la situation. Quand j'étais arrivée à New York quelques jours plus tard, j'avais découvert, stupéfaite, que Theo était accusé de meurtre en voyant sa photo d'identité judiciaire à la une des journaux. Comme toujours, je m'étais convaincue que tout était la faute de Toby.

Gaia et moi suppliâmes James de nous raconter ce qui s'était passé. Il éleva ses ailes au-dessus de sa tête jusqu'à ce qu'un petit gong d'eau soit suspendu en l'air, et dans ce gong, un reflet :

Theo rentre chez lui, ivre et défoncé, après avoir fêté son anniversaire dans un bar. Il porte un jean sale, un tee-shirt taché de sang et un beau cocard après s'être bagarré à cause d'une fille. Il s'arrête au niveau d'une ruelle pour s'allumer une cigarette. Il entend des éclats de voix. Une dispute. Une fille qui pleure. Un mec qui jure. Un bruit de gifle. Un cri. Un autre bruit de gifle, une menace. Theo se redresse, visiblement dégrisé. Il s'avance dans la ruelle. Il voit, très nettement, un type qui pistonne une fille. Pendant une fraction de seconde, Theo envisage de s'éloigner. Il ne veut pas se mêler des affaires des autres. Puis, un cri. Quand Theo regarde de nouveau, il voit le mec soulever son poing et l'écraser sur la figure de la fille. « Hé ! » hurle Theo. Le type relève la tête. Il se redresse. La fille tombe par terre en gémissant et ramène ses genoux contre sa poitrine.

— Tu fous quoi, là ? rugit Theo en s'avançant vers le type.

Le mec, blond, un peu plus âgé que Theo, en jean délavé et blouson blanc NYU, se rebraguette et attend que Theo soit à soixante centimètres de lui pour tirer un revolver de sa poche. Theo lève les mains et recule d'un pas.

— Holà ! c'est quoi, ce cirque ?

Le type braque son arme vers le visage de Theo.

— Fous le camp ou je t'explose la gueule.

Theo regarde la fille par terre. Elle a le visage tuméfié, ensanglanté. Une petite flaque de sang se forme à ses pieds.

— Pourquoi t'as fait ça à ta copine ?

— Mêle-toi de ce qui te regarde. Maintenant, tu te retournes bien sagement ou je te mets une balle entre les yeux.

Theo se griffe les joues en regardant la fille.

— Non, mec. Désolé.

— Comment ça, désolé ?

Theo le regarde. Dans sa tête, des images de son séjour au centre de détention. Des souvenirs de viol.

— Ça va pas, dit-il doucement.

Il regarde la fille qui saigne et qui tremble.

— Ça va pas, répète-t-il.

Avant que le type n'ait le temps de réagir, Theo lui arrache son arme des mains. Il la braque sur le type.

— Contre le mur ! aboie-t-il. Retourne-toi et colle ton nez sur la brique ou je te tue.

Le type se contente de sourire.

— Contre le mur !

Le gars se penche en avant, le visage menaçant. Il tire un couteau de sa poche arrière et se jette sur Theo.

Theo abaisse l'arme et tire deux balles dans la cuisse du mec. Le mec crie et tombe à genoux. Theo regarde la fille :

— Fous le camp !

Elle se lève et part en courant.

Theo laisse tomber le revolver par terre. Il se penche sur le mec qui gémit à ses pieds :

— Désolé, mec, mais tu ne m'as pas donné le choix…

Avant qu'il ne puisse poursuivre, le type enfonce son couteau dans la hanche de Theo. Theo hurle, et instinctivement il arrache le couteau enfoncé dans sa chair, tandis que le type le frappe au visage. Theo recule et plante le couteau dans le cou de l'autre. Il lui donne un coup de poing. Il n'arrête pas jusqu'à ce que quelqu'un appelle les flics.

Theo raconta tout cela aux flics. Ils lui firent une analyse d'urine. Marijuana, alcool, cocaïne. L'autre mec était clean. Quelle fille ? Personne n'avait vu de fille. La victime était premier de classe à Columbia. Le casier judiciaire de Theo était plus épais que la Bible.

Qu'éprouvais-je pendant tout cela ? Je ne ressentais pas la rage qui m'animait quand j'avais appris ce que Theo avait subi au centre de détention. James me manquait. Theo aussi me manquait. Je regardais Margot hurler, pleurer, arpenter l'appartement toute la nuit, je regardais Toby tenter de la réconforter et de répondre à ses questions : « C'est nous qui avons fait ça ? Est-ce notre faute ? » Toby lui répondait : « Attends. Attends le procès. Justice sera faite. Tu verras. Tu verras. »

Kit arriva quelques semaines plus tard. La situation était délicate. Tacitement, on jugea préférable que Margot et Kit s'installent à l'hôtel. Ils prirent une chambre au Ritz-Carlton et rejoignirent Toby pour dîner et discuter de la marche à suivre.

Toby, bien qu'il sache parfaitement que Kit était végétarien, avait réservé une table pour trois au Gourmet Burger de NoHo.

— Je suis désolée, chuchota Margot à Kit derrière le menu.

Il eut un léger mouvement de la main comme pour dire « ce n'est pas grave ».

Rien qu'à les regarder tous les trois, j'étais aussi anxieuse qu'un campagnol qui traverse l'autoroute. C'était le résultat des changements que j'avais mis en branle et je me sentais totalement impuissante, comme si je regardais un wagon dégringoler à flanc de montagne, emportant tous ceux que j'aimais.

Margot était nerveuse, elle aussi. Elle se taisait, incapable d'avaler une bouchée. Kit devina son stress et parvint à garder le cap de leur côté de la table en souriant au-dessus de son hamburger sans steack haché et en étant excessivement, ridiculement aimable avec Toby. Il lui fit même des compliments sur son roman, ce qui mit Margot mal à l'aise. Elle n'avait pas compris que Kit avait pitié de Toby. Un père dans la situation de Toby ne méritait que la compassion la plus profonde de Kit.

— Bon, Kit, venons-en aux faits, décréta Toby une fois que le vin eut un peu apaisé sa jalousie.

Il se baissa pour tirer une liasse de papiers de son attaché-case.

Kit regardait Toby d'un air pensif.

— Margot m'a dit que vous étiez inspecteur de police.

Toby posa les documents sur la table et les tapota des doigts.

— Je suis convaincu que mon… notre fils n'a pas tué ce gamin de sang-froid. Je suis convaincu qu'il y a bien eu un viol et que, quelque part dans cette ville, il y a une fille qui pourrait sauver mon fils de la guillotine.

Kit hocha la tête en souriant, mais ne dit rien. Les yeux de Toby étaient un peu exorbités. Le drame de Theo s'était emparé de toutes ses pensées. Il n'avait pas dormi depuis plusieurs jours. Margot intervint.

— Je crois que ce que Toby essaie d'expliquer, Kit, c'est qu'on a besoin de tes services. La police de New York n'est pas de notre côté. Il faut qu'on enquête nous-mêmes pour aider Theo.

Kit remplit son verre de vin en silence. Sans regarder personne en particulier, il dit :

— Je veux que vous rentriez tous les deux, que vous dormiez, pendant que j'étudie ce dossier. D'accord ?

Il tenta de faire glisser vers lui les feuilles sur lesquelles Toby avait toujours les mains posées. Mais Toby s'y accrocha en défiant Kit du regard.

— Toby ? supplia Margot.

Elle lui donna de petits coups de pied sous la table, pour lui faire comprendre qu'il ne devait pas laisser sa colère déborder sur Kit.

Kit, qui avait saisi ce qui se passait, sourit en levant les mains.

— Plus tard, peut-être ?

Toby tapotait encore les documents du bout des doigts. Il bouillonnait. Il finit par regarder Kit.

— Je veux que vous sachiez ceci, affirma-t-il en pointant du doigt Kit. Il y a très longtemps, j'ai promis que je ne laisserais jamais tomber Margot. Et maintenant, vous me forcez la main. Je veux que vous le sachiez.

Il vida son verre d'un trait, le posa bruyamment et fit glisser les papiers sur la table d'un geste brusque.

Je me penchai pour l'enlacer. Il crut que cette sensation était la projection de son désir le plus profond et lâcha un sanglot. Je m'écartai.

Comme si de rien n'était, Kit sortit ses lunettes de lecture de la poche intérieure de sa veste et examina attentivement les dossiers. Au bout d'un moment, il releva la tête et feignit de s'étonner.

— Quoi, vous êtes encore là, vous deux ?

Toby et Margot se levèrent et s'apprêtèrent à partir. Margot revint sur ses pas pour embrasser Kit sur la tête, avant de sortir du restaurant et de s'enfoncer dans la nuit.

Les occupants des appartements au-dessus de la ruelle se montrèrent moins taciturnes face à un Aborigène de un mètre quatre-vingt-douze au visage scarifié : ils lâchèrent quelques détails.

— J'ai un nom, apprit Kit à Margot et à Toby quelques soirs plus tard.

Il posa son calepin sur la table de la salle à manger et s'assit. Margot et Toby s'assirent à leur tour. Gaia, Adoni et moi nous rapprochâmes.

— Lequel ? voulut savoir Margot.

— Valita. C'est tout ce que j'ai. Pas de famille connue. Adolescente. Immigrante clandestine. Prostituée. Quelqu'un l'a vue dans le coin au petit matin, la nuit du meurtre.

— On a une adresse ? Un nom de famille ? s'enquit Toby, que l'adrénaline faisait trembler.

Kit secoua la tête.

— Pas encore, mais j'y travaille.

Adoni regarda Gaia, l'air grognon comme d'habitude.

— La fille n'est pas encore prête à se présenter, déclara-t-il. J'ai vu son ange.

— Tu as vu son ange ?

Je faillis sauter par-dessus la table pour l'attraper par les épaules. Exactement au même moment, Margot se leva et fit les cent pas dans la pièce.

— Comment trouver son adresse ? Enfin, il n'y a pas une espèce de base de données où on peut chercher ? On ne devrait pas donner son nom aux flics ?

Kit secoua la tête.

— Pourquoi pas ? demandai-je à Adoni et – une fois de plus – la voix de Margot fit écho à la mienne lorsqu'elle posa la même question à Kit.

— Ça reste entre nous jusqu'à ce que j'aie plus de détails, répondit Kit. Si les flics apprennent que nous avons fourré le nez là-dedans, ils vont nous surveiller si étroitement que nous ne pourrons plus mener notre propre enquête. Croyez-moi.

Toby finit enfin par dire :

— Je suis d'accord avec Margot. Je préférerais en parler à la police.

Kit regarda Margot. Elle croisa les bras, l'air renfrogné.

— Il a raison, surenchérit Adoni à James, Gaia et moi. Il y a un démon très puissant qui travaille de près avec l'équipe chargée d'enquêter sur l'affaire de Theo. Il faut rester discrets pour l'instant.

Je m'approchai de Margot. Malgré mes réticences, je lui demandai de faire confiance à Kit. Quand je parvins à l'atteindre, elle fondit en larmes. Toby esquissa un geste vers elle : il était sur le point de l'enlacer mais il se ravisa. Kit se leva, adressa un regard à Toby et s'avança vers Margot. Il appuya la tête de Margot sur son épaule et lui frotta le dos. Elle jeta un coup d'œil à Toby, qui enfonça ses mains dans ses poches et regarda le coucher de soleil.

Puis, tout d'un coup, *deus ex machina*.

Toby, Kit et Margot étaient assis à la terrasse d'un café près de Washington Park. Soudain, Adoni traversa la rue en courant en direction d'un ange en robe rouge ; il fit signe à Gaia et à moi de le rejoindre.

L'ange – une vieille femme équatorienne – était agité, mais sembla soulagé de nous voir.

— Voici Tygren, la présenta Adoni.

Tygren se tourna vers nous.

— J'étais là quand ça s'est passé. Croyez-moi, je fais tout ce que je peux pour convaincre Valita d'aller à la police, mais je peux mettre longtemps avant d'y arriver. Il sera peut-être trop tard.

— Où est-elle ? lui demandai-je.

— Regardez là-bas, dit-elle en indiquant une petite silhouette coiffée d'une capuche assise sur un banc, de l'autre côté d'une petite haie. C'est Valita.

Je plissai les yeux pour voir la jeune fille. Elle fumait. Sa main tremblait à chaque aspiration.

— Pourquoi n'est-elle pas allée voir la police ? demanda rapidement Gaia.

— Vous ne pouvez pas la persuader ? insistai-je en interrompant Gaia. Nous n'avons pas beaucoup de temps.

Tygren leva les mains.

— J'essaie. Mais il y a une histoire entre elle et ce garçon qui a été tué et elle doit débrouiller tout ça dans sa tête. Sa famille est sur le point de se faire déporter. Et elle est enceinte.

Je jetai de nouveau un coup d'œil à Valita. Lorsque je la regardai plus attentivement, je vis des ombres orbiter autour d'elle, qui s'entrechoquaient parfois et la pénétraient de temps en temps. Et au fond de son ventre, la petite lueur de l'enfant. Elle termina sa cigarette, écrasa le mégot du bout de sa chaussure, croisa les bras et se blottit plus profondément dans son blouson. On aurait dit qu'elle voulait tout simplement disparaître.

Adoni prit les mains de Tygren dans les siennes et lui dit quelques mots en quechua. Tygren sourit et hocha la tête.

Valita se leva brusquement et s'éloigna.

— Il faut que j'y aille ! s'exclama Tygren. Mais nous nous reverrons, je le promets.

— Comment vous retrouverons-nous ? lui lançai-je.

La seconde d'après, elle était partie.

À partir de ce moment-là, tandis que Toby, Kit et Margot passaient leurs journées à suivre des fausses pistes, Gaia, Adoni et moi recherchâmes Tygren.

Noël passa, sans célébration. Malgré nos exhortations, Margot et Toby finirent par convaincre Kit de livrer le nom de Valita à l'inspecteur chargé du dossier. Comme Kit l'avait prédit, l'inspecteur s'en fichait éperdument. Pas de preuves, pas de témoins. Les audiences préliminaires montèrent en épingle la déposition marmonnée par Theo : il avait dit qu'il ne savait pas à qui appartenait le couteau. Que c'était peut-être le sien. Le ministère public se jeta là-dessus. On avait retrouvé des couteaux semblables sous son lit. Les enquêteurs éliminèrent la possibilité de la présence d'une fille lorsque les médecins légistes déclarèrent n'avoir retrouvé que deux types de sang sur la scène du crime – ils ne tinrent pas compte du fait qu'il avait plu cette nuit-là. Et, grâce à Grogor, les accusations lancées durant l'audience ne servirent qu'à enrager Theo, à tel point qu'il passa pour une brute agressive plutôt qu'un innocent injustement accusé.

Gaia, Adoni et moi étions sur le qui-vive : nous cherchions Tygren partout, mais en vain. Valita devait avoir quitté l'État de New York, peut-être même le pays. Je ne pouvais pas le lui reprocher. Mais je voulais revoir Theo et James, ne serait-ce qu'une dernière fois, pour leur dire à tous deux combien je les aimais.

Je me rendis donc une nuit à la prison de Riker's Island, franchissant un océan de démons pour retrouver Theo blotti dans une cellule d'une saleté repoussante : il avait l'air tout petit, comme s'il avait rétréci dans cet environnement. À plusieurs cellules de la sienne, un détenu hurlait inlassablement le prénom d'une femme et menaçait de s'ouvrir les poignets. Je vis les crimes perpétrés par les hommes du bloc comme des mondes parallèles, et je vis leurs démons, qui ressemblaient trait pour trait à Grogor lorsque je l'avais rencontré la première fois : monstrueux, bestiaux, déterminés à me détruire. Mais il y avait aussi des anges. Des hommes pour la plupart, ainsi que quelques femmes douces et maternelles, veillant sur des hommes dont les crimes me donnaient envie de vomir. Malgré l'horreur de ces méfaits, les anges étaient toujours aimants. Toujours tendres.

Je me rendis soudain compte que je ne savais pas ce qu'avait été James durant sa vie mortelle, mais quand je le retrouvai avec Theo, je sus, en tout cas, que ce garçon que j'avais tenté d'évincer lors de notre première rencontre était un dur. Quatre démons baraqués comme des joueurs de rugby samoans occupaient la cellule de Theo. Ils dépassaient James d'une tête mais ils étaient recroquevillés dans un coin, osant à peine lancer une provocation de temps en temps à Theo. James, pourtant si frêle, semblait les avoir matés.

— Que fais-tu ici ? me demanda-t-il lorsque j'apparus.

Aussitôt, les démons de Theo se relevèrent pour m'injurier. James leur décocha un regard noir.

Je le serrai fort dans mes bras. Theo regarda autour de lui.

— Il y a quelqu'un ?

Je consultai James du regard :

— Il peut sentir ma présence ?

James hocha la tête.

— C'est très probable. Je ne te mentirai pas, c'est dur pour lui. Mais, jusqu'ici, je pense que je lui ai épargné le pire. Ce qui est bien, c'est qu'il a enfin compris qu'il avait une belle vie, avant. Il se prenait pour un dur jusqu'à ce qu'on referme ces portes derrière lui. Maintenant, il s'est fait une longue liste de bonnes résolutions pour sa sortie.

— Alors il n'a pas perdu espoir ?

James secoua la tête.

— Il ne peut pas se le permettre. Voir les autres types qui sont ici... Eh bien ça l'a déterminé à retrouver sa liberté, je te le garantis.

Et c'est ainsi que je les quittai, tenant bon dans l'un des endroits les plus sinistres de la planète, comme deux bougies dans la tempête. Je me permis d'espérer que, d'une manière ou d'une autre, ils s'en sortiraient.

Peu de temps après, Kit repartit en Australie à la demande de Margot. Il devait reprendre sa tournée de promotion et ils étaient presque à court d'argent. Ils ne parlaient plus de leurs projets de mariage, j'avais été ravie de le constater. Kit avait vu Margot se réinsérer à New York dans une vie dont il ne faisait pas partie. Dans leur suite au Ritz-Carlton, il s'était mis à dormir sur le canapé. Margot s'entêtait à faire semblant de ne pas l'avoir remarqué.

Il l'attendait lorsqu'elle rentra un soir de l'appartement de Toby. Je savais qu'ils n'avaient fait que parler de ce qui arriverait à Theo s'il plaidait coupable, et que la soirée n'avait pas été plus romantique qu'un dîner à la morgue, mais Kit s'imaginait autre chose. Il était jaloux. Cela flétrissait sa dignité.

— On dirait que ça marche, entre Toby et toi.

La voix de Kit dans un coin lorsqu'elle entra dans la chambre. Elle sursauta.

— Arrête, Kit. Toby est le père de Theo, je suis censée faire quoi ? Tu préférerais que je lui fasse la gueule, alors que notre fils risque d'être condamné pour meurtre ?

Kit haussa les épaules.

— Tu devrais coucher avec lui, tant qu'à faire.

Elle lui lança un regard furibond.

Kit prit son silence pour un aveu. Je soupirai.

— Assure-lui qu'il ne s'est rien passé, soufflai-je à Adoni.

Il hocha la tête et chuchota à l'oreille de Kit.

Kit se leva et s'approcha lentement de Margot.

— Tu ne m'aimes plus ?

La douleur, dans sa voix, me fit ciller.

— Écoute, dit-elle après un moment de silence. On traverse une mauvaise passe. Rentre à Sydney, fais ta tournée, je te rejoindrai dans deux ou trois semaines.

Il était près d'elle maintenant, les bras le long du corps.

— Tu ne m'aimes plus ? répéta-t-il.

Je regardai les questions et les réponses tournoyer autour de la tête de Margot. Si je l'aime ? Non. Oui. Je ne sais plus. Je veux Toby. Non, je ne le veux pas. Si, je le veux. Je ne veux pas être seule. J'ai tellement peur.

Elle fondit en larmes. D'énormes larmes trop longtemps retenues qui explosèrent dans sa paume, puis sur la poitrine de Kit lorsqu'il la serra contre lui.

Elle finit par reculer d'un pas et s'essuya les yeux.

— Promets-moi que tu rentreras à la maison, dit doucement Kit.

Elle leva les yeux vers lui.

— Je promets que je rentrerai à la maison, répondit-elle.

Il se pencha pour l'embrasser sur le front. Quelques minutes plus tard, il était parti.

J'aurais dû m'en réjouir. Mais, au lieu de cela, en regardant Margot piller le bar et passer une nuit blanche noyée dans le vin et les larmes, je doutai de tout. Je ne savais plus ce qui valait mieux pour elle. Alors je priai.

Le lendemain, je la suivis lorsqu'elle se rendit chez Toby, tout en cherchant Tygren des yeux. Elle frappa à la porte, mais elle était déjà ouverte. Il l'attendait.

Elle le trouva debout devant la fenêtre. Il scrutait la rue, prêt à foncer sur n'importe quelle jeune femme correspondant à la description de Valita donnée par Theo. Il avait passé tant de jours ainsi, blotti dans son vieux pull irlandais, oubliant de manger ou de boire, les yeux fixes enfoncés dans leurs orbites. Tandis qu'elle l'observait, elle se souvint de cette soirée sur l'Hudson, des quelques secondes qu'elle avait passées seule dans la barque, à attendre que Toby revienne à la surface. C'était ce qu'elle faisait maintenant. Elle était tout aussi angoissée qu'à l'époque et elle constata, effarée, qu'elle était toujours aussi amoureuse de lui.

— Je rentre à Sydney, annonça-t-elle.

Il se retourna pour la dévisager. Il avait mal aux yeux par manque de sommeil. Il tâtonna mentalement pour trouver la façon de réagir. Il finit par s'accrocher au mot « Pourquoi ? »

Elle soupira.

— J'ai besoin de reprendre le cours de ma vie, Toby. Je reviendrai bientôt. Mais j'ai besoin de… Il n'y a plus rien ici pour moi, tu comprends ?

Il hocha la tête.

Elle sourit faiblement et s'apprêta à partir.

— Tu ne vas pas signer les papiers ?

Elle se figea.

— J'ai oublié. Je vais le faire maintenant.

Elle se dirigea vers la table et s'assit. Toby sortit les documents d'un tiroir dans la cuisine et les posa devant elle.

— Tu as un stylo ?

Il lui en tendit un.

— Merci.

Elle scruta la page.

Lentement, très lentement, Toby posa sa main sur celle de Margot. Elle leva les yeux vers lui.

— Toby ?

Il ne lui lâcha pas la main. Au lieu de cela, il la tira doucement pour que Margot se lève et il l'enlaça par la taille. Elle le regarda dans les yeux, ces feuilles d'automne. Il y avait très, très longtemps qu'ils n'avaient été aussi près l'un de l'autre. Il se pencha et l'embrassa. Ce fut le baiser le plus doux, le plus sincère de la vie de Margot.

Elle le repoussa. Il se pencha de nouveau.

Cette fois, elle ne le repoussa pas.

27.

La pierre bleue

Je me dois de préciser que j'avais pratiquement renoncé à mon grand projet de réunir Margot et Toby tant je me sentais coupable et déroutée de voir que sa relation avec Kit, d'abord si prometteuse, se désagrégeait. Je jure que je n'y étais pour rien. Je n'avais rien fait pour les séparer. J'avais promis juré de me tenir à l'écart et de laisser Margot prendre ses propres décisions, et je m'y étais tenue.

Maintenant, au moment décisif, je dus prendre sur moi pour ne pas intervenir et faire tourner les événements en ma faveur.

Margot posa les mains sur la poitrine de Toby et le repoussa.

— Qu'est-ce que tu fais, Toby ?

Il la regarda dans les yeux et sourit.

— Je te dis adieu.

Il recula, prit le stylo et le lui remit.

— Tu étais sur le point de signer.

Elle regarda le stylo. Puis Toby. À ce moment-là, elle ne vit plus le Toby qui avait traversé les épreuves de leur mariage et de l'inculpation de leur fils. Elle vit le Toby qui était ressorti de l'Hudson vingt ans auparavant. Le Toby qu'elle croyait noyé, le Toby qu'elle n'avait jamais voulu perdre.

— Je dois réfléchir, déclara-t-elle avant de poser le stylo.

— Ne me fais pas ça, Margot. Ne me laisse pas dans le suspense pendant que tu t'en vas à l'autre bout du monde.

Elle se retourna dans le couloir.

— Mon vol part demain. Je rentre à l'hôtel.

— Alors... c'est comme ça ? s'exclama Toby, furieux. Tu ne veux même pas signer la convention de divorce ?

Un silence. Elle revint vers lui, lui prit les papiers et le stylo des mains et inscrivit son nom sur la ligne pointillée.

Elle lui remit les papiers sans un mot.

De retour à l'hôtel, elle prit un long bain en se repassant la scène du baiser : d'abord cette scène apparut au-dessus de sa tête comme un film d'horreur, et ensuite comme une comédie, jusqu'à ce que Margot s'enfonce plus profondément dans l'eau et la projette comme elle s'était vraiment produite. Comme elle l'avait ressentie. C'était comme si elle était enfin rentrée chez elle. Elle se sentait apaisée.

Un coup de fil de la réception la fit bondir hors de la baignoire. Elle avait un visiteur, lui annonça le concierge. M. Toby Poslusny. Pouvait-il monter ? Elle hésita. « Oui », lui dis-je, le cœur battant. « D'accord », répondit-elle.

C'était comme si j'assistais à des scènes de film qui aurait été coupées au montage. Je repensai à ce moment-là de ma vie : j'habitais seule à l'hôtel durant les audiences préliminaires et je me disputais amèrement avec Toby au sujet de nos visites respectives à Theo ou des prochaines séances. Tout était tellement inédit désormais que je n'avais aucune idée de ce qui allait se passer.

Je pensai à ma mort. Elle était toujours restée floue dans mes souvenirs : c'était arrivé si vite. Coller une arme contre ma tempe, me demander comment c'était, la mort, appuyer sur la gâchette. Je n'avais aucune idée de ce qui s'était passé. J'avais été escamotée de ce bas-monde plus vite qu'un portefeuille d'un sac à main par un pickpocket de Manhattan. Une minute, j'étais dans une chambre d'hôtel; la suivante, j'étais debout devant mon corps, et une fraction de seconde après, j'étais dans l'au-delà avec Nan.

Margot passa un peignoir blanc et ouvrit la porte. Toby resta planté là, les sourcils froncés, jusqu'à ce qu'elle l'invite à entrer.

— Pourquoi es-tu là, Toby?

— Parce que tu as oublié quelque chose.

— Ah bon?

— Oui.

Elle le dévisagea puis leva une main en l'air, exaspérée.

— Qu'est-ce que j'ai oublié?

Il soutint son regard.

— Tu as oublié que tu avais un mari. Et un foyer. Ah, et un fils.

— Toby…

Elle se laissa retomber sur le lit.

Il s'agenouilla devant elle et lui prit le visage entre ses mains.

— Si tu me demandes d'arrêter, j'arrête. Promis.

Il l'embrassa. Elle ne lui demanda pas d'arrêter.

Ce n'était pas le fait qu'il lui ait dit « Je t'aime » qui m'avait fait bondir de joie, ni qu'elle lui ait répondu « Je t'aime aussi », ni qu'ils aient fait l'amour. C'était le fait qu'après des heures de conversation sur l'oreiller au sujet du passé et ensuite, de l'avenir, ils aient décidé, au-dessus des bruits du parc et sur fond des illuminations du Nouvel An chinois, de repartir à neuf.

Tandis que la musique et les coups de feu retentissaient dans la ville, que l'aura de Margot virait à l'or et que la lueur autour de son cœur tremblait, Gaia et moi nous étreignîmes, et je pleurai en la suppliant de me dire que je ne rêvais pas. Que ça arrivait vraiment.

Longtemps, ils restèrent couchés dans les bras l'un de l'autre, enlaçant et délaçant leurs doigts en silence comme ils le faisaient bien des années auparavant dans le studio miteux de Toby dans le West Village.

— Il est quelle heure ? demanda Toby en se penchant au-dessus de Margot pour consulter sa montre.

— Onze heures. Pourquoi ?

Il bondit hors du lit et passa sa chemise.

— Où vas-tu ? voulut-elle savoir en se redressant. Dis-moi que tu ne rentres pas à la maison ?

— Je rentre à la maison.

Il lui planta un baiser rapide sur le front.

— Mais je reviens tout de suite.

— Pourquoi rentres-tu ?

— Mon téléphone portable. Et si l'un des inspecteurs appelait, pour Theo ? Ils ne savent pas que je suis ici.

Toby la regarda, lovée autour d'un oreiller. Il sourit.

— Je ne serai pas long.

Il hésita soudain et la dévisagea d'un air très sérieux. Et je vis, pour la première fois depuis bien des années, la glace se former autour de lui. Sa peur.

— Tu m'attendras, n'est-ce pas ?

Margot éclata de rire.

— Toby, où veux-tu que j'aille ?

Il la regarda.

— Oui, affirma-t-elle, j'attendrai.

Sur ces mots, il partit.

C'était pour ça que je n'avais aucun souvenir de la façon dont j'étais morte. Vers la fin, nos chemins avaient bifurqué. J'en avais choisi un, Margot en choisissait un autre. Ces deux chemins se rejoindraient mais je ne savais pas où. Ils se croiseraient pour m'amener à ma fin. Maintenant que je voyais où le chemin de Margot pouvait la mener, vers une nouvelle vie avec Toby, un mariage qui pouvait vraiment marcher, je ne voulais pas qu'il s'arrête.

Ce fut ainsi que lorsque les messages me parvinrent de mes ailes, « Laisse faire », je fus incapable d'obéir.

On frappa à la porte. Je sursautai.

— Service à la chambre, madame, annonça la voix derrière la porte.

Quand Margot ouvrit, j'étais prête à bondir. Le jeune homme debout devant elle tenait un plateau de nourriture. Il la détailla du regard, posa le plateau sur le lit et partit sans attendre de pourboire.

Margot sauta sous la douche. Je jetai un coup d'œil dans le couloir pour voir s'il y avait des démons.

Grogor était sûrement tapi dans un coin. Je le sentais.

Toby rentra chez lui pour trouver un mot glissé sous la porte. Il faillit ne pas le voir. Après avoir pris son téléphone portable et son chargeur dans un tiroir de la cuisine, il se tapota de l'after-shave sur les joues, s'inspecta les dents, prit des vêtements propres et s'apprêta à aller retrouver Margot. Ce fut alors qu'il la vit.

Une enveloppe blanche. Sans nom ni adresse. Il l'ouvrit. Une feuille blanche chiffonnée, une écriture enfantine.

Monsieur,
J'écris pour vous dire désolée pour votre fils. Je suis la fille des journaux. Pour des raisons que peux pas expliquer, veux pas être identifiée. Je vais vous appeler et on peut en parler. Je veux pas envoyer un innocent en prison.
Ce que votre fils dit est vrai.
V.

Toby s'élança dans le couloir. La vieille Mme O'Connor de l'appartement d'en face revenait de sa promenade du soir. Toby l'agrippa comme un possédé.

— Madame O'Connor, avez-vous vu quelqu'un à ma porte ce soir ?

Elle le fixa.

— Euh non, mon chou, je ne crois pas…

Il fonça tambouriner sur une autre porte. Au bout de quelques minutes, on ouvrit. De la musique à fond à l'intérieur. Un gamin chinois ivre.

— Bonne année !

Inutile de lui poser la question. Toby se précipita dans son appartement. Il prit la lettre, les mains tremblantes, et la relut plusieurs fois. Il composa le 911 et pria pour que Margot tienne parole. Pour qu'elle attende.

Elle attendait. Elle mangea le canard à l'abricot et le riz au gingembre en buvant la moitié de la bouteille de cuvée maison. Elle se demanda ce qu'elle allait faire ensuite. Elle pensa à ce qu'elle aurait voulu qu'il arrive ensuite. Et elle se rappela son rêve ancien : une maison avec une clôture en bois. Toby en train d'écrire. Theo, libre.

Ce rêve était peut-être à sa portée.

Je ne savais plus quoi faire. Je la regardais rêver et retomber amoureuse, je voyais son corps s'illuminer d'espoir, la lueur autour de son cœur qui dormait depuis tant d'années clignoter et s'étendre autour d'elle, aveuglante, et les messages qui m'arrivaient me disaient : « Laisse faire. Laisse faire. » J'étais folle de peur, car je me rappelais ce que j'avais vu aussitôt après ma mort : mon propre corps, allongé sur ce lit, sur ces draps, le visage dans mon propre sang.

« Ne laisse personne entrer », lui dis-je. Est-ce Toby qui m'a tuée ? envisageai-je. Est-ce Toby ? Kit ? Valita ? Sonya ? Je chantai le Chant des Âmes. « Va-t'en ! Fuis ! » conseillai-je à Margot. La première personne qui franchirait cette porte la tuerait, j'en étais sûre. Je finis par lui dire d'aller à la fenêtre pour regarder les célébrations du Nouvel An chinois. « C'est l'année du Serpent. Regarde, il y a même des chars en forme de serpent. Et des feux d'artifice. D'ailleurs, allez, descends, va voir. »

Elle prit le reste du vin et s'approcha de la fenêtre. Juste en dessous d'elle, une foule s'était rassemblée pour regarder le défilé traverser Central Park. Les feux d'artifices bruissaient dans le ciel, couvrant les coups de feu tirés en l'air par les fêtards. Elle ouvrit la fenêtre et consulta l'horloge à côté de son lit. Presque minuit. Oh, Toby, songea-t-elle. Pourquoi n'es-tu pas là pour voir ça ? Et je lui dis : « Verrouille la porte. » Mais elle rit et repoussa cette idée de son esprit.

Minuit.

Les coups de l'horloge résonnent dans les haut-parleurs de la rue. Un… Margot s'appuie à l'embrasure de la fenêtre et regarde en bas. Deux… À l'autre bout de la ville, Toby a renoncé à attendre un taxi et court vers l'hôtel. Trois… Je baisse les yeux vers la pierre bleue pendue à mon cou. Qu'est-ce qu'ils ont dit que je portais quand ils ont retrouvé mon corps ? Un saphir du Cachemire ? Quatre… Margot prend la veste de Toby et la pose sur ses épaules pour se protéger du froid. Cinq… Dans le parc, en bas, quelqu'un pousse un cri de joie et tire un coup de feu en l'air. Six… Je la vois. Je vois la balle qui dévie dans l'air nocturne. Je la vois comme on voit une pièce de monnaie qu'on vous lance ou une balle frappée par une raquette. Je vois sa trajectoire. Elle se dirige droit vers la fenêtre. Et je sais, je sais à cet instant que je peux l'atteindre. Je peux l'arrêter. Et alors, le message de mes ailes : « Laisse faire. » Sept… « Pourquoi ? » Huit… « Laisse faire. » Neuf… Toby arrive dans le hall de l'hôtel. Il tape comme un sourd sur le bouton de l'ascenseur.

Dix… Je ferme les yeux. Onze… La balle atteint son but, près du cœur de Margot. Douze… Elle tombe à la renverse, halète un moment, me regarde droit dans les yeux alors que je me penche pour la prendre dans mes bras, je pleure et je lui dis que ça va, ça va, c'est fini maintenant. C'est fini.

Elle me regarde et tend la main. Je la prends.

Nous sommes une.

28.

La route dans les collines

Le rôle des anges gardiens est d'une intimité qui relève du sacré. À l'époque où j'étais humaine, les exigences de mes responsabilités angéliques m'auraient paru voyeuristes, perverses ; je les aurais considérées comme une invasion inadmissible de la vie privée. Ce n'est qu'en tant qu'ange que j'ai compris tout ce que cette relation comporte de compassion, combien cet accompagnement est tendre. Ce n'est qu'en tant qu'ange que j'ai compris la mort telle qu'elle est vraiment.

Je me levai pour contempler le corps de Margot, en revivant tout ce que j'avais vécu la première fois immédiatement après ma mort. Le choc de me voir sans vie. L'horreur de ce que cela signifiait. Seulement cette fois, je l'acceptai. Je ne me penchai pas pour lui toucher la joue parce qu'elle était moi, je la touchai pour confirmer la pensée qui s'emparait de moi : que j'étais parvenue au bout du chemin de la mortalité. Je laissais Margot derrière moi.

Nan arriva juste avant Toby. Par charité, je crois. Je n'aurais pas pu supporter de le voir faire irruption dans la chambre, le visage rouge, le cœur battant, pour trouver le corps. C'était déjà assez dur de l'imaginer. Nan me demanda de la suivre, vite.

Dans un brouillard de larmes, je me penchai vers la veste de Toby sur le fauteuil et respirai son odeur. J'avais envie de laisser quelque chose derrière moi, un mot, une indication pour lui faire savoir que même s'il était peu probable que je le revoie, je l'aimerais toujours. Mais je ne pus rien faire, à part suivre Nan lentement dans la nuit.

Je me retrouvai dans le silence humide et sombre de la cellule de prison de Theo, à côté de lui, tandis qu'il dessinait assis par terre en tailleur. Il fredonnait doucement une mélodie qui ressemblait beaucoup au Chant des Âmes. James était debout près de la lucarne, dans le clair de lune. Il s'avança vers moi et m'enlaça.

— J'ai de bonnes nouvelles, m'annonça-t-il en me prenant les mains. Tygren est venue me voir. Elle est sûre qu'elle arrivera à persuader Valita de parler.

Je fermai les yeux et soupirai de soulagement.

— C'est merveilleux, dis-je en fondant en larmes.

— Qu'est-ce qui ne va pas ?

Je regardai Theo. Je ne savais pas quand je le reverrais ou même si je le reverrais. J'essayai d'expliquer cela à James mais ce furent des couinements aigus qui sortirent de ma bouche. Il se tourna vers Nan pour qu'elle lui explique ce qui se passait. Elle se contenta de secouer la tête pour signifier que ce n'était pas à elle de le faire. Je m'accroupis et j'enlaçai Theo.

Il leva les yeux une seconde, sentant que l'air avait changé autour de lui, et recommença à dessiner. Il recouvrait le sol de crocodiles tracés à la craie.

— Il faut qu'on y aille, me prévint Nan.

Le regard de James passa de Nan à moi.

— Où allez-vous ?

— Margot est morte, lui appris-je en essuyant mes yeux et en inspirant profondément. Je suis venue vous faire mes adieux, à toi et à Theo. (Je voulais dire tellement plus que ça.) Je veux tu saches qu'il n'y a absolument personne sur cette terre à qui je ferais plus confiance pour veiller sur lui que toi.

Je souris et me retournai pour partir.

— Attends.

James s'avança, l'air sérieux.

— Attends un instant, Ruth.

Il jeta un coup d'œil à Nan.

— C'est important. J'en ai pour une seconde.

Il prit mes mains dans les siennes et me regarda intensément.

— Tu ne m'as jamais demandé qui j'étais avant, pourquoi je suis l'ange de Theo.

Je clignai des yeux.

— Qui étais-tu ?

Il soutint mon regard un moment.

— Je suis le diamant que tu n'as pas pu sauver. Je suis ton fils.

Je reculai d'un pas et je les regardai, lui et Theo. Tout d'un coup, leurs ressemblances me sautèrent aux yeux. La mâchoire butée, les paumes robustes et carrées. Et je repensai à ce bébé que j'avais observé dans le ventre de Margot, le bébé de Seth ; à la sensation de le perdre, la confusion, l'ignorance de ce que j'avais perdu. À chacun des anniversaires qu'il n'avait pas eus, je m'étais demandé ce qu'aurait été ma vie si cet enfant avait vécu.

Et maintenant, je le rencontrais.

— Nous n'avons plus beaucoup de temps, m'avertit Nan dans mon dos.

Je revins vers James et le serrai fort contre moi.

— Pourquoi ne me l'as-tu pas dit plus tôt ?

— Qu'est-ce que ça aurait changé, en réalité ? Nous formions une famille de toute façon.

Il se tourna vers Theo.

— Un jour, nous nous retrouverons comme frères.

Je les regardai tous les deux, l'homme et son ange. Mes fils.

J'embrassai James sur la joue, et, avant que je n'aie pu ajouter quoi que ce soit, il avait disparu.

Nan et moi arrivâmes dans la vallée du lac, celle où nous nous étions rencontrées la première fois. J'éprouvais une curieuse sensation de symétrie. Je m'attendais à moitié qu'elle me pousse de nouveau dans le lac, qu'elle me renvoie sur terre une troisième fois. Je fermai les yeux en sentant les longues herbes frôler mes doigts, la terre humide sous mes pieds. Je me préparai à ce qui venait. Devant moi, je revoyais la route qui serpentait à travers les collines vertes et mon cœur se serra. Je savais désormais où elle menait.

— Est-ce que je vais en Enfer, maintenant ? demandai-je d'une voix tremblante.

Elle s'arrêta et me regarda fixement.

Quelques minutes s'écoulèrent.

— Nan ?

Nan parla enfin.

— Tu dois remettre ton journal à Dieu, Ruth.

Elle me prit par la main et me conduisit vers le lac.

— Non, refusai-je lorsque nous atteignîmes la berge. Je ne retourne pas là-dedans. Pas question.

Elle fit comme si elle ne m'avait pas entendue.

— Mets ton journal dans l'eau. Remets-le à Dieu. Il est à lui, maintenant.

— Comment je fais ?

— Je sais que tu n'en as aucune envie, mais il faut que tu ailles dans l'eau. Je te promets que tu ne te noieras pas.

J'entrai dans l'eau en agrippant ses mains de toutes mes forces. Aussitôt, les cascades qui coulaient dans mon dos se déroulèrent comme deux rubans et se détachèrent de ma peau pour se mêler aux vaguelettes vertes. Et là, des images de Margot, des images de Toby et Theo, des images de tout ce que j'avais vu et entendu et touché et ressenti se répandirent. Tout ce que j'avais aimé et redouté, tout ce en quoi j'avais eu confiance. Tout cela, emporté par les eaux. Un livre, en quelque sorte, naviguant jusqu'au trône de Dieu.

— Et alors, maintenant ? L'Enfer, c'est au bout de ce chemin, là-haut ?

Nous étions toujours dans le lac.

— Tu te rappelles ce qui t'est arrivé le jour de l'accident ? me demanda Nan.

— Je l'ai empêché.

— Et comment t'y es-tu prise ?

— Je crois que c'était lié à la confiance.

— Et alors, qu'est-ce qui s'est passé ?

— Mon corps s'est transformé.

Elle se rapprocha, sa robe étalée à la surface de l'eau.

— Tu es devenue un Séraphin. Le rang le plus élevé dans la hiérarchie des anges, l'armée de lumière qui se dresse entre le Paradis et l'Enfer, comme une épée dans la main de Dieu.

Une quoi ?

— Une épée dans la main de Dieu, répéta-t-elle très lentement. Une épée vivante qui sépare la lumière de l'obscurité. Voilà pourquoi tu as traversé la plus douloureuse des épreuves. On ne devient Séraphin qu'après être passé par les flammes purificatrices. En souffrant, comme seul un être qui revient pour devenir son propre ange gardien peut souffrir.

Je sentis les nœuds de ma confusion se dénouer si profondément en moi que, pendant un instant, je dus me pencher en avant : c'était comme si j'étais un cerf-volant emporté par des vents puissants. Nan attendit que je me redresse avant de reprendre.

— Quand tu es revenue en ange, ton présent était également ton passé, et, à ce titre, tu pouvais faire des choix qui affecteraient à la fois tes cheminements mortel et immortel. Ce sont ces choix qui ont déterminé l'endroit où ta destinée spirituelle t'emmènerait. Tout ce que tu as subi, c'était pour ça.

— Mais… et Grogor ? dis-je doucement. Et le marché que j'ai conclu ? Je croyais aller en Enfer.

— Si tes motivations avaient été purement égoïstes, ça aurait pu être le cas. Mais tu as choisi de sacrifier ton propre salut pour assurer celui de Theo. Dieu a su alors que tu serais l'un de ses meilleurs anges. Mais tu devais d'abord apprendre la confiance.

Je m'agrippai à elle avant de m'effondrer, comme je l'avais fait tant d'années auparavant. Cette fois, c'était de soulagement, pas de choc. Je jetai un coup d'œil au chemin dans les collines.

— Alors… ce n'est pas la route de l'Enfer ?

— Bien au contraire.

Lorsque je me ressaisis, je la regardai dans les yeux en songeant à la question qui me brûlait les lèvres depuis des années, la question qui avait sous-tendu toutes mes expériences, tous mes regrets.

— Pourquoi ai-je dû vivre tout cela ? Pourquoi ne suis-je pas devenue l'ange gardien d'une vieille veuve gentille, ou d'une célébrité, ou de quelqu'un qui a eu une petite vie tranquille… Pourquoi suis-je devenue l'ange gardien de Margot ? Était-ce une erreur ?

— Absolument pas, dit Nan posément. Tu as été choisie pour être ton propre ange gardien parce que c'était la seule façon pour toi d'accomplir ton cheminement spirituel. C'était la seule façon pour toi de devenir ce que tu es maintenant. (Elle sourit.) Une épée n'est pas forgée dans l'eau, Ruth, mais dans le feu.

Je regardai la route devant moi, le paysage autour de moi. Je pensai à Toby. Le reverrais-je un jour ?

Nan me pressa les épaules. Confiance, dit-elle, confiance.

Je hochai la tête.

D'accord, affirmai-je. On y va.

Elle me mena là-bas, sur la route, jusqu'au bout.

Une épée dans la main de Dieu.

Une épée céleste

Il y a bien des années que j'ai posé mon journal dans l'eau et que je l'ai laissé dériver vers… je ne sais où. J'espère que c'était une lecture intéressante. J'espère qu'il a servi.

Depuis, je suis très occupée. Mes activités sont, disons, beaucoup plus internationales que lors de ma première expérience angélique. J'ai empêché des dizaines de guerres mondiales d'éclater. J'ai fait partie des Séraphins qui ont plongé dans les profondeurs saphir glaciales de l'Antarctique pour retenir les eaux de fonte et les transformer en nuages, les porter très haut dans la stratosphère, ouvrant même l'écorce terrestre pour déverser les océans vers le cœur en fusion. Je suis entrée dans le silence de l'œil des tornades pour les écarter de maisons pleines d'enfants, j'ai soulevé des vaches qui avaient été aspirées par le tourbillon et je les ai tenues jusqu'à ce qu'il s'arrête, puis je les ai posées. J'ai repoussé des tsunamis, comme des murs sur le point de s'effondrer sur des terres parsemées d'hôtels, de maisons, de petites silhouettes faisant des châteaux de sables sur la plage, inconscientes du danger.

De temps en temps, on me dit de lâcher prise. On me dit de regarder la tornade emporter telle maison, telle vie, on me dit de laisser un séisme se produire et de simplement déblayer les décombres, on me dit de lâcher le tsunami. Je ne sais pas pourquoi.

Mais je lâche prise.

Je vois encore Toby. Je l'ai regardé s'affairer dans son appartement, avec son cardigan usé jusqu'à la corde et des chaussures trouées comme du gruyère. Je l'ai regardé remplacer ses lunettes par des verres plus épais et ses dents par des bouts de porcelaine de plus en plus nombreux. Je l'ai vu parler de moi au mariage de Theo, en espérant qu'il ne parlerait pas de la drogue, et je l'ai vu prendre dans ses bras nos petites-filles jumelles et insister pour que l'une d'entre elles se prénomme Margot.

Je lui parle. Je lui raconte comment ça se passe, ici. Je lui dis d'aller voir le médecin, et vite, pour cette main, cette toux, cette douleur au ventre. Je parcours ses manuscrits et je lui indique où il manque une virgule, où il pourrait faire mieux. Je lui dis que je l'aime.

Et je lui dis que je suis là, toujours.

Que je l'attends.

Remerciements

Cette rubrique devrait en fait être intitulée « Gratitude enrobée de chocolat », car c'est précisément ce que je souhaite exprimer ici aux personnes suivantes :

D'abord et avant tout, mon mari, Jared Jess-Cooke. Personne d'autre sur cette terre n'a encouragé, cajolé, raisonné, aimé et défendu quelqu'un autant que toi pendant l'écriture de ce livre. Je ne trouve pas de mots assez forts pour décrire ma gratitude pour tes pouvoirs constants de positivité et ta foi en moi, pour avoir empêché que la maison tombe en ruine pendant que j'écrivais, pour avoir relu mes ébauches et m'avoir fait les remarques les plus honnêtes et les plus dignes de confiance. Au minimum, je te dois une grasse matinée.

J'ai la chance immense d'avoir trouvé un agent aussi avisé, dynamique et authentiquement adorable que Madeleine Buston. Merci mille fois pour ta passion et ta foi en ce livre.

Je suis aussi incroyablement reconnaissante d'avoir eu Emma Beswetherick à la fois comme éditrice et comme partenaire de grossesse ! Merci, Emma, pour tous tes commentaires et tes suggestions qui ont sans aucun doute permis ce livre d'atteindre son potentiel, et pour avoir fait du processus de correction un vrai plaisir.

Je souhaite remercier l'équipe de New Writing North, et particulièrement Claire Malcolm, pour leurs encouragements au cours des dernières années – notre voyage à Londres pour montrer nos marchandises a marqué un point tournant dans ma carrière, tout comme l'après-midi où j'ai soufflé mon idée pour ce livre à Claire, dont la réaction – « C'est fabuleux ! » – m'a incitée à croire que, peut-être, c'était en effet le cas.

Comme toujours, merci à ma belle-mère, Evita Cooke, d'avoir été la baby-sitter la plus dévouée et la plus rassurante qui soit pendant que j'écrivais ; à ma mère, Carol Stewart Moffett, pour sa relecture minutieuse d'une première version et – par-dessus tout – pour m'avoir insufflé l'amour des histoires dès mon plus jeune âge.

J'aimerais aussi remercier Lorna Byrne pour son livre *Ma Vie avec les anges*. De toutes les recherches que j'ai faites en écrivant ce roman, aucune ne m'a inspirée autant que votre témoignage sur les anges.

Enfin, je voudrais remercier mes enfants, Melody, Phoenix et Summer, qui n'ont rien fait pour m'aider à écrire ce livre mais tout fait pour m'inspirer. Mes trois précieux bijoux, vous me procurez de la joie au quotidien.

Composition DataGrafix

Achever d'imprimer en janvier 2012
par Lego Spa Plant Lavis (Italie)

N° d'impression :
Dépôt légal : février 2012.

SHIFT YOUR MIND

9 MENTAL SHIFTS TO THRIVE IN PREPARATION AND PERFORMANCE

BRIAN LEVENSON

DISRUPTION BOOKS
New York

Published by Disruption Books
New York, NY
www.disruptionbooks.com

Distributed by Disruption Books

For ordering information or special discounts for bulk purchases, please contact Disruption Books at info@disruptionbooks.com.

Cover and text design by Brian Phillips Design

Publisher's Cataloging in Publication Data
2020913444
Print ISBN: 978-1-63331-046-9
eBook ISBN: 978-1-63331-047-6

First Edition

To Robin, Braden, and Marin, who help me thrive.
To my incredible support system, who help me prepare and perform.
To those lifelong learners, who are still on the path to greatness.

CONTENTS

THE ESSENTIAL SHIFT BETWEEN PREPARATION AND PERFORMANCE

JON WAS A WELL-PUT-TOGETHER freshman baseball player at a local community college, where he was a backup shortstop. When we had first met, in January 2013, his obvious boyish enthusiasm and confidence made me excited to work with him. As a mental performance coach, I look for two important characteristics in clients—drive and a desire to learn—and Jon checked both boxes. He would listen attentively and scribble notes in his notepad, which he brought to every meeting, and he would email me after every meeting with a recap of what we discussed. Jon also had his heart and mind set on playing pro ball. He had led his high school team in home runs and received interest from Division I schools before deciding community college was his best option.

There was no denying that Jon had big dreams, and happily, his work ethic matched them. He would work out at the gym for two hours a day, and staying after practice to get in extra reps was normal for him. He had even overcome a form of dyslexia (which we discovered during our work together) to get a 3.5 GPA while in high school. He had a simple formula that had worked for him for years: work exceptionally hard and get results.

Yet it was clear within the first month of working with Jon that his hard work was not unlocking success during his first season at college. I had him fill out an assessment that many Major League Baseball (MLB) teams use to better understand the mindset of their players. Jon scored in the ninety-ninth percentile for reduced flexibility, orientation to rules and risks, self-criticism, and anxiety. It was clear that these issues were getting in the way of his performance. When I first chatted with Jon's dad, he offered up the idea that Jon lacked "confidence." I had heard that from many clients (and parents of clients) before, so it didn't take me by surprise.

When I first met Jon, I didn't think he lacked confidence. How I thought about confidence had shifted a bit about a year earlier, however, when I read an interview with Tom Coughlin, the head coach of the New York Giants. The Giants had just improbably won the 2012 Super Bowl, defeating the New England Patriots, who were considered the favorite. In the week leading up to the game, Coughlin explained to the media that all season long, he had told his guys to be "humble enough to prepare, confident enough to perform."[1] It was such a simple quote, but it made a big impression on me. It made so much sense to think that our mindset in *preparation* should be different from our mindset in *performance*.

As I thought more about Jon, I realized that he was certainly humble in his preparation—ready to be coached and to address his weaknesses—but when he started to perform on the field, he stayed in that preparation state. In practice, the team often played a game called 27 outs, which simulated the pressure of a real game by challenging the fielders to play error-free and make 27 outs—the same number needed in a nine-inning baseball game. Jon struggled mightily and talked with me about failing to make routine plays that typically were seamless for him. Jon was overanalyzing, doubting himself when the pressure was on, and this mindset that helped him prepare so thoroughly and carefully was crushing his ability to deliver a strong performance. We had work to do.

I chatted with Jon over the next month about his confidence and where he felt like he had the most of it. He explained that he never lacked confidence when talking to girls and that he felt he had "game." He had a girlfriend at the time, so he decided to ask her what his mindset was when they first met and reflect on his approach to that meeting. A few weeks later, Jon sent me an email with his findings, including:

I believe in myself (very confident).
I know what I'm going to say before I say it (game plan).
I know that I know how to talk to girls (I am competent).
I don't put any pressure on myself.
Relaxed.
Not humble (cocky).

Both of us were excited by what Jon had learned and our conversations about bringing this type of confidence into baseball. But the following year brought mixed results. He was in and out of the lineup, and finished the season with a .200 batting average. I was perplexed. How could someone who worked so hard and was so confident away from the field struggle once he got between the lines during performance? Was it really a confidence issue, or was something else getting in the way?

We worked on mental skills like self-talk, circle breathing, and visualization. Jon established goals for himself that would help him improve. We determined which systems and processes would allow him to execute plays at his best when it mattered most. His self-awareness was growing, and he had a whole book's worth of notes as we approached the next season. Jon was all in.

Once again, though, Jon had highs and lows; in one game he hit two home runs, and in the next he had two strikeouts. Sometimes, he would come into our meetings frustrated and upset, but he never left a meeting feeling that way. He had so much hope, and he continued to work hard. We continued our weekly meetings and built his mental toolbox. Yet Jon still was not getting the results we both knew he was capable of getting. What was I missing? I was puzzled.

Jon finished the season with a solid batting average (.265). He had certainly improved. And when I measured his mental strengths and weaknesses from where we had started, he scored higher across the board. Jon's hard work, attitude, and flashes of success helped him earn a scholarship to play Division II baseball—but he didn't achieve his dream of playing pro ball, never quite performing at the peak of his potential when it mattered most.

As I reflected on my time with Jon, I continued to wonder what was getting in the way. I looked back on my database of research, videos, books, and podcasts, and a broader pattern emerged: the best performers in the world shifted their mindset between *preparation* and *performance*. Maximizing our preparation requires one mindset. Performing at our peak potential requires a different one.

For years, I studied this binary relationship between the preparation mind and the performance mind. Over and over in my research, my reading, and my interviews and work with elite athletes, top students, Navy SEALs, and successful executives, I came to three critical realizations:

- What we think—*and when*—dictates how far we can go and what we're capable of when it's time to deliver.
- The preparation mind and the performance mind are not just different—they are often opposites.
- We need to *practice* the performance mind in order to leverage it when the time comes.

Jon's story was an important one for me. Years later I realized, first, that Jon didn't need just confidence; he needed arrogance. (Yes, I disagree with one of the great coaches of the NFL!) He needed confidence all the time, but when he was on the field, he needed an absolute and unshakable belief that he was the best person for the job in the moment. Second, I realized that I had not helped him (or at least not enough) *practice* and develop that mindset. We thought that recognizing where he did have confidence (in dating) would be enough to help him transfer it to the field. It wasn't.

As I worked to understand the binary relationships better, I would ask clients: What shifts exist between the preparation and performance mindsets? After we drew a line down the middle of a piece of paper and listed the shifts, I would ask which list best described their approach. A majority of them would pick the preparation mindset. I spoke to high school, college, and pro sports teams to get their opinions on the two mindsets, and noticed that even some of the pros leaned more toward the preparation mind. As we learn and train, we place emphasis on the thinking required for good preparation—but both mindsets are absolutely necessary.

Another challenge we face in building our mental strength is that some mindsets that are ideal for preparation or performance are counterintuitive or are derided by society. For instance, when you're performing, you shouldn't pay attention to the *outcome* of your performance—the score, how a play went, how well a joke landed, how a client responded to a line in a sales pitch. It may seem contradictory, but it's true. I promise! And think about how highly we value humility and disparage arrogance or perfectionism or selfishness—all of which are necessary at times. These constructs are neither good nor bad. We simply lack appreciation for the polarity of the preparation versus the performance mind and for the positive impact that each can have on the other.

Our biggest challenge, though, is this: because we don't think about the very different minds required for true success, we use each one at the wrong times. Jon let his humility leak into his performance, and it had a seriously negative impact. I've seen this same behavior over and over, and I've seen the reverse: athletes too arrogant to accept the coaching they need during preparation so they can be their best on the field or court. In fact, I've seen this "transfer" problem with every shift introduced in this book, and I believe it's the cause of most performance problems. More than likely, it's holding *you* back in some way, too.

Where does this leave us?

I am convinced that the shifts discussed in this book are essential for maximizing your performance. The concept has helped athletes better understand how to perform in front of 20,000 people, has helped CEOs perform in board meetings, and has helped students perform on their SATs. This simple framework helps create clarity about what is necessary when the world is watching *and* when nobody is watching. The approach works just like shooting mechanics in basketball, open-ended questions for salespeople, and breathing exercises for a musician. It does not give you the answer or guarantee a result, but it does give you parameters to set yourself up for success.

This book is for anyone who is serious about unlocking their potential. You may not be an athlete or a musician or a famous speaker, but in some aspect of your life, you are a performer. We are all performers, whether we're explaining a big change to a team we lead at work, handling a difficult client situation in the heat of the moment, delivering a keynote speech to a few hundred people, or even talking about an important topic with our kids. Regardless of what performance looks like for you, you don't have to be a pro to *think like* a pro. That's the beauty of the mind. You can perform like LeBron James while playing pickup ball on a Wednesday night at the local high school, even if you've never experienced the sheer physical force of flying high and dunking the basketball through a metal rim.

I believe the shifts offer a framework that can help you perform at your best, no matter where you are, who you are performing for, or what level you are performing at. They serve as a guide for you to think about how you are setting your mind—shifting between preparation and performance, depending on the moment. We all have the necessary preparation mind and performance mind within us. The goal is to become more intentional in both how you leverage each and when you make the shift—and in turn, to become more confident and successful.

Preparation, Performance, and Practice

People in Tom Coughlin's world, the National Football League (NFL), spend most of their time preparing; they play sixteen games a year, and they spend six out of seven days a week preparing for those sixteen game days. If you do the math you'll find that basketball players, who play eighty-two regular-season games a year, spend about twelve times the number of hours preparing as they do performing. Golf is a sport that takes hours or even days to play, but professional golfers still spend far more time preparing and practicing than they do performing in tournaments. The same is true for all of us: the time we spend actually performing is almost always a fraction of the time we spend preparing. It's no wonder our mindset often leans in the direction of preparation.

But what is the actual difference between preparation and performance? If we want to understand why we need to shift our mindset in order to fulfill our potential, the distinction matters:

- *Preparation* is the action or process of making ourselves ready and competent.
- *Performance* is the execution of actions that will be evaluated in some way.

Often, preparation is something we do alone, or at least away from our final audience or opponent, while performance can feel like standing in a spotlight in a packed theater (and sometimes is exactly that). Preparation involves learning, growing, and improving, whereas performance is pure execution, carrying out an action or pattern of behavior designed to achieve a goal.

I've found that most people don't spend time thinking about these differences in their work and personal lives. And yet preparation and performance often are different for each of us. For instance, when is a leader preparing, and when is he or she performing? When is a salesperson preparing versus performing? What about a parent? Understanding the "when" means we have to understand the nuances of preparation and performance—so we can shift our mind appropriately.

Pause for a moment and think about the difference between preparation and performance in your work. What does each look like? As you read about the shifts, you'll be able to better identify the two, and that will give you leverage.

Of course, you can't talk about preparation without talking about practice, and yet the two are not the same. Coughlin's book *Earn the Right to Win* hammered home the importance of preparation in this way: "You earn the right to win on the practice field. Practice is the essential core of preparation. It's where a team builds its toughness."[2] That distinction between practice and preparation was important to Coughlin. "Contrary to common belief," he explains, "there is actually very little teaching that takes place during practice. The field is not the place for lengthy, detailed instruction or evaluation. The teaching takes place in the classroom both before and after we're on the practice field, and because of that we spend significantly more time in the classroom than on the field."[3]

Practice is the action of working at something repeatedly so as to become proficient. This matters because we can each build our mental "toughness," to use Coughlin's word, by practicing the preparation mind and the performance mind. Most of us spend so little time actually performing that we have to be intentional about using our practice time to work on the performance mind. Yet we have gone so far in our praise of preparation and practice that we have forgotten about the importance of performing. We do a bad job of preparing ourselves to perform, and instead prepare ourselves to simply be good at practicing. That was essentially the problem for Jon, the baseball player.

If this book does anything at all, I hope it inspires you to perform at your best by leveraging your preparation mind—and letting go of it when the time is right. I hope you get clarity around what preparation, performance, and practice look like for you.

How This Book Can Boost Your Performance

The great performers know that the person they are on the big stage does not need to be the same as who they are away from it. They can shift. None of us are the same person at all times. Authenticity is elastic, not rigid. What's most important to recognize as you head into this book is that you don't have to be the same person in preparation and performance, and in fact you really shouldn't be. The goal is to be intentional about the shift—like the greats are.

Recognizing and understanding these shifts can help you perform better. You can develop them, just as you would develop a muscle. In my work over the years, I have collected and studied more than thirty shifts. When writing this book, though, I thought it was important to distill the most important and universal, and use them to capture most of the others. These constructs and shifts are not random; refining them was an arduous task. The goal is to help you focus on those elements of the preparation and performance minds that will make the greatest difference for you.

Shift by shift, I will break down each of them. Some may resonate with you more than others—that's OK. The key is to focus on those that are most important to you and your craft or that you think may be limiting your performance. As I explore each shift, I'll explain how the two minds—preparation and performance—are different, how leveraging the wrong mind at the wrong time can create major performance hurdles, and what the psychology and neuroscience research has shown us to be true about how these minds work for us and against us. I'll share stories of some of the best performers in the world and how they have used these shifts to succeed or have struggled to develop the right mind at the right time. And I will show you how the preparation mind, if managed properly, actually supports the performance mind.

The last section of every shift is designed to help you practice so you can become stronger mentally. I offer techniques, exercises, and tips for practicing both minds. The more you practice with intention, the easier and more natural it will be to shift your mind when it truly counts.

This book is about thinking right. It will help you better understand that *when* you think matters as much as *what* you think. So join me as we explore the preparation mind, the performance mind, and how radically different they are.

Let's get started.

HUMBLE AND ARROGANT

ON APRIL 30, 2006, as a senior at Syracuse University, I entered the Carrier Dome for a concert that had set a record for student-ticket sales. To understand the energy outside the Dome as we waited to get in, you need to have been on a college campus from 2004 to 2006. For two years, everywhere I went, the music of one rapper was blaring from open dorm windows and open car windows and anywhere there was a party. His music was catchy and upbeat, and it didn't hurt that his albums were titled *The College Dropout* and *Late Registration.* It wasn't my favorite music, but my head nodded to the beat and my feet moved every time it came on. Like my fellow students, I was excited to see this rising superstar in person.

The rapper, of course, was Kanye West.

I entered the Dome as the opening act was finishing and took my seat on a silver bleacher. When Kanye finally came on stage, wearing sunglasses, a hoodie, and his notorious swagger, he had a presence that lifted the stadium. We all roared. Then, without hesitation, he greeted the crowd by saying, "I've worked so hard to be where I am. I can say it: I am the shit."[4] Between each song, he exclaimed that he was the greatest, the best. To say Kanye was arrogant during his performance is an understatement; it bordered on narcissism.

Although known for his personal eccentricities, Kanye demonstrates the value of arrogance every time he takes the stage. While it might be the only advice worth taking from him, there's something to be learned from Kanye's approach to performance. His journey, especially the trajectory of his early career, is remarkable. In his early twenties, he was already a hit producer. He had a watershed moment at the age of twenty-five when he survived a near-deadly car accident, which left his jaw wired shut. The accident served as inspiration for him to go from producer to rapper, and he recorded his hit song "Through the Wire" just two weeks after his surgery and with his jaw still wired shut.[5]

Kanye once proclaimed, "I am the number one most impactful artist of our generation. I am Shakespeare in the flesh."[6] Of course, Lil Wayne announced he was the greatest of all time in 2005; Jay-Z and Nas battled over who was better, as did Biggie and 2Pac; and LL Cool J released an album titled *G.O.A.T.*, which means "greatest of all time." Music, and specifically rap, has had a long-standing relationship with arrogance. Perhaps it stems from the purest form of rap, known as "battling," where an artist challenges another to a freestyle competition in which the two test their ability to deliver uniquely innovative lyrics from brain to mouth in an instant.

But arrogance isn't unique to the world of rap. In fact, I would argue that arrogance is essential to any performance. To perform well, you may not need to believe that you're the greatest of all time, but you do need an unwavering, even exaggerated belief that you are the absolute best person for the job in the moment. This belief gets you past any self-doubt that might crop up in the middle of a performance when something goes wrong: you miss a shot, you get a client's name wrong, you flub up a speech. While certainly humility is important, and a society brimming with arrogance at every corner would not be pleasant, performers in the moment thrive on arrogance. When the lights are on, if you don't believe in yourself absolutely, nobody else will.

But imagine that same level of belief that you're the best while you're preparing or training or learning—or anytime when you are not, or shouldn't be, in the spotlight. Total disaster.

Again, Kanye is a perfect example.

Three years after I saw him perform, he walked onstage at the MTV Video Music Awards twenty seconds into Taylor Swift's acceptance speech for best video ("You Belong to Me") by a female artist. His off-balance arrogance made him believe he had the right to humiliate her on stage by taking the microphone from her and proclaiming his opinion that Beyoncé's video for "Single Ladies (Put a Ring on It)" was one of the best of all time.

Arrogance in the wrong situation—basically any time when you aren't performing—makes you look like a jackass (not to quote anybody specific here) or a bully. The repercussions for people who bear the brunt of it can be considerable.

At the time, nineteen years old and two albums into a stunning career trajectory, Taylor Swift was known for being nice, sweet, innocent. Early in her 2020 documentary, *Miss Americana*, she says, "My entire moral code, as a kid and now, is a need to be thought of as good. . . . I've been trained to be happy when you get a lot of praise."[7] Then, later in the film: "When you're living for the approval of strangers and that is where you derive all of your joy and fulfillment, one bad thing can cause everything to crumble." Of course, that bad thing was the moment with Kanye.

It shook Swift, but it was also a catalyst. Despite the fact that she had already achieved incredible success through "hard work and being nice," she questioned whether she deserved to be there. Getting to the other side of that moment, and what it revealed to her about her lack of confidence, made her stronger. She needed arrogance, and she found it as she bounced back. She stood up for herself and became a stronger businesswoman. She took some blows and didn't fall down. And she found her voice. Regardless of what you think of Swift or her music, you can't discount her talent, her ability to engage her fans, and the level of inner belief—arrogance—it takes to keep coming back, keep putting herself out there.

In preparation, arrogance makes you look like somebody who can't handle feedback because your ego just won't let you believe you have any weaknesses, limitations, or opportunities to improve. For me, one of the most compelling moments in Taylor Swift's documentary is when she finds out that *Reputation*, the best-selling album of 2018, was nominated in just one Grammy Award category (she's used to multiple nominations). Swift is clearly upset, but she says to the person on the phone, "This is fine. . . . I just need to make a better record."

In preparation, lack of humility is a recipe for disaster. Flipping it around, though, is equally disastrous. What would a Kanye West performance or a Taylor Swift show be like if they came out on stage worried about all the ways they needed to improve, and all the rappers or singers who might be better than them? Would they have the same presence, the same power as performers, or would they leave the crowd disappointed?

We've all seen people who have been humble in their performance or arrogant in their preparation. It is not uncommon for people who are labeled as "uncoachable" to miss out on career opportunities. It is not uncommon for people who are hesitant or wishy-washy in a performance to lose a sale, to fall flat with an audience, to choke under pressure. You may have even experienced these hiccups in your career or personal life. Without humble preparation, it's hard to deliver. Without arrogant performance, it's hard to make an impact.

We need to be humble in preparation so that we improve, improve, improve, which frees us to be arrogant in performance. Once we're offstage, *we have to shift back* so we can review our performance, take feedback, improve some more, and build up the unshakeable belief that we will nail it when the curtain goes up.

You might wonder why I'm using the word "arrogance" instead of "confidence." We need confidence all the time—when we're preparing and performing alike. Confidence helps us trust that no matter what, we have the ability to find a way forward, to make progress. We can be both confident and humble. Confidence is less fierce and potent than arrogance, though. That's one reason it is seen as positive whereas arrogance is seen as negative—and it's why we need a self-belief that's bigger and stronger when it's time to deliver the goods.

The world's best performers combine humble preparation with arrogant performance. Frank Lloyd Wright, who is considered the greatest American architect of all time, once said, "Early in life I had to choose between honest arrogance and hypocritical humility. I chose honest arrogance and have seen no occasion to change."[8] But I argue that you don't have to choose between arrogance and humility; they are both useful mindsets. When the lights are on, choose arrogance, but when the arena empties, bring back the humility. The key is to learn when and how to shift from one to the other.

Growth Requires Humility

Carli Lloyd has become one of the greatest soccer players ever, but there was a time when it looked like she wouldn't become a pro. Growing up, Lloyd relied on her talent. As she explained in an interview: "There'd be days where I went out onto the field and I felt like giving eighty percent, and I just gave eighty percent. And it was better than most people's one hundred percent."[9] It's not surprising, then, that she admits, "When I was younger, I didn't like taking and accepting criticism. I didn't like to be told I was wrong."[10] Lloyd didn't realize that if she wanted to become one of the best, she had to train as if she wasn't one of the best. Lloyd credits her trainer, James Galanis, with whom she started working in 2003, as the reason for her changed ways.

Galanis points out, "She loved working with the ball, obviously, but she didn't know how to think. . . . She was full of excuses."[11] Instead of looking inward, young Lloyd would blame coaches, teammates, and anyone but herself for her lack of playing time or success. That's what ego in preparation can look like: blame and excuses. Galanis helped her look inward and take control of her career. She started to accept her weaknesses, see areas where she could improve, and find ways to gain an edge. Her transformation was physical, technical, and mental.

Lloyd joined the under-21 national team and seemed to be heading in the right direction when she was abruptly cut from the team. She describes the pain that she felt over getting cut: "Tears were rolling down, and I just thought, *This is probably it. I can't do this anymore.*"[12]

Galanis points out, "I think it was great that she got cut. She was sailing as a youngster, and I think that cut just really made her realize that she's not the greatest and if she wants to be the greatest, she's going to have to roll the sleeves up every day and work hard and get to the top."[13] The experience helped Lloyd learn that humble critique—of herself—in preparation was necessary if she wanted to play at the highest level. When she started doing that, no stage was too big for her. Lloyd ended up getting an invite back to the under-21 team after a player got hurt, and she used the opportunity to hold herself accountable—to her own high expectations for growth.

Imagine if Lloyd had never been coached or critiqued. Imagine if she never learned to look inward and find ways to get better. Would she have become the first female player to score three goals in a World Cup final, or become a two-time Olympic gold medalist, or earned the FIFA World Player of the Year award twice?[14] I doubt it.

Humility helps us recognize opportunities to learn, get help from others, and remain open-minded. It's terrific for preparation, which is when we need to be challenged and focused on growth. It's hard to grow when we believe our "talent" will carry us.

WHAT HUMBLE REALLY LOOKS LIKE

Michael Johnson and Terry Mitchell, both professors at the Foster School of Business at the University of Washington, teamed up with Bradley Owens, a former doctoral student, to study humility. Their research broke humility down into three components: an accurate view of the self, teachability, and appreciation of others' strengths.[15]

Humility requires self-awareness—that accurate view of the self. In my work with athletes and executives over the years, I have seen how self-awareness can unlock someone's potential and how the lack thereof can lead to complacency. However, humble preparation doesn't just require awareness; it also requires a willingness to *do something* with what we discover about ourselves. Humble preparers learn from others in and outside of their field to better themselves; they seek advice from mentors and coaches, and they stay open to possibilities rather than simply believing that their way is the right way.

Unsurprisingly, then, Johnson and Mitchell's research found that humility is a game changer when looking at performance. "Two of the best predictors of performance—both academic and on the job—are intelligence and conscientiousness," Johnson says. "We found that humility predicted performance better than both."[16] The study went on to reveal that humility can even compensate for lower levels of intelligence. Another study, out of Duke, found that humble participants were more likely to perform better on memory tasks.[17] The humble students continued to try to improve—to memorize better—when preparing.

Intellectual humility, just one more aspect of this concept, is an acknowledgement that you might be wrong. (Yes, you.) When we have intellectual humility, we create a space for possibility and an openness to others' ideas—about how to train, how to improve, how to shift our next performance based on changes in our environment. After all, the best idea today won't be the best idea a year from now.

Researchers Ethan Kross and Igor Grossman published a study that found a correlation between intellectual humility and wisdom.[18]

For performers, both openness and wisdom are essential—in preparation. Great performers will consider their options, listen to feedback, and ultimately be open to changing their behavior based on what they learn. During preparation, a great performer will always ask, "What am I missing?" That's intellectual humility. Laszlo Bock, a VP at Google in charge of hiring, has said that intellectual humility is one of the top qualities the company looks for. Without it, he explains, "You are unable to learn."[19]

From 2007 to 2013, it was hard to find a more respected coach in college basketball than Brad Stevens of Butler University. Stevens, now head coach of the Boston Celtics, took Butler to the NCAA Tournament five out of the six seasons he was there and set an NCAA record for the most wins in a coach's first three seasons. I spoke with Coach Stevens in December 2012 while he was in the heart of his season. I knew a bit about the culture Stevens had created at Butler and was anxious to get more insight into what made the team special. I have spoken with many successful people, in a number of professions, and often my conversations are similar to an interview; I ask a question, and they talk about themselves, which is what I am hoping they'll do. With Stevens, however, I didn't get to my first question until he had asked me five of them—about my story, my mental coaching practice, and my philosophy. About halfway through the call, I pivoted and finally got to pick his brain a bit. But my big takeaway was his openness to my ideas and his desire to learn and even take some of my ideas and implement them with his team. Don't get me wrong; he knew who he was as a coach, and he had enough ego. But his humility and desire to learn were what stood out.

As Bill Gates once said, "Success is a lousy teacher. It seduces people into thinking they cannot lose."[20] Why? Because it convinces them they have nothing to learn, no need for improvement. So, yes, we value humility in the preparation process so we can keep advancing, keep getting better, keep absorbing new ideas—but we need to be able to shift away from humility when it's time to execute or perform.

You Can't Beat My Arrogance

Satchel Paige and Josh Gibson are considered to be two of the best baseball players of all time. Paige was an intimidating pitcher (he stood at six foot three) who played professional baseball in the Negro League until he was forty-seven years old.[21] He used to participate in playing tours across the United States and would have his infielders sit down on the field behind him, as if to say they wouldn't be needed while he was on the mound—and yes, he would often strike out the other team.[22] Although he was likely born in 1906, Paige rarely answered a direct question about his age, and was known to say instead, "Age is a question of mind over matter. If you don't mind, it doesn't matter." In his late fifties, he briefly came out of retirement to pitch three scoreless innings for the Kansas City Athletics—the power of inner arrogance in action.

Gibson's story is just as impressive. He was considered the best hitter in baseball during his era, having amassed more than 800 home runs over a seventeen-year career. Each believed he was the greatest in the world at his job, but because the two played on the same team, they never could have bragging rights over each other. That all changed in 1942.

The confrontation between Paige and Gibson has become the stuff of baseball legend, so varying accounts make it hard to pin down the exact details. For our purposes, we'll go with this version: It was a game in September, in the ninth inning, with two outs left and the bases loaded. Gibson and Paige were no longer teammates and were now facing each other in this critical moment. But it didn't have to be that way. You see, with a runner on third base, Paige requested a time-out. He walked over to first baseman Buck O'Neil and said he was going to walk the next two batters so he could face Gibson with the bases loaded. That's right—he intentionally walked the other batters just so he could face the best hitter in baseball with the bases loaded. That's arrogance.

Forty thousand people rose to their feet as Paige told Gibson he was going to throw him a fastball, and before anyone could blink, that ball whizzed by Gibson. Strike one. Paige headed back to the mound and declared he would throw another fastball, and boom! Strike two. For the third pitch, Paige again declared he would throw a strike. He wound up and delivered the third pitch right by Gibson. Strike three. Then Paige walked off the mound, looked Gibson in the eye, and said, "Nobody hits Satchel's fastball."[23]

Harvey Dorfman and Karl Kuehl, in their legendary book *The Mental Game of Baseball*, share a quote from Hall of Fame second baseman Joe Morgan: "To be a star and stay a star, I think you've got to have a certain air of arrogance about you, a cockiness, a swagger on the field that says, 'I can do this and you can't stop me.' I know that I played baseball with this air of arrogance, but I think it's lacking in a lot of guys who have the potential to be stars."[24]

Floyd Mayweather, the undefeated boxer, has gotten some flak for making his self-belief abundantly clear by saying, "Ali was a great fighter, but I'm better. [Sugar Ray] Robinson was a great fighter, but I'm better."[25]

Tennis megastar Serena Williams, who won the Australian Open while pregnant and is considered one of the best athletes of all time, once said, "I always say that when I'm playing well, no one can beat me. I'm not just saying that to sound full of myself or anything, but it's true."[26]

And the soccer superstar Cristiano Ronaldo once said in an interview, "There are people out there who hate me and who say I'm arrogant, vain and whatever. That's all part of my success. I am made to be the best."[27] Society often is critical of these kinds of statements or behaviors, but the players are just giving a behind-the-curtain look into their arrogance when they are in the arena.

Legendary athletes leverage their inner arrogance when they're on the field or court, but it's important for any of us when we're performing. Having complete faith in your ability, holding on to the idea that you're the best person for the job in the moment, regardless of the outcome, is an approach seen in successful boardrooms, sales presentations, and investment pitches all over the world. In order to change the world, even in small ways, you need humility *and* arrogance. It's just a matter of when to use each.

While society sometimes cringes at arrogance, science suggests it can be useful. Intellectual humility can have a big impact on learning, but when it comes to grades and test scores, intellectual arrogance can also be important. Research published in the *Journal of Research in Personality* found that students with greater intellectual arrogance, or an exaggerated belief in their abilities, achieved better individual grades.[28] The research did note that those with intellectual arrogance were not necessarily admired by their peers, which can be a challenge in group or team dynamics. I believe, though, that when a performer can balance humility in preparation with arrogance during performance, the group won't perceive the performer in the same negative light. At performance time, the most important thing a teammate wants to know is whether the person next to them can deliver. That's difficult to do if you don't believe, absolutely, that you can. The power of arrogant performance is real.

In one of my favorite podcasts, *Big Questions with Cal Fussman*, world-renowned surgeon Dr. Oz tells a story of a difficult surgery and the mindset he had in the operating theater. "Surgery is controlled arrogance," he explains. "You've gotta be honest about it. Who thinks they can take a band saw to someone's chest and help them? How many people take a scalpel and cut somebody and think it's good for everybody? Right, you gotta be a little arrogant to think that's possible."[29]

In a conversation on my *Intentional Performers* podcast, Mario Romero, a former Navy SEAL, told me, "We see ourselves as almost immortal when we go out in combat. . . . It almost felt like we were untouchable out there; it almost felt like we were cocky. I dared the enemy to come after us."[30] And yet in preparation, he explained, they shift into a highly critical mindset, doing everything possible to improve as a unit. Whether it's a surgical technique, a military maneuver, a birdie putt, a three-point shot, or a sales pitch, cultivating the arrogant performance mind will give a performer a great opportunity to execute successfully.

As I said at the start of this shift, confidence is something you need all of the time, even when preparing—but it's often not enough when you're under the pressure of performance. In those moments, you need a little arrogance, despite what we've all been taught about it. Strong performers will not let arrogance completely dictate their decision-making but will make sure that when it's time to execute, they do so with an unshakeable, over-the-top belief in their ability.

CAN A GOOD LEADER BE ARROGANT?

More than a decade ago, leadership and management guru Jim Collins described the five levels of leadership, including a Level 5 leader—someone who possesses both humility and professional will. Collins has used phrases like *iron will* and *fierce resolve* to clarify that second part.[31] Those phrases may be more acceptable than *arrogance*, but in critical leadership moments, I think that's what we're really talking about.

Dr. Travis Bradberry, a leading expert on emotional intelligence, says, "Few things kill likeability as quickly as arrogance. Likeable leaders don't act as though they're better than you because they don't *think* that they're better than you."[32] That may be true 90 percent of the time—when they are coaching others, helping solve a process problem, developing strategy, shaping a vision. About 10 percent of the time, though, when they are *performing*—making a hard decision, pushing forward with a not-so-popular change, executing a strategy despite obstacles—they must have that fierce resolve and absolute inner faith that they're the best person with the best idea or plan in the moment, despite what others may think. Great leaders are willing to challenge the status quo and take risks, and often they have to make unpopular and unlikeable decisions that they believe are best for those whom they serve. Leaders absolutely need humility when preparing, and they spend most of their time in preparation mode, but they also need arrogance, even if just in short bursts.

You'll certainly find a lot of sound research that shows arrogance can have a negative impact on your ability to lead. But the real problem is that many leaders bring arrogance into moments when their team needs them to be humble. And, of course, research has also shown that leaders do the opposite, too. In the *Harvard Business Review* article "Research: When Being a Humble Leader Backfires," professors from Ohio State University and Portland State University share their discoveries about the paradox of our expectations of leaders. One of the key findings is that "on teams where members expected leaders to be dominant and powerful, humble leaders were met with doubt and team members felt unsafe to speak up and take risks."[33]

No matter who you are, but especially if you're a leader, *when* you leverage arrogance dictates whether or not it's helpful.

And by the way, you don't have to look much further than Dr. Bradberry to see arrogant performance. His bio describes his company, TalentSmart, as "the world's premier provider of emotional intelligence (EQ). More than 75 percent of the Fortune 500 companies rely on our products and services."[34] Those statistics inspire confidence in the company, but it also seems a bit arrogant, eh?

ARROGANCE AIN'T EASY

As visible as arrogance is among top performers, I've seen many others struggle with some form or level of imposter syndrome as they climb the performance mountain—athletes who wonder whether they deserve to be in the pros, for instance. My clients often need more arrogance when performing rather than less; their inability to tap into their inner arrogance holds them back from their peak potential.

People struggle for many reasons to bring out their inner arrogance when it matters most, but I believe it stems from risk aversion. A performance brings judgment; there is something on the line. To tap into the raw, uncut, arrogant self has consequences. What if it doesn't work? What if you fully believe in yourself but don't get the results you were looking for? It's a lot safer, both socially and psychologically, to downplay your potential, to not take a risk, than it is to believe in the very best version of yourself, go all in, and fail.

Arrogant performers, on the other hand, will stick their necks out without caring about how they are going to be judged. And yet one of the hottest topics during the 2019 Women's World Cup was the attitude of the US national team. One *Newsweek* headline read, "American Soccer Team 'So Arrogant' Even the French Want England to Win."[35] The biggest issue, many said, was how much they celebrated each goal over a much weaker team. But on the other side of the argument were those who recognized what it takes to succeed in the highest-stakes performance of one's career. I was one of them, and while some criticized or complained, I cheered the team on.

Many people raised the question of whether the US team's behavior would have been judged as harshly if they were men. It is no accident that many of the arrogant performers I listed earlier in this shift are male. We've all seen the research (or personally experienced) that too often, when women assert themselves, they're labeled as bossy or a bitch—something influential women are speaking out about.[36] Recently, however, a female member of an executive team expressed concern, from a woman's perspective, about the concept of arrogance. I also had a male CEO ask me why we even had to talk about gender differences. Despite the fact that arrogance is universally necessary, it isn't universally accepted—for men and especially for women.

I have observed a gender gap in the ability to leverage inner arrogance for performance, and in the accumulation of confidence that we can rely on at any time. A study found that 70 percent of male managers have high or quite high levels of self-confidence. That same study found that more men (15.7 percent) have a high level of personal confidence and rarely feel any self-doubt compared with women (4.7 percent).[37] While certainly these statistics do not apply to *all* men and women, the women in leadership roles and female athletes tend to over-index on humility and under-index on arrogance. If you're avoiding arrogance out of misplaced humility, that might limit you. When women do step into that space, we should empower them and cheer them on, not stifle them.

The challenges of embracing arrogance aren't limited to women, though. Imposter syndrome is a prime example. Feeling like an imposter is a common human experience. Ever get a new job and not believe you were truly qualified? How about that first day of class in college? Or that time you went on a date with someone you thought was out of your league? The phenomenon of imposter syndrome was described for the first time in 1978 when psychologists Pauline Clance and Suzanne Imes published their research on how women often feel like imposters even when they are incredibly qualified. Since then, research has shown that an estimated 70 percent of people have those feelings at some point in their lives.[38] In all likelihood you are part of that 70 percent! What's especially interesting, as it relates to the performance mind, is the research that has found imposter syndrome impacts men even more than women.[39]

There are plenty of books about the importance of humility, and I recommend them all: *Earn the Right to Win* by Tom Coughlin, *Grit* by Angela Duckworth, *Talent Is Overrated* by Geoff Colvin, and many others. But books on building arrogance? Not so much. Arrogance can be learned, though. I have worked with a number of collegiate athletes in a host of different sports, and when I ask what they want to work on, most of them say confidence. I often challenge them to search for why they are important and able, and then help them exaggerate those beliefs just before a performance. Learning arrogance just takes some open-mindedness—and perhaps some humble preparation—to bring it to the forefront. Later in the chapter, I'll share activities to help you do just that.

The Humility/Arrogance Cocktail

In professional baseball, a player's monetary value is determined through a process called pay arbitration. Seasoned players especially will undergo this process in order to find out their worth, in dollars, to the team. The outcome of pay arbitration is used to guide pay negotiations—so this is a stressful process for the player. Sometimes a player finds out that he is worth less than he assumed, and this is called "losing arbitration." For our purposes, pay arbitration provides an interesting example of how humility and arrogance can contribute to our overall view of ourselves.

In 2014, a study looked at how high-status players handled being told they were worth less than they thought. One article recapped the findings: "In the 58 percent of the arbitrations where players lost, [the research showed] that the higher the status of a player, the greater the fall-off in performance the following year."[40] Lower-status players who had not received accolades in their career were not impacted much by losing arbitration. I would argue that this research speaks to how humility actually supports arrogance. Those who were more humble were able to maintain their belief in themselves during performance. Those who were less humble, because they had let their successes reduce that humility, struggled to do the same.

Interestingly, for the players who won arbitration—who were valued for what they assumed they were worth or more—their belief in their ability to perform seemed to rise as well; the high-status group performed about 70 percent above the sample average during the post-arbitration season.[41] The lesson here is that instead of waiting for others to instill in them a sense of self-belief, the greatest performers rely on themselves for that. Believing in yourself more than depending on others to believe in you is essential, even if that belief is exaggerated. You can't build that genuine belief within yourself, however, if you aren't humble enough the rest of the time to tackle your weaknesses, stay coachable, and continue to improve.

Humility in preparation has no boundaries; we can constantly grow, improve, get better. Think about how much time you spend preparing compared with how much time you spend performing. But too much of anything can be a bad thing, and that is true of both arrogance and humility. As with any of the shifts we'll discuss in this book, the important factor is *when*. When asked about his "flashy style" on the field, Deion Sanders—who played two sports professionally at the same time—said, "You're talking about a personality I created when I was playing . . . 'Primetime.' That's not Deion. Deion is a very different person."[42] Arrogance in performance is limited to the actual moment of performance: a sales call, a forty-minute basketball game, karaoke night with your friends. The greats know when and how to shift between the two.

Stephen Curry is an NBA player who strikingly combines humility and arrogance. He is a soft-spoken, baby-faced guard who has taken the NBA by storm, winning the MVP award twice. Although he grew up the son of a professional basketball player, Curry was overlooked because of his slight frame coming out of high school. His dad's alma mater (Virginia Tech) only offered him a spot as a walk-on, so instead he took a full scholarship at Davidson. Curry set the college basketball world on fire as he led Davidson to two straight NCAA Tournament appearances and averaged 25.3 points per game.[43] He was the seventh pick of the NBA draft, although people still doubted whether or not he could transition to the pros. Those critics were quickly silenced.

Curry's workouts are legendary—dribbling with two balls at a time and catching a tennis ball while doing so, blindfolded; forcing himself to make a certain number of shots before leaving the gym; and so on. He is never complacent. His teammates often say that his desire to constantly improve helps push them. His coach, Steve Kerr, has described Curry as compassionate, humble, modest, and funny. "And yet," he said in a conversation with coach Phil Jackson, "he has this great arrogance on the floor, where he knows he's the best player out there. Pretty wicked package. Very few players I've ever been around have possessed that combination."[44]

Kerr recognizes that it takes arrogance to do what Curry does—to believe that he is in three-point range as soon as he crosses half-court. And Kerr fuels that arrogance at performance time. During one game, Kerr put his arm around Curry as they walked into the locker room at halftime and said, "One of the things I love about you is you're two for eleven and you have no hesitation shooting a sixty-footer. Nobody in the league does that."[45]

Curry. Satchel. Lloyd. Study a great performer, and you will find this potent cocktail of humble preparation and arrogant performance. But how do you get the humility-arrogance cocktail?

EXERCISE SECTION

Becoming More Humble and Arrogant

More than a decade after seeing Kanye's arrogance in person, I found myself in a gym rebounding the basketball for a high school senior named Jared. It was my first year working with this high school boys' basketball team, and they had big expectations for their upcoming season. I had developed a relationship with Jared, a sharp shooting guard who would later play Division I basketball. At critical moments during games, Jared would sometimes let self-doubt creep in, which resulted in multiple missed shots in a row. So we began a pregame ritual.

I would ask him how good of a shooter he was.

He would answer, "The best shooter on the team."

I would challenge him to go further.

He would answer, "The best shooter in the conference."

I would nod my head.

He would say, "The best shooter in the country."

I would nudge again.

At last he would say, "I am the best shooter in the world."

Because what we say about ourselves influences what we think about ourselves.

It was late January, and Jared's team had had a miraculous season in what many consider the toughest high school basketball conference in the country. With his team down one point, Jared squared up his feet, caught a pass from his point guard, and calmly knocked down a three-point shot as the buzzer sounded. The fans rushed the court, and bedlam ensued. A month later, Jared once again made a clutch shot, this time with ten seconds left, to help his team win the championship.

For Jared, the season marked the culmination of four years of humbly building his mind, body, and skills, so he could arrogantly announce that he was the best shooter in the world, even if it was just to me. I watched him work on his arrogance, buy into the idea, and ultimately unlock it from within when he needed it most.

Then there was Eric, a college football player who couldn't have been more different from Jared. When I first met with the coaching staff of his team, they went over some of the players whom they were hoping I could work with. They mentioned Eric and said, "He's one of our more talented guys, but the light hasn't quite gone on for him." Eric was entering his junior year and had shown flashes of promise during the previous seasons, but wasn't delivering on his potential.

During our first meeting together, I asked Eric what his strengths and weaknesses were. He had no problem talking about his strengths—athleticism, drive, speed, confidence. When I asked him for his weaknesses, he looked me straight in the eye and said, "I don't think I have any weaknesses." He was dead serious.

I politely asked him why he wasn't an All-American if he didn't have any weaknesses, and he shrugged his shoulders. He legitimately did not know.

I asked if we could bring his position coach over to get his opinion, and he said, "Sure." The coach gave three specific examples of what Eric could work on. Eric listened and seemed to soak it all in. He was beginning to find the humility he needed for better preparation. We set some goals for him to attack those weaknesses without diminishing his own arrogant belief in his ability to perform between the lines.

That season, he went on to break school records and became an absolute problem for opposing teams. The combination of humble preparation and arrogance in performance he developed helped him become an impact player from day one in the NFL. Today, when I hear him interviewed, he talks about watching film, studying guys in his position who are successful, and learning from what he did wrong in games. He also talks about staying humble and staying grounded even when he has success.

Like Jared and Eric, you can cultivate your inner arrogance and inner humility. It's just a matter of your willingness to unlock what is already inside of you, put in the hard work, and be vulnerable.

Below, I've shared tactics for cultivating your humility and arrogance. Since you're reading this book, I am going to assume that like most of my clients, you may already be better at tapping into humble preparation than arrogant performance. Thus, you'll find more of the strategies are focused on developing arrogance than humility.

WEAKNESS WORK

StrengthsFinder by Marcus Buckingham and Donald O. Clifton became a best-selling book partially because when you bought the book, you got free access to an assessment that has now been taken by over twenty-one million people. The crux of the concept is that people should focus on their strengths and lean into them if they want to be successful.

StrengthsFinder is great for performance, but when it comes to preparation, it's working on our weaknesses that can unlock our ability to grow.

With that in mind, choose an area of your life and create a worksheet like the one shown here. Think about your weaknesses as reasons you might not succeed at your craft. Be specific, and list only things that are in your control. Think about how you can attack those three weaknesses in your preparation. Develop systems and processes to change them. If you're struggling to identify weaknesses to work on, try asking others who you trust will be honest and who would genuinely want to help you grow and improve. The process for humble preparation is now underway.

AREA FOR IMPROVEMENT	
Weakness	Solutions
Weakness	Solutions
Weakness	Solutions

CREATING YOUR INNER KANYE

On an index card, write three reasons why you are "the shit" at what you do. Seriously, language matters. Like Kanye, you don't need to sugarcoat praise when working on your performance mind. I often tell my clients that they should be humble when they talk to the media, their friends, and strangers, but when I meet with them, I need them to check their humility at the door. I need to know the exaggerated truth. So, I want to know the truth—the whole truth—about why you are the shit.

The next step is quite simple. On the other side of the card, write the weaknesses you identified ("I ain't shit") that you will attack in your humble preparation. This side balances the first side of the card, which lists what you will leverage in arrogant performance. You need both sides to be as clear as possible, so your mind can have as much clarity as possible. Pull that card out anytime you are preparing or performing. Remind yourself what matters most.

TICKTOCK TALK

Like a clock, we all have the ability to shift back and forth, tick and tock, in our mindset. When you have doubtful thoughts or even overly humble thoughts while performing (tick), simply replace those with arrogant thoughts (tock). As with the index card I just described, you can write out common self-doubts that pop up when you're performing and also write out replacement self-applause, so you are ready to combat the ticks with corresponding tocks.

ANTI-GOALS

I'll write more about the power of goal setting in later shifts, but here let's address a concept that I have come to really appreciate: "anti-goals"—an idea put forth by internet investors Andrew Wilkinson and Chris Sparling. Although we often think about the future in a positive light (and later I'll have more to say on visualization, too), anti-goals prompt you to clearly define what you don't want and to create a plan to avoid it.

Anti-goals allow you to look inward and think about what you don't want to happen. It takes humility to spend time thinking about what we look like at our worst, without it crippling us, and to create a game plan to avoid that version of performance. Here's how to begin:

- **Step 1:** Make a list of five things you don't want to happen during your next performance, whatever that might be.
- **Step 2:** List five actions that you can take prior to or during the performance to avoid those things. Include any specific training, education, or practice you can pursue.

Creating your anti-goals in preparation gives you greater clarity when it's time to perform.

GRANDMA IN YOUR BACK POCKET

Just as Stephen Curry has his coach, Steve Kerr, it's important for you to have someone you respect in your corner, someone who unconditionally believes in you when you are performing. Who can be in your ear to remind you what you are great at? For me, I often think of Grandma Ya. When I played soccer as a kid, my grandma would come watch me play. She was always on the sidelines, clapping her hands and yelling, "Go, Brian!" No matter if we won 5–0 or lost 5–0, Grandma Ya would always tell me how proud she was of me.

Over the years, I have channeled my grandma when I am performing. Whether I was delivering a big speech for work, taking a test in grad school, or playing basketball on Wednesday nights, I have always tried to have Grandma Ya in my back pocket.

Who is your Grandma Ya? How can you encourage him or her to prime your performance? If you are playing a sport or performing onstage, be clear with your support system about what you need from them when they are in the crowd.

But how will you handle a hostile environment that isn't filled with "grandmas"? Who else can you surround yourself with when you are performing? Who are you in touch with before a big performance or competition? Extensive scientific research reveals the power of environment on our performance. Make sure you are bringing the right people into your environment whenever possible.

"MY GOOD"

Basketball players are notorious for saying "my bad" when they make a mistake. When I work with them on building their arrogance, one of our goals is a short-term memory so they can forget when they miss their last shot. Great shooters won't dwell on their previous misses. Rather, they'll constantly believe the next shot is going in. That's the arrogance they need to bring to shooting.

When I work with a basketball team, I will often rebound for players, as it's one of the few times that I can truly get up close and personal with their performance mind. I will grab the rebound and toss the ball back to the players, and they have to say either "my good" (they're confident the ball will go in) or "next shot" (they believe it will go in next time) as soon as they release the ball from their fingertips. Doing so teaches them the power of quick feedback and setting their performance mind, rather than waiting for the hoop to tell them if it was good or bad.

Think about your own practice habits. How can you use "my good" and "next shot" to cultivate your short-term memory and your arrogant performance mind?

THIRD-PERSON AFFIRMATIONS

Ever wonder why athletes, musicians, and actors often talk in the third person? Is it narcissism? Perhaps. But a 2010 Michigan State University study found that talking in the third person can actually reduce social anxiety and help free up the brain to perform better.[46] When you combine that with the power of affirmations, you get a powerful one-two punch. Affirmations and self-esteem have been a focus of psychological research since the 1980s. As one study found, "Timely affirmations have been shown to improve education, health, and relationship outcomes, with benefits that sometimes persist for months and years."[47]

How can you leverage affirmations to remind yourself that you are valuable? Try this: List everything that you value in yourself. Take the top three and create a statement (e.g., "Brian is relentless, focused, and arrogant when performing"). This affirmation can be used before performances to prime the performance mind when self-doubt creeps in, or even as a reset mechanism during breaks in action. Try repeating your affirmation to yourself when you wake up in the morning and just before you go to bed at night. Or, on a daily basis, set a timer for five minutes and repeat it to yourself as a mantra.

Finally, don't be afraid to talk to yourself in the third person when you are performing. Great performers like boxer Floyd Mayweather, Deion Sanders, and LeBron James all do it. Tell yourself, for example, "Brian is going to nail this speech," or "Nobody can resist Brian's ideas today," or "When Brian hits mile thirteen, he's just going to crush it." You get the idea. "Brian is a badass"—and so are you!

POWER POSE

Amy Cuddy's TED Talk has been watched over fifty-six million times, making it one of the most popular TED Talks ever presented. Cuddy is the author of the book *Presence*, in which she describes her work on how we can leverage our body language to feel more powerful. Cuddy suggests that just by "power posing"—for example, lifting your arms into a V formation and raising your chin—you can feel more confident, which can impact your ability to perform.[48] I have had clients power pose in front of a mirror before a big presentation. Others remain conscious of their body language during a game. Some clap for themselves to prime their performance mind.

What power pose or behavior would work for you?

HIGHLIGHT REEL

When my professional athletes are struggling to perform, I often advise them to ask their coach for a highlight reel to watch before a game. The highlight reel should show them being powerful, playing with arrogance, and doing what they do best. This works for non-athletes, too. Simply find artifacts that remind you of your past success: an award you can look at, a note that someone wrote to thank you for your performance, a project report or a product sales report that shows how you successfully led your team.

What can you do to develop your own "highlight reel"?

• • •

Most of us have been taught to avoid arrogance and to be humble always, but that message is half-baked, neglecting what is needed once we are onstage. If we carry our arrogance into our preparation, though, we won't have what it takes to succeed when the time comes to execute. Remember, the great ones work as if they are not great, but they perform as if they are great—before they are labeled so.

Where will the humility-arrogance cocktail take you?

SHIFT 2

WORK AND PLAY

IN THE FALL OF 2011, I walked into the wrestling room at American University not knowing what to expect. As I followed the instructions on a sign—"Please take off your shoes"—I watched the wrestlers drilling on the mats. The head coach, Teague Moore, was in the middle of the room, barking instructions. Even though I was a novice to wrestling, my eyes were drawn to a small wrestler competing with a flare that was different from his teammates. He was half break dancer, half wrestler, and his style was captivating. That wrestler was David Terao.

In high school, Terao had been a two-time wrestling and four-time judo state champion. Terao was redshirting his freshman year at American—sitting out from competition while still being allowed to practice. Coach Moore had big hopes for the unorthodox wrestler. "He could be a national champion one day," Moore told me.

Terao had a spirit and presence about him—he was likeable and cool. He seemed unfazed when he would get down in a match. Being from Hawaii, he always seemed to be on island time—both on and off the mat. In a wrestling culture built on grit, ruggedness, and alpha masculinity, it wasn't just Terao's break-dancing style that made him unique; it was also his personality.

By the time he reached his final season as a fifth-year college senior at American, he had amassed quite a resume, qualifying for the NCAA championships every year and setting a school record for wins in a season (39).[49] While Terao was consistently successful in his conference, he hadn't quite broken through on the national stage. For wrestlers, becoming an All-American means you finish in the top eight in the national championship—Terao had been one win away from achieving that goal during his sophomore and junior years.

During his first four years, we had worked together on his mindset, and he was intent on making his senior year special. Terao was still on island time, but now he had a different dedication to his craft and was preparing like an absolute pro, with an extreme work ethic. He had some injuries during the regular season and ended up going 25–5, which helped him become the all-time win leader at American. But it appeared to me that he was putting too much pressure on himself when he was performing, in an effort to make his last year count. Terao finished fifth at the conference championships. It was his worst finish in his collegiate conference career, and it meant he didn't get an automatic bid to the NCAA championship tournament. He was disappointed, but fortunately, because of his past success, he earned a wild-card bid.

Leading up to the NCAA championship, Terao and I met. He looked me in the eye and admitted that he had put too much pressure on himself because he had been so focused on becoming an All-American wrestler. Terao was typically known for wrestling with joy and having an unfair advantage over his opponents because of his unorthodox style. But recently he had been approaching the matches as if they were work.

Now he was about to head to a sold-out Madison Square Garden in New York City, so I asked him to set expectations for the tournament.

"I expect to take it all in," he said. "Enjoy it. Remember every moment. Wrestle my way." With one more chance for Terao to break through at nationals, in the world's most famous arena and on his sport's biggest stage, I encouraged him to focus on wrestling with joy.

Seeded fifteenth in his weight class, Terao's first match was against the heavily favored No. 2 seed. Terao later told me that he saw his opponent pre-match, noticed how serious and tense he was, and knew he had the opportunity for an upset. He pulled it off dramatically, leveraging his dance-like style, which turned him into a fan favorite.

The next day Terao upset the No. 10 seed, which punched his ticket to becoming an All-American and gave him an opportunity to wrestle in the semifinal. Terao next wrestled the No. 3 seed, and unfortunately did not move through to the championship. The following day, however, he had another opportunity to continue to make his mark, in a battle for third place. After defeating the No. 9 seed, he was pitted against the number-one–ranked defending national champion.

Terao and the No. 1 seed wrestled back and forth in an intense and close match. When the clock ticked down to zero, Terao had lost that match and finished fourth in the NCAA championship, yet he walked off the mat to a standing ovation from the crowd. Emotional, with his head held high, Terao waved his hand in salute. He had become the fan favorite of the tournament and had wrestled his way, with the joy that so many in the crowd had come to love. He was unique, passionate, and everything that embodied a champion.

"Even though I lost, I don't feel bad about my performance," said Terao. "I gave it everything I had. I put everything on the line against the returning national champ, and I was razor close to coming up with it."[50] An emotional Terao had just had the greatest wrestling experience of his life.

Coach Moore was amazed by the experience: "How does a fourth-place finisher get the arena to give him a standing ovation? David wrestles with passion. . . . After what I witnessed today, I'm the happiest coach on the planet."[51] Terao's ability to wrestle with enthusiasm, with a strong performance mind, unlocked his potential.

The best performers prepare with a workman-like energy and perspective so they can perform with the playful energy of a child. Simply put, they find the joy in the experience.

Too many of us are stuck in that "work" mindset, trying all the time to be serious, grounded, and intensely focused on delivering what's expected of us. "Play" doesn't come into it. I see it with students taking standardized tests and with executives presenting in the board room. Many approach big performances with stress and tension, which can hinder them. In reality, we need to bring our playful selves to work, especially in times of performance.

In my work with athletes, I notice they often behave like Terao, putting unnecessary pressure on themselves to perform up to the expectations of others—fans, family, friends, management. While their job certainly requires them to work, they often struggle to shift their mind to the play mode, to bring positive energy and joy to their performance. They seem to forget that it was their enjoyment of the craft that got them to where they are now; they lose it as the pressure to deliver grows. There is a reason athletes *play* their sport, musicians *play* an instrument, and actors perform in *plays*. Playing is essential for performance—for all of us.

The saying "Work hard, play hard" holds a kernel of truth. The best performers I know take their preparation as seriously as a heart attack but have the perspective that nothing is fatal in performance—what matters is the experience. Play doesn't necessarily mean they are not focused; it just means they are in a state of mind that accepts multiple possible outcomes. They bring the work ethic and energy of a professional to their preparation, approaching improvement and growth like it's their daily job. That gives them the right and ability to perform with the joy and energy of a kid.

I have far more clients who struggle with letting go and finding joy in their performance than with putting their daily work "deposits" into the "bank." It's actually easier for most people to be extremely serious and tense during performance, because this approach seems more socially acceptable. Yet this tension often serves as a block to potential. Perhaps you are like my clients, putting in the work in preparation and then remaining tense when performing, which keeps you from unlocking your best.

Performing as if it's work can cause you to become overly anxious, lose your flow, and sometimes even choke under pressure. Doing the opposite is no better: playing in preparation takes away from your ability to challenge yourself, pay attention to the details, and truly give something the time, deep focus, and deliberate practice it warrants. We need to shift our mind for each situation.

Terao was able to fulfill his potential when he did so. What if he had entered Madison Square Garden focused on what he "had" to do instead of what he "got" to do? What if he had looked at his opportunity as do-or-die? He would have held back, taken fewer risks, had less energy. Instead, the year of preparing with hard work gave him the permission and freedom to perform with play, which brought his performance to a new level.

You are no different—you have higher levels to unlock with work and play. Imagine what your job would look like if you prepared as if it's work, yet performed as if it's play. How can you approach your craft with both work and play, and ensure that you are using each when necessary? Let's dive deeper to find out.

The Myth of "Lazy but Talented"

When I walked into the locker room of a professional team I was working with, one of the star players approached me and asked if I had sent him the book *Relentless* by Tim Grover. He had received it anonymously. I assured him I hadn't sent it, but even to this day I'm not sure he believes me. This athlete was one of the best in his position in the league, and he was highly driven to be great. When he wasn't playing, his teammates often saw him reading *Relentless*, and he was quick to share the book's lessons.

Tim Grover had trained basketball legends Dwyane Wade, Kobe Bryant, and Michael Jordan, and described all three in the book as "cleaners." According to Grover, the "cooler" wants to be good, and the "closer" wants to be great—but the cleaner wants to be unstoppable.[52] Like those three celebrated basketball players, the athlete I was working with was focused on being a cleaner. He was serious about his preparation. He hired a trainer to help him with his body, met with me regularly to get his mind in the right space, and constantly tried to find ways to maximize his potential. He could be brash and sometimes struggled to relate to others, but he was obsessed with putting in the work to achieve greatness.

Compare him with Adam, a high school basketball player. Adam was on an absolutely stacked squad with more than ten future Division I college basketball players. He was right on the cusp of breaking into the rotation. Adam was talented, even somewhat gifted athletically. He had an opportunity to help not just his team, but also his efforts in being recruited by colleges. But even as a senior, he hadn't quite earned the trust of his coach. When I walked into the gym one day, a few minutes before the head coach had arrived, I started to understand why. Adam, lacing up his shoes, was wearing a Nike shirt with an interesting motto: "Lazy but Talented."

Questions flooded my mind.

Why would he wear that shirt, especially at practice?

Is that the image Nike really wants to project?

Is that the image Adam *wants to project?*

That final question, of course, was most important to me in that moment. It was beyond me how Nike could justify going from "Just do it"—or even their "Make it count" video (which has over thirty million views on YouTube)—to "Lazy but talented." Such an approach is clearly a recipe for disaster and lack of fulfillment in the real world. A lack of work ethic has been the downfall of supremely talented people from all walks of life and in every profession. They never come close to reaching their potential because they do not work at their craft like a pro.

But when we're young, we tend to idolize that "cool" attitude of low effort. We envy the kids who don't have to study but always ace the test, or the superstar athletes who make the team without seeming to work on their game. The truth is, being lazy but talented works pretty well for some people at certain points in their lives. But the real world doesn't reward laziness. It fires it. A high IQ or an athletic body that isn't worked eventually crumbles, and all that's left is what could have been. I have seen it happen to professional basketball players, to high-level programmers, and to gifted salespeople.

Our culture doesn't help. When we talk about people who succeed, instead of their hard work, we often focus on their talent, their brilliance, even their luck. Golf champion Sam Snead, who'd been called "the best natural player ever," told *Golf Digest*, "People always said I had a natural swing. They thought I wasn't a hard worker. But when I was young, I'd play and practice all day, then practice more at night by my car's headlights. My hands bled. Nobody worked harder at golf than I did."[53]

Go look up the greatest person in your profession—listen to their interviews or read their books. Do they define themselves as lazy but talented, or do they hang their hat on work ethic? As the quote attributed to Michelangelo goes, "If people knew how hard I worked to gain my mastery, it wouldn't seem so wonderful." Kobe Bryant once said the greatest compliment he could get was that he was a "blue-collar" type of player.[54] Swimmer Katie Ledecky, when asked about why she was so successful at the world championships, said, "I trained for it. I worked hard for it."[55] Actor Will Smith preaches, at pretty much every opportunity, hard work over talent.[56]

Being lazy but talented will keep you from fulfilling your potential, achieving your personal greatness, and creating sustained success.

COMPLACENCY IS THE ENEMY OF SUCCESS

Perhaps the best-known research on the value of serious work in preparation comes from Anders Ericsson's findings on deliberate practice, which Malcolm Gladwell highlights in his book *Outliers*. Ericsson spent decades studying what makes an expert an expert. He found that to achieve true mastery, experts put in, on average, 10,000 hours of deliberate hard work. As observers of experts, we are often in awe of their ability to play and perform in a way that seems almost effortless. But the performance is the final product—what came before the play is almost always years of hard work in preparation.[57]

As the saying goes—whether you're an ancient Greek poet or a Navy SEAL—"We don't rise to the level of our expectations; we fall to the level of our training."

Certainly, hard work alone doesn't beget success. Environment, support, natural affinity, and talent may all play a role. But focusing on work in preparation gives you a better opportunity for success. According to an article in *Harvard Business Review*, University of Chicago professor of education Benjamin Bloom attempted to identify what contributed to talent development in children, by examining the lives of "120 elite performers who had won international competitions or awards in fields ranging from music and the arts to mathematics and neurology." In his book *Developing Talent in Young People*, Bloom reveals that he couldn't find any common inherent attributes that might have predicted how successful the children would become, but he did discover something crucial. "All the superb performers he investigated had practiced intensively, had studied with devoted teachers, and had been supported enthusiastically by their families throughout their developing years," the article states. "Consistently and overwhelmingly, the evidence showed that experts are always made, not born."[58]

Perhaps no athlete in history backs up Bloom's findings more than Jerry Rice. In a vote conducted by the NFL Network in 2010, Rice—the son of a bricklayer—was ranked as the best football player ever, and was nicknamed the GOAT.[59] Rice embodies the importance of hard work (and humility) as much as any athlete described in this book. Rice attended a Division I-AA college after graduating high school. Then, upon graduating college, he ran a woeful 40-yard dash time. Heck, Rich Eisen, a forty-seven-year-old TV personality for the NFL Network, has achieved similar times in charity runs—while wearing a suit. Yet Rice went on to play twenty-two seasons in the NFL; made thirteen Pro Bowls; and set the record for receptions, yards, and touchdowns for a wide receiver.

Rice's work ethic and training are legendary. As a rookie, Rice ran a two-and-a-half-mile hill in California over and over.[60] He would time himself, working to break his previous record. As Rice gained accolades and success, word about his training got out in the NFL, and other great athletes—Barry Sanders, Eddie George, Barry Bonds—joined him on "the hill" and on other workouts in the off-season. The message was clear: if you trained with Rice, you'd push yourself to fulfill your potential. Rice would show up even before the rookies reported to training camp in the off-season. He would attend special-teams meetings even though he wasn't on special teams. Rice knew that a serious work ethic in preparation was the ideal way to bring out his best, and it inspired his teammates to put in their best. He believed complacency was the enemy of success.

When Rice was inducted into the Hall of Fame, he talked about the work ethic his parents had instilled in him from a young age. Rice became emotional as he reflected on all the work he had put in. But it was his teammate, former quarterback Steve Young, who really captured the essence of Rice when he talked about how Jerry had outworked even the work-ethic guys—the players who lacked Rice's gifts and had to leverage their willingness to give 110 percent to make it in the NFL.[61]

Then Young told a story about when the 49ers won the Super Bowl in 1995. After an amazing season, Rice had played an amazing final game, catching ten passes for 149 yards and three touchdowns, even with a separated shoulder. The day after the celebrations were over, Young wandered over to the deserted 49ers training facility to clean out his locker. Leaving the empty locker room, he looked out on the field to see Jerry Rice running wind sprints.[62] While others were resting on their laurels, Rice was back in the lab.

Rice's excessive, sometimes unorthodox preparation is what helped him have an unorthodox career. He created his expertise, and with the same level of dedication in preparation, you can create the opportunity to master your craft.

KEEP DOING WHAT YOU COULD, NOT JUST WHAT YOU SHOULD

The term *grit* has become a buzzword. We hear it from performers, from educators, and in organizational cultures everywhere. Being gritty has become vogue. The reason for the buzz is largely due to Angela Duckworth, who has become the leading expert on the concept. She defines *grit* as a combination of passion and perseverance for long-term goals. As she explains in her best-selling book, *Grit: The Power of Passion and Perseverance*, when describing the most successful people in areas as diverse as the military and spelling bees, "They were the opposite of complacent. And yet, in a very real sense, they were satisfied being unsatisfied. Each was chasing something of unparalleled interest and importance, and it was the chase—as much as the capture—that was gratifying. Even if some of the things they had to do were boring, or frustrating, or even painful, they wouldn't dream of giving up. Their passion was enduring."[63] Gritty preparers know why they are doing what they are doing, and they leverage their perseverance to overcome the obstacles in the way.

I worked with an All-American college athlete who once told me his philosophy: "Do what you could, not what you should." A lazy but talented athlete might just do what they should—what their coaches tell them to do. Just doing what you should creates space for excuses.

People who just do what they should probably don't have the passion to persevere; they don't have the grit to keep going when things get tough. Just doing what you should leads to blending in with the rest of the pack, and rarely to standing out as a high-level performer. Doing what you could, on the other hand, supports maximum effort and provides the best opportunity for success for you and your team.

Look at the greatest performers in your profession, and you will find that they add the "ERs," or "extra reps." The great ones don't want to just be strong; they want to be strongER. They don't want to be fast; they want to be fastER. They don't want to be smart; they want to be smartER. And they are willing to persevere and do whatever they can possibly do to make that happen, all in pursuit of their bigger goal.

Can you name a legendary performer who has not added the ERs to his or her journey? Remember, the greatest performers have a workman-like mindset when it comes to preparation. They are gritty in their preparation, doing everything they could rather than just what they should.

The Danger of Being Too Serious

Once, during a state championship match, I walked with an elite high school golfer who was casually talking with her opponents in between shots. Most of the time, they were jovial in their conversation. Later, I heard some college coaches chastising her for a "lack of focus." What they didn't know is that I had talked with her about focusing on joy and playfulness between shots, as part of her process. As she walked toward her golf ball, she was intentionally finding enjoyment in the round and the day.

If you have ever played golf, you have probably tried to swing a club when your body is tight and you're overly focused on the mechanics of your swing. After all, the sport literally has hazards on the course designed to cause stress. Swinging with tension typically doesn't lead to good results, though. When we direct our focus to the work of delivering a performance rather than the desired experience of performing, we aren't freeing our performance mind. We aren't leveraging the energy of play.

This dynamic isn't limited to golf, of course. Maybe your experience includes presenting to an audience or sharing ideas in an important meeting—situations where you needed your performance-oriented, playful mind to focus on the moment. If you can't let go of the serious, work-oriented perspective required during preparation, you might miss some key opportunities. When we lack the play perspective, we limit our capacity to perform.

By many measures, the education system in Norway is one of the best in the world. The school day is an hour shorter; no grades are given in the elementary school years; and the kids get two hours of unstructured outdoor play every day, as opposed to the thirty minutes they get in America. As our kids become more specialized, more professionalized at a younger age, child development experts have touted Norwegian schools and called for prescriptions for play. Why? Play has serious benefits—and they don't stop once we turn thirteen or eighteen or thirty-five. In fact, researchers like Stuart Brown, Lynn Barnett, and others have shown that for adults, play in practice and in perspective can dramatically improve our ability to perform. Play offers specific cognitive benefits such as the following:

- Much greater ability to cope with stress (or lower perceived stress in the same difficult circumstances)[64]
- Faster learning, greater productivity, and better job satisfaction[65]
- Improved bonding and emotional connection with others[66]

Focusing on play in the workforce may seem counterintuitive, but according to the Association for Psychological Science, "play at work is linked with less fatigue, boredom, stress, and burnout in individual workers. . . . Studies show that when a participant receives a task that is presented playfully, they are more involved and spend more time on the task." Play has a positive impact on teams as well, including "increased trust, bonding and social interaction, [a] sense of solidarity, and a decreased sense of hierarchy." Eventually the entire organization benefits, with a friendlier culture, higher levels of commitment, and better decision-making and creativity.[67]

Head coach Andy Enfield of Florida Gulf Coast University (now the head coach at University of Southern California) wanted all this and more for his team as they made a Cinderella run in the 2013 NCAA Tournament. They had beat No. 2 seed Georgetown and had become the first No. 15 seed to make it to the Sweet 16. Coach Enfield, who became the darling of the tournament, shared the performance thinking he was trying to cultivate. "None of our players have been to the NCAA Tournament[,] so we'll try to get them ready mentally," he wrote, "but when we get there, I want them to have fun and enjoy the experience whether we win or lose."[68] Time on the team bus, activities in warmups, and anything else that had to do with performance involved a playfulness, a sense of fun. As one reporter described it, "Florida Gulf Coast, the free-wheeling No. 15 seed . . . took the court against [the University of] Florida as if this were a pickup game near the beach in Fort Myers." He called out their "pressure-free players" and "unbridled enthusiasm."[69] Coach Enfield had helped them put in the work mentally so they could play once they were performing.

The greatest performers find artistry, creativity, and flow in the challenges of performance. To do so, they employ work-oriented energy during the grind of preparation—and then, when the lights are on, they play with upbeat energy and joy. For many, that shift can be the difference between success and failure.

FIND THE JOYFUL KID INSIDE YOU

Ingrid Fetell Lee has made studying joy her life's work. As a designer, she focuses on building and finding joy in our environments. In her

TED Talk, she defines joy as "an intense momentary experience of positive emotion, one that makes us smile and laugh and feel like we want to jump up and down. . . . That feeling of wanting to jump up and down is one of the ways that scientists measure joy."[70]

Joy actually creates positive physical energy. Moments of joy when performing are often what help performers get over past failures and cast off boulders of stress. According to research, joy increases our dopamine levels, which increases activity in the brain associated with "high-level cognition"—memory, attention, creativity, and motivation.[71] What helps create joy? Being playful. As play researcher and author Peter Gray points out, "The predominant emotions of play are interest and joy."[72]

Whatever performing means in your life and work, how often do you feel like jumping up and down while doing it? What do you look like when you are playing with joy? Are you full of energy and optimism? Does the performance seem easier?

If play creates joy, then what kills it? When performers take their craft too seriously. If you want to prime your mind for play and joy, embrace the things that bring your craft to life for you. Michael Jordan admitted that he liked to be a "prankster" before games and used to emphasize that he "played" basketball.[73] Lee found that we all respond with joy to similar tangibles in our environment: bright colors, round things, googly eyes, bubbles. And Roy Campanella, Hall of Fame baseball player, once said, "You gotta be a man to play baseball for a living, but you gotta have a lot of little boy in you, too."[74] He was talking about the joy of play that came easy to us as kids, and that we have to practice as adults.

We all have a joyful, playful kid in us. How can you coax your inner child out to play for your next performance?

HAVE SOME FUN!

Barry Trotz, who helped lead the Washington Capitals to their first ever Stanley Cup Championship in 2018, knew that play and optimism would be the key to their success. His team, which had spent years delivering underwhelming performances in the playoffs, needed to play with joy if they were going to win it all. Without a play perspective and joyful energy, they would lack the resilience, connectivity, and creativity needed. Despite the pressure, his last words before the Capitals took the ice in the finals were not to give it everything they had, but to have some fun.[75] What does fun look like? Perhaps it's as simple as a smile.

Research has shown that intentionally smiling can actually have a positive impact on a runner's performance. Noel Brick and Richard Metcalfe describe their surprising findings: "Participants were most economical (they used less energy) while smiling. Remarkably, participants were 2.8 percent more economical when smiling than frowning, and 2.2 percent more economical in comparison with the normal thoughts condition. These reductions would be enough to expect a meaningful improvement in performance in race conditions."[76] Others have found that even forcing a smile can reduce stress,[77] and that just saying aloud, "I feel excited," can help us reframe our thinking from the negative to the positive.[78]

Regardless of the approach we take, what's important is that we focus on the enjoyable experience of our performance rather than the work of it. If we shift consciously and correctly, and if we have already done the hard work of preparation that frees us to play in performance, the energy we bring to the performance will be more optimistic and will carry us further.

Work and Play "Ethic"

When I was in graduate school, I was fortunate to get an internship at University High School in San Francisco, where I was working with the boys' basketball team. The team was led by Coach Randal Bessolo, who had a successful career in real estate before retiring to follow his passion of coaching basketball. Bessolo was incredible. He ran a system that was ahead of its time, encouraging his players to focus on shooting three-pointers and layups—a concept that has since been adopted by most professional basketball teams. He was known for his "Randy-isms." One of his favorites was to tell his kids before game time, in the locker room, "This is the most important game of the season"—regardless of whom they were playing. Another line he used right before the kids were about to head onto the court was, "Play with joy." That one stuck with me, and more important, it stuck with his players. That year, they played with joy all the way to the state finals, falling just short in the championship game.

"Play with joy" is a Randyism that I have passed along to my clients. Yet what many didn't see about Bessolo and his basketball team was the countless hours of preparation that went into each game; the hours and hours spent developing a consistent three-point shot, building physical fitness in order to press their opponents throughout all four quarters, and attending to all the little details that create a successful team. Bessolo and his players absolutely played with joy; they had put in the work during preparation to earn that freedom on the court.

Hard, gritty work needs to be cherished during preparation. When we come to the performance feeling like we've done everything we could to prepare, it frees us up to enjoy the performance. If we are all work and no play, we will never be able to maximize our potential. If we don't make time for play, we won't be able to see the true results of all our hard work.

In the corporate world, we have long praised employees' work ethic as a foundation for success. To this day, I have never met a successful person who lacks that guiding set of principles that shaped their conduct. Yet if we want to bring out our best, we have to actively cultivate our "play ethic." Great organizations know the power of the mantra "Work hard, play hard." They leverage each when it is needed, and build in the ability to shift.

How are you bringing a play ethic to your job? Are you finding the joy and amusement you need when it's time to perform? When the stakes are raised, do you have the enthusiasm of a child? Are you using your joy to play well with others? The work ethic needed in preparation can drive the play ethic needed in performance. When we work hard to learn, grow, and improve, it creates clarity and freedom when the time comes for our mind to surrender to the moment and simply play. After all, that's what the game of life is calling for, and that's what our society is begging for in the midst of our often intense and stressful world. The more pressure-packed the situation, the more relaxed we need to be.

EXERCISE SECTION

Working on Work and Play

As you think about how to work in preparation and play in performance, it's important to note that both will require, well, work. You may have already developed patterns and processes that go against this approach, so give yourself some space and time to build new patterns. Try the following exercises to practice the two minds.

SHOWING UP FOR WORK

Make a list of five adjectives that describe how you want to show up when working in preparation. These words should reflect who you are, but they are more about what you are going to do and how you will show up when things are difficult or challenging. I've seen clients use words like driven, gritty, or determined.

The Army has a phrase, "Embrace the suck," which speaks to the importance of doing things that are not always glamorous. Soldiers know that embracing the suck is code for putting in the hard work now so you can be prepared to act when your life is on the line. In creating your list of words, focus on the elements of your preparation that require a workman-like mind and how you need to show up to embrace it.

COMMITMENT DEVICES

When working on hard things, our commitment can waver. "Commitment devices" provide a simple and succinct way to hold you accountable to the outcomes you want. Simply create a list of your commitments, one by one, along with the corresponding consequences for not fulfilling them.

What do you need to commit to while working in preparation? What consequences can you put into place to ensure you honor those commitments?

COMMITMENT	CONSEQUENCE FOR NOT FULFILLING IT

WALK THE RUNWAY

Ever watch supermodels walk the runway? They have an intensity and a swagger to them, and the best of the best find a way to make that experience fun. Supermodel Tyra Banks often says, "Every hallway is a runway." Banks also is famous for coining the term *smize* when she was the host on the TV show *America's Next Top Model*, to describe the ability some models have to smile with their eyes. Banks knew her smile is part of how she makes a living; it's part of her performance. If you have ever seen Banks walk the runway, you also know she likes to wink and show some personality—essentially, to play. Like many performers, Banks knows that when she is playing in performance, she's at her best. And while she is an absolute worker in preparation, her ability to perform exceptionally is what makes her an elite figure in her industry.

So how do we practice the performance mind of play? Walk the runway like Tyra Banks.

The next time you are in a hallway, practice walking with joy, with play. Take the time to walk the runway as if you are a supermodel. Dance while you're shopping the aisles at the grocery store, like my writing coach, Lari Bishop, to make the experience more enjoyable. It may be silly, but that's the point. We are tapping into your playful performance mind.

Whatever you do to tap into your playfulness, pay attention to the emotion you feel while doing it. What do you feel? Where do you feel it? How can you create this feeling before and during your performance?

FINDING JOY

If you are struggling to bring joy to your job, perhaps think about how you can alter your environment. A simple change in color can drastically impact mood. For example, the color red has been associated with high energy and power, and orange is associated with warmth and joy.[79] Can you be intentional about the colors you have in your office, boardroom, or locker room? Your choices can prime your mind for play. Remember Ingrid Fetell Lee's research into how we can design our environments for greater joy—check out her TED Talk, and be inspired.

Another great way to increase joy is to journal or read about joy. The research on the impact of gratitude journaling on our happiness is overwhelming. I worked with a basketball player who used to read an encouraging letter from his grandfather before every game. Writing and reading about joy can often overwhelm the stress of a big event. It's very hard to be grateful and stressed at the same time. When we tap into gratitude, we tap into joy, which allows us to tap into our play mind for performance.

BELLY AND HEART

The science of meditation has become robust over the past couple of decades. This book offers different forms of meditation, but one of my favorite exercises involves the head and the heart. Here's how it works. (Seriously—work on this.)

With your eyes closed, sit quietly in a chair with your feet on the ground and place your hand on your stomach. Take a deep breath in through your nose, and notice your belly expand and your hand move with it. Next, exhale out through your mouth and really emphasize the exhale, like you are blowing out birthday candles. As you exhale, the belly should contract and your hand should move with it. Continue these breaths at a pace and tempo that works for you, with a greater emphasis on the exhale. Just focus on your breath. Anytime you get a thought, just shift your attention back to your breath.

After about a minute, shift your hand from your belly to your heart. As you continue your breath, think of the most joyful moment of your life. Imagine it as vividly as possible. Sit with that memory for about a minute and then open your eyes.

Upon opening your eyes, take an inventory of your body and mind—how you feel, your thoughts.

This exercise can give you perspective on what's important in life. It also teaches you how to quiet your mind and then intentionally fill your mind with thoughts and feelings that are in alignment with the joyful play mind. Try using this exercise before a performance.

• • •

The average person spends approximately thirteen years and two months of his or her life at work.[80] How we show up and what we do while we are there—that's up to us. Put in the necessary hard work during preparation so you can tap into it and perform with play in mind. Rely on both—your work mind and your play mind—to bring out your best and to increase the fulfillment you experience.

And remember, when things don't work out in performance (it happens to all of us sometimes!), go back to your work so you can be better prepared for next time. Then, when you get that next opportunity, play your heart out.

SHIFT 3

PERFECTIONISTIC AND ADAPTABLE

LOVE 'EM OR HATE 'EM, no team in professional sports over the past twenty years has been as dominant as the New England Patriots. I couldn't write this book and leave them out. Led by Bill Belichick, arguably the best head coach of all time, and Tom Brady (now with the Tampa Bay Buccaneers), probably the best NFL quarterback of all time, this team is one of the most studied for its leadership, culture, and performance. Brady and Belichick have built a culture around a simple phrase: "Do your job." It is an ethos that can be heard echoed on the sidelines, in the film room, on the practice field, and on game day. But of course, they don't mean just do your job—they mean do it to the absolute best of your ability, and to the exacting standards they have established through training. They want you to do your job perfectly.

Brady's perfectionistic tendencies are well known on the team. Jim

Miller, who was Brady's backup in 2004, talked about the experience of working under him:

> It had to be later in the year, Week 14 or whatever, [when] he felt his footwork was getting sloppy. He said, "Jim, get on me all week about my footwork. Watch my feet today, Jim. Let's really work on our footwork today, Jim, and get it right, because it's gotta be perfect." And I did. . . . He's extremely demanding and hard on himself to begin with, so all the hard coaching doesn't bother Tom.[81]

Perhaps no example of the Patriot Way is more telling, though, than cornerback Malcolm Butler's shocking, legendary interception that sealed the Patriots' Super Bowl victory over the Seattle Seahawks in 2015. If you dissect what happened leading up to that play, it's a clinic in the preparation-versus-performance mind at work and the shift that needs to take place. Let's take a look.

During the week leading up to that Super Bowl, the Patriots practiced their goal-line package. Butler, despite being inactive for four games that season and seeing action in only eight games, was still preparing as if he would be on the field when it mattered most. "I was at practice, and the scout team ran the same exact play, and I got beat on it at practice because I gave ground," he explained. "Bill Belichick, he came and said to me, 'Malcolm, you've gotta be on that.'"[82] The Patriots believe that practice is the opportunity to break things down, to be perfectionistic about the "little things." Those little things determine the ability of players to do their job with perfection. This is slightly different than Tom Coughlin's approach, which we talked about earlier, but it is a good example of how a coach can mesh the preparation and performance mind in practice.

After a rocky first half, the Patriots decided to bench cornerback Kyle Arrington and replace him with Butler; the same player who had defended only four passes over the course of a season was now expected to do his job on the biggest stage in sports. Butler's job was to cover Jermaine Kearse, whom Arrington had struggled to cover. The Seahawks went right after Butler, but he seemed up to the challenge—making a few huge plays. Then, with about one minute left in the game, the Seahawks threw the ball to Kearse near the sideline. Butler leapt up and tipped the ball—an incredible play—but it miraculously landed in Kearse's lap as he lay on the ground near the five-yard line.

The cameras were on Butler as he went to the sideline, frustrated and angry with himself. "My teammates tried to cheer me up," he later told reporters. "They said I made a great play. Just landed in his hands. When I got back out there, I just had to make a play."[83]

The Seahawks ran another play and got to the one-yard line. With the clock ticking down on the Patriots' chances, Butler was called back onto the field for a new formation: the Seahawks had three wide receivers in the game, and for the first time all season, the Patriots put three cornerbacks in a goal-line situation. But this was also the scenario Belichick had been teaching Butler how to defend just days earlier. In a video from that practice, he explains that Butler has to come over the top of the receiver to "jump the route" rather than sit back and wait to see what will transpire.[84]

As Seahawks quarterback Russell Wilson hiked the ball, Butler sprinted like a speeding bullet and secured the first interception of his career. The timing couldn't have been better; it secured the Super Bowl win for the Patriots. After the game, Butler said, "Eyes. Eyes tell everything. I [saw] Wilson looking over there and trying to keep his head still, just look over there like this," Butler said, shifting his eyes to indicate his meaning.[85]

Remember, it's the little things.

The Patriots have played in the Super Bowl far more than any other team in the history of football because they demand the very best of themselves, and because the coaches instill that mentality in the players through the team culture. They are perfectionistic in their preparation, with high expectations and exacting standards during training. This level of excellence in their preparation frees them to be adaptable in their performance. They can let go of their expectations for perfection and control, so when things don't go as planned—when a play falls apart, when the opponent has them backed into a corner—instead of being rigid and overly focused on the details of what went wrong, they can adjust and be flexible in how they respond.

If you can't let go of the expectation for perfection during the performance, the unexpected will throw you. To really deliver, you have to be perfectionistic during your preparation, but you can't control your environment. When the unexpected happens, great teams and great performers respond rather than simply react.

My friend Alan Stein Jr., one of the most esteemed strength and conditioning coaches in basketball for many years, is now a successful keynote speaker and author of the book *Raise Your Game*. An important saying of his is plastered on the wall of the Penn State Football Training Center: "Are the habits you have today on par with the dreams you have for tomorrow?" Having a dream is easy; building perfectionistic habits that move you toward that dream is hard. But letting go of that perfection when you need to in performance can be equally hard.

Too many performers are unwilling to prepare for the demands of achieving the highest standard of excellence, and yet they often create too high of a standard for themselves when performing. I have seen it with salespeople who don't take the time to know the ins and outs of a potential client—and then, on a sales call, fold as soon as they hear the word *no*. I have seen it with real estate investors who don't look at every aspect of a deal prior to closing—and then expect a property to perform perfectly once they own it. Perfectionistic thinking and expectations can cripple your performance.

The most successful people typically expect a level of perfection in preparation, but once they are between the lines, they let go of that expectation for a certain outcome. Instead, they focus on expectations for the experience or process so they can adapt to what is happening in the moment. During performance, perfectionistic chatter gets in the way of our ability to be nimble and adjust to the world around us. That is why workplaces today train their employees to be agile; companies have to give themselves room to breathe and the flexibility to adapt to an ever-changing environment.

During the first Monday Night Football game of the 2019 season—between the Houston Texans and the New Orleans Saints—ESPN debuted a neon yellow "down and distance" image in the bottom right corner of the screen. Fans on Twitter started complaining about the image, and by halftime Bill Hofheimer, senior director of communications for ESPN, tweeted, "Our ESPN production team is aware of the feedback on the #MNF down and distance graphic. We have called an audible and adjusted for the second half of #HOUvsNO and for the #DENvsOAK game to follow. New look pictured here."[86] ESPN must have put a lot of energy, work, and research into the debut of that new image and screen layout, but rather than holding fast to their idea of the perfect production, they acknowledged the mistake, changed it, and moved forward.

As we have come to understand the importance of flexibility and agility in the modern world, perfectionism has come under attack. The message is that perfectionism is for Type A control freaks. But that message can lead to a lack of attention to detail that leaves us ill-prepared for the rigors of a performance. Relentlessly striving for perfection while preparing—with the understanding that the mark is always moving—will allow you to be adaptable to anything when performing, just as ESPN was.

Sure, when we bring perfectionism into performance, it has the ability to paralyze. But adaptable people who don't spend time perfecting their preparation will also limit their potential. It is up to you to demand the highest standard of excellence for yourself so you can adjust to the unknown conditions of a performance.

How can you perfect your preparation? How can you practice being adaptable so you can turn on a dime when it's time to perform? Start by understanding the mindsets of this shift.

How Perfection Helps

It's 2013, and Beyoncé Knowles is preparing for her performance at the Super Bowl halftime show. For Beyoncé, this opportunity is a lifelong dream. In an interview with CBS, she gave incredible insight into her preparation—an approach similar to that of the greatest performers in any other industry. Her director Hamish Hamilton said, "She can be a very benevolent dictator. She also can be a wonderful collaborator. . . . She has such ambition to be perfect and to be the best that you just get swept along with that."

Beyoncé responded, "I can't help it. I definitely collaborate and I respect people that I work with, but I dreamt the performance before it happened."[87] The rest of her team talked about how much she cares about every moment of the performance. Beyoncé said, "I really strive to keep perfecting, getting better, and knowing that I always have room to grow."[88] Perfectionism, humility, and work ethic are interdependent.

In an interview on Lewis Howes's podcast, *School of Greatness*, Kobe Bryant explained that Beyoncé's perfectionistic preparation mirrored his own. He said, "After a performance, she's immediately on her laptop, rewatching the performance, seeing how to do things better—'What could we have done differently?' It's an obsessiveness that comes along with it. You want things to be as perfect as they can be, understanding that nothing is ever perfect."[89]

Decades before that 2013 Super Bowl, legendary football coach Vince Lombardi famously said something similar to his team: "Gentleman, we are going to relentlessly chase perfection, knowing full well we won't catch it because nothing is perfect. But we are going to relentlessly chase it, because in the process we will catch excellence."[90] As Beyoncé took the stage at halftime that night, a recording of Lombardi's powerful speech played in the background. His words of wisdom, she says, helped her feel like a "warrior" onstage.[91]

You can find a focus on perfectionism in all forms of performance. Legendary writer and martial arts practitioner Kenji Tokitsu said that from the earliest eras, "[m]artial arts were characterized by striving for perfection."[92] British prime minister Winston Churchill would practice his speeches in front of a mirror until he knew them cold and was satisfied with his delivery.[93] Tennis greats Chris Evert and Serena Williams both labeled themselves "perfectionists." Emmy Rossum, star of the hit TV show *Shameless*, points out, "It's not about control but perfectionism—my biggest vice and one of my biggest assets."[94]

What exactly do these high achievers mean by "perfection"? They mean that no stone is left unturned as they work again and again on their craft. Their attention to detail goes beyond what outsiders believe is enough; they comb (and recomb) their performances for ways to improve. They are never complacent, always striving to become more. Many performers will use the word *obsessed*. When you hear that phrase, you know the performer is perfectionistic in his or her approach to preparation. Whereas work ethic is about energy and perspective, perfectionism is about where we direct our attention—to each small detail that might make a difference when we're in the spotlight.

Perfectionism has been a hot topic of research for decades. Robert Slaney and his colleagues, who developed the Almost Perfect Scale, found that more resilient perfectionists have high standards and an affinity for order.[95] And psychologists Paul Hewitt and Gordon Flett developed their multidimensional perfectionism scale based on three different aspects of perfectionism, depending on where the focus lies: self-oriented, other-oriented, or socially prescribed. They found that self-oriented perfectionists are the ones who set the most exacting standards and are self-motivated.[96]

High standards lead to other positive traits. According to one article,

Hewitt and Flett's research showed that self-oriented perfectionists "set high standards for themselves in their lives and careers, but are able to go after their goals. High self-oriented perfectionism is generally associated with the most 'adaptive' traits correlated with greater productivity and success, including resourcefulness and assertiveness." In fact, these driven individuals "show higher rates of positive emotion."[97] In a *Harvard Business Review* article, a group of researchers shared their findings that "perfectionists are more motivated on the job, work longer hours, and can be more engaged at work."[98] They found that excellence-seeking perfectionists tend to hold others to high standards, too, so organizational cultures can benefit when a contributor raises the bar for the entire team.

WHEN PERFECTIONISM RUNS AMOK

I believe it's possible to operate with a healthy level of perfectionism. I've seen it in action. I am not a psychologist, and I know some psychologists would disagree with me. But a good number of psychologists do see the potential benefits of perfectionism playing out in the real world.

Regardless, we can't talk about perfectionism without talking about the downsides and dangers. Perfectionism's bad reputation is not unwarranted. I have seen it cripple performers, and perhaps it has held you back at times too. Psychologists use the term *adaptive*—that's right, *adaptive*—when discussing whether people who have perfectionistic tendencies can adjust their thinking and behavior to make it more constructive depending on the situation. But when perfectionists are "maladaptive," they tend to have higher rates of depression, anxiety, burnout, stress, and even suicide.[99] Perfectionism has to be monitored and handled with care; it has to be balanced so it doesn't backfire.

In Hewitt and Flett's language, when perfection is socially prescribed (based on concerns that others will reject us) or other-oriented (when we hold others to high standards and are critical and judgmental of them), it can be destructive to us personally and to our teams.[100] In their study, Slaney and the other creators of the Almost Perfect Scale identified three elements of perfectionism: high standards; orderliness; and the "discrepancy factor," or the gap between a perfectionist's standards and level of performance satisfaction. That discrepancy factor is important. If we never believe that we are meeting our own high standards—if we cannot honestly assess how realistic our standards are and how effectively we are making progress toward them—we will feel shame and low self-esteem.[101]

Yes, perfectionism can help us deliver at the top of our potential. Overblown into self-criticism, doubt, and anxiety, however, it can keep us from happiness, fulfillment, and contentment. The effects can even become physical. In an article in the *New York Times*, psychiatrist Richard Davidson, founder and director of the Center for Healthy Minds at the University of Wisconsin–Madison, points out, "Self-criticism can take a toll on our minds and bodies. . . . It can lead to ruminative thoughts that interfere with our productivity, and it can impact our bodies by stimulating inflammatory mechanisms that lead to chronic illness and accelerate aging."[102]

When the lights came up on *Mister Rogers' Neighborhood*, we met a warm, friendly, and accepting teacher. Fred Rogers leveraged encouragement whether he was performing on camera, interacting with the other actors, or fighting for public TV in front of US senators. Rogers would end every episode with his famous words: "I like you just the way you are."

While he was much loved and admired, Rogers had an overactive inner critic. "Despite the adoration and accolades, Rogers struggled with feelings of self-doubt throughout his career," writes journalist Robert Ito, who uncovered a tortured memo Rogers wrote after taking a three-year break:

> Am I kidding myself that I'm able to write a script again? Am I really just whistling Dixie? I wonder. . . . Why can't I trust myself.

Documentarian Morgan Neville describes Rogers' struggles in real terms: "If you look at the old scripts, there are pages and pages of notes, just tons of notations, on every single episode."[103]

Even the most positive-seeming elite performers have moments where destructive perfectionism creeps in.

Saying "I suck" or "I am awful" is not how we work toward perfection. It's shaming, and shame impedes our ability to grow, our ability to learn. Healthy, self-oriented, adaptable perfectionism, on the other hand, is focused on the specific ways you can improve and on skillful judgment of the truth. And the truth is, perfection is a great goal to help us prepare with excellence—but it will always be unattainable.

As you use perfectionism in preparation, it's important that you also blend it with some of the other preparation shifts mentioned in this book. Perfectionism can make or break you, so get clarity about how you can use it. Build self-awareness of the impact it has in your life, and find people who can check you when it runs amok.

PERFECTIONISM REQUIRES DISCIPLINE—AND ENCOURAGES IT

I once worked with an NBA player who told me during our first meeting that he is a perfectionist. He trained his body hard in the off-season to prepare it for a grueling season. He thought carefully about the food he ate to make sure he was fueling himself correctly. He would work on his three-point shot over and over and over again until his form was *just right*. He was successful at the highest level *because* of his perfectionistic preparation, not in spite of it. It helped him develop the skills and the physical ability to compete on a nightly basis with just about any pro basketball player. Perfectionism requires discipline, and without discipline, we don't develop.

The difference between success and failure in pro sports is about percentage points. Fighting for those percentage points is difficult. When you're exhausted after a workout, it's much easier to walk away without stretching, but stretching could be the difference between an injury and a great game. In business, it's much easier not to meet with your team every week to set goals and solve problems, but that weekly meeting could be the difference between a productive and an unproductive week, or between hitting quarterly goals and missing those goals.

I'll be honest: perfect preparation is not one of my strengths. Instead, it's something I have to work at daily—I have to be disciplined. In high school, I hated proofreading my papers and often got lower grades because they were sloppy. But senior year was the first time I really understood how this tendency limited me.

I decided to run for vice president of the student council, and I was up against stiff competition. When I ran for class president in middle school, my dad had a heavy hand in crafting my speech, and I practiced it over and over again. This allowed me to adapt the speech a bit during the actual delivery to add my own flair. As a high school senior, things went a bit differently. I wrote my speech without too much effort and practiced it a few times. The faculty advisor told us we had to stick to the approved speech we turned in. But when I got onstage, I heard my competition speak and knew that the speech I had written was not up to snuff. I tried to adapt, explaining why I was a better choice than everyone onstage rather than reading my speech. But I could tell the approach didn't land. I wasn't prepared enough to be adaptable. My good friend Michael Birns, who today is an elite orthopedic surgeon and has always been one of the funniest people I have ever met, delivered a hell of a speech and won. He deserved it. Michael always approached things with perfectionistic preparation and adaptable performance. I didn't take the time to perfect my preparation, and adaptability without a perfectionistic foundation offers limited results.

When you feel your discipline slipping, remind yourself that healthy perfectionism isn't necessary for mediocrity, or even for being good—but if you want to be great, you have to tap into it in preparation.

Bend to Avoid Breaking

After twenty years with the Los Angeles Lakers, Kobe Bryant had a countermaneuver for any in-game challenge. He knew how to adapt to the flow of the game and find the crevices on the court that he needed to score the ball. Kobe was a master problem solver and looked at every game as an opportunity to paint a masterpiece. He studied other industries—music, writing, acting—to learn how to get into character as a performer. But he also was obsessed with precisely perfect preparation. Perfecting what he called his "pre-work" allowed him to understand all the possibilities on the court so he could make decisions instantly while in a game. He knew that to become a champion, he needed obsessive attention to detail. That perfectionistic mindset gave him an edge at performance time.

Make no mistake: Kobe's work ethic was legendary. But what made Kobe truly special was his ability to shift from perfectionism in preparation to adaptability when performing. I spoke to a former teammate of his, Laron Profit, to get a sense of what Kobe was like when he was performing. Laron told me this story.

The Lakers were playing the Seattle Supersonics, and at halftime, Kobe had only shot six for nineteen. Laron, a positive and upbeat guy, was trying to be a good teammate when he went up to Kobe and said, "Hey, man. It's going to be all right; you're going to get it going. We trust you."

Kobe looked at Laron and said, "I am not worried. I work too hard for the ball not to go in."[104] Kobe didn't worry; he wasn't trying to be perfect. And in the second half, he ended up with forty-plus points. Kobe knew that the performance is not about perfection. If he had worried about making "perfect" happen, he would have been too tense and distracted to come back the way he did in the second half of that game.

Let's compare that to the approach of the NBA player who put all the work in during preparation to become an All-Star, crushing it on- and off-season. Unfortunately, once that player was between the lines, he struggled to shift out of the perfection mind and adapt to whatever each game brought. When he started to miss shots in a game, he would become passive. When his botched pass became a turnover, he became hesitant. When he got beat on defense, he became complacent. The perfectionistic approach offered the tools he needed to be successful at the highest level of his craft, but his lack of adaptability in performance held him back from reaching his full potential.

When we are performing, we have to bend to avoid breaking. Adaptable performers are able to let go of their expectations for the specifics of the performance itself. They shift from their high expectations for particular outcomes to reliance on an inner belief in their ability to adjust. No matter what conditions are thrown at them, they do their best. They don't get caught up in the outcome or the rough moments along the way. This allows them to be resourceful, versatile, and resilient.

Our lives are so routine heavy, it can seem as though the ability to adapt isn't all that crucial. Yet a Duke University study found that only 40 percent of our decisions are actually habit based.[105] If we perfect our habits, those decisions can be effective. But what are we doing with the other 60 percent of our decisions? How effectively are we responding? When we focus on perfection in performance, we miss possibilities; when we focus on adaptability, however, we remain open to opportunities.

Interestingly, just as destructive perfection correlates to a higher level of depression, adaptability correlates to fewer depressive symptoms and a lower level of stress.[106] Stress occurs when we feel responsible for things outside of our control. With an adaptable mind, we aren't trying to control our environment and every element in it, the way we might during perfect preparation; we are accepting that we don't know what might happen next and are trusting ourselves to respond to whatever comes our way.

FACING DOWN THE UNKNOWN

The acronym VUCA, which stands for "volatility, uncertainty, complexity, and ambiguity," has become popular in the human development arena, especially within organizations.[107] Birthed out of the military and the challenges that generals face when waging war, it also describes many other environments in which we perform—environments full of problems and opportunities and occasionally catastrophes that will surprise us. (Parenting comes to mind.)

For me, the biggest performance of my life was my wedding, and I might have used VUCA to describe it. My wife and I had spent nine months planning and perfecting every detail: flowers, band, food, invitations, seating charts—you know the deal. It's like a part-time job with a goal of making the day as perfect as possible. After all, you're planning to have that day only once in your lifetime.

We were getting married in August in Washington, DC, in a venue with a beautiful courtyard. We decided that if it was nice outside, we would take advantage of it. On the day of the wedding, the weather forecast looked good, so we green-lighted the outdoor ceremony. Yet as the day progressed, the weather changed. That evening at around 6:15, a storm rolled in—right in time for our 6:30 wedding. As it poured, the guests arrived and congregated in the lobby while my three-year-old nephew sang, "Rain, rain, go away." Finally, the storm passed, the guests headed to their seats, and the ceremony began.

I didn't know about all the many problems that were solved that day until later. The florist had forgotten to put wood panels below the aisle runner. After the rain, we would have been sinking into the lawn if the wedding planner hadn't caught it and had her husband come to our rescue—buying wood and placing it under the runner for support. My dad took one look at the dance floor and knew it was too small—anyone who has been to a wedding with me knows that I need room to operate—so he had them make the area bigger. Then, as the winds picked up, my parents had to get up and hold the tent we were married under, to ensure it wouldn't blow away. Heck, we even had a wedding crasher sit down for dinner at the reception, before she was escorted out of the ballroom.

Was the day "perfect"? Not if you compare it to the very specific plans we had made. But was it the best wedding we could have ever asked for? Absolutely. We adapted, remained present, and were so grateful to have everyone we cared about in one room. We danced the night away and had the time of our lives.

The best performances of our lives are not meant to be perfect. We humans are amazing creatures who have the ability to adapt and problem solve. And the unknown is what makes performances so special.

While a wedding is one of the most important days in anyone's life, it may not seem as important—in a life-and-death way—when compared with that critical moment when Captain Chesley "Sully" Sullenberger miraculously landed an airplane on the Hudson River, becoming the most famous pilot in America.

Losing both engines at 2,800 feet with 150 passengers on board was nothing short of a nightmare. Sully was extremely well trained and experienced, but even he admits that he had not trained specifically for that moment. In an interview with Katie Couric on *60 Minutes*, he said, "It was the worst, sickening, pit-of-your-stomach-falling-through-the-floor feeling I've ever felt in my life. I knew immediately it was very bad."[108] Although he had never expected to crash a plane, he believes he was always perfectly prepared to avoid such a catastrophe.

For a moment after the birds hit the plane and the engines went out, he was in disbelief. Yet he did what he knew he had to do, taking control over the airplane so he could adjust as quickly as possible. This would be nothing like any other flight in his forty-two years of flying—not even his time as a fighter pilot with the Air Force or his years teaching other pilots how to handle a crisis. His only option was to use momentum to glide the airplane, and the only place he could land was on the Hudson River.

Keep in mind, Sully's decision to land the plane happened just one minute after the birds had hit the engine. He had to act fast. He had to be open to possibilities, not rigidly locked into one idea of how the flight was supposed to go. He had to quickly let go of what *should* happen, accept what *had* happened, and consider what *could* happen. The only thing that mattered was landing in a way that limited the impact as much as possible.

Sully told the crew: "Brace for impact."

As he explained the situation later to Katie Couric, she said, "But there was still a big if."

He replied, "I was sure I could do it."

That statement reminds me of Kobe's quip to Laron Profit: "I work too hard for the ball not to go in." Sully knew he could be resourceful in the moment and solve what problems would come. As he said to Couric, "I think in many ways . . . my entire life up to that moment had been in preparation to handle that particular moment."[109] He had taken every step necessary to learn how to avoid a catastrophic accident. And that allowed him to be adaptable.

The great performers turn over every stone in preparation so they can handle the unknowns of the performance—and every performance has unknowns. Elite performers develop a relationship with the unknown; they control what they can control in preparation so they can let go of control in performance.

Your job may not be a matter of life and death like a surgeon's or a pilot's, but you will have moments in your life that will surprise you—problems you hadn't anticipated that crop up when you are in the middle of an important performance of one kind or another. I hope you will prepare for those moments so you can adapt to whatever the circumstance asks of you. When you prepare with perfection in mind, you can be resourceful, perform at your best, and be satisfied with the result.

YOUR CAREER SUCCESS—AND YOUR ORGANIZATION'S SUCCESS—DEPEND ON IT

In organizations, adaptability has become an acknowledged necessity—for employees, leaders, and entire teams—and with good reason. Markets and environments are changing faster than ever, and companies require adaptation if they are to stay relevant. For the past twenty years, organizational psychologists and others have worked on iterations of an adaptive performance scale or measurement tool, designed to assess how well individuals can adjust their behaviors to more effectively respond to the environment and the needs of others.[110] They've studied how well organizations diverge from their strategy when the environment calls for it.[111] They've assessed the essentials of being a flexible leader.[112] Along the way, many have concluded that as uncertainty in the workforce and global markets continues to rise, teams that are adaptable while performing will be in a better position to thrive.

One particular aspect of adaptability has been highlighted as a must-have skill for companies and leaders: agility. The respected consulting firm McKinsey & Company found that agility—when "leaders and managers moved quickly when challenged" and when organizations rapidly "adjusted to changes and to new ways of doing things"—pays off for companies. Their study discovered that "both role clarity and operational discipline are highly ranked practices among agile organizations but not among the least agile ones."[113] In other words, to be agile, organizations need perfect preparation in the form of clarity and discipline. Other research has shown that agility and resilience lead to less workplace burnout[114] and higher organizational intelligence.[115]

Whether you are a leader or not, what may be most important to know and remember is that adaptability improves long-term job performance, partially because it enables us to step in and out of different roles.[116] A study that followed MBA students on their progress in the business world after graduation found that adaptability was the strongest predictor of career success, compared with all the other emotional and social intelligence competencies.[117] Another study revealed that the most adaptable financial services sales executives performed better as well.[118] Adaptability helps us perform better because it allows us to adjust to an ever-changing performance environment.

EXERCISE SECTION

Becoming an Adaptable Perfectionist

A few years ago, I was working with a young aspiring lawyer who had already failed her bar exam twice. She reached out to me because she had done all the perfect preparation necessary to pass, but something was getting in her way. In fact, she had decided that she didn't even want to practice law, but because she was in a family of lawyers, passing the bar would offer her a great sense of pride. We met a few times, and it was clear that she was struggling with her ability to adapt to the exam environment and answer to the best of her ability. We talked about how she could blend her perfectionistic preparation with an adaptable performance. Then we went to work. We played counting games, we used improv, and more. We trained her adaptable performance mind. She took the test a third time, and much to her delight, she passed.

When do you need to be more perfectionistic in your preparation or more adaptable in your performance? Which is more of a struggle for you?

We can perfect our preparation all we want, but if we are unable to adapt when performing, it may be all for naught. That's why you see so many high achievers and perfectionists in college who then struggle in their transition into the workforce. Straight As are not a good predictor of career success. Neither perfection nor adaptation is easy to tap into. A perfectionistic approach is hard because it requires you to hold yourself accountable to a high standard of excellence, which doesn't always feel good. Being adaptable is hard because it requires you to develop a comfortable relationship with the unknown and a cognitive approach that might go against the way your brain naturally operates. We are creatures of experience and story, and our brains are constantly trying to create meaning and make predictions.

Some of the greatest performers in the world know they have perfectionistic tendencies, and they know when it's helpful and when it's harmful. They learn how to leverage perfectionism in preparation and let go of it in performance. They work to become adaptable perfectionists, preparing with attention to every possible detail so they can feel free to let go and adjust to any possible condition.

As performers, it's up to us to create systems to develop our perfectionism in preparation and our adaptability in performance, so that at some point those systems become more habitual. With that in mind, let's look at how you can create systems that will transform your approach and help you shift your mindset.

PRE-MORTEM

For perfection in preparation, create systems and processes that force you to constantly iterate and prepare for as many eventualities as you can imagine. One method to help is a "pre-mortem," which I first learned about in a 2007 *Harvard Business Review* article by Gary Klein.[119] Ask yourself the following questions to force your brain into thinking about some of the worst possible scenarios:

1. What will go wrong?
2. How could this end in disaster?
3. What solutions can you put into place, leveraging what is within your control, to mitigate this?

Give yourself space to edit and audit your craft to account for these possible situations. Journal and reflect on what you could do better in preparation to handle tough situations in performance. Remember, a surprise that shows up more than once is something you can train for.

CONCENTRATION GRID

Try this out: Find a partner and set a timer for one minute. Your partner will say a random number (e.g., 55), and your job will be to find that number, cross it off, and then continue to find the next numbers sequentially (e.g., 56, 57, 58 . . .). The goal is to find as many numbers as possible in one minute. But while you are doing this, your partner should distract you—talk to you, turn the lights on and off, say a different number, and so forth.

Throughout the exercise, when you have a distracting thought or get stuck, work to absorb or adapt to what's happening, but keep your mind focused on the task. How many numbers did you get in one minute? Now try again, and have your partner say a different starting number and use different distracting techniques. Remember, the key is to train your brain to be adaptable.

57	17	54	73	30	47	79	32	59	12
37	04	63	10	26	84	18	25	06	52
71	23	50	00	40	69	13	49	44	67
41	66	45	78	01	85	56	20	75	61
87	29	82	05	27	34	38	93	07	16
58	95	35	48	91	72	15	80	64	33
11	77	19	60	09	22	97	02	98	28
43	83	51	90	96	74	86	94	53	42
89	70	03	24	92	62	31	81	08	88
36	65	99	39	55	14	46	68	76	21

You can find the concentration grid and many of the tools referenced in this book at my website, strongskills.co/book.

ADAPTABLE TRAVEL

When was the last time you explored the world around you? Many of us have become drones in our typical day-to-day experience and our physical environment, running on autopilot as we rely on the same old routes or on technology to find the perfect route from point A to point B. When you are not in a time-sensitive situation, turn off your navigation app and see whether you can find a new way home from work, to the grocery store, or to some other location. You'll be amazed by how adaptable you are when you put yourself in new situations and force yourself to spontaneously respond to your environment.

IMPROV WITH "YES, AND"

Try improv or standup comedy, or enter a freestyle competition (dancing or rapping).

OK, OK, I know that probably sounds terrifying to you, but seriously—practicing improvisation and in-the-moment creativity can prime our performance mind. For improv, there are so many great games you can play. Perhaps the most well-known game is "Yes, and." In fact, "Yes, and" is more than a game; it's a way of thinking.

Many times we answer challenges by saying, "Yes, but . . ." This immediately narrows our thinking—focusing us on our expectations and on limited possibilities. When we are performing, we need to be more "Yes, and"–minded.

Find a partner, and begin a story or a conversation about anything. Pick something random, and begin with a simple sentence like "On Saturday, I went fishing" or "My brother is a doctor." Your partner must then add to the story with a sentence that begins with "Yes, and . . ." For example, "Yes, and I caught a shoe" or "Yes, and he faints at the sight of a needle." Go back and forth while telling the story, creating something different and full of surprising twists and turns with each "Yes, and . . ." statement.

◆ ◆ ◆

When you train your mind to be adaptable, it learns how to deal with difficult environments. Your mind will become more agile, and your capacity in performance will grow. At the same time, it's important to remember that striving for perfection is not a crime; in fact, it will help you get to exactly where you want to go. You just need to be intentional about when to use your perfectionistic drive and when to shift into the adaptable mind. And remember, the goal isn't actually to become perfect—that is unattainable. The true goal is to leverage your perfectionistic mind in preparation so you can be adaptable in performance. And how perfect is that?

ANALYSIS AND INSTINCT

COACH GLENN FARELLO had led his team to an undefeated season, making it to the finals. When he entered the arena, parents and fans reached out to grasp at him, excited for the team's chance to make league history—the first team to make it through an entire season undefeated. You might remember the team from shift 1 and my work with a basketball player, Jared, on his arrogance. On this special night, I was watching the coach's entrance from ten rows behind the basket. I made eye contact with him, and he walked up the bleachers and took a seat next to me.

"Coach, how are you doing?" I asked.

"Honestly, Brian," he replied, "my mind is going a million miles a minute."

Throughout the season, I was always amazed by Coach Farello's ability to trust his instincts. He would make substitutions that went against conventional wisdom and always seemed to have a pulse on the rhythm of the game. He had an assistant coach who was an analytics whiz, but when it came time to make decisions, Farello always seemed to go with his gut. I admired him for that, and I believe it gave him an advantage. But sitting with him in the bleachers that night, I could tell he was not in the same headspace. He was about to deliver a critical performance, and his analytical brain was overactive. He was too focused on what needed to happen, why, and what it could mean.

"Do you want to do an activity?" I asked.

He agreed, and I asked him to close his eyes and count to ten slowly, with one caveat: if a thought popped into his head that was not a number, he had to start over again.

Coach closed his eyes, unconcerned with the sold-out crowd that surrounded us, and after just one attempt, he opened his eyes again. "I actually saw the numbers coming at me," he said. "Everything slowed down and I was just focused on the numbers." Then he smiled. "Thanks, I'm ready to go."

From that point on, Coach Farello looked different. He coached his team with instinct as usual and without overanalyzing the magnitude of the game. He drew up a game-winning plan and delivered his first Catholic League championship.

We have all been there—at that moment when paralysis-by-analysis kicks in and gets in the way of a smooth performance. What does it look like for you? What does it *feel* like for you? For me, it feels like I am a computer with too many browser windows open. I need to shut down and reboot to avoid being overwhelmed by too much data. I become frustrated, flustered, and unable to make decisions. It's crippling.

The analytics revolution has challenged how we make decisions under pressure. In some ways, this focus on data and analysis has been helpful; we're more knowledgeable than ever about the details behind our successes and wins. However, anxiety—which manifests as we think about the future and become overly focused on controlling it—has never been higher.

What's going on? While analysis is a friend when you're preparing, it can be an enemy when you're performing. It distracts us and prevents us from trusting our instinct. Analysis often helps lead to logical strategy, yet many of our most opportune moments require instinct that derives from the gut, not the head.

On the other hand, what happens when we rely too much on our instinct in preparation? How has that worked out for you? For me, it leads to incoherence, limited research, and a lack of truth. When listening solely to instinct, I often become narrow in my focus and less open to possibilities or information that defies what I believe to be right. I may be free flowing, sure—but I don't create a strong enough truth because I have not done the analysis needed.

Analysis in preparation is what encourages our curiosity; it allows us to gather information and seek solutions. It requires us to quantify the elements of our performance—to measure them, track them, and use the information to make steady improvements in our results. Analyzing in preparation is hard work. It requires truth seeking. It's what creates our genius; the most instinctual performances are birthed from hours, days, weeks, months, and even years of analysis. Yet it's also what can hold us back in performance.

Instinct, in contrast, can help us perform under stress, yet it can be what holds us back from preparing adequately. We need the logic and reason of analysis to tell us anywhere and everywhere we can improve, so that we build the necessary instinct to perform when the time comes. The goal, therefore, is to prepare with sound judgment, good information, and clear goals—and then perform with your natural impulse, your innate inclination, your tendency to trust your senses.

We often think that someone is simply gifted with good instinct, that he or she is "a natural." But the truth is, that instinct has been developed by tremendous analysis in preparation. The instinct comes through the analysis and through the deep learning that comes from it—not the other way around.

Throughout this shift, as we dive into analysis and instinct, think about your craft and how you can leverage both.

Using Logic and Instinct to Build Patterns of Success

In a data-driven world, our instincts often get buried in analysis. According to one 2011 study, on a typical day, each of us takes in the equivalent of about 174 newspapers' worth of information—five times the amount we processed in 1986.[120] That content absorption is incredible. But our brains, which are essentially predictive processing frameworks,[121] have not adapted at a rate to keep up with our technology.

With our brains constantly plugged in, finding the quiet, instinctual space to unplug has become harder and harder. As research continues to lead our decision-making, and as science progresses with new discoveries, we are becoming more and more analytical. With more knowledge, however, comes more responsibility—a responsibility to develop systems to input data and output performance. The ability to output performance lies with our ability to tap into our intuition.

Perhaps the best breakdown of the brain's ability to analyze and work off instinct comes from Daniel Kahneman, a psychology and public affairs professor who won the 2002 Nobel Prize in Economics for his work on prospect theory. His best-selling book, *Thinking Fast and Slow*, is the story of how we think based on two systems. According to Kahneman, "System 1 operates automatically and quickly, with little or no effort and no sense of voluntary control. System 2 allocates attention to the effortful mental activities that demand it."[122]

Later in the book, he pares it down to this: "System 1 is impulsive and intuitive; System 2 is capable of reasoning, and it is cautious." Kahneman describes intuition as recognition, which makes sense for high performers. Think about the baseball player recognizing a curveball, a quarterback recognizing a defensive play, or a goalie recognizing the trajectory of a shot—all these happen so fast that careful analysis can't help. Our instinctive mind is fast enough to respond, though.[123] Kahneman's research shows that System 1 influences System 2, which will analyze the information it receives from System 1 when there's enough time, before then dictating our behavior. Yet both can sometimes produce poor and even irrational results.

In a 1974 article, Kahneman and his research partner Amos Tversky explain that heuristics often get in the way of our decision-making because of the biases that we carry. Heuristics are strategies and systems that we adopt to help us solve a problem efficiently; they are based on our experience. We rely on our heuristic methods to provide us with shortcuts and rules of thumb so we can move forward quickly in our decision-making process. But as Kahneman and Tversky found, this creates a biased approach that is the cause of many mistakes and misjudgments. Relying on heuristics limits our ability to analyze for possibilities and find what is really true, not just similar to our other experiences.[124]

"We need statistical thinking for a world where we can calculate the risk," said Gerd Gigerenzer, a psychologist who studies decision-making, in a *Harvard Business Review* interview, "but in a world of uncertainty, we need more. We need rules of thumb called heuristics." He went on to say, "Gut feelings are tools for an uncertain world."[125] It is uncertainty that defines a state of performance. We are not in complete control, and we don't know what might happen next, yet the outcome matters. Because of that uncertainty, we need to rely on instinct to deliver the best possible result. We have to make quick decisions.

When we are preparing, we want to leverage probability, think about statistics, and research the best possible course of action. That process provides us with better data and more experiences, which help us develop more nuanced heuristics. But when a performer has to execute or make an important decision, he or she need not rely on the System 2/analytical brain. Instead, the performer needs to be able to access the System 1/intuitive brain.

ANALYZING OUR RESULTS, SOLVING OUR PROBLEMS

Katie Ledecky may end her career as the greatest of all time in her sport. She has won five Olympic gold medals and fifteen world championship gold medals, the most of any female swimmer.[126] She dominated the NCAA swim record books for two years while at Stanford University, has countless world records, and in 2017 was named Associated Press Female Athlete of the Year. She is now a professional swimmer, and given that she's only in her early twenties, the sky appears to be the limit for her career. (Full disclosure: I have a certain amount of hometown pride when it comes to Ledecky, as we both hail from Montgomery County, Maryland.)

I have spent time with Ledecky's youth coach, Bruce Gemmell, and her strength coach, Lee Sommers. Both worked with Ledecky when she was a teenager and have watched her become the dominant athlete she is today. Ledecky sets highly specific goals for herself in training so that she knows what she is striving for and how to analyze her results and progress.

Three years before the 2016 Olympic Games in Rio de Janeiro, where she set multiple world records, Ledecky wrote the number *565* on her pull buoy (a leg float used in swim workouts) as a constant reminder of her goal to swim 3:56 (56) in the 400-meter and 8:05 (5) in the 800-meter freestyle competitions.[127] She analyzed her results in training every single day. To reach her audacious goals, she set very specific targets for different aspects of her training and logged her results. Her original coach, Yuri Suguiyama, taught her to keep a swim log that detailed more than just times. "Every single day, write down your wellness on a scale of 1 to 10," he told Ledecky, "your nutrition, how well you sleep, how well you slept the night before, and something special you did that day."[128] The log served as a tool to help Ledecky analyze what had the greatest impact on her results and how carefully she was attending to those things that could help her improve.

In Rio, she swam 3:56.46 and 8:04.79 (a new world record),

reaching almost exactly the goals she had trained for within mere fractions of seconds.[129]

Being analytical in preparation is a reflective process, an ability to look back at specific details, data, and feedback and devise a plan for improvement. When analyzing in preparation, there are a few essentials to think about. You want to leverage your curiosity and always seek truth. You want to focus on making gains and tracking those gains so you know how you are progressing. You want to break down every element of your ability and quantify where you are in your journey. A great coach will help you analyze, hold you accountable to certain standards, and ensure you are improving. Thorough analysis takes every possibility into account and leaves no stone unturned.

Analysis is critical for developing your skill, your will, and ultimately your instinct in performance.

ANALYSIS REQUIRES CURIOSITY

A legendary basketball coach who once coached Carmelo Anthony, Kobe Bryant, and LeBron James explained the difference between LeBron and Kobe on the one hand and Carmelo on the other. The coach explained that Carmelo is a "yes, sir" guy—someone who will do what you tell him to do. But Kobe and LeBron are "why" guys—they need to know why the coach is doing what he is doing. Kobe, specifically, was unabashed in his praise for the importance of curiosity. In an interview with Cal Fussman, Kobe mentioned that one of his favorite books is *Curious George*. "Curiosity, I think, is the most important quality you can have. With curiosity, you figure things out. You are always looking for ways to get better, looking for reasons as to why certain things work. . . . That curiosity leads you to knowledge."[130] Sure, Carmelo was able to execute nightly on the court, and as a result he became an NBA All-Star, but perhaps with a little more curiosity he might have become—like Kobe and LeBron—one of the all-time greats.

For his book *The Corner Office*, Adam Bryant interviewed seventy CEOs and asked them, "What qualities do you see most often in those who succeed?" The most common answer was passionate curiosity.[131] Research has also shown that curious children are better able to grasp basic math and reading, and that curiosity is especially important in determining success for children in underserved areas.[132]

Questions are the tool of the curious, enabling performers to get to the root causes of their results—for better and for worse. Asking questions helps us solve problems, iterate and innovate, and do better over the long term. Two experts in the past two years have written extensively on the power of questions: Hal Gregersen, executive director of the MIT Leadership Center and author of *Questions Are the Answer*, and Warren Berger, journalist, student of innovation and creativity, and author of the best seller *A More Beautiful Question*. Their research offers a persuasive argument that great questions can help any individual or organization break through when we're stuck. Simply put, successful people rely on, as Berger calls it, the "power of inquiry."

Toyota's famous 5 Whys system, originally developed by Sakichi Toyoda in the 1930s, is a perfect example. This approach builds a ladder of questions that encourage employees to explore the deeper causes of a problem and why it exists.[133] Asking *why* stimulates our curiosity, unlocks possibility, and guides our progress, and good preparation demands it.

Following is an example of how the 5 Whys might be used to analyze a problem during preparation:

1. **"Why did I not meet my sales target this month?"** I didn't generate enough leads, so I didn't have access to enough potential clients.
2. **"Why did I not generate enough leads?"** I did not hit my goal of ten cold calls a day.

3. **"Why did I not hit my cold call goal?"** I was often distracted by social media during the workday.
4. **"Why was I distracted by social media?"** Because I lack the discipline to focus on the task at hand.
5. **"Why do I lack discipline?"** Because I don't have systems in place to limit my social media intake and hold me accountable to meeting my sales target.

As you can see, when there's a problem with progress and performance, the 5 Whys approach creates analysis that leads to a potential solution.

QUANTIFICATION AND MARGINAL GAINS

The best teams in the world capture their results, day by day, week by week, and focus on moving the needle, even if it's just by small percentages. When I work with performers on their mental game, if we can unlock 1 percent of their potential, the outcomes can be quite profound. To achieve that 1 percent, we need to analyze how we are getting better and quantify that whenever possible.

The story of the British cycling team, led by their coach Sir Dave Brailsford, has been referenced in books and education policy, and has been embedded into corporate cultures. Brailsford applied the concept of marginal gains—incremental improvements in every area that would accumulate into major performance progress—to the team's training, with incredible results.

To achieve marginal gains, you have to quantify and analyze. As the great management thought leader Peter Drucker said, "What gets measured gets managed."[134] Brailsford wanted to measure specifically how he could help his athletes improve. If *results* are defined as "something that happens as a consequence," you must be able to analyze those things that are creating the consequence. Brailsford was so specific in everything he did that he found small advantages in the most micro of places. "By analyzing the mechanics area in the team truck, we discovered that dust was accumulating on the floor, undermining bike maintenance," he explains in *Harvard Business Review*.[135] "So we painted the floor white, in order to spot any impurities." He goes on to describe "small improvements everywhere"—in handwashing, food preparation, sleep habits, travel—and says, "Taken together, we felt they gave us a competitive advantage."

The only way Brailsford could spot those opportunities was if the team actually measured and analyzed the results. Preparation needs to be a breeding ground for measurement. We can train our bodies and our minds for our craft, but it's important to find ways to quantify each so we can analyze progress.

Brailsford also talks about what being results-focused did for the team, the "contagious enthusiasm" for finding small ways to improve. "There's something inherently rewarding about identifying marginal gains," he confesses. "Our team became a very positive place to be."[136]

Brailsford's focus on marginal gains paid incredible dividends. His team won an astounding eight gold medals in 2008 and gained another six at the Rio Olympics in 2016. Quantification, analysis, and marginal gains helped create one of the most consistent, powerful teams in sport.

Of course, Brailsford is not the only coach focused on quantification and marginal gains. Gregg Berhalter, head coach of the US men's national soccer team, instituted a point system when he took over in late 2018. "In practice, everything is counted," a client who had worked with Berhalter on another team told me. "He wants us to be constantly competing, and he wants to quantify how successful or unsuccessful we are." Berhalter and his players are quantifying everything they do on the soccer field: scoring, passing, defense, and other principles and skills that drive success in a match. Midfielder Aaron Long explains, "Points are being posted on the board, and you want to be on top of that board to prove it to yourself, to prove it to your teammates, that you want to be the player that they want to play with."[137] It's too early to know whether Berhalter will have the same success that Brailsford's marginal gains had with the British cyclists, but I am hoping the 2022 World Cup will include an American soccer team.

Research has shown that when you create a team of high performers, as Berhalter is attempting to do, all boats can rise with that tide. A 2017 study out of Northwestern University found that sitting within twenty-five feet of a high performer at work improved an employee's performance by 15 percent whereas sitting within twenty-five feet of a low performer hurt the employee's performance by 30 percent.[138] To help people become high performers, you have to quantify what being a high performer means and analyze everybody's progress toward that goal. That competitive analysis is the lifeblood of championship teams and elite performers.

PARALYSIS BY ANALYSIS

The phrase *paralysis by analysis* is often used to describe performance struggles. We think of it when we see people choke under pressure. One of the most memorable performance chokes in recent memory was at the Miss Teen USA pageant in 2007 when one contestant was asked why Americans struggle with geography. The young lady went into analysis mode and answered with an incoherent mixture of prepared buzzwords. The truth is, though, we all have the potential to choke under pressure. One famous example comes from one of the most talented golfers in the game, Greg Norman. Norman was ranked No. 1 in the world for a remarkable 331 weeks, but by the end of his career, he had won only two majors and had finished second a remarkable seven times.[139] Norman could do it all on the golf course but was well known for struggling in high-pressure situations and specifically for "choking" at the most sacred golf tournament in the world—the Masters.

The year was 1996. Norman had led the entire tournament and was six strokes up on Nick Faldo, who was in second place entering the final day. Throughout Norman's golf career, he had been in the lead in eight major tournaments entering the final day, yet had won only one of them. "I could feel the nervousness emanating from Greg," Faldo later said. "He gripped and regripped the club, as though he could not steel himself to hit the ball."[140]

According to one sport psychologist, Norman had admitted, "I'm probably the only guy in the world who thinks, 'I don't know if I can hold it.'" In regard to the previous night, Norman said, "I didn't sleep a wink." Amazingly, he tried to fix his swing midround. He shot a 78, which was the worst round of the day, and his performance was the biggest collapse in Masters history.[141]

Have you ever been in an important meeting and lost your train of thought? Or perhaps you are giving a speech, and you feel your body tense up and find you're at a loss for words. Why does this happen? In her book *Choke*, cognitive scientist Sian Beilock explains it for us. She defines choking as:

> poor performance that occurs in response to the perceived stress of a situation. Choking is not simply poor performance, however. Choking is sub-optimal performance. It's when you—or an individual athlete, actor, musician, or student—perform worse than expected given what you are capable of doing, and worse than what you have done in the past.[142]

So why does it happen? Beilock found that choking occurs when "we pay too much attention to what we are doing." This suggests that when we know how to perform a skill, we are better off going on autopilot than overthinking.[143]

Analyzing our performance is certainly one way to pull our attention away from where it should be. Untimely analysis overrides the instinct and heuristics that should be guiding our execution of the performance we've already mastered. When this happens, we second-guess our judgment—a scenario that can be a performance killer. In an interview, Beilock explained that choking can be both a somatic (body) and a cognitive (mind) experience. Elite performers, she said, focus on:

> what they have to get done. They are not thinking about how their wrist is, or if their elbow is bent, or every step of their swing. . . . Doing that prevents them from paralysis by analysis—this idea when you start paying too much attention to skills that should just run on autopilot, you actually muck them up.[144]

So, the big question is, when are you overthinking? And how can you let go of analysis when it's time to unlock your instinct in performance?

The Genius of Instinct

Evan was the hardest-working guy on the wrestling team. He would analyze his opponents continuously, watching film over and over to pick up on their tendencies, focusing on the higher-ranked opponents. He did the same with his own performances. He had performed fairly well in the past, but it was clear he had untapped potential. He would often lose matches that he clearly had the capacity to win. His preparation was top-notch, but he seemed to be bringing his analytical mind into his performances. On the day of a performance, he would obsess over the rankings of his opponents. Instead of letting himself go and relying on his instinct to compete, he would overthink his shots and miss opportunities that were right in front of him. He was using analysis when he needed instinct.

For his senior year, we discussed how he could trust in his training and compete on instinct once he was on the mat. He decided to try wrestling without wearing his contact lenses. After all, it didn't matter who he was wrestling or what his eyes told him; what mattered was what he felt. Wrestling without contacts was a drastic measure, but it did help Evan free himself to trust his body and his muscle memory more than his mind—and it helped him have a successful season. What Evan came to realize was that his analytical mind, which served him well in so many areas of his life (he had won awards for academics, too), was holding him back in performance.

Analytics in sports has revolutionized how every game is played. In baseball, the home run ball is more valued; in basketball, it's the three-pointer; football teams are more intentional about when they go for two-point conversions. The best organizations know that analysis can help create strategy—but when it comes to in-the-moment decisions, instinct is often what is needed.

I once gave a talk at the Peabody Institute at Johns Hopkins University, which serves as a conservatory for some of the top musicians in the world, about the preparation mind and the performance mind. At the end of my talk, a young blind musician came up to me and said that my talk was exactly in alignment with how he approaches music. Because he can't see, he doesn't concern himself with how he is being judged or analyzed; he just trusts his instinct and plays. He told me that musicians with sight have a tendency to overload their mind with analysis, when what they need to do is just trust. This young musician doesn't spend time critiquing himself while performing; instead, he lets go of any analysis and focuses on the task at hand. He plays with his instinct, and the crowd can feel that.

Some of history's greatest thought leaders have looked to intuition for genius and creativity. Anne Lamott writes in the legendary book *Bird by Bird*:

> You get your intuition back when you make space for it, when you stop the chattering of the rational mind. The rational mind

> doesn't nourish you. You assume that it gives you the truth, because the rational mind is the golden calf that this culture worships, but this is not true. Rationality squeezes out much that is rich and juicy and fascinating.[145]

Steve Jobs once said, "Intuition is a very powerful thing, more powerful than intellect, in my opinion."[146]But what does Jobs mean by "intuition"? I believe that intuition and instinct are about trusting your gut and taking action, whereas analysis is more of a brain or thought exercise. As Kahneman explains, what we commonly think of as trained instinct is about instant recognition and fast response—the work of the System 1 mind and the heuristics it develops. But those heuristics are developed through experiences; the more experiences we have and the better we understand those experiences, the better our instinct will serve us. We must analyze every outcome, result, technique, and tactic in preparation so we are ready to respond immediately to whatever the circumstances throw at us in performance. We tap into our instinct by building on many of the other performance mind frameworks—such as being present, comfortable, and process-oriented—so we can appease System 2.

We can chalk up to instinct some of the greatest individual performances in sports. Ben Crenshaw's longtime golf coach and friend, Harvey Penick, passed away the week before the 1995 Masters Tournament, and Crenshaw attended his funeral the day before the tournament started, before hustling to famed Augusta, Georgia, to compete. Yet at the age of forty-three, with only one major win on his resume (the Masters in 1984), Crenshaw miraculously won the most prestigious golf tournament in the world. Reflecting on the week, Crenshaw said, "So many unexplained things happened that week. I hadn't played worth a darn in a good while, but I gained a lot of confidence that first day and it kept going. I was very relaxed, but determined, too. . . . I played by instinct the whole week."[147]

You know what instinctive performance feels like—you've felt it before. It's when the performance seems easy, when you feel calm and don't question your choices in the moment. Let's dig into how it works—and why it matters.

FOCUSING ON ACTION

In his interview on the podcast *Big Questions with Cal Fussman* (which I mentioned in shift 1), Dr. Oz also talked about the necessity for instinctive action. Early in his career, Dr. Oz faced a case where a man was brought to the hospital already unconscious after a heart attack. Although he didn't have the chance to speak to his patient about what had happened, Dr. Oz knew he needed to act decisively to save the man's life. That moment made a major impact on him:

> I *instinctively* knew what I needed to do—full court press, do everything you can to keep this brain alive. . . . In your moment of need in the operating room, you do not want to be surrounded by intellectuals. You want to be surrounded by people of action. Just do it. And then react if it doesn't work. I can fix a lot of problems. I can't fix a non-action.[148]

You're probably familiar with the concept of the flow state, or the optimal state of performance, which was studied extensively by psychologist Mihaly Csikszentmihalyi. Athletes and others call it "the zone," and it is a good example of instinct at work. Csikszentmihalyi identified one element that I think is especially important to the idea of instinct: "the merging of action and awareness." He writes, "People become so involved in what they are doing that the activity becomes spontaneous, almost automatic; they stop being aware of themselves as separate from the actions they are performing. . . . In flow there is no need to reflect, because the action carries us forward as if by magic."[149]

Bringing our attention and focus consistently back to what is happening in the moment, and tuning out or shutting down any analysis from System 2, helps bring on the state of flow. The result is that important merging of awareness and action, and it elevates how we feel in the performance—flow is a state of happiness—and how well we perform.

In his legendary book *The Inner Game of Tennis*, Tim Gallwey discusses analysis and instinct at great length, and even offers us a formula: performance = potential – interference. This speaks to how analysis (interference) can get in the way of performance. Gallwey also picks up on the idea of awareness and action by describing two selves: Self 1 is the brain, a judgmental voice that instructs us on what to do. Self 2 is the body, which is in charge of action. Self 1 can get in the way of Self 2, which leads to paralysis by analysis. When we rely on Self 2, however, we remain solely focused on the task, and we let our instinct take over to accomplish it.[150]

Perhaps the best way to think about focusing on the body and action, and relying on our instinct, is with Gallwey's example of a cat stalking a bird:

> Effortlessly alert, he crouches, gathering his relaxed muscles for the spring. No thinking about when to jump, nor how he will push off with his hind legs to attain the proper distance, his mind is still and perfectly concentrated on his prey. No thought flashes into his consciousness of the possibility or consequences of missing his mark. He sees only bird. Suddenly the bird takes off; at the same instant, the cat leaps. With perfect anticipation he intercepts his dinner two feet off the ground. Perfectly, thoughtlessly executed action, and afterward, no self-congratulations, just the reward inherent in his action: the bird in his mouth.[151]

That is instinct in action.

SELF-JUDGMENT CAN KILL INSTINCT

The human gut has been referred to as the second brain. Scientists have found what they call an enteric nervous system (ENS), which consists of two thin layers of more than 100 million nerve cells that line our gastrointestinal tract, from esophagus to rectum. Jay Pasricha, MD, the director of the Johns Hopkins Center for Neurogastroenterology, points out, "The ENS doesn't seem capable of thought as we know it, but it communicates back and forth with the brain—with profound results."[152] As a performer, it's essential that you create an awareness of your gut—and everything those millions of nerves can tell you about what your body is experiencing. Your gut can especially tell you when you are overanalyzing, letting self-judgment and doubt take over, and building unnecessary anxiety.

Judgment often gets in the way of our inner instinctive genius. We are wired to care about what others think of us; some of our biggest fears include rejection, failure, and embarrassment (we'll talk more about them in later shifts). These fears are why so many of us are afraid of public speaking. Most moments of performance come with risk of failure, and our fear can bring that Self 1 voice—analytical, judgmental—to life. In order to perform with an instinctive flair and flow, we need to concern ourselves less with judgment. Analysis as a reaction to our fear can help us prepare, but in performance that fear holds us back.

Nick Foles started the season as a backup quarterback for the Philadelphia Eagles, but was thrust into the starting role after an injury to the starter. He unexpectedly helped lead the team to the playoffs, where almost nobody envisioned what would come next—a run to the Super Bowl. Against all odds, Foles found himself on the biggest stage in football. It was fourth down, late in the second quarter, and the Eagles were down 15–12. They had a chance to tie the game with a field goal, or they could go for a touchdown to take the lead. Coach Doug Pederson, a former backup quarterback, called a time-out.

Foles came to the sideline, ran right up to his coach, and asked, "Do you want Philly-Philly?" Philly-Philly was a special, risky trick play.

Pederson, with a laminated, color-coded play sheet bigger than his head, turned to Foles, paused for just a few seconds, and then said, "Yeah, let's do it."

Moments later, Foles came to the line, yelled a few instructions, and motioned to the right. The center hiked the ball to the running back, who handed it to the tight end, who threw the ball back to Foles, who was in the end zone for the touchdown. As Foles came to the bench, he said to Pederson, "I was feeling it right there."[153]

Pederson was no stranger to trusting his instincts on risky plays. "You just have a feel for that, as a former quarterback, as a play caller—you just get a sense," he said later. Of course, the play wasn't something they drew up on the spot. The coaching staff had studied it and watched the Chicago Bears run it successfully the previous year. They did their research and analyzed every single detail necessary to make it successful. Their analyses in preparation guided their instinct in performance.[154]

At the very core of Self 1 and Self 2 is the difference between judgment and observation. In observation, we tap into our instinct, recover, and move on to the next action. That's what Foles and Pederson both did: observe and act, not judge or hesitate. Instead of listening to Self 1 in performance, the goal is to focus your mind by talking to yourself calmly about simple observations—especially what you need to do next.

Great performers understand that in intense environments, often there's no time to analyze; instead, they have to rely on instinct. Those instincts often arise as the result of tremendous past analysis. Once the analysis is done, it's up to you to unlock your inner genius and find out what you're capable of.

How can you perform using instinct? What gets in the way of trusting your instinct?

EXERCISE SECTION

Developing Your Analysis and Instinct

Both analysis in preparation and instinct in performance can be hard to execute. It's easy to slip into the opposite thinking or mindset—to rely too much during preparation on what we believe is true rather than rigorously measuring, tracking, and setting goals, or to let judgment and analysis kick in during performance when we need the speed of our instinctive mind the most. If we just relied on instinct all the time, we would be poor goal setters, strategy developers, and decision makers. If we relied on analysis all the time, we might never pull the trigger and take action.

Below are ways to develop your analysis and your instinct alike, because—as with all the other shifts—we need to be able to leverage each when it is truly needed.

SING A SONG

Sian Beilock, who we previously discussed, has studied the science behind choking and suggests that singing a song or whistling can reduce the possibility of folding under pressure.[155] This is especially helpful in a sport like golf, which has so many stops and starts that it can be difficult for players to maintain their performance mind and avoid slipping into analysis. I have helped many golfers find success through singing or humming between shots. Tim Gallwey suggests tennis players hum "da, da, da" or focus on the sound of the racket hitting the ball to find the instinctive rhythm in their stroke.[156]

MIND-DUMP

Another favorite tool for disengaging your analytical mind is something called a mind-dump. I advised a golf client, who would always focus too much on her score, to use this exercise. Simply look up at the sky with your head bent back. With your eyes looking up, open your mouth for three seconds and then slowly tilt your head forward so that you are looking straight in front of you. The mind-dump serves as a reset for your mind and can help you be more open to your instinctive self.

MIND-BODY

Sometimes, the key to a good performance is separating our thoughts from our physical actions—pushing the thinking or analysis into the background so our bodies can do what they need to do. One way to train for this is to find a partner who can play the "mind" while you play the "body." Walk around in a room with the mind doing the analyzing—talking out loud about everything that comes to mind. The body's job is just to walk. Then switch roles.

What did you notice? Most people realize that much of what the mind commented on was unimportant. It's a great exercise for understanding that the space between thought and action is where our instincts come into play. The key is to be driven in performance not by the mind's analysis but instead by the instinctual space that you create. That's where masterpieces occur.

PREPARE WITH *WHY* QUESTIONS

As I described in this shift, questions are powerful in preparation because they help direct our analysis of our results. It can be easy to think of questions that start with *why* as a way to solve problems, but it's just as important to ask such questions about our successes. If we don't understand why we performed better, how can we repeat our most successful performances? Here is a chart that shows sample why questions for a few types of performers. What are some why questions for you?

PERFORMER	WHY QUESTIONS
Athlete	Why did I miss half my shots in practice today? Why is my time 0.6 seconds better today? Why is my teammate passing the ball to me less often?
Salesperson	Why was last month so much better than the month before?
Actor	Why does the director want me in that specific place?
Musician	Why am I supposed to play a certain chord at a certain time?
Speaker	Why is this organization bringing me in to present a talk?

PERFORMANCE PROFILE

A performance profile is a great way to analyze your strengths and weaknesses. You can use it to provide yourself with a tangible score, which can be extremely useful, especially for intangible qualities (such as confidence). With a starting score and a targeted goal, you can track your progress in preparation.

First, choose eight factors that impact your performance. Ideally, at least half of the themes should be mental. Assign each slice of the pie to one of the factors, and score yourself on a scale of 1 to 10, with 1 being a low score and 10 being a high score. Then mark your score on the chart by either shading in the appropriate section or marking the section with an *X*. I created one specifically for my podcast. I used the performance shifts so you can see how I assess myself when performing while the mic is on.

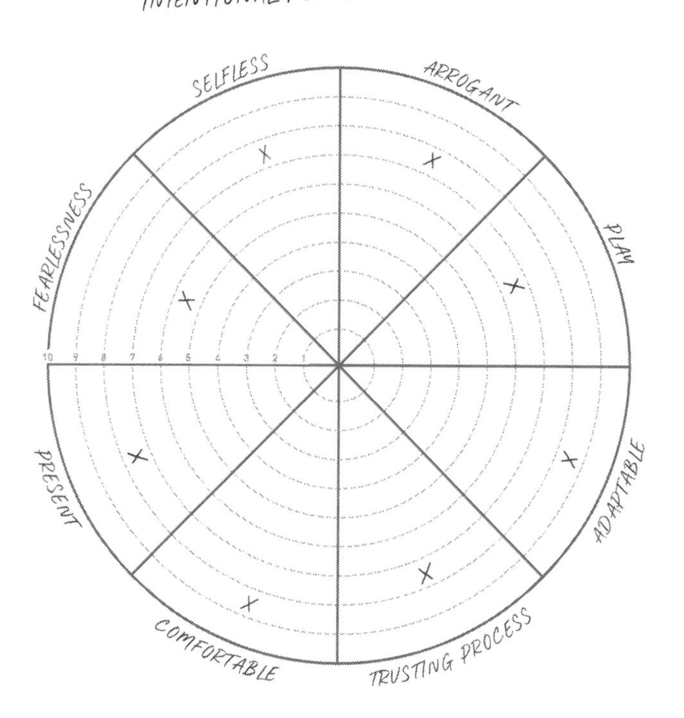

Once your performance profile is complete, use it to guide your preparation, working to increase your score and fill in the pie.

SECOND-ORDER THINKING

In his huge best seller *Principles*, Ray Dalio writes, "Failing to consider second- and third-order consequences is the cause of a lot of painfully bad decisions, and it is especially deadly when the first inferior option confirms your own biases. Never seize on the first available option, no matter how good it seems, before you've asked questions and explored."[157]

During preparation, when you think you've come up with a solution to a performance hurdle or a path to improving your performance, ask yourself, "And then what?" Force yourself to seriously consider the idea from all angles, but especially consider the consequences. This is known as "second-order thinking," and it is an essential way to prepare for any outcome so that you don't hesitate when you need to act.

THE WILL METHOD

WILL is an acronym for four crucial questions that can help you analyze your opportunities for growth. Ask yourself these questions after every performance:

1. What went **well**?
2. What can I **improve**?
3. What did I **learn** about myself?
4. What did I **learn** about my situation?

*W*ell. *I*mprove. *L*earn. *L*earn. That's what it stands for: *WILL*.

◆ ◆ ◆

The deep-thinking, critical mind that we need for analysis allows us to reflect on how we can constantly improve and become elite performers. By spending time analyzing your inner game, you will be better prepared to let go of that analysis when it's time for your instinct to take over. On the flip side, it's just as important to train your instinctive mind so you can more easily tap into it when it's time to perform. Cultivate your ability to shift from your analytical mind to your instinctive mind, and you will see your performance improve as your enjoyment of performance grows.

SHIFT 

EXPERIMENTING AND TRUSTING PROCESS

WHILE LEGENDS LIKE Richard Pryor and George Carlin helped establish stand-up comedy as a force to be reckoned with, in the past thirty years few have done it better than Chris Rock. *Rolling Stone* ranked him the fifth greatest of all time.[158] Before becoming a comedy rock star, he was a cast member on *Saturday Night Live* and briefly on *In Living Color*. Many pundits thought he was trying too hard to be like Eddie Murphy, though, and didn't have a lot of faith in his future.

In an A&E documentary, comedian Conan O'Brien and others explain that when Rock first started out, he needed to work on his performance ability.[159] Today that sounds preposterous, but back then, he was hesitant. He struggled to trust in his abilities. Years later, he admitted that being compared with Eddie Murphy made him hold back. He often bombed onstage as other black comedians, such as Martin Lawrence, were becoming household names. Rock credits those failures as the source of his success today. He realized he had to learn to trust his process, his material, and himself onstage. But to develop that trust, he had to experiment, test ideas, and innovate.

Over a three-year span, Rock honed his approach. He would perform three sets a night and test his material at neighborhood barbershops. He studied other comedians in the Washington, DC, improv scene. He bombed more shows. He sharpened his axe. And that's when he began to find his voice. For those three years, the rising star didn't appear much on TV or in film except for two small supporting roles. But then, in 1996, Rock's hard work and perseverance paid off when HBO offered him his own special, *Bring the Pain*. When it was time to get onstage, he trusted himself, spoke truth . . . and crushed it. Considered one of the best standup sets of all time, the performance catapulted him to superstardom.[160]

The turn toward success didn't stop Rock from innovating and experimenting, though. As he told a reporter:

> When I start a tour, it's not like I start out in arenas. Before this last tour, I performed in this place in New Brunswick, [New Jersey,] called the Stress Factory. I did about forty or fifty shows getting ready for the tour. It's like a boxing training camp. I always pick a comedy club to work out in.[161]

Rock hasn't fallen into the trap of believing he is too successful to learn from others, either. He often sticks around to listen to up-and-coming comics, exposing himself to new ideas, new techniques.

When Rock would show up unannounced to perform for small crowds, he wasn't using material he knew was gold. He was testing new material. As Peter Sims points out in *Little Bets*, his book on deliberate experimentation through small steps of discovery, most of Rock's jokes didn't land—they didn't deliver the results he was hoping for. He would try new material with the openness to elicit feedback to see what worked and what didn't. According to Sims, Rock "tries hundreds (if not thousands) of preliminary ideas, out of which only a handful will make the final cut."[162] He has to tinker, has to innovate.

We almost never see the artist's first version of a painting or the musician's first attempt at a song, and I know for sure you won't see the first version of this book. Experimenting is what all artists do, and it's what performers must do if they ever want to trust in their process, their material, their skills. Experimentation allows us to introduce new ideas, concepts, and elements into our process so we can improve and better prepare for the future—for that moment when we're in the spotlight.

A great performer very rarely does something truly "original" while performing. The origins of that performance can always be tied to a gym, a small stage, or some other space where the performer feels safe enough to explore—like Chris Rock's comedy clubs. Like scientists, performers need a lab where they can try new things, research, and push for better results. This is essential for great preparation that leads to a great performance. My lab is simply my office. Where is yours?

Performing, on the other hand, is about letting go of our focus on results, being able to handle the unknown, and going all in. It's about believing that we will be OK, no matter what comes our way. It's about buying into the standards we have for ourselves and not deviating from them based on the current environment or situation. And that requires us to trust the process—to trust in the ideas, the approaches, the methods, the plays, the language that we tried and tested in preparation.

The experimentation we do builds our faith that we will find a solution and a way forward, if we stay the course. In order to better prepare for the unknown, we have to try new things, expose ourselves to new experiences. We have to be willing to be creative in preparation, so when we are performing, we can trust that we have already developed the best possible process. Great performers know that testing new approaches is what leads to discovery, and that discovering some gem of an idea is what unearths unquestioned belief in and reliance on their approach.

If you don't take the time to experiment in the lab during preparation, how will your genius emerge? Where will your creativity spark? How will you feel confident when it's time to perform? Experimenting opens up possibility. It allows us to test limits. How would Chris Rock show up on the big stage if he didn't prepare and test new content over and over? He would never be able to trust in his jokes, his delivery, his process.

Breakthrough performances occur in the lab first and in the arena second. This order matters. If you trust in your process in preparation, and never experiment, then you will miss out on opportunities to learn, grow, and improve. Your focus will be too narrow; your perspective will be too limited. Conversely, by constantly tinkering and experimenting at performance time, you miss the ability to move forward with the conviction necessary to dominate. You will seem hesitant. You might falter. And you will miss opportunities to leverage your training to handle tough situations.

By experimenting in preparation, we give ourselves an opportunity to unlock multiple possibilities. By trusting in our process in performance, we give ourselves an opportunity to unlock our potential.

Experimentation Makes Us Stronger

Perhaps the best example of the power of experimentation is peanuts. Yes, you read that right: peanuts.

The rise in food allergies over the past twenty years has been quite profound. Anaphylactic reactions to food have been increasing at a staggering pace: 377 percent from 2007 to 2016.[163] And a peanut allergy typically is a lifelong affliction. From 2010 to 2017, peanut allergies grew 21 percent and affected an estimated 2.5 percent of children.[164] So, why are peanut allergies on the rise? Many doctors believe it's because we don't experiment with peanuts when our children are infants. A groundbreaking 2015 study looked at more than 600 high-risk infants aged four months through eleven months. The parents were told either to avoid peanuts entirely or to experiment with them in the babies' diets. These avoidance and consumption instructions continued until the participants were five years old. The study found an 81 percent reduction in peanut allergies in children who consumed peanuts in some form when they were babies compared with those who avoided peanuts.[165] Why? Many scientists tie these results to a concept called "antifragility."

In his book *Antifragile: Things That Gain from Disorder*, Nassim Taleb explains that experimentation—with peanuts or any other food—helps build our immune system. The immune system needs to be exposed to possible threats in order to understand how to respond to those threats, or whether to respond at all, thus becoming antifragile.[166]

Growth and strength as a performer require experimentation. They demand it. We need the space—mentally and physically—to try new things, to expose ourselves to possible "threats." We need to focus on fortifying our process and abilities, and on improving our results, without being torn down if the results don't come.

The elements of experimentation include trying new things, trying to find truth, and testing hypotheses, all with the purpose of figuring out the best course of action. You experiment and test so that you can execute. Experimentation in preparation is all about opening yourself to new ideas, new situations, new environments, and new challenges; it's about conducting research so you can gain the clarity you need to trust your process.

EXPOSE YOURSELF TO "THREATS"

The real purpose of experimentation is to improve results by developing ideas that help us solve problems or deal better with challenges. That's what growth really is. What happens when we don't experiment? We develop an "allergy" to those things we've avoided—a lack of strength and resilience. We humans are shaped by our experiences: the more experiences we have, the broader our perspective and the more we can trust in our judgment.

A Columbia University study of "fluid intelligence"—the ability to solve problems that we've never encountered before (which happens all the time in performance)—found that the more training people put in, the more fluid intelligence increased. Yet the improvement in fluid intelligence happens "even though the trained task is entirely different from the intelligence test itself."[167] In other words, a diverse preparation full of new and different experiences can actually increase our practical intelligence, or our ability to learn and perform. Studies have shown that openness—seeking out new experiences, new ideas, new learning opportunities, new challenges—is one of the few personality traits tied to increased intelligence.[168]

Shunryu Suzuki described the concept of *shoshin*, or "beginner's mind," in his famous work *Zen Mind, Beginner's Mind*: "This does not mean a closed mind, but actually an empty mind and a ready mind. If your mind is empty, it is always ready for anything; it is open to everything. In the beginner's mind there are many possibilities; in the expert's mind there are few."[169] Everyone has the capacity to grow their intelligence and their creativity. You just have to set your mind to doing so.

EXPERIMENTATION ISN'T A LIGHTNING STRIKE

Experimenting is not something we do on a whim or by chance. It requires intention, discipline, grit—and vulnerability. Intention is a common theme throughout almost all the shifts, but it's especially important here. Experimentation requires a disciplined approach to testing ideas and techniques. Perhaps you have an innovative idea that you want to bring to market. What do you do? If you're a restaurateur, you might use pop-ups, soft openings, and market research to test your idea. If you're a software developer, perhaps you'll release a beta version.

Experimentation requires feedback and results that help you make progress and build a process you can trust when it's time to execute.

Chris Rock doesn't just write a joke and then either toss it or keep it based on whether it lands the first time he tries it. He breaks the joke apart, puts it together in a new way, maybe adds an element or two, and then tests it again to see whether changing some aspect made it work. And then he starts the process all over again. Eventually, after he has tested the joke multiple times and in different ways, he makes an informed decision, refining his process.

Experimentation also requires intentional use of time. If you don't set aside time to experiment, this crucial part of preparation can easily fall to the wayside. One of the best productivity models I have seen is Eisenhower's Four Boxes below:

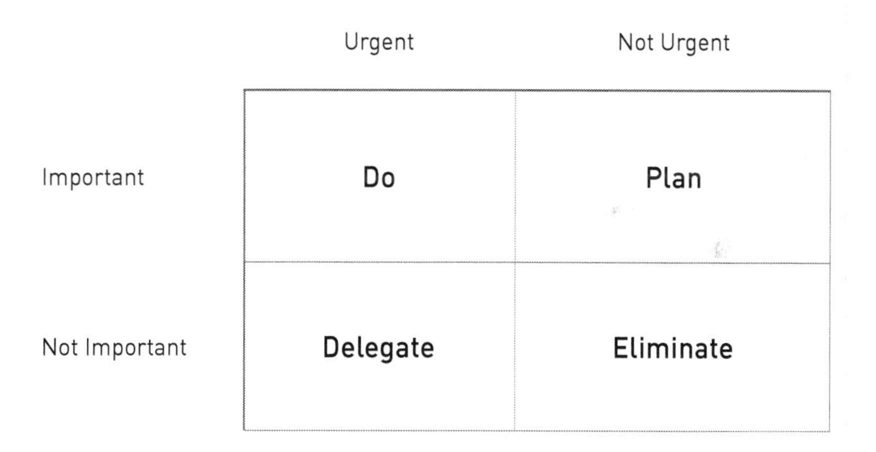

Experimentation falls in the Plan box, which often gets overlooked because we prefer the satisfaction of immediate results. Yet the Plan box is often the source of strategic growth for organizations, performers, and elite teams. Experimentation may seem not urgent, but if you ignore it, you won't grow—and when organizations and performers don't grow, they become irrelevant.

Another great comedian of our time, Jerry Seinfeld, developed a process to hold himself accountable to experimenting. Brad Isaac, a software developer, got this advice from him:

> He told me to get a big wall calendar that has a whole year on one page and hang it on a prominent wall. The next step was to get a big red magic marker. He said for each day that I do my task of writing, I get to put a big red X over that day. "After a few days you'll have a chain. Just keep at it and the chain will grow longer every day. You'll like seeing that chain, especially when you get a few weeks under your belt. Your only job next is to not break the chain."[170]

I had a CEO client who used this exercise and had great success when she was trying to be creative. Like Seinfeld and Rock, she knew that she had to be disciplined about experimenting if she wanted to expand her creativity. Seinfeld once said, "Once you start doing only what you've already proven you can do, you're on the road to death."[171] Creativity through experimentation is not something you find; it's something you plan to do.

It's not uncommon to become so routine-oriented that we trust our process is right; we fail to push ourselves to explore and experiment. When we take that approach, however, we risk complacency. We may find ourselves facing challenges in our performance that we aren't prepared to handle.

Performance Is a Process You Execute

In 2013, Nick Saban was profiled as the most dominant coach in college football. At the time, as head coach at University of Alabama, he had already won four national championships, and he would later win two more. That year, Saban did a rare interview with *60 Minutes*, titled

"The Perfectionist." The segment begins with him standing in front of his players in a white polo shirt, with his hands on his hips, as his players bounce up and down chanting, "Get your mind right!"[172] This was how they prepared to take the field on game day. While the piece certainly hit on Saban's perfectionist tendencies, the takeaways were more focused on process.

The interview, which was the culmination of eight months of following Saban, showcased his high expectations. At one point, the interviewer asked whether he is too tough on his players. Saban looked into the camera and said, "Mediocre people don't like high achievers, and high achievers don't like mediocre people."[173] It's abundantly clear which of those two Saban values—which he wants to be seen as and which he wants on his team. But how does one become a high achiever at Alabama? Through a revolutionary approach that Saban designed with the help of a psychiatrist, called "the Process."

Saban wants his players to focus less on the scoreboard and more on what they can do in the moment to execute their job, to take the right next action. Because football is simply a series of plays, the team focuses entirely on winning the current play. When the play is over, they stop thinking about it and focus on winning the next play. The essence is to focus on the next action you know you have to take, and trust in the power of that action to get you closer to the results you're driving for. If the team does that, the wins will come.

In the *60 Minutes* episode, Saban said, "The approach was to challenge the players to play every play in a game like it had a history and life of its own, and try to take the other team out of the game, and make it all about us, in terms of what we did."[174] Since watching that interview, I have spent time with pro football players and coaches who have played for or worked with Saban. They all emphasize that his staff and players know exactly what the standards are and can focus on executing to those standards, regardless of how difficult they may be.

While Saban may have popularized the term *process*, it's certainly nothing new. Rick Carlisle, head coach of the Dallas Mavericks, has said, "You have to be so lost in the process that the result will take care of itself."[175] Ken Hitchcock, who over twenty-three years was the head coach of five different NHL teams, once said something similar: "Guys that last long-term embrace the process and haven't got so focused on the wins and losses. They believe in the process. They believe in their own process, and it has a lasting impact."[176]

The word *process* has become almost a cliché. But these performance experts understand that a team focused on the process will have a better chance of getting the results, whereas a team focused on results might start tinkering and experimenting when it shouldn't. The process will get lost, and the results won't come. Being process-oriented is a huge performance enhancer. It removes clutter, allows for clear standards, and frees performers to execute to those standards. Of course, we have to build the process through experimenting in preparation, but once it's built, we have to trust it completely—until we're back in preparation mode.

The process is systematic—a series of steps that help you get to the outcome you desire. It serves as an anchor, a center for you to ground yourself and build clarity for performance. Trusting the process shows up when a salesperson continues to make calls until he or she finds the right client for the product. Trusting the process shows up when you give a speech and hold yourself accountable to delivering the speech you've written, refined, and mastered.

Trust means having faith and optimism: if you do your job as you've practiced it, everything will work out. In psychological terms, trust is a process for dealing with uncertainty or risk. We experiment to build as much certainty as possible, but in the world of performance, certainty does not exist. We have to accept all the unknowns that could crop up, while still having a belief in our ability and capacity to perform. When we combine trust with process, we get an undeniable faith that things will work out. This approach requires vulnerability and courage, but when it's based on strong preparation, it's liberating.

If we are constantly tinkering, changing, trying new things, we never actually commit. We are distracted, and that can stop us from making the right decisions in the moment. We have to put our chips in the pot and go all in. If we can't commit to the process, we're holding ourselves back.

Committing doesn't mean we are rigid or unable to adapt, as we explored in shift 3. Instead, those moments of flow performance are clear, calm, and based on faith. We feel certain that we've already experimented with enough possible outcomes in preparation to deliver the best performance possible. When the curtain comes up, we firmly believe that everything we need is already within us.

LET GO OF RESULTS

Rory McIlroy burst onto the golf scene with his long drives and his big smile. In 2014, he was on top of the golfing world, having won the US Open and the PGA Championship and leading the tour in earnings. McIlroy practices his mental game diligently, making it a regular part of his training routine. After winning the British Open in 2014, he explained that in his self-talk during performance, he has developed the practice of focusing on just two words: *process* and *spot*. "With my long shots, I just wanted to stick to my process and stick to making good decisions, making good swings," he said in an interview. The word *spot* helped him with putting: "I was just picking a spot on the green and trying to roll [the ball] over my spot," he said. "I wasn't thinking about holing it. I wasn't thinking about what it would mean."[177] McIlroy knows he can experiment all he wants in preparation—with his swing, his nutrition, his weight lifting—but when it's time to perform, his focus needs to be squarely on trusting his process.

Unlike McIlroy, who looks the part of a golf pro, when James Harden entered the NBA, there were questions as to how his game would translate to the next level—was he big enough, athletic enough, quick enough to excel? He burst onto the scene in Oklahoma City, where he became a fan favorite even on an absolutely loaded team. Harden's change-of-pace style of play when playing behind superstars Kevin Durant and Russell Westbrook made him a valuable asset as the team ascended to the NBA finals. After being swept by the juggernaut Miami Heat, however, management decided to trade Harden for financial reasons. Harden landed in Houston and became an absolute superstar. Today, he is a perennial MVP candidate and is seen as one of the best players in the world. How has Harden risen to such success? Well, success leaves clues.

In the 2019 NBA playoffs, Harden and the Houston Rockets were up 2–0 in the series against the Utah Jazz. As they entered a hostile arena in Utah for game 3, Harden struggled with his shots early and often. He didn't sink a single one of his first fifteen shots, setting a record for the most missed shots in a row to start a playoff game. One would think that would be the end of the story, and the end of the game for the Rockets, but it was not. Harden went on to score fourteen points in the fourth quarter and made a huge three-point shot with a little over a minute left in the game. He also added four rebounds, ten assists, and six steals. The Rockets won the game and took a commanding 3–0 lead in the series.

After the game, when ESPN's sideline reporter Cassidy Hubbarth asked about Harden's 0-for-15 shooting performance, his eyebrows went up and his eyes got bigger. "Ohh," he said. "For real? I went 0 for 15. I didn't know that. I don't remember."[178]

A surprised Hubbarth asked for teammate Chris Paul's thoughts. "We don't play the percentages," Paul replied. "We don't look at how many shots you done missed or made."

"That's right," Harden chimed in.

"You put the work in," Paul continued. "That's what you work all summer for."

Hubbarth turned back to Harden and asked what he was thinking about while he was struggling, to which Harden responded, "Nothing. I was aggressive. They were doing a good job contesting my shots, and those are shots that I shoot every single day. I am going to live with them. In the fourth quarter they fell in, so game four, nothing changes. I am going to keep shooting the same shots."[179] Both Paul and Harden were in full trust mode, and were unconcerned with their real-time results. For Harden, his process emphasizes getting buckets, and he wasn't going to stop trying to do that just because the results hadn't come yet.

I have often told basketball players that if they go zero for their first ten, they should keep believing in their process and trust that the eleventh will go in. If they don't believe that, they probably shouldn't have shot the first ten. In the midst of performance, you can't let short-term results shake your faith in your process.

ASK HOW

If you research the best salesperson of all time, John Patterson's name inevitably shows up. From 1884 to 1922, he built National Cash Register into a massively successful company.[180] By 1911, the company had sold one million machines, hired almost 6,000 employees, and cornered 95 percent of the US market. Patterson passed away in 1922, but in 1925 the company went on to become the largest public offering ($55 million) in the history of the US stock market (at that time).

Patterson was known for developing a set of highly effective tools for sales. He was all about creating "how" systems for getting work done—providing sales seminars, developing sales scripts, even making salespeople wear white shirts and dark suits. His attention to the *how* of selling was so specific that his brother-in-law created a sixteen-page handbook called "How I Sell National Cash Registers."[181] The workbook became known as the "Primer" and was used to get salespeople ready to perform.

Other great salespeople also have succeeded by focusing almost obsessively on a process of how. Og Mandino, an insurance salesman best known for his immensely popular book, *The Greatest Salesman in the World*, provided ten chapters or "scrolls" focused on action, such as, "I will form good habits and become their slave." In one of the most popular scrolls, Mandino writes, "I will act now"—eighteen times.[182]

When it comes to performance, action matters, and therefore *how* matters. The *how* is defined by the elements of our process. Like Harden, we don't need to think our way out of a problem in performance; we need to *act* our way out. When a mistake occurs, you may have a tendency to try to fix things, but when you are performing, you should direct your attention to the next viable action, the *how* of the next moment.

Diana Nyad is a great *how* performer. In 1975, Nyad swam around Manhattan (28 miles); in 1979, she swam from the Bahamas to Florida (102 miles); and in 2013, on her fifth attempt and at the age of sixty-four, she became the first person to swim from Cuba to Florida without the aid of a shark cage (110 miles).[183] Right before Nyad began her journey from Cuba to Florida, she looked at her long-time friend and coach, Bonnie Stoll, and repeated her mantra: "Find a way."[184] Nyad knew her journey would be tough, filled with challenges known and unknown, but she trusted that her focus on finding a way—on the *how*—would give her the best chance of success.

When she was fifteen hours from Florida, she began to think about "reaching for the horizon" to keep her arms moving forward with good form.[185] Her *hows* helped her make history.

If-then and *why* thinking are huge for preparation—for theorizing, experimenting, and testing—but when performing, we want to be *how* thinkers. When we think in terms of *how*, we create a commitment to ourselves to find a solution. *How* guides us toward action. Even this book focuses on *how*: at the end of each shift are tangible tips for how to put each mindset to work.

Simon Sinek's book *Start with Why* chronicles the importance of exploring *why*—the vision and purpose behind a course of action. What we often overlook is that he also focuses a lot on *how*. For instance, he points out that the CEO may set forth the *why* of an organization, but "the next level down, the HOW level, typically includes the senior executives who are inspired by the leader's vision and know HOW to bring it to life."[186] He continues, "In nearly every case of a person or an organization that has gone on to inspire people and do great things, there exists this special partnership between WHY and HOW."[187] The *how* is where performance lives.

TRUST IN TEAMS AND ORGANIZATIONS

In my research into some of the most successful businesses, the thread of experimenting and trusting the process showed up over and over again. You can see it across Silicon Valley, but no company has done the research on what makes an effective team—one that delivers great results consistently—with the thoroughness of Google. Looking for answers, Google spent more than two years conducting over 200 interviews with its employees. The company looked at 250-plus attributes and broke down more than 180 teams. What the research uncovered is that "who is on a team matters less than how the team members interact, structure their work, and view contributions."[188]

Google found the following to be the most important attributes of its most successful teams:

1. **Psychological safety:** Can we take risks on this team without feeling insecure or embarrassed?

2. **Dependability:** Can we count on each other to do high-quality work on time?
3. **Structure and clarity:** Are goals, roles, and execution plans on our team clear?
4. **Meaning of work:** Are we working on something that is personally important for each of us?
5. **Impact of work:** Do we fundamentally believe that the work we're doing matters?[189]

What's amazing about this breakdown is that the top three items—psychological safety, dependability, and structure and clarity—are all about trust, both interpersonal and process-oriented. The concept of psychological safety also helps us understand how trust can lead back to experimentation; it's what allows Googlers to take risks and try new things. Creativity requires safety. So it's no surprise the researchers found that psychological safety was of the utmost importance among the dynamics they studied, and that it underpins the other four.[190]

Research has shown that building trust is not unique to Google. In 2016, researchers analyzed 112 studies that looked at more than 7,700 teams and found that intrateam trust was correlated to better performance. The more independent the team, the more important trust was to achieving performance success. While the research didn't point to causation, the correlation between trust and performance is strong.[191]

On a great team, the team members will trust their process, *and* they will trust that every member has a job to do and has the ability to do that job. For example, a chef who trusts his or her process while in the kitchen has an understanding of how everyone on the team will show up when the dinner rush hits, and will have faith in the team's ability to execute. Think about any partnership you are in—in your business or personal life—and you will realize that trust is paramount to success.

Research also has shown that more trusting employees bring a host of benefits to an organization: they are more cooperative and committed, they share more knowledge, and they rely less on counterproductive or dysfunctional behaviors.[192] Employees who trust their managers and the top management team also show higher levels of task performance. Thus, organizational trust becomes an important mechanism for managers to influence workplace outcomes. In order for teams to perform up to their potential, trust needs to work in both inward and outward directions.

So, how can you help improve the performance of those around you while also eliciting their trust? Start with trusting yourself first, and then encourage members of your team to do the same.

EXERCISE SECTION

Experimenting until You Have a Process You Can Trust

Many elite basketball players say they have never taken a shot in a game that they hadn't taken at some point in their preparation. That's what allows them to trust in their training. For all the high performers mentioned in this shift, their experimental mind feeds their trusting mind. When it's game time, the mind will settle into the groove of how it's been trained, so let's look at how you can you train yourself to experiment in preparation and trust in your performance.

CREATIVE CALENDAR

Think back on Jerry Seinfeld's method of marking a calendar every day he wrote new content for his comedy act, to force himself to practice and experiment. What one activity makes the biggest difference in how often you create or experiment to improve your performance? Try the same calendar technique, focusing on setting aside time every day to devote to that crucial activity.

BAD IDEA LIST

When my clients are struggling to innovate and take action, often I have them brainstorm a "bad idea list." Many of us resist experimenting due to our concern about judgment from others. Verbalizing your ideas and framing them with low expectations will force you past that blockage, allowing you to "download" any ideas and experiment with them. Sometimes, one of those bad ideas might actually turn out to be a good one.

TRY NEW THINGS

Try a new food. Do something you have never done before. Tinker with an idea you've had. Pick up a new hobby. Simply exposing yourself to experimentation throughout your daily life will help you experiment with your craft.

SIX THINKING HATS

Six thinking hats is a technique that helps people experiment productively by separating thinking into six distinct functions. Edward de Bono developed the concept in 1985 as a way to challenge the brain to create. Use it to develop a process for experimenting and being creative in a way that generates results.[193]

- **White Hat:** Focus on facts, data, and information.
- **Red Hat:** Look at problems or ideas from the perspective of your emotions, hunches, intuition, or gut reaction.
- **Black Hat:** Look at an idea's potentially negative outcomes, and play devil's advocate.
- **Yellow Hat:** Think optimistically, and look for possible benefits and upsides.

- **Green Hat:** Generate creative solutions for the problem by examining alternative ideas, different possibilities, and new perspectives (probably the most *experiment-oriented* of the hats).
- **Blue Hat:** Focus on process—of thinking, of creativity, of how you are using the hats (probably the most *trust-oriented* of the hats).

DOODLE

Many of the best minds in our history have been doodlers. From Henry Ford to Steve Jobs and beyond, doodlers often experiment in their own way to learn a new approach to doing something. I recently doodled a new brand logo for my company while playing with my three-year-old daughter, which my designer ran with and made exponentially better. Give yourself some space to doodle, and see what comes to mind.

PLAYS IN YOUR BACK POCKET

Legendary NBA coach Gregg Popovich keeps a small sheet of plays that he can use late in a game if the score is close. Danny Ferry, who played for Coach Popovich and later worked in the San Antonio Spurs' front office, has said that Popovich leans heavily on those plays when it's time to cement a performance. A CEO once told me that he keeps reminders in his wallet of how he wants to show up on a day-to-day basis for his team. Before I record podcasts, on a sticky note that lists interview questions for my guests, I'll often write a little note to myself: *Stay curious.*

Take an index card or a sticky note and write down reminders that will help you trust your process. It can be one word, a set of mantras, a list of specific actions, or techniques to rely on in certain circumstances. No matter what you write, it should focus not on the result you're shooting for, but on *how* you plan to achieve it.

WRITE IT DOWN

I worked with a high school lacrosse player who had an interesting way of reminding himself of the importance of trust when performing: he would take a black Sharpie, write the word *trust* on masking tape, and label his lacrosse stick, gloves, and shoes with it.

Many of the great performers I've studied or worked with create reminders of who they want to be when they are performing. Stephen Curry has written *I can do all things*—a passage from the Bible—on his shoes since he was in college. And remember Rory McIlroy and his two words: *process* and *spot*. He didn't write them down, but he may as well have.

What one or two words could you use to help you trust your process when you are performing? Write them down, and post them where you can see them.

EXPECTATION SCORECARD

What do you expect of yourself when performing? It's important to own your expectations. Too often, however, we think of them only as outcomes. Expectations are just as useful when they are process-oriented.

An expectation scorecard can help you quantify your process expectations and determine whether you are meeting them. Ask yourself these questions:

- What is one element of my process that is critical to a good performance?
- What is my expectation for executing that element?

Write down three to five expectations, and *after* your big moment—wait until after!—review your performance. Score yourself on a scale of 1 to 5 for each expectation, and then experiment to see how you can do a better job of meeting that expectation next time.

EXPECTATION	SCORE
Process expectation 1	/5
Process expectation 2	/5
Process expectation 3	/5
Process expectation 4	/5
Process expectation 5	/5

CAN'T TOUCH MY HEAD

The biggest hindrance to trusting process is, of course, doubt. We begin to direct our attention and our self-talk toward results; we obsess over how we're not executing or performing well; and we begin to question the process we are supposed to be relying on. It can be helpful to train ourselves to override our brain when this happens.

Try this: while saying out loud, "I can't touch my head," touch your head over and over again. Your inner belief that you *can* touch your head, because you are touching it, will override the thought in the moment that you can't. This type of exercise can train you to shut down negative self-talk or distractions.

CONTROL WHAT YOU CAN CONTROL

When we trust in our process, what we really are focused on is controlling what we can control: our own actions. "Control what you can control" has become a mantra for professional athletes as they prime their minds for the uncertainties of a performance. Simply listing all the things that are in your control and all the things that are out of your control during a performance can be extremely helpful. It reminds us why we rely on our process.

Create a table like the one below, and list specific elements of your performance for each column. Before a performance, when you find yourself getting distracted by things outside your control, study the list of things within your control to reset your thinking.

WITHIN MY CONTROL	OUTSIDE MY CONTROL

• • •

Want to be a great performer? The more you can appreciate the experimentation and iteration stage and how it frees you up to trust the process, the better off you'll be. There are so many ways to experiment! Find what works for you, for your craft, and then experiment with experimenting.

We should never allow ourselves to become set in our ways when it comes to how we prepare. The more we invite new ideas and approaches, the greater our trust in our process will be. That trust fills the gap between potential and outcome. When it's time to let go of new ideas and refocus away from results, find your inner faith that whatever will happen, will happen. That's where clarity overwhelms clutter. It's where successful performance lives.

It's up to you to make the shift.

UNCOMFORTABLE AND COMFORTABLE

THE NEW ZEALAND ALL BLACKS are to rugby as the New York Yankees are to baseball—from the beginning, one of the most dominant teams in the sport. They are fierce, intimidating, and united. But how did New Zealand, an island nation with a population of about 4.8 million people, become the epicenter of rugby?

James Kerr, in his incredible book *Legacy*, went inside the locker room to study the All Blacks' success. What stands out is their intentional culture building. They don't sacrifice character for talent, which shows in their "no dickheads" rule and in their ritual of sweeping the locker rooms after road games to leave them better than they found them. The same focus on intentional growth shows up in how they prepare and perform as well.

Former assistant coach Wayne Smith describes the team's approach as follows:

> The training, decision-making wise, should be harder than the game. . . . By throwing all sorts of problem-solving situations at them and randomizing situations, we found we were getting better long-term learning. If you are not over-extending yourself, you're not going to get much learning—there's no point in ducking the challenges.[194]

The idea is to make the preparation so intense that the brain and body learn how to seamlessly perform the same tasks when under pressure. The All Blacks embrace the power of discomfort in their training, which helps them comfortably execute on game day. They call this the "Train to Win" system.

The All Blacks' intentional approach to developing the performance mind is unique. It uses the concept of Red Head versus Blue Head: Having a Red Head means you're HOT—heated, overwhelmed, and tense—which is not optimal for performance. Having a Blue Head, on the other hand, allows you to focus on ACT—alternatives, consequences, and task behaviors.[195] The All Blacks stress finding ways to get into the Blue Head so they can deliver when performing.

How?

The intensity of their training offers an opportunity to work out the Red Head in preparation. In an interview during the 2019 World Cup, team member Matt Todd explained that during a one-week break in games, they would be pushing themselves to their personal limits: "Some boys may be doing some personal bests this week. . . . You've got to make training as hard as you possibly can[,] and the more you're tested there[,] the better prepared you are for the game. . . . We get put under immense pressure."[196]

Come game day, though, the All Blacks have to shift away from putting pressure on themselves so they can handle the pressure of the game. They have to make sure they are in Blue Head. To help them make the shift, the All Blacks have perhaps the best pregame ritual in sport: the haka. The haka is a dance with chanting that stems from a historic ritual of the indigenous Maori people as they prepared for battle. It's fierce, emotional, and charismatic. Facing their opponents, the rugby players slap their hands, use aggressive body movements, yell, and make faces. If you have never watched the haka, I encourage you to check it out on YouTube. "The All Blacks use the Haka to reconnect with their fundamental purpose," Kerr explains, "to connect to the core of their culture, to summon their ancestors up from the earth to aid them in their battle, to intimidate the competition, and to bond with one another."[197]

For the All Blacks, the haka serves as a reminder: They are about to perform. It's time to let go of the discomfort of preparation and get comfortable with what's about to happen. They know their teammates have their back. They know they've prepared with such intensity that they've expanded their limits, making whatever comes next seem almost easy by comparison.

What the All Blacks are working toward with their Blue Head approach is an inner calm that allows them to relax into their performance while maintaining their intensity. They feel comfortable in their environment. Being comfortable doesn't mean they completely avoid feeling nervous, but it does mean they'll be able to overcome those feelings and move past them.

Think about a performance you've seen that was difficult to watch. Maybe it was a high school student delivering a speech for the first time or a colleague who was way out of his or her comfort zone during a presentation. How would you describe the person at that moment? Awkward, maybe? Tense? Nervous? The discomfort probably was evident in the person's body, which might have seemed overwhelmed by every stress and strain of the performance. Have you ever delivered a performance in that state of mind, where you struggled to settle into your abilities, your decisions, your judgment?

Now compare that to one or two of the best performances you've seen. Those performers probably seemed at ease, positively energetic, and smooth in their delivery or actions. What's their secret?

That calm command in the moment would be tough to achieve if those successful performers hadn't pushed themselves to the limit in preparation. That's their secret: they earn the right to be comfortable by first going through the fires of discomfort. When we step into discomfort in preparation, we strive for our personal best and push ourselves to new heights. We embrace the intensity. We challenge ourselves for the sake of growth, putting strain and stress on our bodies and minds so we can build up the grit necessary to eventually handle the pressure of performance.

Discomfort isn't simply about work ethic. I've seen people with a strong work ethic become very comfortable in their training. Their growth slows down, they become complacent, and those top performers start to slide. You can show up every day to do your job, to train, to put in the hours of practice—and still not take it to the level of an elite performer in preparation. They push themselves to do things that their brain is saying are impossible. Being uncomfortable is a never-ending cycle that begins anew every time their performance ends.

You need both: discomfort and comfort. With discomfort, you will push yourself to expand your sense of what's possible. With comfort, you will relax your body and mind while maintaining a productive level of intensity. Without discomfort in preparation, we limit our growth. Without comfort in performance, we struggle to bring out our best selves, our greatest abilities.

Let's take a deep dive into how stress and strain in preparation can lead to relaxed calm when performing.

Experiencing the Uncomfortable Expands Our Possibilities

Hasidic rabbi Dr. Abraham Twerski is an octogenarian with a long white beard. As a psychiatrist, he specializes in substance abuse and has written more than sixty books, many of them on personal growth, resilience, and living our best lives. To describe how we should approach stress, Rabbi Twerski uses the analogy of the lobster:

> A lobster is a soft, mushy animal that lives inside of a rigid shell. That rigid shell does not expand. . . . As the lobster grows, that shell becomes very confining, and the lobster feels itself under pressure and uncomfortable. . . . It casts off the shell and produces a new one. Well, eventually, that shell becomes very uncomfortable. . . . The lobster repeats this numerous times. The stimulus for the lobster to be able to grow is that it feels uncomfortable.[198]

As Twerski points out, much of our society is set up to help people when they are uncomfortable, when in fact what those people need to do in times of stress is use that adversity—their discomfort—to grow.

Athletes who want to grow understand that in order to get stronger physically, they can't do the same reps every single day—they need to break down the body in order for muscle to build. It is uncomfortable, even painful, and they will be sore the next day, too. Discomfort in preparation is the Navy SEAL who goes through Basic Underwater Demolition/SEAL (BUD/S) training and Hell Week. Discomfort in preparation is the guitar player who plays until she gets blisters that turn into callouses, and cramps in her hands from trying to master difficult chords. Discomfort is common for novices who are just learning, but it is just as important for experts who are doing whatever they can to gain an edge or take their performance to the next level.

Like the lobster, great performers know that marginal gains—and some of our most important mental and physical strengths—lie within the depths of discomfort.

Now that you know the importance of discomfort in preparation, how can you leverage it? Through habit. Create habits that force you to fight complacency in preparation. Remember, complacency is the enemy of success. Rory McIlroy, who is one of the best golfers in the world and who was mentioned in shift 5, built a practice facility in his backyard designed after some of the scariest, hardest holes in the world.[199] He makes it a habit to spend time there when he's not on tour. Paxton Baker, who was a guest on my podcast, was president of BET and is a minority owner of the Washington Nationals. At my office to record the podcast, he had a choice of going down a flight of stairs or up a flight of stairs to use the bathroom. He chose to take the stairs going up, saying, "I always try to do the more difficult thing first." He has made it a habit to embrace discomfort.

You can be intentional about inviting discomfort into your life. Move toward it—that's where you'll find room for growth.

DISCOMFORT IS A GIVEN WHEN LEARNING SOMETHING NEW

I was fifteen years old when I got my learner's permit. After failing the test the first time, I was excited to get behind the wheel—but I still remember the discomfort and anxiety of pulling the car onto the road. My mom was with me at the time, and we took back roads to avoid the highway. I gripped the wheel, my knuckles white. I can remember my mom telling me to ease off the wheel and to stop stomping on the brakes when we approached a red light. But I was too uncomfortable to let go.

The next day, my dad told me I would be driving to a family gathering. My excitement quickly turned to nervousness as I looked outside at the torrential downpour. Even worse, I knew there was no way I could avoid the highway on this trip. With the windshield wipers swooshing back and forth, I crept along to the on-ramp. I merged cautiously onto the highway but stayed in the right lane. "Why are you making me do this?" I cried out to my dad. "Why don't you just drive?"

"Now is as good a time as ever to learn," he replied. "You are doing fine. Just relax." My dad knew I wasn't going to actually relax, but he understood that there was no way to become comfortable without working through the discomfort of learning something new. I had to accept being uncomfortable in my preparation if I ever wanted to be comfortable in my performance with a vehicle.

Do you remember the first time you took the wheel of a car? How about the first time you tried anything new? Whatever that new thing was, I'll bet the feeling was awkward and perhaps even terrifying.

The power of a learner's permit can be transformational. In his book *The Gift of Adversity*, Dr. Norman Rosenthal quotes Elise Hancock, former editor in chief of *Johns Hopkins Magazine*:

> Remember the many times you've tackled something new. Think hard about how you struggled at the beginning—when you first learned to drive, to kick a soccer ball, or to read a book. In just the same way, when it comes to writing, you're learning—so give yourself a learner's permit. As with many things we fear, it gets easier as you go along. The process may seem like a mess, but all that matters in the end is the finished product.[200]

I recently observed my four-year-old getting on a bike for the first time. After falling and bloodying his elbow, he would constantly remind me to "hold on" with him. It's human nature to be scared and uncomfortable when we try new things. As a parent, I had to navigate when to keep him safe and when to let him go so he could experience the discomfort that comes from falling. It was a challenging experience for him *and* his parent!

It's true—we do become more comfortable over time. For some things, like driving or riding a bike, we can stay there in that comfort zone. Our performance becomes rote, and that's fine. But to truly deliver in our most important performances in life, we have to keep finding our way back to the discomfort of being a beginner.

EXPAND YOUR SENSE OF WHAT IS POSSIBLE

Kyle Korver understands the lobster analogy as well as any athlete I know. He is among the all-time best in three-point shots made, once set a record for most consecutive basketball games with a three-point shot (90), and has helped set a team record for wins. And yet in 2003, he was just the fifty-first overall pick in the NBA draft, which means he was passed over by every other team until he was finally picked by the New Jersey Nets. After playing solidly for several teams over the years, he was traded to the Atlanta Hawks in 2012 in a deal that didn't make too many headlines. However, in Atlanta he became an NBA All-Star and started setting records.

The summer before he made the All-Star team, Kyle could be found in Santa Barbara, California, preparing for the upcoming season. At thirty-three years old, despite having already made millions, he was not focused on a summer of comfort. Instead, he was focused on the one thing that would soon unlock his potential and contribute to a magical season—*misogi.*

Misogi is a Japanese Shinto ritual of purification that often includes physical activity and then washing in an icy waterfall. In martial arts, some use the concept of misogi to develop one's center and to shift the mind before training. Korver's misogi—led by Marcus Elliott, the founder of the Peak Performance Project (P3), which has been at the forefront of sports science in baseball, basketball, football, and soccer—was a bit different. "This is about testing your abilities in a foreign environment. . . . It's not a ride at Disneyland or a Tough Mudder," Elliott explains. "And it's really . . . hard. You have a 50 percent chance of success, at best."[201]

For their test, Korver and his friends chose to take turns passing an 85.2-pound stone and a 68.5-pound stone to each other while walking five kilometers—along the seafloor. They would take a breath, dive down, pick up the rock, "run" with it until they couldn't breathe, and then drop it and surface so the next person could take his turn. They wore fifteen-pound weights, which helped them walk underwater but made the task even more difficult. The goal is to "radically expand your sense of what's possible," writes journalist Charles Bethea, who joined in on the underwater relay.[202]

Reflecting on his first misogi—a nine-hour, twenty-five-mile open-water paddleboard trip from the Channel Islands to Santa Barbara—Korver says, "Excuses have to be dropped. Your mind has to focus. And you have to train that mindset. Everything falls into place by doing the smallest thing perfectly. That lesson from the misogi carried over to my shooting."[203] Korver was becoming comfortable with the uncomfortable, and it paid dividends when the time came to perform.

But this is something we have to literally train our brains to do. We have to will our body to move through the responses of fear and adversity so we can control those responses. That idea was explained perfectly when Bethea interviewed Douglas Fields, a neuroscientist and author of *Electric Brain*, who talks about how to "exploit the biochemistry of novelty":

> The molecular processes that are engaged during a novel—stressful or traumatic—experience get turned on, and everything gets stamped into long-term memory. . . . This effect can be used to advantage in training, [and that] is what this Japanese method is doing: expanding your limits by strengthening forebrain control.[204]

As Nelson Mandela wrote in a letter to his wife while in prison, "Difficulties break some men but make others."[205] That said, it's important to recognize two things: First, these misogi exercises are one-day, one-time efforts. Nobody could push themselves this hard very often without suffering some serious repercussions. Second, although the efforts of Korver and his friends were hard and novel, they were not physically beyond the capabilities of such an incredibly fit and healthy group. Like the vast majority of people, I would be hard-pressed to do these activities for more than an hour without wanting to die.

The key is to occasionally push yourself beyond what you believe are your limits, in order to expand your sense of what you are truly capable of. I know a writer who had a pretty steady writing pace every week. One week, after being inspired by another writer's productivity, she decided to more than double the number of words she wrote, just to see what she was capable of. She made it, and she was pretty happy with the results, although she worked crazy hours to make it happen. But afterward, she was able to comfortably increase her productivity by 15 percent.

Where could you push yourself to the limit in the short term, to expand your sense of possibility in the long term?

USE DISCOMFORT TO BUILD SPECIFIC SKILLS IN TRAINING

I have interviewed four different Navy SEALs on my podcast—because they are elite-level in preparation and performance—and they all talk about how grueling the training is. The purpose of the training is to thin out the herd, to ensure that only the most mentally, physically, and emotionally tough people become SEALs. Their experience is also a good example of practicing the performance mind, because they are actually performing during their training; they are critiqued as they are pushed to the brink. Many SEALs talk about the importance of disassociation to help them perform under the intense pressure of Hell Week. Disassociation is the ability to disengage from one's body and focus on something other than pain.[206] Marathon runners, long-distance swimmers, and many other pain-based athletes use this technique. But you have to build that skill during training if you want to be able to leverage it in performance.

Alecia Beth Moore is a singer, songwriter, dancer, and actress. She spent her childhood working hard as a gymnast and had dreams of making the Olympics. When that didn't happen, she changed her focus to music. You may know Alecia as pop star Pink.

Pink is a unique performer, and she is always looking to challenge the status quo. She has become well-known for her aerial stunts, hanging from objects hundreds of feet off the ground while belting out a hit song. Pink studied aerial silks with one of the supporting dancers for famed singer Cher, who started Pink's training at a jungle gym: she had Pink hang upside down and then repeatedly punched her in the stomach.[207] To be able to sing while inverted, Pink would need incredible control of her abdominal muscles and diaphragm. The work that Pink puts in with her coach is what allows her to deliver incredible performances.

Using discomfort in training for a specific skill or in preparing for a level of discomfort while performing doesn't mean you have to do something as physically painful as a Navy SEAL or Pink does. Some intentional performers have used the act of driving as an opportunity to train their mind and get back into an uncomfortable state. Take Gary Player, a legendary golfer who has twenty-four PGA Tour wins, has designed over 400 golf courses, and has written more than thirty-six books. He credits his ability to be comfortable mentally with the uncomfortable as one of his unfair advantages—and one that he helped develop using a clever approach. Player knew that golf is a game of patience: golfers sometimes have to play extremely long rounds, have to wait for opponents to hit, and get backed up when slow golfers are ahead of them. If they become impatient, antsy, or agitated, it will throw their game off. So when driving his car on the highway, Player would intentionally get behind slow drivers. He was training his performance mind, building the skill of patience, so that when he got on the course, he could be comfortable.[208]

AND DON'T FORGET TO REST

For years, NBA teams would have morning walk-throughs on game day, when the players would go over their plan and strategies for the evening's game. After the game, especially when they are on the road, many players are too amped up to head back to the hotel to sleep, so they get a late dinner or go out. The result often was a morning walk-through with players who were working on little sleep and didn't want to be in the arena. Their attention was inconsistent at best, and their ability to retain information was minimal. Today, in 2020, almost every NBA team has abandoned the practice completely. What caused the change? Our better understanding of the value of sleep.

In their book *Peak Performance*, authors Brad Stulberg and Steve Magness share their "secret to sustainable success": stress + rest = growth.[209] Stress, or discomfort, is necessary—but without rest, the growth may not happen.

Over the past decade, napping has become a cultural norm in the NBA. "If you nap every game day, all those hours add up and it allows you to get through the season better,"[210] Hall of Fame point guard Steve Nash once said. "I want to improve at that, so by the end of the year, I feel better." And Adam Silver, the NBA's deputy commissioner in 2011, described napping as a league-wide given: "Everyone in the league office knows not to call players at 3 p.m. It's the player nap."[211] Players need to counteract the late nights, the intense workouts, the grueling 82-game seasons. If they want the stress to turn into growth, they have to make time to rest.

Stanford University conducted a study on the positive impact of sleep on basketball performance. The players involved in the study were encouraged to sleep ten hours each night, abstain from drinking coffee and alcohol, and take daytime naps when they were unable to get a full night's sleep.[212] The study uncovered positive outcomes for the athletes as a result of the intervention: their sprint times improved, their shooting accuracy and free throw percentages went up, their fatigue levels decreased, and they reported better performance in games. Today, many professional sports teams have sleep doctors on their payroll.

It can be especially important to rest right before a big performance. Pitchers in Major League Baseball in particular have a mentally tough job; on the mound, the spotlight is bright. C. J. Wilson, a dominant MLB pitcher, said in a 2011 ESPN article:

> You want to save up your mental energy for the game. Like for me, I don't want to be too agitated during the day. I try not to do a bunch of stuff and take naps. I'll get up and eat breakfast and take a nap afterwards. Then I'll eat lunch and take another nap. . . . I conserve everything that I have.[213]

Pros know how to balance their energy. It's essential. But we all need rest—actual sleep as well as regular breaks from the rigorous work we do. We need to recover from the stress of our preparation, especially when we are focused on the discomfort of pushing ourselves to expand our limits and our sense of what's possible. Are you getting the rest you need?

Getting Comfortable without Losing Your Edge

In sport psychology, one of the most popular and longest-standing theories of peak performance is the Yerkes-Dodson law, developed by Robert Yerkes and John Dodson in 1908. Put simply, it maps our level of stress (using the more accurate psychological term *arousal*) to the quality of our performance. This theory suggests the optimal level of arousal in performance is not too high and not too low—a midline that balances a certain level of comfort with a level of energy and edge that keeps us at our peak, especially mentally.[214]

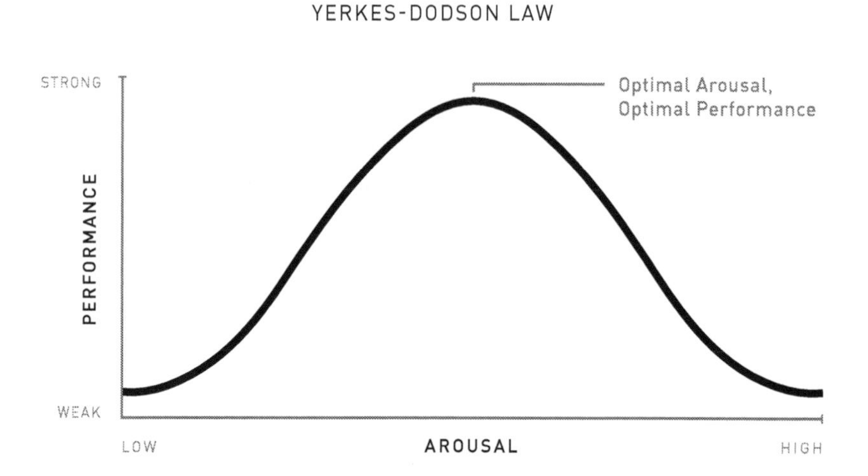

What's interesting, though, is that there isn't one perfect point of balance for all tasks or for all people. Your "optimal arousal" depends on a lot of factors unique to you, your situation, and the type of performance you are expected to deliver. So in the 1970s, sport psychologist Yuri Hanin proposed a related idea: the individual zones of optimal functioning (IZOF), a concept that is used to help athletes become aware of where their optimal zone lies.[215] The IZOF theory suggests that each athlete has a different level of anxiety, arousal, or stress needed to perform, and it's up to the athlete to learn how to regulate that anxiety for performance. These differences can be based on the individual's sport, position, or psychological profile. For example, a lacrosse player may differ from a golfer; a kicker in football may differ from a linebacker; and tennis great Roger Federer may differ from his rival Novak Djokovic. Having worked with athletes for over a decade, I have been amazed by how many athletes are unaware of their optimal zone—and by how different their approach becomes once they become aware.

To be clear, the optimal zone is all about comfort. If an athlete performs better with more anxiety, it's because the individual is comfortable with that anxiety and perceives that stress in an optimal way. Beyoncé

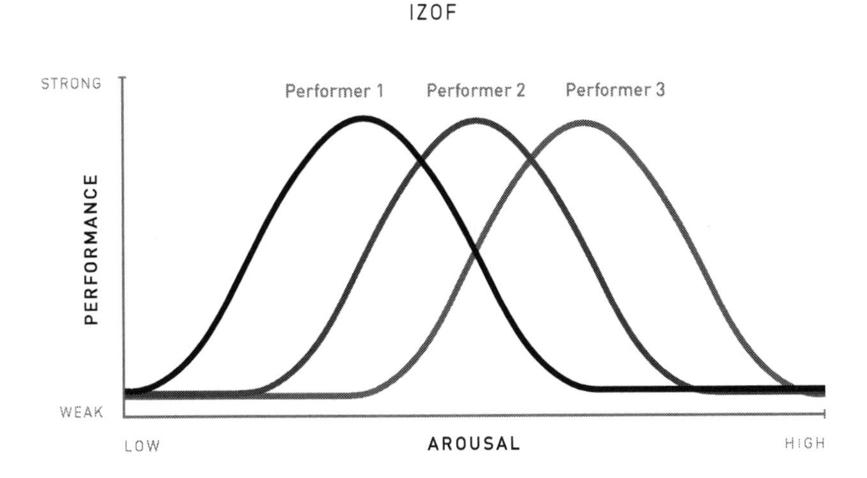

said in her documentary *Year of 4*, "I like that nervousness. I don't like it in the moment, but I know that it just means that I want it—it means that it's challenging to me, and I am doing the right job. You can't be too comfortable and too confident."[216] Beyoncé's interpretation of her nerves is her interpretation alone—nobody else gets to decide how she processes her thoughts and emotions. But she knows that discomfort is part of pushing boundaries and improving in preparation, and when she feels those nerves in a performance, she knows how to interpret them so they help her rather than hinder her. The nerves don't take her out of her comfort zone; instead they remind her that she cares deeply about her performance.

When you are comfortable—in your optimal zone—performing seems easy. You have greater clarity. You are in the flow state. Obstacles look like opportunities. You are not worried about how others are perceiving you; you are simply directing your attention to whatever is required of you. The top performers are comfortable because, in their optimal zone, they are able to avoid or overcome mistakes. That's why the average viewer will rarely notice a mishap on Broadway, a wrong guitar note at a show, or a missed word in a speech. Think about the best performance you have ever delivered. How comfortable were you with what transpired?

On the flip side, performing in a state of discomfort can lead to burnout, poor decision-making, feeling overwhelmed—even injury, if your performance is physical. And even if your IZOF is on the high end of stress and intensity, it's important to understand how too much discomfort for too long can eventually harm you. We've all heard about the dangers of stress. A research roundup published in *Harvard Business Review* revealed that stress is the cause of 60–80 percent of workplace accidents; that people with "stress-producing" bosses have a higher rate of heart disease; and that long-term stress leads to disengagement, which leads to lower productivity and profitability.[217] Get clear on what discomfort means to you in preparation and what comfort means to you in performance. Create awareness and intention around both, and you will be able to leverage the framework properly.

There's a saying that is often applied to performers, although the source is vague: when we have butterflies, it's up to us to get those butterflies to fly in formation. So it doesn't matter if you are hyped up or calmed down; what matters is that you are comfortable once the performance begins. If you don't have that awareness, you will simply let the environment, the opponent, or the overall situation hijack your mind, your focus, and your comfort. Find your comfort zone, and you'll be closer to your ideal performance mind.

ADJUSTING YOUR PERCEIVED STRESS BY BEING MORE AUTHENTIC

Just as each of us has a different IZOF, we each have a different relationship with stress, either because of our psychological makeup or due to the realities of our lives. Consequently, we can interpret a new stressor as a challenge (often positive, sometimes negative) or a threat (always negative). Researchers wondering how different perspectives on stress affected people's ability to perform a physical task assessed 127 undergraduates. Using various psychological testing, they put people into either a "challenge" group or a "threat" group. Then they had them perform some golf putting tasks (they were all novice golfers). According to the published results, "The challenge group performed more accurately, reported more favorable emotions, and displayed more effective gaze, putting kinematics, and muscle activity than the threat group."[218]

You can find a Perceived Stress Scale almost anywhere online. It's usually a simple 10-to-14-item questionnaire that allows you to score your current state of perceived stress. If you score especially high, you'll have a hard time responding or performing well, regardless of the environment or situation—especially if something unexpected happens. You might also face performance struggles if your score is too low. So, what do you do?

Throughout this book, I've shared mindfulness techniques, such as meditation, that can help us control our levels of stress when appropriate. In the next section, as in shift 5, I offer advice on controlling what we can rather than trying to control what we can't, a sure-fire stress inducer. But in terms of finding a state of comfort for performance, one of the most important steps we can take is to work on our authenticity.

Francesca Gino is a behavioral scientist at Harvard Business School. She found that when people are inauthentic, their stress levels increase and their performance takes a hit.[219] Consider the how-tos I've shared that are designed to help you find your natural performance skills, your personal expectations for yourself, and more. The goal is to find your authentic self in performance, because this is where you will be most comfortable.

Bill George, who wrote the book *Authentic Leadership*, helped bring authenticity to the forefront in 2003. George defined authentic leaders as genuine, moral, and character based, and he makes the connection between authenticity and clarity.[220] Authentic leaders make sure to know who they are so that they can know what to do. The same can be said for authentic performers. If your inner self is based on preparation that includes developing strong character and a sense of integrity, then the outcome of your performance will not define you, thus leading to more comfort in performance. Authentic performers are comfortable because they know their performance is what they do, not who they are.

It's important to point out that authenticity and comfort are not rigid or without doubts. Comfort in one's authenticity doesn't provide a free pass to be careless and reckless of consequences, or to be complacent. Instead, it provides an opportunity for you to show your real and genuine self—to be OK with who that person is, and to be vulnerable so you can take action and execute. Comfort is an inner experience. As you approach performance, it's important to be authentically comfortable and satisfied with your preparation so you can open yourself up in order to show up fully. Know who you are and what you have done, and take comfort in your ability to perform with comfort.

MAYBE IT'S OK TO BE "HIGH MAINTENANCE"

Like Beyoncé, many pop stars over the years have been called "divas." But if you look closely, you might change your interpretation of their behavior. Their demands may just be an attempt to get as comfortable as possible—regardless of how obscure their asks may seem. These performers know they are limited in what they can control once onstage, so they get as many ducks in a row as possible beforehand. That way, their comfort and confidence won't dip if things go awry.

Beyoncé's husband, rapper and producer Jay-Z, requests a specific scented candle in his suite and asks that the temperature remain set to 71 degrees at all times. He also doesn't allow his staff to ask him for concert tickets, so he can avoid the stress of making that happen. Madonna brings her furniture on tour with her and has a personal chef to ensure she eats right. Katy Perry requests specific flowers and food. Lady Gaga insists on having white leather couches and water at room temperature.

Jennifer Lopez requests all-white dressing rooms when recording a video. Justin Bieber banned music by his ex-girlfriend, Selena Gomez, from being played in his dressing room.[221] From the outside looking in, these requests seem high maintenance, but I see them differently. I see high-level performers being intentional about their needs and setting their mind for comfortable performance.

Where do you need to be more focused on getting your needs met prior to a performance?

ROUTINE AND RITUAL MAKE US COMFORTABLE

In his autobiography, Rafael Nadal compares himself to Clark Kent. He believes that before beginning a match, he has to transform from civilian to superman. The transformation is not simply whipping off a pair of glasses and exchanging a suit for tennis whites, though. It's a process, a routine that primes him for performance.

Forty-five minutes before a match, you'll find Nadal in a freezing cold shower:

> Under the cold shower I enter a new space in which I feel my power and resilience grow. I'm a different man when I emerge. I'm activated. I'm in "the flow." . . . Nothing else exists but the battle ahead. I put on my earphones and [listen] to music. It sharpens that sense of flow, removes me further from my surroundings.

Nadal's routine moves forward through many steps, but he is quick to point out that it isn't superstition. "If it were superstition, why would I keep doing the same thing over and over whether I win or lose? It's a way of placing myself in a match, ordering my surroundings to match the order I seek in my head," he explains.[222] Nadal doesn't believe that these actions will dictate the outcome—just that they will give him the best opportunity to succeed. The nuance is subtle but important. Nadal's routine is what allows him to become comfortable in an intense and stressful performance environment; it fortifies his mind and his body.

Some of the best basketball shooters of all time have mastered the power of systems and routines. Hall of Famer Ray Allen was meticulous about getting himself comfortable. Allen would practice his performance mind on the treadmill, trying to lower his heart rate and remain calm and comfortable even while he was pushing his body. Top-class players know how to be intentional with every step they take leading up to game time. The pros warm up their bodies and their minds, so they are ready when the game starts.

When we are routine-oriented, we create our own comfortable environment, no matter how ever-changing our performance situations might be. Routine is not just for preperformance; it also can be massively helpful when we need to be comfortable during performance. NBA players have long mastered the power of a routine while shooting free throws. Try watching the free throws of one particular player, and you'll notice the same small behaviors, the same adjustments, the same posture. Basketball players practice that routine and leverage it on every free throw—no matter whether the shot is taken in a preseason, regular season, or playoff game. Routine allows them to be comfortable every single time they step to the line.

Tony Robbins, the famous motivational speaker, will bounce on a trampoline backstage before a big event to get himself comfortable and energized. When it's time to go onstage, he will walk up a few steps, do a fist pump, spin in a circle, and then smack his hands on his chest. Only then does he run out to the crowd while clapping his hands.[223] Robbins is one of the most influential performers of the past thirty years, and his ability to get himself comfortable certainly helps.

Dr. Sanam Hafeez, a clinical psychologist and neuropsychologist, writes, "Emotionally and cognitively and executively the brain has established a lot of pathways. The more you do something[,] the more ingrained it becomes in neural pathways. . . . Change is an upheaval of many things and the brain has to work to fit it into an existing framework."[224] Routine allows us to establish certain pathways so we can rely on muscle memory when our brains and bodies are being overloaded with stimulation. Within that routine, a performer can find comfort, calm both mind and body, and connect with the authentic performance he or she wants to deliver.

These benefits extend to teams. Just think of the locker room chants, how teams enter the arena together, how they huddle before play, and more. James Kerr, author of the book on the New Zealand rugby team, interviewed Owen Eastwood, a team culture expert who helped the All Blacks get clear on how they wanted to show up. When discussing the haka, Eastwood explained that "rituals are key for reinforcing the emotional glue."[225]

It's important to point out that one can be both routine-oriented and adaptable. There is a time to trust your routine (for example, when you are doing a closed-ended action like free throw shooting) and a time to be adaptable (for example, when a point guard is running a play for his team). Performance is a combination of the two. Both competencies live in the performance mind.

No matter your process, it's important to be aware of how your body language impacts your comfort. Be intentional. Be aware. If you aren't comfortable enough in performance, then changes need to be made.

So, what are the essential elements of being comfortable in performance? It's all about finding what works for you. Where are you on the IZOF spectrum? What systems and actions are you putting in place on game day to ensure you're most *you* for your performance? Once all eyes are on you, no matter how you feel or what's going on in your head, you'll need to work at interpreting it all as part of being optimally comfortable.

EXERCISE SECTION

Getting Comfortable—with the Uncomfortable and the Comfortable

Greatness is not easy. It's not a spectator sport. It requires intentional discomfort and comfort when our bodies and minds may be pushing to go in a different direction. The greats put systems, routines, and habits in place to ensure they are showing up the way they want for preparation and performance, and they set tripwires to ensure they are staying on course.

What routines and habits can you insert into your process? Prepare with discomfort, and perform with comfort. Fight the urge to do the opposite. Learn to become comfortable—at the right moments—with the uncomfortable *and* the comfortable. Here are some ideas for how you can do just that.

STOP LIST

People today have become activity junkies—jumping from one task to the next to fill our time. Often this lets us avoid working on those things that are uncomfortable, such as starting a new exercise regimen or addressing a specific weakness. Activity gives us comfort, which is exactly what we don't need in preparation. For instance, updating Instagram may make you feel comfortable by giving you an excuse to avoid the gym.

Pick three activities that you could stop doing this week to make a positive impact on your future performance.

STRESS + REST = GROWTH

Anybody can leverage this formula from Stulberg and Magness's book, *Peak Performance*. To make sure you are giving enough focus to each important element, make a list of all the areas that you think need more stress in preparation—areas where you should be pushing yourself, expanding your limits or what you believe is possible during preparation. Also for each area, what rest is required? How will the two combined—stress and rest—help you grow in specific ways?

STRESS	REST	GROWTH

DISASSOCIATION

If your preparation or performance is grueling—physically, mentally, or emotionally, for whatever reason—you may be overwhelmed by your focus on the discomfort you're facing in the moment. In these instances, disassociation may be a helpful tool in your toolbox.

You can disassociate by singing a song or imagining yourself in a different place, like the beach, to take you away from the obsessive thoughts that can occur when you are in pain. The disassociation can help you get through the moments when you are at your limit, and help you relax.

POLARITY MAP

This book leverages the power of polarity and the idea that there are benefits to opposites. The polarity map is a great tool for better understanding the power of any of the shifts, but I especially like to use it with uncomfortable and comfortable. For each, list the benefits, the potential downsides (especially when used at the wrong time), the actions you must take to leverage the full benefits, and warning signs that you may be slipping toward one of the downsides. This type of analysis will help you embrace discomfort and focus your energy on becoming comfortable when it's time.

UNCOMFORTABLE	COMFORTABLE
Benefits	Benefits
Potential Downsides	Potential Downsides
Actions to Leverage the Benefits	Actions to Leverage the Benefits
Warning Signs to Avoid the Downsides	Warning Signs to Avoid the Downsides

MUSIC PLAYLIST

Create a comfort playlist that helps you get ready to perform. This technique, although one of the simplest, is often overlooked by people who aren't athletes. Music can have a massive impact on our mood, giving us energy or calming us down. Be intentional about the songs you choose, and make sure your music is in alignment with your IZOF.

PROGRESSIVE MUSCLE RELAXATION

Progressive muscle relaxation is a great way to shift from discomfort to comfort—and a great way to help yourself fall asleep, by the way. This technique requires you to bring awareness to each part of your body, one at a time, and to be conscious of your mind's tendency to wander as well as the power of your breath to bring you back to focus. The result is full-body relaxation and a sense of calm. I've created a progressive muscle relaxation script that you can find on my website strongskills.co/book. I recommend reciting the script a few times through so that you can leverage the technique when you need it.

GET COMFORTABLE WITH THE UNCOMFORTABLE IN EVERYDAY ACTIVITIES

Try Gary Player's technique for developing his ability to be comfortable with the uncomfortable. Just like in a performance, so much can happen while driving that can take you off-course—distractions like other drivers, the radio, traffic, your cell phone. One of my clients intentionally backs his car into every space as a reminder to do the uncomfortable things first and the more comfortable things second. How can you use driving as an opportunity to cultivate your comfortable performance mind? What makes you crazy when you're driving? Expose yourself to it even more until you get comfortable with something you typically find uncomfortable.

BTT TO CALM YOUR MIND AND BODY

When doing closed-ended tasks (putting, pitching, taking a penalty shot, etc.), increase your comfort by directing attention to those things you can control. Some of my golf clients have used the acronym BTT to help:

- **Breathe:** Make sure to control your breathing so your body can relax.
- **Tempo:** Take control of the speed of your routine, whether it's talking or moving or raising your arms to swing a club.
- **Target:** Choose a specific spot, and lock onto it to control your focus and attention.

This is a great technique for athletes, but any performer can use it in moments of high stress, especially when that person has to perform a task he or she has performed many times.

COMFORT CHECKLIST

One of my favorite times to observe clients is the period from two hours before their performance until the start of the performance, whether on the field at pro soccer games, on the sideline at college football games, or on the floor of pro basketball games. This can be an incredible opportunity to watch elite performers prep their performance mind, especially through their unique routines. What can you do to prime your mind for comfort? Create a checklist of personal routines that help you become comfortable on "game day."

◆ ◆ ◆

After a performance, it's essential to avoid becoming complacent with comfort. That often means walking a fine line. Do pregame rituals help you? Why or why not? What happens when you feel a bit uncomfortable while performing? What do you focus on?

Think about how you can create discomfort in preparation to ensure you will be comfortable the next time you are performing. Reflecting on these aspects of your performance mind will help you become more self-aware. This new perspective will have you doing an even better job of being uncomfortable when you need to be and yet comfortable when your performance requires it.

SHIFT 

FUTURE AND PRESENT

I MET KYLE MAYNARD in the summer of 2017 on a group trip to Israel. Kyle was born a quadruple congenital amputee—missing all four limbs just above the elbows and knees. When I first met him, I was unsure if I should reach out my hand, extend a fist, or just wave. That changed in an instant as he reached out his upper arm to shake my hand. You see, Kyle is someone who changes your perceptions almost instantly.

Kyle has a smile and a laugh that are contagious. The way he navigates the world with his body and his mind is inspirational. He is also an extremely deep thinker who admits to being on a constant journey of discovery. He is self-confident but unafraid to make himself vulnerable. Of all the athletes I have met, Kyle is the most impressive—not because of the body he was born with, but because of the mind he has developed. As I observed him weave his wheelchair through the cobbled streets of Jerusalem, I was floored by his grit, determination, and overall fearlessness.

Five days into our trip, our group woke up at 3:30 a.m. to get on a bus and head to Masada, where we would climb the mountain and watch the sunrise. Masada is an old fortress in the middle of the desert, overlooking the Dead Sea. Despite the early wakeup call, Kyle was curious about my work and asked me a series of questions about how athletes I work with prepare to perform. I told him about visualization, self-talk, breathing—all the mental fundamentals that I share with clients. I didn't think too much of the conversation after that.

When we arrived at Masada and unloaded, Kyle grabbed a bunch of towels and duct tape from the luggage compartment. He didn't have his climbing equipment, I learned, so he was making do by wrapping his elbows for support. In 2012, he had become the first quadruple amputee to climb Mount Kilimanjaro, and he did it without prostheses.

We didn't get to the top of the mountain for the sunrise, but as beautiful as nature is, sometimes human nature is even more awe-inspiring. After watching the sunrise from a quarter of the way up, we continued our climb. Strangers from all over the world stopped to talk with Kyle, using words like *hero* and *role model.* I watched jaws drop as kids and adults alike saw him crawling up the mountain. Meanwhile, Kyle just kept climbing, his head down, listening to his music. He would later tell me that his legs went numb at one point, so he had to use his elbows to pull himself up the mountain.

Three hours later, we reached the top of Masada—three hours in the Israeli desert, climbing up a dirt path of rock and rubble. Strangers and friends began hugging and kissing Kyle. Some were crying. I teared up, overwhelmed by what I had witnessed and by the power of awe, the power of a moment, the power of the performance mind. When we were finally back on the bus, I switched roles with Kyle and began peppering him with questions.

I asked him if he ever gets doubts about whether he will be able to make it.

"Sure I do," he said, "but I know those are just thoughts, and I know I can do it if I just stay locked into the present. I climbed Mount Aconcagua, which is the biggest summit in South America." He told me he'd heard that seven out of a thousand climbers die each year trying to climb it. "The weather conditions were brutal, and at one point I literally could not see past three feet in front of me. At that point, I literally wondered if I would live. But I gathered myself and just started saying to myself, *Three feet. Keep going three feet. Three feet.*"

Kyle wasn't worried about what the outcome would be. He was just focused on doing the best he could, right then in the present.

Before the day of our climb up Masada, Kyle had realized it was similar in length to Stone Mountain, a climb he had done a number of times in Atlanta. So he had envisioned what it would take to do it without his usual climbing equipment, and he had found alternatives. When he had asked me for mental tools that morning on the bus ride, he was focusing on the future, on what the climb would be like. But from the moment we got off the bus to the moment we reached the summit, Kyle wasn't thinking about the future—how quickly everyone else was getting up the mountain, what the summit would be like, how he would feel when he got to the top, how sore he would be the next day. He was just focused on three feet. He was in the moment. He had focused on the future in preparation so that he could focus on the present while performing, giving himself the best shot at success.

These days it seems as if everyone is trying to stay "in the moment," but that idea is only partly right. Yes, being present in performance is a necessity. But directing your attention to the future is the path to great preparation. To become a high achiever, you will need to do each at the right times.

Thinking about the future allows you to create a vision that will drive you—a picture of how you want to show up when you're performing, the results you hope to achieve, and how your next performance will feed your long-term goals and purpose. Where do you want to go? What's the best path to get there? With a future focus, you have the opportunity to visualize the details of your performance so you can prepare yourself mentally and create a solid game plan.

But when it's time to perform, you have to shift into the present. Being "in the moment" helps you let go of past mistakes and potential future outcomes; it increases your concentration and focus, and helps you perform tasks more accurately. When we are present *right now*, distractions don't prevent us from taking advantage of the opportunities at hand.

Imagine if we reversed the two, though. Without a future focus, your preparation would be unfocused, scattered, and unmotivated. And if you couldn't be present in performance, you would miss opportunities in the moment to perform up to your potential, and distractions would pull you off balance.

Without the future in mind during preparation, we lack a vision. Without the present in mind during performance, we lack presence. We need to focus on both—at the right times—to maximize our results.

Future Focus for Better Outcomes

George Mason University had a relatively anonymous men's basketball team until 2006. That year in the NCAA Tournament, they made a magical run to the Final Four, paving the way for the many Cinderella runs that followed. Many experts and pundits didn't believe a "mid-major" team could make it to the Final Four—until George Mason made it happen.

Coach Chris Caputo, an assistant coach at the time, shared an incredible story on my podcast. His head coach, Jim Larrañaga, was a believer in legendary sport psychologist Bob Rotella's work with performers. Rotella, a mainstay on the PGA Tour, arrived on George Mason's campus in the fall of 2005 and led a workshop with the team.

He had them close their eyes and dream the biggest dream they could imagine for the year, and then asked star Lamar Butler to share what he saw.

"I dreamed that we went to the Final Four," said Butler.

Other players laughed. Butler's vision was unthinkable.

"Why are you guys laughing?" Rotella promptly asked. "Do you think it's not possible? Why not you guys? Are you going to believe in somebody else rather than yourselves?"

Rotella challenged them to envision a future beyond what they thought might be possible, and then match their actions with their dreams. And that's what they did, all the way to a historic Final Four run.

Was it that activity—dreaming of a certain outcome, visualizing success—that allowed them to achieve such a lofty goal? I don't know for sure, but it certainly didn't hurt. Perhaps the focus on a specific future sparked a process of hard work that then led to each player focusing on the things that mattered most, in preparation and in performance.

Recently, I had the opportunity to confirm the story with Lamar, who is now a high school coach. He told me that he used visualization throughout that season, and that the ability to think about the future via visualization became a big part of how he primed his mind as a professional player as well.

The human brain's ability to consider the future is a defense mechanism; it helps us make quality decisions in the present that lead to better outcomes in the future. It prompts us to look both ways before crossing the street. It keeps us from popping someone in the nose when we're angry. It reminds us to put our seatbelt on. The brain allows us to strategize, plan, dream, imagine, and visualize with little effort. Because of that, our brain is our greatest asset—and sometimes our biggest saboteur.

Psychological concepts of willpower, delayed gratification, visualization, and even daydreaming are all factors in determining success, and they are all necessary in preparation. Focusing on the future requires a finely tuned awareness of where we want to go and what we want to happen. It requires discipline—the self-regulation to avoid eating the extra slice of pizza or skipping that extra hour of sleep because of the consequences to your health. Being future focused is creating a long-term vision that helps guide and motivate your preparation. It's taking the time to carefully visualize your performance, to engage in "mental practice."

Even though our mind is a prediction machine that is often focused on the future, maintaining an intentional future focus, with a goal of enhancing our performance, is not easy. Often, it means fighting against the dopamine cravings of our brain, putting off immediate pleasures or short-term gains for long-term goals or future benefits.

In his book *The Power of Habit*, Charles Duhigg provides a great framework for how to leverage the future to get what you want: create routines by giving yourself a cue or signal to take an action, followed by a reward to solidify the routine—thus creating a habit.[226] The future reward is crucial; it gives the brain motivation to follow through with the routine. The work of preparation isn't easy; I've covered that extensively in the discussions of the work mind (shift 2) and the uncomfortable mind (shift 6). Maintaining those critical elements of preparation would be almost impossible without the future mind. Without a focus on the future in our preparation, we don't have a sense of what we're working for—our big goals and dreams. Without that potential reward, it can be difficult to find the willpower and grit to keep pushing ourselves, to keep showing up, to keep training and practicing.

I recently had an executive client who wanted to develop the habit of journaling. He often struggled with creating routines and needed help creating more thoughtful space in his day. Every morning he brews his own coffee—a habit he established years ago. We decided to anchor his coffee habit with his desire to journal. His cue every morning is to start his coffee, then to journal while it brews. His reward for doing a journaling session is that he gets to drink a fresh cup of coffee. The future desire drives the habit.

Future focus can be about sacrifice, but it's often about connecting your preparation to the specific outcomes you want and preparing yourself for opportunities so you can perform in the moment. We need to create systems, tools, and habits to help us develop our future focus. In a world screaming for our attention, the one who gets noticed is the one who prepares with the future in mind.

Let's explore how some of the best performers in the world use the power of the mind to prepare for some of the highest stakes possible.

A WILLPOWER BOOST

Perhaps the most well-known research about the importance of delayed gratification and willpower is the marshmallow experiment. This study, which started in the 1970s, looked at kids' ability to delay gratification: if they could hold off temptation while sitting alone in a room with a marshmallow in front of them, they would get a second marshmallow to eat later. When the kids who were able to delay gratification became teenagers, they were more successful in school, received higher test scores on the SAT, and were better able to cope with stress and frustration. In follow-up studies, the researchers found that those who delayed gratification had lower levels of substance abuse, lower likelihood of obesity, better responses to stress, better social skills, and generally better scores in a range of other life measures.[227] Those kids had the power of future focus, and they reaped the rewards throughout their lives.

Kelly McGonigal, author of *The Willpower Instinct*, explains that humans have two minds: the version that "acts on impulse and seeks immediate gratification" and the version that "controls our impulses and delays gratification to protect our long-term goals." (It doesn't sound so different from Daniel Kahneman's approach or the shifts I describe throughout this book.) McGonigal explains how our mind switches back and forth between wanting to lose weight and wanting to eat the cookie:

> This is what defines the willpower challenge: Part of you wants one thing, and another part of you wants something else. Or your present self wants one thing, but your future self would be better off if you did something else. When these two selves disagree, one version of us has to override the other.[228]

With that in mind, McGonigal points out that willpower is not just about saying "no" and resisting temptation. She breaks it into three components:

- **I Will Power:** Getting clear on what you will do in the future
- **I Won't Power:** Knowing what you don't want in the future
- **I Want Power:** The ability to think about what you want in the future

Future focus allows you to consider what you want in the future and make better decisions in the present to achieve it. But the future doesn't just help us with moment-to-moment decisions and tasks; it also helps us with the big, audacious dreams.

VISION AND PURPOSE HELP YOU DEFINE YOUR FUTURE

The research on the importance of vision and purpose is robust. A 2013 study found that people who were aware of their life purpose were happier.[229] A 2016 study found that people living with a purpose produced more wealth and had better health.[230] Having a clear purpose has also been linked to unlocking the flow state and increasing grit. And from an organizational perspective, research has found that purpose-driven companies outperform the market 15 to 1. [231]

Purpose, or *ikigai*—loosely, "a reason for being"—may be the explanation for why some Japanese people live such long, healthy, and productive lives. How does one find ikigai? It starts with assessing what you want to define your life and work. Some people suggest using three questions:

1. What do you value?
2. What are you good at?
3. What do you like to do?

Others add the questions "What can you be paid for?" and "What does the world need?" Regardless, what you're really asking is this: What do you hope will define the future of your work or career? What would make you feel happy and fulfilled?

Like greatness, ikigai is not easily attained. A 2010 survey of 2,000 Japanese men and women found that only 31 percent of participants felt as though their work aligned with their ikigai.[232]

I have seen the importance of ikigai—of purpose and vision—play out in my performance coaching work. Sam, a professional soccer player ten years into his career, had just been traded to a new team. He had established himself as a solid starter. When I began working with the team, I met with him one-on-one. He told me about his career—the teams he had played for, the awards he had won, and so on. After a while, I asked him a simple question: "Why do you play soccer?"

Sam looked at me, puzzled, and said, "That's a really good question."

I was equally puzzled. Here was a guy who had done numerous interviews and media appearances, and yet he didn't have a ready answer for this fundamental question.

Sam sat silently for a few moments and then said, "I knew the answer ten years ago: become a starter, make a certain amount of money, win, make a career, fulfill my potential, because I am passionate about the game. But sitting here right now . . . I really don't know."

We spent the rest of our time that day unpacking why he played and discussing what he wanted to do in the future. His undefined purpose and lack of a vision for his relationship with soccer was constricting his passion. He needed to ask the tough questions and create space to contemplate the future. He left the meeting with amazing clarity, focused around his desire to win, to be a great teammate, to build relationships, and to enjoy the game. He ended up having a terrific season.

When I work with CEOs and leaders in corporate organizations, we often talk about the power of working *on* the business rather than *in* the business. You see, elite performers often get to the top of the mountain because of their excellence in working *in* the business—think the salesperson who makes more sales than anyone. They are incredible at executing. But at some point, if they want to perform at the leadership level, they have to learn how to work *on* the business, making time to define a purpose and vision for the organization and to build a strategy for getting there.

People with a compelling vision have changed the world. John F. Kennedy had a vision of putting a man on the moon. Martin Luther King Jr. had a vision that all people would be treated equally. Steve Jobs had a vision that Apple would disrupt the technology industry. Establishing a vision that guides you during preparation can help you overcome obstacles and achieve goals faster.

THE POWER OF VISUALIZING AND MENTAL PRACTICE

Michael Phelps is one of the best swimmers of all time. There is no denying his physical tools; scientists have deemed his body perfect for swimming. But at a very young age he also started training his brain with visualization. In an interview with *The Washington Post*, his coach Bob Bowman said, "He's the best I have ever seen, and maybe the best ever, in terms of visualization. He will see exactly the perfect race. And he will see it like he's sitting in the stands, and he will see it like he's in the water. And then he will go through scenarios of what to do if things don't go well."

Phelps goes on to explain, "If my suit ripped or my goggles broke, what would I do?"[233] His visualization prepares him mentally and physically for any scenario—good or bad—so that once he's in the water, he will not be fazed. It frees him up to be present, swim in the moment, and be the athlete that he's trained himself to be. The freedom and clarity that he has when he's performing is founded on the visualization, or mental reps, he has accumulated during preparation.

Performers have been leveraging mental imagery or visualization for decades. Greg Louganis, who won back-to-back Olympic gold medals in diving in the 1980s, mentioned that he started visualizing when he was three years old, as a dancer.[234] Once he got onstage, he had already seen the entire routine in detail. He was clear. As an adult, Louganis used this visualization process to allow his mind to be free, while his feet were where they needed to be once the performance was underway—on the diving board, getting ready to plunge into the pool below.

Legendary athletes like Larry Bird, Carli Lloyd, Chris Evert, Lance Armstrong, Bill Russell, and Picabo Street all wove visualization into their preparation. Armstrong would map out entire bike races and etch the turns into his brain so he could rely on his body to execute in the moment.[235]

Another approach to visualization is mental practice. Research in neuroscience has found that the brain changes in structure and function based on experience.[236] Neuroscientist Alvaro Pascual-Leone compared pianists who practiced playing the piano and those who simply thought about playing the piano in a form of deep mental practice, imagining each note. He found that both physical practice and "mental practice resulted in a similar reorganization of the brain." Other research, too, has shown that the brain does not differentiate between visualizing an event and actually experiencing it.[237]

The importance or effectiveness of visualization can shift, though, based on what you are trying to learn. Professor Phillip Post has studied visualization extensively and believes that

> imagery might be effective for enhancing learner's skill acquisition of tasks that contain greater cognitive elements, such as tasks that require decision-making or remembering a sequence or pattern, as opposed to motor elements, or tasks that require correct skill execution, like a soccer kick. However, with more experienced performers, imagery appears to be effective on a range of tasks, including both motor and cognitive.[238]

The lesson here is that it takes all kinds of practice to grow, and that the best kind of practice might change *as* you grow.

Train your brain by visualizing the future in detail. Get those mental reps in. Challenge yourself to be creative while you're imagining your performance. Take the time to see yourself adjusting to various situations. That's what Phelps does, and it can make all the difference even for those of us who aren't world champion swimmers.

DAYDREAMING TO BOLSTER CREATIVITY

Even when we believe we are resting our body and mind, often we are thinking about the future. Your brain is never truly asleep; research has shown that even when you are asleep, your brain activity continues to churn. And naturally, your mind can also imagine or dream while you are awake. That's why imagination, creativity, and daydreaming are skills that we can learn and practice. When we allow our mind to wander, we are creating space for our brain to process information, envision possible futures, and consider alternative options for getting there. It's no surprise, then, that mind wandering and daydreaming have been linked to both creativity and planning.

But the question is not whether or not you daydream. According to research, a normal, healthy mind wanders on average 30 percent of the time.[239] The question is whether you will do so *intentionally*. You don't have to be at the mercy of your wandering mind. Instead you can create space to roam with performance in mind.

For some skills, like problem solving, daydreaming is extremely useful. Harvard University researcher and psychologist Shelley H. Carson points out, "A distraction may provide the break you need to disengage from a fixation on the ineffective solution."[240] Carson is not alone in her praise for distraction and free thinking time. Thomas Edison, who had more than 1,000 patents to his name, would go fishing for about an hour almost every day. "I really never caught any fish," he said, "because I never used bait. Because when you fish without bait, people don't bother you and neither do the fish. It provides me my best time to think."[241]

We see this in our daily lives. You can't remember someone's name until you let your mind wander, and then, boom! The name pops into your head. Or you're singing away in the shower when a new business idea occurs to you. "Aha!" moments of creativity often occur when we stop focusing on the present and instead let the mind relax and wander, which often leads to thinking about the future. A study published at UC Santa Barbara revealed that participants reported 20 percent of their most noteworthy ideas each day were formed

> during spontaneous task-independent mind wandering, [such as] engaging in an activity other than working [and] thinking about something unrelated to the generated idea. . . . Ideas that occurred during mind wandering were more likely to be associated with overcoming an impasse on a problem and to be experienced as "aha" moments, compared with ideas generated while on task.[242]

How can you create habits during preparation that let your mind intentionally run amok?

Keeping It in the Present

It was 2017, and Kobe Bryant had officially retired from basketball. He entered the Los Angeles Chargers meeting room wearing shorts and a T-shirt, walking like an athlete who'd given twenty years to the game, with a little limp in each step. The energy in the room rose as everyone clapped, and a few in the audience of professional football players chanted his name. They knew they were in the presence of greatness.

When Kobe started talking, the room went silent. All eyes on him. Ultimate respect. Game recognizes game. Kobe shared book recommendations and his thoughts on how important it is to move on to the next shot. Then he took a question from the crowd.

"Kobe . . . walk us through how you stay in the now."

Kobe swayed a bit and then explained, "It's a process . . . and it's never perfect. And it never will be perfect." He then told a story from a critical period in his life.[243]

He was playing in a game during his sophomore year of high school, and his team had a one-point lead. It was the fourth quarter, and he was on defense. He started thinking that the game was in the bag, and when he let his mind drift to the celebration later that night, he paid the price. The opposing team put up a shot, and Kobe—distracted and not in the moment—followed the flight of the ball rather than doing his job and boxing out his man. His opponent cut away from him, grabbed the offensive rebound, and put it back in to win the game. Kobe was devastated.

The next day in geometry class, Kobe noticed his mind start to wander—just as it had during the game. As someone, already at that young age, with rare humility (shift 1) and perfectionistic tendencies (shift 3), Kobe didn't just make a mistake during the game; he also recognized his mistake and the need to correct it. What's more, he had the wherewithal to connect the dots. When his mind wandered, his performance suffered. From that point on, Kobe would use geometry class to test and train his mind to focus even when the topic was monotonous or boring. At the age of sixteen, Kobe started training his performance mind—the ability to be in the moment.

High performers are at their best when they are not thinking. When they begin noticing their thoughts, they typically find themselves focused on the future or the past. But if you are thinking too far into the future, or too much about the future, you may miss the moment. When we perform, we are at our best in the present.

Of course, we get the advice to "be more present" all the time. But what exactly does it mean? Being present is about being grounded in the moment—right here, right now. It's about being, not becoming. When we are present, we are existing in the environment we are in. We are centered and mindful. According to Eckhart Tolle, the author of *The Power of Now*, "Time isn't precious at all, because it is an illusion. What you perceive as precious is not time but the one point that is out of time: the Now. That is precious indeed. The more you are focused on time—past and future—the more you miss the Now, the most precious thing there is."[244] Being present in performance is all about tapping into the potential of the now, the moment, with no concern for yesterday or tomorrow, for twenty minutes ago or twenty minutes from now.

While this description may not seem exactly concrete, the benefits of being present definitely are. When we are present in the moment and focused on the now, we have greater concentration, better attention to detail, and more clarity on what is most important to do in the moment—and what we should do next. We also benefit from more effective decision-making and better task execution. Research has even shown that being present increases charisma—often a crucial characteristic for great performers and leaders.[245] Indeed, having met two US presidents, I was struck by how both made the people around them feel special by simply inhabiting the moment: shaking hands, making eye contact, offering their full attention, and being empathetic.

The ability to be where our feet are is so valuable, and the research continues to build on that value. Yet our technological advances have made it harder and harder to be right here, right now. For starters, most of us carry around distractions in our pocket that vibrate, ring, or sing songs to get our attention. One study found that the mere presence of a cell phone at a meeting decreased the ability of the meeting participants to have a quality conversation.[246] The expectation has become that we should never be focused on one thing; whether we're walking down the street, sitting at the dinner table with family, or having drinks with friends, our phones have become part of processes that used to be reserved for our full attention. Google, Facebook, and Apple all employ PhDs to engineer addictive products designed to grab our attention and hold it, even if we don't want them to. With our attention being split on a regular basis, it's becoming harder and harder to get into the deep focus necessary to be at our best when performing.

So what do we do? We practice.

What do you look like when you are present? What's your approach to tapping into the moment? How do you create space for the present in your performance? Let's unpack the what and the how of planning for the future while staying firmly grounded in the now.

PRACTICING MINDFULNESS

Over the past twenty years, fans of men's tennis have enjoyed three dominant players: Roger Federer, Rafael Nadal, and Novak Djokovic. Djokovic credits mindfulness training with helping him develop his performance mind, so he can be at his best when it matters most. He is such a believer in the training that he credits mindfulness for his top ten status. When you watch Djokovic play, you see intensity and fearlessness. You see why he is nicknamed "Joker." He plays moment to moment. He smiles. He has fun. He is present. He taps into—and embodies—his performance mind.

Mindfulness has gone mainstream in recent years, thanks in large part to the work of Jon Kabat-Zinn, the founder of mindfulness-based stress reduction (MBSR). Research indicates that MBSR reduces stress, anxiety, and depression.[247] Zinn defines *mindfulness* as paying attention in a particular way—on purpose, in the present, and nonjudgmentally—to what is happening within us, especially our emotional state, and to what is happening in our environment. The goal is to become both relaxed and energized, a state that offers incredible benefits to the performer.

In one University of Westminster study, meditation training led to enhanced self-confidence.[248] Another study found that managers who were more mindful performed better on the job[249] and had increased concentration while performing at work.[250] Neuropsychological research has found that mindfulness offers benefits by influencing our "(a) attention regulation, (b) body awareness, (c) emotion regulation (including reappraisal and exposure, extinction, and reconsolidation), and (d) change in perspective on the self"—and evidence suggests important links between mindfulness practice and altered brain patterns.[251] Simply put, mindfulness training not only helps us be more present, but also changes how the brain functions; it increases our ability to pay attention when we are performing.

Mindfulness does take practice, though. It does not come easily. Later in the shift, I'll share some techniques, but it can all start with the effort of meditating just ten to fifteen minutes each morning, with a focus on bringing your attention to the moment.

LETTING GO OF DISTRACTIONS

Today, Teague Moore (mentioned in shift 2) is the head wrestling coach at American University, but he started his career as a great high school wrestler, which helped him earn a scholarship to powerhouse

Oklahoma State University. Moore had some success during his first year at Oklahoma State, but he broke out in his sophomore year. After entering the NCAA Wrestling Championships, though, he struggled to focus, to be present.

"There was just static around me," he confessed on my podcast. "My thought process couldn't get narrowed. There were just little distractions."[252] He was mind wandering when he should have been present and focused on his performance in the moment. That year he finished fourth in the country, which is no small feat, and it helped him believe that he could wrestle on a national level. But he knew he was capable of unlocking another level.

Moore continued to be motivated and purposeful throughout his junior year and entered the NCAA Wrestling Championships as the No. 3 seed. He fought throughout the tournament to stay present from match to match. He earned an opportunity to wrestle in the championship, and he pinned his opponent in the second round, becoming a national champion.

Distractions can show up in all forms, of course, but internally, our thoughts about the future and the past are often the culprits. Externally, in our environment, most distractions are things outside of our control. In shift 6, we discussed the important idea of letting go of results during performance, especially when we've made a mistake or didn't execute how we thought we would. We also have to fight to let go of the distractions in our environment, though, which are always present. When we practice bringing our focus and attention to the present moment—to what is happening within us and to what is within our control—it can help us let go of distractions and respond in the moment when we're performing.

USING THE FUTURE TO BE MORE PRESENT

It would be difficult to find a more cohesive unit than the Blue Angels. The Angels are military pilots who each have put in at least 1,250 hours flying tactical jets and have experience taking off from and landing on airplane carriers. Being an Angel is a massive honor. Their mission is "to showcase the pride and professionalism of the United States Navy and Marine Corps by inspiring a culture of excellence and service to country through flight demonstrations and community outreach." The Angels put on dangerous flight shows all over the country, flying within feet of each other while traveling between 120 and 700 miles an hour.[253] Any wrong movement could mean death.

When working with teams and individuals, I often talk about the Angels as an example of the preparation mind and the performance mind. Their training is intense, including one area of preparation that is a "must": daily visualization. Sitting around a conference table in chairs set to cockpit height, the pilots respond to commands and simulate close flying, keeping their eyes focused on a spot on the plane next to them.[254]

The Angels are constantly thinking about how they want to show up for live shows—they are future focused. That focus allows them to handle weather changes, mood changes, and different show sites that present challenges. Additionally, they face limitations in terms of air-time practice, due to costs and other factors, so "chair flying," as they call the visualization exercise, allows them to get in more reps. Because of those extra reps and their detailed mental practice, these pilots are more able to stay present while flying, which is absolutely critical. One distraction could lead to catastrophe. If they aren't present in that moment—if their minds are cluttered or they are thinking two steps ahead—they sacrifice not only themselves, but also their teammates.

The Blue Angels' ability to focus intentionally on the future in preparation, especially through visualization, allows them to be present once they're up in the air. Why? Because their minds have already experienced the moment through training. They have seen it and dreamed it, and now all they have to do is execute that same moment.

When we have been through a moment already, either in our mind or in reality, it frees us up to simply be grounded in the moment and to leverage all of our focus, energy, and presence in the present. That present performance mind is where our potential lives.

The polarity of future focus and being present is a beautiful one. The better we get at visualizing in preparation, the better we will be at performing in the moment, in a way that seems raw, unrehearsed, and real, because we are connected to our current environment, our own emotions, and the emotions and needs of those around us.

EXERCISE SECTION

Cementing Your Focus

Training your mind to recognize when to direct your attention to the future and when to direct it to the present is essential. If done right, the future focus will help free you up to be present in performance, but you also have to practice being present if you want to tap into that focus when the lights are on. I use the following strategies to help clients intentionally correct their focus for preparation and performance. Both minds require work and intention. They require practice. If you want to be a master of the future and the present, then you have to put in the time and work on each one. The rewards for doing so are massive.

IT'S BEEN A GREAT YEAR, IT'S BEEN A GREAT LIFE

Articulating your vision in specific terms is an excellent way to get clear on what you want. Try this exercise: Envision yourself one year from today. Focus on the details of where you are or what you've achieved mentally, physically, emotionally, and spiritually, especially as those details relate to how you want your performance to improve. Now, pretend you are calling a friend, a mentor, or even your past self. Talking in the present tense, begin to describe what you've accomplished, beginning with, "It's January 1, 2022, and it's been a great year because . . ."

Another great method is the "Give yourself an A" approach described by Rosamund Stone Zander and Benjamin Zander in *The Art of Possibility*. Benjamin Zander, founder of the Boston Philharmonic Orchestra, would tell his New England Conservatory of Music students on the first day of class that they would receive an A. However, they had to write him a letter as though from the future, dating it from the last day of school, beginning with these words: *Dear Mr. Zander, I got my A because . . .*[255] The students had to create a clear and compelling vision of a great school year, and explain exactly how they would make it great—thus creating a vision for their preparation, not just for their outcomes.

You can extrapolate these ideas to create a big-picture vision for your life or any aspect of your life, such as the progression of your career. Put pieces of paper on the ground that signify each future decade of your life, possibly by age (i.e., 20s, 30s, 40s, and so on). Stand on each piece of paper, and talk about what is going on in your life, your career, your family, your personal growth during that decade. Where are you mentally, physically, spiritually, and emotionally? Think about how you want to live that vision going forward.

VISION BOARD

I visited Monday.com, a tech company, when I was on a trip to Tel Aviv. As soon as I walked through the doors, I noticed a vision board, front and center, for everyone to see. It included metrics, especially revenue goals for the next four years, that the company wanted to reach to become a $1 billion "tech giant"—their words, not mine. The board was updated constantly as the company reached short-term goals on the way to achieving its vision.

Some people think having a vision board is too woo-woo, but the greats use them. And there are no rules about what shape or form a vision board must take. Remember the story of Katie Ledecky writing *565* on her swim float? That was her version of a vision board.

How can you create and leverage a vision board that guides you in your preparation? Make sure you choose a way to update it as you make progress.

IMAGERY SCRIPT

Our imagination is incredibly powerful; it can allow us to experience an imagined event as if it were real, complete with sensations and emotions. We can train our imagination. Visualizations allow us to prepare for, and feel control over, the positive outcome of a high-stakes performance. It is no surprise, then, that many performers and athletes use visualization to prepare for their most important events.

On my website (www.strongskills.co/book) you can find an imagery script that I've adapted over the years from various practitioners. It involves some meditation instruction and a detailed imagination exercise. Work with a partner so that one person reads while the other does the exercise.

To take this technique to the next level, create your own imagery script for your performance. Your script doesn't have to be too long, but it should reference a great performance or what your performance looks like when you are at your best. Remember to activate your senses as much as possible. Once you are finished writing the script, record yourself reading the script out loud so you can listen to it whenever necessary.

RESET BUTTON

If you have ever gone bowling, especially in an older alley, you've probably seen that white "reset" button next to the ball retriever. Or maybe you've seen the reset button on a GFCI electrical outlet or a power strip. The purpose of this button is to clear an obstruction so things can move forward as they should. When I work with students to help them perform on a test, I will often have them create a reset button of sorts—one they can use when their focus wavers and shifts to a future outcome—to create a mental obstacle that keeps them from moving forward, out of the moment. This mental reset button can be as simple as taking their index finger and pressing it on the desk. The goal is to help bring one's focus back to the now.

Based on the details of your performance, and on when or how you catch yourself shifting into future focus, create a reset button for yourself. Make it something tactile to connect yourself with your body and your environment.

TAKE IN THE ENTIRE ROOM

This technique is helpful for feeling present in your environment and for increasing your comfort in a particular setting right before a performance. Relax your body and mind, and then carefully move throughout the room as much as you can. As you do, take note of everything. Pay attention to small details. Pay close attention to those things that might distract you during your performance and pull you away from being present.

Next, close your eyes and describe everything that you saw. Mentally notice these distractions before letting them go. As you complete the exercise, feel yourself grounded in the space.

EAT A RAISIN

This is a common technique for training your brain to be mindfully present. Pick a single raisin to eat. Before you eat the raisin, notice all aspects of it: shape, smell, texture, color, and more. Try to really focus on the raisin and nothing else. Then place it in your mouth and move it around, feeling the texture on your tongue and paying close attention to the taste. Slowly chew the raisin. If you find your mind drifting away from the raisin, simply bring your thoughts back to something specific, such as how it sounds as you chew the raisin. Be mindful of all of the elements of the raisin, and then swallow it.

CIRCLE BREATH

There are so many great meditation and breathing tools out there. If you have a practice that helps you tap into the present, great. If not, you may want to try a circle breath. A circle breath begins simply by inhaling through your nose so your breath fills your belly. Hold the breath for a few seconds, and then exhale through your mouth. The stomach expands on the inhale and contracts on the exhale. Simply direct your attention to each breath as you repeat this exercise. Anytime a thought or feeling pops up, shift your attention back to the breath.

You can use the circle breath exercise at any time, including just before a performance or even briefly during a performance, to center yourself and bring your mind to the present.

◆ ◆ ◆

Focusing on the future can unlock your ability to be present in performance. Practice both minds. Train yourself to tap into the power of the future through visualization and vision, and to access the power of the present through focus. We live in a fast, ever-changing world that requires us to shift between the two. As our world continues to evolve, these two sides of the shift will become more and more mandatory for elite performance. It's up to you to commit to both!

FEAR AND FEARLESSNESS

CANDACE PARKER HAS BEEN elite at every level of basketball. In high school, she won the Gatorade National Girls Basketball Player of the Year award—in 2003 *and* 2004.[256,257] In college, she won Player of the Year honors and led her team to back-to-back championships. As a pro, she was the first pick in the WNBA draft, was a two-time MVP, secured the WNBA Finals MVP award when her team won the championship in 2016, and earned two Olympic gold medals.[258] Today, she balances her basketball career with being a mom and a TV analyst. At six foot four, you might presume Parker was *born* to be a basketball player, but something else has allowed her to rise to the top of her profession and play at the peak of her potential: her ability to cultivate her performance mind.

Growing up in Chicago, Parker idolized Michael Jordan. The Parkers were a basketball family, but more important, they were a family that demanded excellence. Her dad, Larry, played at the University of Iowa;

her brother Anthony would later play in the NBA; and her brother Marcus would become an accomplished doctor. Larry was tough on his daughter. As Parker explained when I interviewed her on my podcast, "Before I had expectations of myself, the people around me had higher expectations than I could have ever imagined."[259] In a *Sports Illustrated* interview from 2005, she specifically points to her dad for challenging her to be her best:

> He did things to make me mad, to challenge me, because I was so much more athletic and had so much more knowledge of the game than everyone else that sometimes I just coasted. If me and my dad went to a park and he didn't think I was practicing hard enough, he'd just get in the car and leave. And I'd have to run home. I mean run home. Once I figured that out, I'd always try to go to close-by parks.[260]

For performers who have high expectations for themselves or face high expectations from others, the result is often fear: *What if I fail to live up to those expectations?* That mindset helped Parker in preparation. It boosted her work ethic, focused her attention on the fine details, helped her persevere. But that same mindset would sometimes get in the way when she was performing. She told me that even after she had established herself as a Hall of Fame basketball player, she still was working on not bringing that fear-based mind to her performances. "I missed two critical free throws overseas that could have won us our series," she explained. "And after everything was over, I remember asking myself, 'What did you think when you were shooting those free throws?'"[261] Her mind was racing and she was nervous, which would be normal for anyone in that position. But she wasn't telling herself to take the shot and nail it like she had millions of times. Instead she was saying, "I hope I don't miss."

She vowed to never let fear-based thinking limit her performance again: "If I miss, it will be because I missed; it will not be because of what happened between my ears."[262]

As Parker has continued to progress in her career, she has learned how to let go of missed shots and mistakes while performing, to let go of the fear of failure those moments can prompt. Now she simply plays fearlessly, aggressively, without regard for the outcome and with appropriate risk-taking.

Fear is not necessarily bad. Fearlessness is not necessarily good. It's all about the *when*.

Fear is useful in preparation because it creates concern and anxiety about the outcome, which motivates us to spend the time necessary to prepare, even when we may not feel like doing so. If we accept failure as our fate in preparation—and go to "what does it matter anyway?" thinking—we limit our possibilities. While preparing, we need a healthy fear of failure to drive us. We have goals, and we don't want to miss hitting them.

When we are performing, though, we need to tap into our fearlessness. Fearlessness provides us with the capacity to be bold, daring, even aggressive when it's necessary in order to take the appropriate risks that performance requires for success. Being fearless helps us let go of our concerns about the outcome, as we do with other performance minds discussed throughout the book.

Fear is not the enemy; being fearful of fear is. When we develop a relationship with fear, it allows us to leverage that fear for good. If we sweep it under the rug and try to pretend it isn't a component of our emotional life, it will rise up and hurt us when it's time to perform.

Fear of failure in preparation will help you stay sharp and fight complacency. Then, in performance, fearlessness will move you away from the brain's main function: to keep you safe.

When we are threatened, whether with actual threats or perceived threats, our fight-or-flight response kicks in. Our stress increases, our thinking narrows, and we tune out critical elements of our environment as the brain tries to decide whether to run or attack. When our success or our ability to reach our goal is threatened, our modern brain perceives that threat in much the same way as our ancestors' brains would have perceived a saber-toothed tiger walking into their cave.

If you bring a fearful mind into performance, your brain will do whatever is necessary to keep you "safe"—to prevent embarrassment or shame, or to make sure you don't lose—instead of doing whatever is necessary to allow you to perform at your best. This is why setting your mind is so important; if you leave it to chance, then you will be at the mercy of where your mind innately wants to go, which is often survival. Fearlessness is so hard to tap into in performance because it goes against the very nature of how the brain is designed to handle an intense situation.

In this shift, I'll share the positive power of a *healthy* dose of fear of failure in preparation—fear that we all carry, so we might as well leverage it. Doing so allows us to be fearless in performance. The greatest challenge is to shift your mind from fear to fearlessness when you are performing and back again, but meeting that challenge is possible and worthwhile.

How Fear Can Drive Us

On his incredible NPR podcast, *How I Built This*, Guy Raz asked business legend Mark Cuban about the pivotal time in his life after he had become a millionaire at age thirty, when he sold his company to CompuServe for six million dollars. Cuban, who wanted to be able to retire by age thirty-five, began to live like a "student" while investing the money he had made in stocks and young companies. Raz suggested that given his millionaire status, Cuban "had nothing to worry about."

Cuban responded, "I had to still worry about not screwing it up." When Raz probed deeper, Cuban said, "Trust me, I had a healthy dose of fear. Every business I have started, I would count the months: Am I profitable? Do I have enough to pay the bills? I have been in this situation enough times, with start-ups, where the bill collectors were calling on a continuous basis."[263] Cuban's relentless drive to build a company that wouldn't fail led to the growth of the internet radio company Broadcast.com—which he eventually sold to Yahoo for $5.7 billion.[264]

When Cuban is in the public eye or making a big business decision, his fearlessness shines. He took a risk in buying the Dallas Mavericks for a league record of $285 million, and he was criticized for overpaying; today, the team is worth over two billion dollars.[265] But underneath, he still uses a fear of failure to ensure that he is covering all of his bases, that he is protecting himself when it matters—during preparation.

Having a healthy sense of fear includes a willingness to acknowledge the worst possible outcome and go to work to ensure that it doesn't come to fruition. When we are in this headspace, failure is real; it matters, and we will do whatever it takes to prevent it. When we approach the possibility of failure in this way, we are diligent. We dot all our Is and cross all our Ts. We turn over every stone and put in every necessary hour. We give our preparation all of our energy. We willingly make sacrifices. We consider every possibility that might occur during a performance and prepare ourselves to handle those possibilities. This fear of failure doesn't feel good, but the restlessness of it drives us to find new ways to do things, new motivations, and an endless stream of opportunities.

While we often hear self-help gurus imploring us to live fearlessly and describing all the ways fear can limit us, the truth is that, used properly, fear of failure can absolutely be our friend. Elite performers often talk about leveraging fear in their preparation. Legendary baseball player Derek Jeter once said, "My greatest fear was not being prepared."[266] Michael Strahan, a Pro Bowl, record-setting NFL player and one of television's most successful personalities, has said, "I'm more scared of failure than I am excited about the accolades that come with success."[267] They understand fear is a primary emotion that all humans feel. You can't ignore it, so you might as well use it to your advantage.

When you feel fear during preparation, especially higher levels of anxiety, it's important to do a threat analysis. Give yourself space to experience the feeling. Going through that, as painful as it might be, can prepare you and make you aware of all the possible "threats" that you might be associating with a performance. Each potential threat may be an opportunity for improvement.

One way to think about fear as a positive is to define it as the tension you feel between *where you are* and *where you want to be*. Preparation is how you narrow that gap. Fear of future regret will cause us to do things that we don't necessarily want to do in the moment, but that will help us get to where we want to be. It's important that we fear the worst-case scenario so we will work in preparation to stop it in its tracks. We can't let a lack of discipline, mechanics, or strategy rule the day. Instead, we need to fight the failure we fear.

USE ACTUAL FAILURES AS MOTIVATORS

President Abraham Lincoln is credited with saying, "My great concern is not whether you have failed, but whether you are content with your failure." Lincoln, who failed a lot throughout his life, surely understood that each failure was an event, not a defining aspect of who he was. Failure is a test, a motivator for us to learn what is necessary to get better. We can use those failures and go to work, making sure they won't happen again.

People are not failures; they simply have failed in their attempts. Great performers use a failure or mistake as a litmus test. Then they leverage the agony of defeat, doing everything in their power to make sure it won't happen in the future.

Serena Williams has been open about her fear of failure. "It's the biggest factor for me. Like, if I lose, all hell breaks loose, literally. Literally! I go home, I practice harder, I do more," she said in one interview. "I hate losing more than I love winning."[268] Williams leverages her fear of failure, especially how past failures made her feel, to learn, grow, and improve in her preparation. This type of thinking, though, requires resilience and a growth mindset. People who struggle to bounce back from losses internalize the failure—they believe it defines them and their abilities. People who keep advancing use past failures as signs that they have more work to do, and they get to it.

You probably know of Carol Dweck's groundbreaking work on fixed and growth mindsets, which she wrote about in the best seller *Mindset*. Fundamentally, these two mindsets define how we handle challenges, mistakes, losses, missteps, and failures in life. If we believe our intelligence, knowledge, and abilities are fixed, each loss is a sign that we are inferior in some way, incapable of succeeding. If we believe our intelligence, knowledge, and abilities can grow over time and with effort, we take losses in stride and use them to inform and drive our efforts to improve.[269]

People, especially young people, often believe they're either good at math or bad at math (an example of a fixed mindset), so it's a great area for testing the effects of the growth mindset. Many studies have shown that when students are taught that intelligence is not fixed, that our brains change over time as we learn, and that we're all capable of getting better at almost anything—which is absolutely true—their math grades and test scores increase, even for students who have not previously performed well in math.[270]

Letting fear of failure limit us as individuals rather than drive us is a great way to fail. It's just as true in organizations. To encourage an organizational growth mindset, UK consulting company NixonMcInnes incorporated a practice called the Church of Fail. Every month, the team would gather in the conference room, and people would be invited to stand up and talk about one of their failures. An article in *Inc.* explains that "employees must describe how they dealt with the situation and say what they will do differently next time."[271] At the end, everybody in the room would wildly applaud the person.

How do you respond to losses? Do you let them defeat you, or do you use them as motivators, as signs that you have more to learn and new opportunities to improve? If we let fear of failure become a belief that we *will* fail, we won't grow. Worse, we'll never be able to let go of that fear. And then how will we become fearless when it's time to perform?

Unlocking Your Fearlessness

I admire my three-year-old daughter's fearlessness—and I also tense up as she climbs on our sofa, runs down our stairs, and flies into my arms with no concern for the potential dangers. Kids have a jungle-gym fearlessness that we often lose as adults. Parents have to teach their kids a healthy dose of fear to make sure they look both ways before they cross the street or always wear a helmet when they skateboard. Adult lives are often consumed by fear, but kids . . . They are amazing examples of fearlessness.

I did my grad school thesis on home court advantage in the NBA, and had the good fortune of interviewing players to find out why this phenomenon exists at almost every level (and in every sport). Many of the athletes talked about how they were more comfortable at home, or how the fans gave them energy, or how the refs favored the home team. And while all those explanations may be true, the most interesting finding was that the home team tended to play with more aggressiveness—more fearlessness—than the road team.

What's more, the coaches tended to use language to prime that fearlessness more so at home than away. On the road, they said, "Let's steal a game. Slow the pace down. Take care of the ball so their crowd doesn't get into it." The away team often operated from a fear-of-failure game plan. At home, on the contrary, the messaging was, "Let's go and take it. Be aggressive. Fly around. Be fearless." Interestingly, one of the players I interviewed actually played better on the road. Why? He felt there was no pressure, and he didn't have to worry about playing up to the expectations of the crowd, his family, or his friends. For him, the road was a place where he could more easily shed his fear of failure. The greatest takeaway here is that performers can cultivate a fearless approach no matter what their environment is, if they think intentionally.

When we are performing, the focus should be on how we can be successful, not on why we won't be. It's a fearless optimism. When we are fearless, we are unconcerned about judgment. Elite performers know how to decouple the personal pain that failure could bring and shelve the fear of it during the performance. Instead, they tap into a perspective that there is nothing to lose. This frees them to take risks, play aggressively, and bring their all to the performance—without worrying that their all won't be enough.

On the way to becoming one of the greatest athletes of all time, Serena Williams has leveraged her hatred of losing and failure, and has intentionally focused on fearlessness. In preparing to play against Angelique Kerber in the 2016 Wimbledon Final, after losing to her at the Australian Open, Williams reflected on their earlier match: "I felt like I could have played better. I felt like she played great. She came out swinging, ready to win. She was fearless. That's something I learned. When I go into a final, I, too, need to be fearless like she was."[272] Williams's ability to prepare in fear and then perform with fearlessness led her to win that 2016 Wimbledon Final, which tied her with Steffi Graf's record of twenty-three Grand Slam championships.

A study in the journal *Personality Disorders* found that psychopaths share a similar trait with professionals who respond to emergency situations, such as ambulance workers and firefighters: a low level of fear.[273] I'm not saying we need to be psychotic in order to perform well, but we do have the ability to be exceptionally fearless when the situation demands. These individuals "are heroic not necessarily because they are constitutionally fearless, but because they can learn to turn their fear off," said Scott Lilienfeld, the professor who conducted the research, in a *New York Times* article. "There is a narrow gradient around things we are afraid of. Fears are very compartmentalized."[274] Like an emergency responder, the elite performer has learned how to turn fear off in performance.

In shift 5, I mentioned Google's research on the importance of psychological safety in high-performing teams. Google is not the only organization that encourages its employees to be fearless, though. Before realizing that a constant state of combined fearlessness and speed can have less-than-positive consequences, Facebook encouraged its employees with the motto, "Move fast and break things."[275]

Depending on the performance or the performer, fearlessness can show up in many forms. It isn't always high energy or aggressive. Sometimes it can present as extreme calm. Essentially, fearlessness is clarity. It is an inner belief that you are secure and will be OK—that whatever the outcome, you will manage. Your external focus is clear because your inner being is not cluttered with doubt or overwhelmed by potential negative consequences.

Being fearless is glamorized by many but accomplished by few. It takes work, and it requires you to intentionally set your mind.

RISK-TAKING—APPROPRIATELY

Golfers call me more than any other type of athlete. As a result, I have worked with hundreds of golfers over the years, ranging from amateurs to pros. Golf, possibly even more than other sports, requires setting the mind for performance. It's just you, the club, and the ball, and it can be easy to let fear ruin your swing. As Bob Anderson and Bill Adams put it, borrowing in part from Tim Gallwey's famous book *The Inner Game of Tennis*, "The inner game runs the outer game."[276]

When I work with golfers, we often talk about the importance of being "smart aggressive"—focusing on conservative targets but taking aggressive swings. Golf is one of the few sports that often rewards conservative play and punishes aggressive play; there are literally hazards on the course. As a result, a golfer's strategy for a round may need to be conservative, yet when it comes time to perform a swing, he or she still has to do so with fearlessness.

The idea of being smart aggressive is a great example of how fearlessness doesn't mean taking inappropriate risk. Fearlessness and stupidity are not the same thing. Fearlessness is about being bold and vulnerable.

In the book *Daring Greatly*, renowned author and research professor Brené Brown—who has studied and written about vulnerability extensively—defines vulnerability as "uncertainty, risk and emotional exposure."[277] Fearless performers are vulnerable in that they accept the risk and emotional exposure that will come from putting themselves out there, laying everything on the line. No matter how hazardous the environment, they have the courage to execute at the peak of their potential.

From the outside looking in, elite performers seem to take risks that are hard to believe. But in the moment, for the performer who has leveraged a fear of failure in preparation, the risk and fear that others dwell on become more of an afterthought. Even when the approach is conservative in nature because that's the appropriate strategy (as in golf), that approach needs to be backed by a fearless mind.

LETTING GO OF SAFETY NETS

For years, I have played basketball every Wednesday, and I love competing with my weekly crew. One night, as I tried to save a ball along the baseline underneath the basket, I came down on my left leg prematurely and felt my leg collapse underneath me. I went to the ground and stayed there. Aside from some broken fingers and toes as a kid, I had never had a serious injury. As I hobbled off the court with help, I knew this time was different.

At the doctor's office the next day, I found out that I had torn my ACL, one of the major ligaments that supports the structure and functioning of the knee. Surgery would be required to repair it. I was afraid I wouldn't ever be able to play basketball again. Perhaps worse, for the first time in my life, I feared being injured. Now I wondered: if I did play, would it happen again?

In addition to my rehabilitation therapists, I saw just about every type of specialist you could imagine—acupuncturists, massage therapists, chiropractors, and others. It took longer than expected to return to the court, but eventually I did, with a knee brace strapped firmly around my leg. My crew was happy to see me. I ran up and down the court as best I could, being cautious to protect my knee. But about halfway through the game, I realized my brace wasn't giving me much support. I was still worried, but I decided I would be better off without it. I unstrapped it and slid it to the sideline. All of a sudden, I started to play fearlessly free.

Most of us have some type of safety net we fall back on, especially when performing. For a basketball player, it might be avoiding certain kinds of shots. For a speaker, it might be sticking to certain types of audiences or venues or industries. For a leader, it might mean avoiding certain tough decisions, like whether or not to retain somebody who is underperforming. If you want to unlock your performance potential, though, at some point you have to let go of that fear, and let go of the safety nets you might be holding on to as part of that fear.

Whatever your safety nets might be, take the time to consider what you might accomplish if you let them go.

AVOIDING THE AMYGDALA HIJACK

Perhaps you have heard of the "amygdala hijack," a term that Daniel Goleman first brought to light in his best-selling book, *Emotional Intelligence*.[278] An amygdala hijack occurs when our fear-based emotions override our better decision-making capabilities. It is the primary reason we need to avoid fear in our performances.

In these moments, the amygdala section of your brain receives messages from the environment that kick it into overdrive, generating more fear than you can handle. You can't think clearly. You become overwhelmed and out of touch with the options that exist. Your focus, both physical and mental, is narrowed, and the only thing you can see is what is most obvious.

When the amygdala gets hijacked in performance, it can cause us to freeze or break down. An amygdala hijack leads to a narrowed perspective—typically, just our own—and keeps us from seeing alternative options. Emotion overrides logic. Perhaps you have seen this with a boss who is stressed and unable to communicate all sides of an idea to her team, or a politician who does not remain poised during a debate, or a spouse who believes he is 100 percent right in his way of parenting. When we are in this state, we become sure that we are right, even when reality says otherwise.

The hijack can happen to all of us—maybe you don't feel appreciated by your boss, or you're not feeling heard, or you were blamed for something unfairly. It's usually a defensive response, when we feel threatened, which is why it's so important to build self-awareness. That way, you can assess the reality of the "threat" and manage yourself when your brain is hijacked.

Developing tools and processes to limit the fear response is also essential for performance. Goleman, like many other psychologists, suggests mindfulness as a way to cope with or prevent the hijack. (I'm a big fan of mindfulness training, as I explained in the previous shift.) Research has shown that 85 percent of worries lead to a positive or neutral outcome and that 80 percent of us say we handled a bad outcome better than we expected.[279] Remind yourself of this before a performance, to help calm your mind. By preparing for an amygdala hijack, you will be better ready to manage one if it's activated in performance.

Using the fear of failure to prepare for this possibility does more than just help you create systems and processes to limit its potential, however. It's also the best way to avoid a hijack altogether.

Daredevils: How Fear Prepares Us to Be Fearless

For Nik Wallenda and Alex Honnold, every step they take could be deadly. Wallenda is a tightrope walker. You may have watched him walk across the Grand Canyon, between skyscrapers in Chicago and New York City, or over Niagara Falls. He even walked blindfolded between two skyscrapers while his father gave him directions from afar. Wallenda knows intimately how dangerous his work is; his great-grandfather died falling off a tightrope while performing a stunt in Puerto Rico.[280]

When asked how he is able to fearlessly perform, Wallenda points to the importance of preparation. He notes that while he doesn't have a net, he has trained to hold on to the wire if something goes awry. He also prepares for the worst possible conditions. While training for his walk across the Grand Canyon, he prepared with 120 mph winds even though the winds probably wouldn't get higher than 70 mph.[281] Wallenda has been walking on wires since he was two years old, but he never becomes complacent with his preparation.

When it comes to the day of a walk, he is quick to point out something else: what others see as fear, he sees as respect. Wallenda knows the danger involved, but he also knows that he has done the training needed to step on the wire. When Wallenda was walking across the Grand Canyon without a net, he hit 48 mph wind gusts and found himself taking a knee so he could get close to the rope and handle the conditions.[282] Wallenda doesn't walk stupid. He's smart aggressive. He filters his mind and counters his thoughts by focusing on fearlessly moving forward one step at a time. Without his intensive training, he would not legitimately be able to tell himself that he's OK. Without a fear of failure in preparation, he could not be fearless in performance. He needs both.

Just like Wallenda, Alex Honnold loves to be moving at extreme heights without a safety net. Honnold's documentary, *Free Solo*, about his freestyle climb of El Capitan in Yosemite National Park—something nobody had ever done before—won an Oscar for best documentary, making him the most recognizable climber in the world. The documentary and his TED Talk are a master class in the preparation and performance minds needed to be elite. "You will always feel fear," thirty-three-year-old Honnold once wrote in a note to his eighteen-year-old self. "But over time you will realize that the only way to truly manage your fears is to broaden your comfort zone."[283]

In order to become a warrior, Honnold trains his mind and body. In *Free Solo*, he is seen journaling every nuance of the climb. At one point during training, he asks his girlfriend to leave so he can train the way he needs to, without distraction. In an early attempt at the climb, he turns back, saying, "It doesn't feel right." He recognizes that he isn't in a space of fearlessness in that moment, and he needs to continue preparing so he can reach a point of trusting himself to take the next step.

But in his TED Talk, Honnold says that his final successful climb "was the culmination of a nearly decade-long dream, and in the video I'm over twenty-five hundred feet off the ground. Seems scary? Yeah, it is, which is why I spent so many years dreaming about soloing El Cap and not actually doing it. But on the day that that video was taken, it didn't feel scary at all."[284]

Honnold's life centers on climbing. He's obsessed—constantly pushing his limits, embracing and leveraging his fear. He climbed El Cap more than fifty times with a rope; he rehearsed the moves over and over again by himself. He needed to respect the mountain and have a healthy understanding of the consequences of falling. As he scaled the wall, he would fill a backpack with any loose rocks he found, to ensure that none of those rocks would get in his way during the free climb. Imagine the discomfort of climbing down one of the most intimidating rock faces on the planet with a backpack full of rocks. Honnold didn't mind. He knew it was getting him closer to climbing fearlessly.

On the day of his ascent, as Honnold passes the toughest section of the climb—the part that has been highlighted throughout the documentary—he looks directly into the camera and smiles. His fear was back at the bottom of the mountain, nowhere in sight.

The climb took Honnold three hours and fifty-six minutes, and he says he was comfortable and fearless throughout.[285] On that day, he didn't just become a master of the mountain; he became a master of his performance mind.

Both Honnold and Wallenda seem to be at peace with the possibility that one small step could lead to their demise. They recognize that death is an inevitable ending to life, but they also do whatever it takes in preparation to ensure that their final fate is not met during their next walk or climb. And although they might be working on performances very different from yours, and preparing with rare discipline and focus, the necessary actions are not all that different.

Being fearless can be a challenge, but we are more capable of managing fear than we give ourselves credit for. According to Dr. Kerry Ressler, director of the Neurobiology Fear Laboratory, about 90 percent of us are resilient after something tragic happens, like a car accident or a death in the family.[286] We are able to put the experience into perspective and rebound from it, not letting it turn into an obsessive fear. Fear-inducing experiences cause post-traumatic stress disorder, panic disorders, and other mental health issues in only 10 percent of people. For many of us, when we face our worst fear and come out whole on the other side—whether it's a major life fear or a fear associated with a specific event or performance—we realize that we can handle bad outcomes in the future. It builds our fearlessness. It's what's behind

Michael Jordan's famous Nike ad: "I've missed more than 9,000 shots in my career. I've lost almost 300 games. Twenty-six times I've been trusted to take the game-winning shot and missed. I've failed over and over and over again in my life. And that is why I succeed."[287]

EXERCISE SECTION

Leveraging Your Fear to Become Fearless

Fear is not your enemy, but being fearful of fear can be. Learn how to use fear—how to unleash it so you can be fearless when performing. Fear will help you stay sharp and fight complacency, while fearlessness opens up possibilities and frees you to take appropriate risks. We can learn to notice fear without empowering it, and instead we can empower our inner bold and brave self, without concern for potential loss. Fearlessness—true fearlessness—shows itself only when you have spent the time fearing failure in preparation. It shows when you have looked under all the cracks and crevasses of fear and sat with it. From there you can tap into the freedom to be fearless.

What will be your relationship with fear going forward? Let's take a look at how to cultivate your fear of failure in preparation and your fearlessness in performance.

WORST-CASE SCENARIO

Thinking about the worst-case scenario allows us to leverage our fear of failure and create an action plan that then allows us to perform fearlessly. Here is a chart you can use to map your worst-case scenarios and get to work to ensure they do not come to fruition.

WORST-CASE SCENARIO	WHAT CAN I DO TO MINIMIZE THE LIKELIHOOD?

RECOVERY TIME

Going back to your worst-case scenario list, consider what it would take—in terms of time, resources, energy—to recover from a bad outcome. If you think about it, would it really take as much effort as you fear? As you get ready to perform, remind yourself that getting over a bad outcome is manageable. Use that perspective in performance so you can function without a fear of failure.

FLIP FAILURE

Take an index card. On one side, write down all of your major successes; on the other side, write down your primary missteps, mistakes, or failures. Whenever you find yourself in need of motivation during preparation, look at the failure side to remind yourself what you're trying to avoid repeating. Whenever you need to tap into your fearlessness, especially just before a performance, look at the success side to remind yourself that you are capable of great things.

PET THE SNAKE

Is some big fear holding you back? Want to know how to overcome that fear? Simply pet the snake. What do I mean by that? Well, if you are afraid of snakes, the best way to overcome that fear is to pet one. Research has shown again and again that exposing ourselves to our fears is the best way to overcome them. Exposure therapy has long been used to help people with phobias, panic disorders, post-traumatic stress, and many other anxieties.[288] If you experience any of these, I highly recommend you see a trained professional to help with your fear. But if you don't believe you have a clinical disorder, exposing yourself to your fear may be a great way to overcome it and tap into your fearless performance mind.

Here's an example: A friend of a friend was terrified of failing in his new business venture. He thought about the extreme worst-case scenario: becoming broke and homeless. To expose himself to that fear, he panhandled for a day on a corner near his neighborhood. It freed him up by tamping down his fear—and he earned forty dollars to donate to the local homeless shelter.

How could you use exposure therapy to reduce a fear that may be holding you back in your performance?

REMOVE A SENSE

When working with performers, I train them to learn to be fearless at their craft. One of the techniques I use is to take away one of their five senses. I have golfers hit shots on the driving range or the course with their eyes closed. I ask basketball players to shoot free throws or three-point shots with their eyes closed, too. With one of their senses removed, performers learn to be more fearless in their approach because they're less worried about the outcome. After all, the chances of making the shot or getting on the green aren't high. But at the same time, they also realize they are more competent than they thought—because sometimes they nail it.

Pick a sense that you often use in performance, and take it away. Learn to be comfortable without that sense so that your other senses are heightened, and practice letting go of the outcome so that you become more fearless in performance.

ROAD ADVANTAGE

As I mentioned earlier, NBA players have a home court advantage partially because they are primed—by their coaches and their environments—to play more fearlessly at home than on the road. In your case, even if your performances do not involve travel, perhaps there are aspects of your environment or the people around you that prime you to be cautious or hold back.

How can you turn a "home court advantage" into a "road advantage"? In other words, what can you change in the run-up to a performance to remove messages of caution or to create an environment that helps you feel more fearless? Create a list of action items that will set your mind for a fearless performance.

BURN THE BOATS

The ancient Greeks were famous for burning their own boats when they traveled across the sea to fight. Burning the boats allowed them to tap into their fearlessness because it eliminated the option of retreat. What safety net are you carrying that might be making you more cautious than you should be? Take the time to really assess what you're holding on to out of fear. What can you do to "burn the boats"—lay everything on the line and commit to putting your all into your performance?

• • •

Preparation is the time to listen to your fears, pay attention to what you can learn from them, and let them motivate you to work harder. When it's time to perform, though, you have to let go of the possibility of losing or your fear of the worst-case scenario. It's all a matter of focus. What will you do to tap into fear of failure in preparation and fearlessness in performance? Commit today to preparing with fear in mind so you can let go of it in your next performance.

SELFISH AND SELFLESS

PARENTING IS THE hardest job I've ever had—there isn't even a close second. I went from focusing on what *I* wanted to do every single day to living at the mercy of naps, feedings, bedtime stories, and middle-of-the-night wakeup calls. Especially in the infancy stages, parenting can feel like a one-way street—but that sense of pure responsibility never ends. Recently, as part of a discussion group that met with a US congressman, I was asked to share what we cared about most as it pertains to politics. My answer was simple: "I care about my children's future."

My job as a parent is to give. Be selfless. Serve. In those first months and years, I burned the candle at both ends and gave everything I had, until my wife looked at me one evening and asked, "Are you OK?"

"I feel tired," I replied. "I feel as though I have stopped doing stuff for myself."

One of the best pieces of advice I ever received was from a CEO client who said, "Focus on your marriage first and your kids second."

Her point was that if you don't put the marriage first, the marriage will break down, which will end up hurting your kids in the long run. It reminds me of the old leadership adage that sends the same message by referencing the airplane safety brochure: *When the plane is going down, make sure to put your own oxygen mask on first, before assisting others.*

We can't help others if we're incapacitated. Parenting and leadership are alike in that we are expected to focus on serving those we care about, those for whom we are responsible. We even use a phrase to define it: *servant leadership*. Yet when we don't take time to put on our own "oxygen mask," we end up running on an empty, nonfunctioning tank, which is a recipe for disaster. As leaders—and we all play a leadership role in some parts of our lives—being selfless all the time means we eventually lose sight of the deep, internal work that is necessary to serve. When we don't focus on our own health, well-being, personal growth, and individual goals, we limit our capacity to lead.

My wife and I agreed: as a parent, I had to fill my cup first and then provide the overflow to our children. We devised a plan to help me become more selfish. Once I reversed the order of *selfish* and *selfless*, I became much more capable—more able to meet my children's needs *and* to feel happy and fulfilled with my role.

Performers are no different.

So much of high performance is about the subjective ability to connect with others—not the obvious objective, but the intangibles. That connection with a crowd (for a musician or a speaker), a teammate (for an athlete), a customer (for a salesperson), or a team (for a business leader) comes from a place of other-focus—what others need from you in the moment. Winning requires connection. And yet it can be difficult to put ourselves in that state of mind if we haven't focused on our own needs, desires, goals, and ambitions during preparation.

Selfishness has gotten a bad rap, but we need to prepare with *selfishness* so we can perform with *selflessness*. We need to take care of ourselves first so we can serve others by connecting with their needs and fulfilling those needs. We need to lead by example before we challenge those on our team. Selfish preparation is a strength, not a weakness. Being concerned with our own interests, beliefs, and welfare in preparation is what allows us to let go of our concern for ourselves when performing. It increases our capacity to give.

You have probably heard a manager, coach, leader, or performance expert emphasize the importance of selflessness. They are right. When we are performing, we are part of a larger whole, and the whole must be greater than the sum of its parts. As an African proverb wisely points out, "If you want to go quickly, go alone. If you want to go far, go together."[289] Humans are wired to be connected. We are social beings who have leveraged connection over history to ensure we would survive. When a team is able to connect and unlock potential through selfless performance, true greatness happens.

As you think about the two points on this shift—selfish and selfless—perhaps the cleanest way to do so is to focus on the *self* and the *other*. Great performers are *self*-focused when they are preparing and *other*-focused when they are performing. The key is understanding when to focus on each and why.

Being Selfish Is a Good Thing—Sometimes

Lisa Nichols is a bundle of energy. You may have seen her inspirational videos on YouTube, listened to her on a podcast, or read one of her seven books. She has appeared on *Oprah*, *The Today Show*, *The Steve Harvey Show*, and others. Her smile could light up a room, and her voice could power a city. She has become a thought leader, and her company, Motivating the Masses, Inc., is one of the country's only publicly traded personal and business development companies. By all accounts, Nichols is a mission-minded servant leader. Her nonprofit has helped prevent teen suicides and supported thousands of dropouts in their efforts to go back to school. Her selflessness has earned her humanitarian awards, and the city of Houston even named a day (May 9) after her to recognize her impact on the community.[290]

Nichols has said that all of her success comes back to one decision that changed the course of her life: she chose to be selfish.

Nichols's son was growing up without a father—he went to jail when her son was eight months old. As a single mother, Nichols was struggling. She was on government assistance and had only $11.42 in the bank. Her son needed diapers, and all she could do was wrap him in towels. The next day, she turned to her son and said, "Don't worry, baby. Mommy will never be this broke or broken again."[291] It was her watershed moment. But her shift was completely inward. She still had to get rid of people in her life who were holding her back. "You gotta rescue you first," she said in an interview on Tom Bilyeu's show *Impact Theory*. "I am much more valuable to my family and to my community because I was willing to let them go, go through the door myself, teach myself, learn myself, condition myself, and then come back and get them."[292] Nichols was preparing for the next stage in her life.

Nichols focused on her own goals, her own needs, her own ambitions. She became educated, powerful, and strong. She held herself accountable and took ownership. She used selfishness in her preparation so she could make a life in which she could perform with selflessness.

Nichols's story is a bit different from others I've told, because the preparation and performance were separated by years, not months, weeks, or hours. And yet the lessons still apply. Nichols took personal responsibility for her progress, and for meeting her needs and those of her son. She made sacrifices to fulfill her responsibility to herself to grow and succeed. That is what being selfish in preparation requires, and that's why it's necessary.

As a society, we glorify accountability and ownership, and we demonize selfishness. But I believe the two are intertwined. People who hold themselves accountable will not let their preparation slip; they won't make excuses. They are empowered to grow their value so they can add value to others' lives. People who take ownership are taking responsibility for their goals, their actions, and their decisions.

Ownership is about building equity—value that owners develop by investing in themselves. In his research, psychologist and economist Daniel Kahneman references the Endowment Effect, which suggests that people ascribe more value to those things they own.[293] That's why, for instance, you may leave a hotel room messier than you would ever leave your house. When we feel ownership, we care more—and caring about our own growth and progress is an essential ingredient in great preparation. The best performers in the world are accountable and take ownership, and the best teams embed these ideals into their culture. Being selfish in preparation—focused on our own goals, our own behaviors, our own needs, our own growth—is how we take ownership and hold ourselves accountable.

Selfish preparation is all about putting your goals and personal needs front and center so you are in the ideal position to succeed when it's time to perform. It's intentional action for your own good. It's an understanding that we are best able to help others when we are mentally, physically, emotionally, and spiritually strong—that, as with a four-legged chair, each prong helps create stability and deserves attention. Selfish preparation is the salesperson who prioritizes hitting her own goals for the month or quarter over helping colleagues do the same. It is the musician who tells the venue exactly what he needs to relax before putting on a great show. It is the couple who make time for a date night every week, no matter what. It's the college basketball player who goes to the gym to get shots up rather than taking shots at the bar with friends.

When you are selfish, you are serving yourself because you are driven and ambitious about the future; you know that in order to get to where you want to go, you need the best version of you. Without tapping into your desires, wants, and needs, you will simply comply with what others want from you or expect for you. So take some time, be selfish, set your intentions, and focus on exactly what you want. Then go to work.

WHAT YOU WANT AND NEED SHOULD BE A PRIORITY

In shift 7 I wrote about the importance of examining your purpose. It's especially crucial for a long-term vision, although I hope your purpose also helps drive your day-to-day motivations. But in the short and medium term, we also need personal goals in all parts of our lives to help motivate us. To connect with the grit and determination required for big achievements, we need to feel we're working toward something important, something we desperately want or even need. During preparation, when we're often alone, those goals have to be personal, and they have to be a priority. While we may have altruistic ambitions, in order to drive us to the highest levels of preparation, we need goals separate from those focused on what others need from us.

When a senior executive named Jack came into my office one day for a coaching meeting, he opened by saying, "I feel dead inside." He was running the day-to-day operations of a company that brought in $50 million a year in revenue. He had helped his business grow tremendously and had become so valuable that he received equity. Jack managed multiple teams and was consistently trying to help his employees get to where they wanted to go. Yet as the years went on and he continued to serve others, something paramount happened—he forgot to serve himself. Jack never "filled his own bucket" at work and had lost sight of any personal goals. He was exhausted, burnt out. He had lost his inspiration for the work.

We needed to spend time on Jack so he could spend time on his team. We talked about what he wanted, what inspired him. We shifted the focus from the window to the mirror. Jack needed to get clear on what he wanted out of his work. Once we unpacked his wants and developed a plan to prioritize them, he gained tremendous clarity and was able to become an effective servant leader again.

Priorities require sacrifice—and not just in the movies. *Brittany Runs a Marathon* is based on the true story of Brittany O'Neill, a woman who hit a point of rock bottom and turned to running as something she could do to take control. She'd found herself working in an unfulfilling job, overweight, and increasingly unhappy, out most nights boozing it up. Once she started down the path of major change, the sense of accomplishment she felt encouraged her to keep running. It became a priority in her life; it changed her and made her stronger—physically, mentally, and emotionally. O'Neill's first major accomplishment, according to a profile in *Runner's World*, was running the 6.1-mile Central Park loop. "There were no cheering crowds and no ribbon there at the finish, but the feeling I had was special," she explains. "For lack of a better phrase, it felt like I wasn't a loser."[294]

When she finally got serious about running the New York City Marathon, O'Neill's dedication had to rise with the size of the goal. "I was so focused," she continues. "That period took a lot of understanding from my husband and my friends."[295] In the movie (where her story is dramatized, of course), a relationship with somebody who wasn't a great friend—who wasn't supportive of O'Neill's goals or her growth—falls necessarily by the wayside. But just as the movie title reveals, O'Neill achieves her goal in the end. More important, the goal itself changed her; it taught her to value herself and her abilities, and to prioritize her own well-being.

Balance in life just isn't feasible. Something is always pulling our attention and energy in one direction or another. But if we set personal goals and priorities—and then focus on those priorities while giving work and aspects of our personal life the attention they deserve, when they deserve it—we can create fulfillment. Exercise, diet, sleep, time with friends, time spent on hobbies—all can be seen as selfish activities if viewed through a certain lens, yet each can improve our professional and personal lives. Taking action on our own personal priorities can fuel our performance, especially when our goals are integrated and have an impact on how we show up.

Answer this question: what goal tends to get lost as you get busy? For most of my clients, as they become busier and more successful, the selfish actions are the ones that often get neglected. That is, until they realize that those selfish actions will actually help them prepare for performance.

For example, a recent study of professional soccer players found that when they learned about and prepared for vocations outside of soccer, they actually had better and longer soccer careers.[296] Lead researcher David Lavallee says, "This is where the performance gains will be seen within sport in the next twenty years. It will be in the well-being and in the welfare area." Focusing on one thing and becoming an expert may help you perform in the short term, but in the long term, selfishly investing in your future happiness and security in developing yourself seems to be the way to go.

I have asked leaders of nonprofits, CEOs of tech companies, and head coaches of professional sports teams why they believe in coaching for their employees but don't have a coach to help them navigate the complexities of leadership. They usually don't have a quality response other than "lack of time." But a great leader, just like a great performer, will prioritize time to work on themselves.

Once you become aware of your needs, your strengths, and your limits, you can leverage them in preparation. With clarity, you can grow and improve more—and faster. When you don't recognize these parts of your inner self—and instead you are outward facing all the time—your tank will eventually become empty, and your connection with your inner life will be lost.

Perhaps you know these people who are running on empty: the mom who lives for her children and never gives herself the space to grow. The head football coach who sleeps in the office and neglects his personal health, until he faints from stress and sleep deprivation on the sideline. The leader who refuses to get help because he doesn't want to burden those around him. But people who only think selflessly neglect their own needs and, in turn, end up having to neglect those whom they intend to serve. Ultimately, it's up to you to look in the mirror first so you can then look out the window and serve those around you.

If we leverage selfishness in preparation—the time when nobody is watching—we put ourselves in a better position to give selflessly when the time comes.

Give to Perform Better

Anthony Davis was a freshman at University of Kentucky, playing in the NCAA Tournament and destined to be the first pick in the NBA draft a few months later. On the biggest stage of his career—a national championship game—he secured sixteen rebounds, five assists, three steals, and six blocks. But he struggled on offense, scoring just six points and going one for ten from the field. Yet when it came time to grant the Final Four Most Outstanding Player award, Davis got it. He won that award because he was selfless in performance. He won because he helped his team win.

After the game, Davis explained, "I always had a smile [on] my face. I came in the huddle. . . . I told them I was rebounding, blocking shots and defending. That was my job for the day."[297] Davis knew what his team needed, and he focused on being of service to them rather than in service to himself. Superstars know how to help their team even when they are struggling, and Davis was able to do just that. He had already proved to be an elite talent, but during the national championship game he proved to be a true superstar.

The best performers share, and the best leaders and coaches encourage it in their teams. High school basketball Coach Glenn Farello and his team, mentioned in shift 4, use a slogan I love: "Share the game." In order to get to where they want to go, teammates have to focus on each other rather than on their individual goals or ambitions. This is the opposite of what is called "hero ball" in the NBA—a lack of team focus by individual players or even entire teams. Hero ball stems from the notion that superstar basketball players need to have the ball in their hands and score the last shot. They are essentially heroes for their team, but being a hero requires isolation and being more focused on one's own abilities and talents than on playing a supporting role within the team framework.

For years, NBA teams craved players who could break down other players one-on-one and get a bucket at crunch time, but that idea has shifted. Henry Abbott, one of the smartest basketball writers I know, wrote a piece for ESPN in which he noted how much hero ball can hurt performance: "The goal of basketball, in its simplest form, is to turn possessions into points. And on that basis, when [a sports technology company] began breaking down NBA plays by type in 2004, what it found would have made [influential college basketball coach John] Wooden smile." According to the data, the most efficient plays are those that involve multiple players, such as transition plays, where players are quickly moving up the floor together, and putbacks, or immediately scoring after a missed shot by a teammate. These plays earn, on average, more than one point per possession. So what about isolation plays? They are the least efficient, "good for only 0.78 points per possession," writes Abbott.[298]

What's worse, Abbott points out, is that isolation plays are run about 12 percent of the time during the course of a game, but are run 19 percent of the time when the game has five minutes or less left.[299] Many players become less focused on others and more insular when the game is on the line—and their performance suffers as a result. A great team knows the power of sharing whenever you're on the court.

Adam Grant, in his terrific book *Give and Take*, shares research showing that selfless people (givers) outperform selfish people (takers) in moments of other-focused performance. For instance, givers average 50 percent more sales than takers.[300] Givers are generous with their time, their attention, their energy, their talents, and even the limelight.

When Herbie Hancock had the opportunity to perform with Miles Davis in Germany in the 1960s, he experienced that kind of generosity firsthand. Even though Hancock was a prolific musician, he still looked up to Miles, which made him a bit nervous when they were playing

Davis's composition, "So What." They were having a ton of fun onstage, and the music was flowing. Davis got into one of his solos, and then Hancock played the wrong chord. Hancock couldn't believe the mistake he had made; he grabbed his hands and put them over his ears in embarrassment.

At that moment, Hancock says,

> Miles paused for a second, and then he played some notes, that made my chord right, which astounded me. . . . Miles didn't hear it as a mistake. He heard it as something that happened. An event. And so that was part of the reality of what was happening at that moment, and he dealt with it.[301]

Davis generously found something in that moment that would fit with the band and work for the audience. It would have been easy for Davis to be a prima donna, but instead he chose to selflessly roll with the situation—he had Hancock's back and was able to contribute to something unique and bigger than himself.

Humans are wired to be generous, to help others, to be social beings. It feels good and gives us a sense of belonging. Research has found that "loneliness has the same impact on mortality as smoking fifteen cigarettes a day, making it even more dangerous than obesity."[302] As Sandra Day O'Connor said, "We don't accomplish anything in this world alone." Even though we are designed to serve others, we all know that at times, we aren't as other-focused as we could be. Yet altruism is a choice that can be trained, a Stanford study found.[303] Working on relationships and increasing our interactions with people help us act more selflessly.

As the research professor and author Brené Brown points out, "People are hard to hate close up."[304] It's through intentional interactions that we start to truly see others. And by seeing them, we open ourselves up to be in service to them.

Being selfless in performance brings so many benefits back to us.

FOCUSING ON OTHERS CAN INCREASE YOUR GRIT

When Chris Cassidy showed up for day one of BUD/S training, he saw a diverse group of people ready to test themselves against some of the most grueling physical challenges imaginable. Cassidy and many other SEALs have told me that BUD/S is not so much a training ground to prepare soldiers for war, but rather a weeding-out process to see who is mentally tough enough to become an elite soldier. For the first four weeks, Cassidy was focused on himself—what he needed to do to ensure he would make it. In week five, though, his class leader became sick, and Cassidy was immediately thrown into a leadership position—right in the middle of Hell Week, the toughest part of the entire training. At that moment, he learned the power of other-focus.

"My own personal aches and pains—'oh, my heel is killing me'—just kind of went away," Chris told me on my podcast:

> It's interesting how your brain can kind of shift from focusing on you and this feeling sorry for yourself. . . . I got all those guys to worry about now, and all that equipment and all those evil group of mean instructors over there are going to be yelling at me if the whole class is not performing. It instantly focused the shift away from myself to the group.[305]

Cassidy had prepared selfishly to get to this moment, competing for a spot in the training, competing against his fellow trainees in skills tests. But once he was in a leadership position, he was ready to serve selflessly.

Of the 120 people Cassidy started BUD/S with, only seventeen graduated with him.[306] Would Cassidy have made it if he hadn't been placed in a leadership position? Probably, given the illustrious career he has had since then. But it's possible that stepping into a selfless role made all the difference in his success.

When have you found yourself giving more than you thought

possible in the service of others? If you're a parent, it probably happens all the time, and the payoff is obvious. But maybe you haven't paid enough attention to your role as a team leader or member of a team—and how your grit and determination have likely been enhanced by your commitment to others.

SELFLESSNESS REQUIRES CONNECTING WITH SOMETHING BEYOND OURSELVES

When we say, "Thank you for your service," we are appreciating the selflessness of members of the military. Many service members will tell you that they are uneasy about this phrase. Often, they enlisted for selfish reasons—for an education, future career opportunities, even a way to escape a tough situation at home. Still, most come to learn that performing in the military is more about selflessly being there for others—others in uniform, others at home.

Chris Cassidy certainly learned that lesson as a member of the SEALs, serving as a captain and receiving many awards and medals, most notably a Bronze Star for his combat leadership. While Cassidy was serving, he decided he also wanted to be an astronaut. As you can probably guess, he excelled in that endeavor too and in 2009 became the 500th astronaut to make it to space and only the second Navy SEAL to do so. If you watched the May 2020 Space X launch with astronauts Robert Behnken and Douglas Hurley, you may have heard about Cassidy, who was up in space waiting for his fellow Americans to arrive.

As an astronaut, Cassidy most likely experienced something called the overview effect—a term coined by author Frank White to describe the profound reaction astronauts have when viewing Earth from space, the mental shift that creates a better perspective of their role on Earth as a member of the global community. White's book *The Overview Effect: Space Exploration and Human Evolution* argues that space exploration by the public will lead to a greater appreciation for the communal problems that we have on Earth.[307] Edgar Mitchell, an astronaut on *Apollo 14*, famously said, "Something happens to you out there . . . You develop an instant global consciousness, a people orientation, an intense dissatisfaction with the state of the world and a compulsion to do something about it."[308] When they come back down, many of those astronauts have a sense of the magnitude of Earth, and as a result, they feel a duty to selflessly make it better. The overview effect is a great example of how connecting with something larger than ourselves can increase our selflessness, and how the change in our performance has the potential to change the world.

There's a famous story about John F. Kennedy visiting NASA and asking an employee what he did there. The man, who was a janitor, replied, "Mr. President, I'm helping put a man on the moon." That janitor put his ego aside and performed with a selfless focus on the grander vision and mission. Feeling a part of something greater than oneself doesn't have to be just for people like astronauts or pro athletes. It's about everyday people, too.

How can you get to a point where you connect with something bigger than yourself when performing? What do you need to do in order to be in service to those around you? Selfless performance is a choice. It's up to you to value it, train for it, and make it part of your everyday vocabulary.

EXERCISE SECTION

Training for Selfishness and Selflessness

In the late 1980s and early 1990s, the Detroit Pistons were one of the best and baddest teams in the NBA, winning back-to-back championships in 1989 and 1990, and embracing the nickname "Motor City Bad Boys." The Bad Boys were known for their physical play and no-nonsense approach to basketball. From the outside looking in, they appeared to be a callous group of professionals who used intimidation to get where they wanted to go. Yet if you looked closer, what you would have seen is a team that was committed to selfless performance by leveraging ownership and accountability in preparation.

Joe Dumars, now a Hall of Famer, was a member of that team. After retiring, Dumars ran the Pistons as the general manager and was the architect of one of the few NBA teams to win a championship without a superstar. Cody Royle, on his podcast *Where Others Won't*, interviewed Dumars on what made the Bad Boys successful. Here's an example: Before a game, each player and coach would have to declare two things they would do to help the team that night.[309] Each gave their word, and the declaration led to accountability. If, for some reason, the player or coach didn't do the job he owned, they would all hear about it. Perhaps that's why the Pistons were a cohesive, albeit physical, unit. They focused on personal accountability in preparation so they could have each other's backs on the court.

Daniel Goleman, author of *Emotional Intelligence*, also wrote a lesser-known book—*Social Intelligence*—that extols the virtues of focusing on others: "When we focus on others, our world expands. Our own problems drift to the periphery of the mind and so seem smaller, and we increase our capacity for connection—or compassionate action."[310] I agree with everything he says about the benefits of being focused on others. But what about when we are in preparation mode? That's when we want our own problems to loom large. We want to be focused on solving our problems, on meeting our needs, on doing what is necessary to attain our goals.

As I said earlier, we often view selflessness as a positive trait and selfishness as a negative, but when we apply those character traits makes all the difference. The following exercises can help you build both minds and learn to shift between them when you need to.

WHAT ADVICE WOULD YOU GIVE?

Often, it's easier for us to look outward to help others than it is to look inward to help ourselves. Think about the last time you had a friend who was in need of advice. How easy was it for you to help that friend see the possibilities if only he or she took the time to focus inward? Did you find it unusual to ask your friend to focus on his or her own needs and goals? In contrast, how hard or unusual is it for you to give yourself similar advice when you are struggling?

One of my favorite questions to pose to clients at a time of conflict is: what advice would you give to your best friend if he or she were in the same situation as you? This usually changes my client's perspective. Sometimes by focusing on somebody else, we discover that what we need becomes clearer. The next time you find yourself struggling, feeling burnt out or uninspired or stuck, ask yourself this question and see where it takes you.

24-HOUR CLOCK

Take an inventory of your day. How much time do you spend selfishly preparing—tending to tasks that you must do in order to perform at your best?

Splice a circle into common activities that you do throughout your day. Label the activities *SELFISH* and *SELFLESS.* Take note of which areas might be over- and under-indexed. Time management should not be a reactive process. Take ownership over how you are using your time, and make sure you are leaving space to selfishly prepare, whatever that means in your work and personal lives.

What does your typical 24-hour day look like now?

What would your ideal 24-hour day look like?

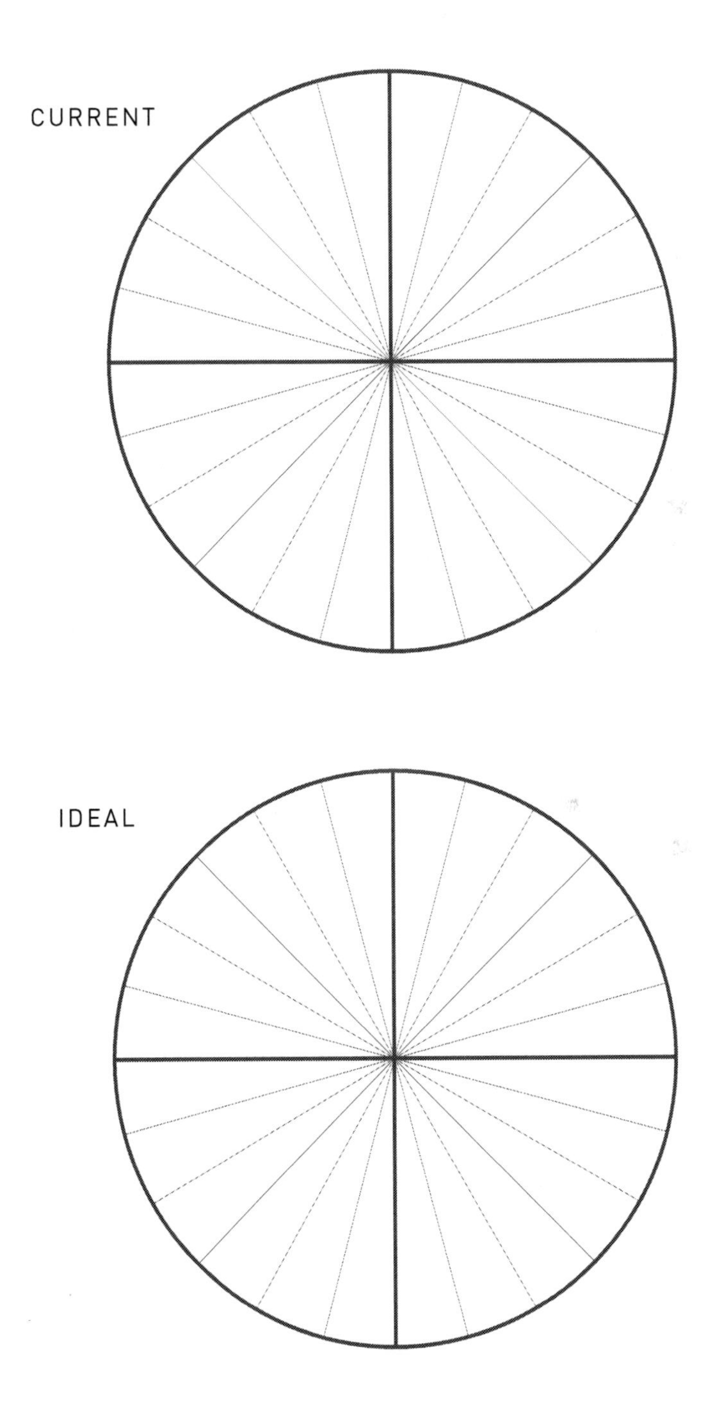
CURRENT
IDEAL

ROCKS, PEBBLES, SAND

There's an old anecdote that highlights the importance of prioritizing. Imagine you have a glass container, and you need to fit rocks, pebbles, and sand into it. In order to fit as much material as possible, you need to start with the rocks first, then insert the pebbles, and finish with the sand. In order to maximize your preparation, you need to take the same approach.

Prioritize your most critical goals and needs: the rocks—those things that would limit your performance if they weren't addressed or attended to. Then make as much room as possible for the pebbles—your lesser goals and needs. Finally, fill in where there's room with the sand: the "nice to have" goals and needs. With this prioritization approach, you can maximize the time you have to selfishly prepare.

PERSONAL ROCKS	PERSONAL PEBBLES	PERSONAL SAND

EMPATHY ARGUMENT

When we are able to walk in someone else's shoes, we are more likely to be empathetic and to be of service. To build your empathy muscle, try this exercise: Pick a controversial topic and argue it from both sides, forcing yourself to deeply consider the perspective of people who hold each opinion and why they do. By training your mind to argue for and against something, regardless of your personal beliefs, you will expand your perspective and increase your empathy. This, in turn, will allow you to be more empathetic and to perform better for those you serve.

BALL OF STRING

This exercise is a great method for building team awareness of the service each member offers by selfishly preparing, while also creating ownership of how each team member will serve others. Get your team together. Instruct one team member to hold the end of a ball of string. Then declare something that person will do to selfishly prepare—the statement should start with "I will." While holding the end, the person should throw the ball of string to another teammate and declare what he or she will selflessly do for that teammate during performance. The person who receives the ball of string will then do the same: first stating the selfish act of preparation, and then the selfless act in performance. When all team members have declared how they will selfishly prepare and selflessly perform, you will have a network of string that will help team members visualize the interconnectedness of their efforts.

ACTIVE LISTENING

Perhaps the best gift you can give someone is your full, undivided attention—and doing so gives you the gift of a stronger performance through a better connection. Legendary psychologists Carl Rogers and

Richard Farson first coined the term *active listening* in 1957 and published a paper on it in 1987.[311] The tool has been useful for therapists and people in the behavioral development space.

If you want to be a selfless performer, consider where you are on the three levels of listening, which I've adapted here from the book *Co-Active Coaching* by Karen Kimsey-House and Henry Kimsey-House.[312]

- **Level 1:** Internal Listening—Listening for how the message impacts you.
- **Level 2:** Focused Listening—Listening to what the speaker is saying.
- **Level 3:** Global Listening/Active Listening—Being attuned to and inquiring for more information or clarification.

You should be at least at level 2 and ideally at level 3, active listening.

Try practicing with a partner: Ask your partner to share an issue that he or she is trying to solve. Simply listen without trying to offer solutions. Ask questions to bring the conversation to a deeper level. Try asking questions that would help your partner get to a better understanding, too. Then switch roles and see how it feels when somebody actively listens to you.

REACH HIGHER

Building a shared effort mentality with a team is always worth the energy and effort. Challenge the members of your team to reach as high as they can—literally. Notice that most people will simply put their arms up in the air, but some will stand up or eventually stand on a chair when nudged. You can nudge them to go higher and higher. Then have them sit back down.

Now, introduce a reward, and tell the team that whoever touches some tall object (such as the ceiling) first, without a prop, will get the reward. You'll notice that most of the time they can't reach the ceiling unless they help each other.

When the exercise is over, talk about the limitations that exist when we are alone versus when we work together; also discuss the power of introducing a reward, and how performance typically involves a reward whereas preparation does not. When rewards are present, how can team members make sure they are working together and serving each other? Also, talk about how they need to practice the selfless performance mind if they want to get better at earning the rewards they desire.

◆ ◆ ◆

When we focus on ourselves in preparation and on others in performance, we tug on both our physiological and our psychological nature, which allows us the opportunity to fulfill our potential. To be clear, it's the focus on the self that unlocks the ability to focus on the other.

Take care of yourself. Pay attention to your health. Make time for your needs. Prioritize your personal goals. All of it will help you prepare yourself, and that self-work gives you the best opportunity to help others. Inner work on the self will prepare you for anything that may come your way. We work best from the inside out, with a focus on selfish preparation that allows us to perform selflessly for others.

CONCLUSION

NOW THAT YOU HAVE learned the importance of the preparation mind and the performance mind, where do you go from here? I hope this book serves as a launching point for you to make the changes necessary to unlock your potential. But as the great Maya Angelou said, "Nothing will work unless you do."[313] So now it's time to get to work.

Here are eight ways to continue working on applying the shifts:

1. Identify the performer in you. When and where are you performing? Drill down on where the line falls, in your life and work, between preparation and performance. Doing this will help you maximize the right mindset for each.
2. *When* matters. Start looking for alignment with the two minds in your own life. When are you leveraging the right mind, and when are you not? Where are you weak? Where are you strong? Learn from yourself.
3. Explore your own shifts. While I did a lot of work to distill the shifts that I think deliver the greatest impact, explore shifts that might be unique to your work outside of these nine. Figure out what works for you. Get clear on your framework.

The world is not a one-size-fits-all program. It's up to you to create the program that boosts your performance.

4. Observe others. Take in your work environment, watch a sporting event, go to a play, read, or watch interviews with great performers. Pay attention to the preparation and performance minds at work. It's hard to un-see it.
5. Practice, practice, practice. I continue to grow the preparation and performance minds in my life and work. Use the exercise sections in each shift to work on each mindset. Visit my website strongskills.co/book for printable exercises featured in this book, mindfulness exercise scripts, even more activities, and support.
6. Stay gritty. Embodying these shifts does not occur overnight. It will take time. Even when it seems like one of the shifts is unobtainable, continue to press on. Be patient and persistent.
7. Challenge and support. The greatest leaders and coaches I have been around know how to challenge and support their people. Seek out help in developing your mind. It may be a podcast, a therapist, a coach, a mentor, a manager, another book, a TED Talk, a friend, or your spouse. Find resources that will challenge you to be better and support you in your journey.
8. Share this book. The more we expose those around us to the framework, the more those people can hold us accountable to it. Encourage those who care deeply about you to read this book, and then discuss what you agree or disagree with. Communication is what breeds culture—the ecosystem we all live in at work and at home.

Writing this book was an exercise in shifting my mind—I had to leverage the shifts. I hope that as you read it, the ideas I've shared made you think. It's up to you to continue to challenge your own status quo and create a framework that supports your efforts to grow and change. Work on being both a novice and an expert. Remember that none of us is a finished product.

My hope for you is that you continue to be a lifelong learner and to perform as well as you possibly can in the game of life. Here's to shifting your mind so you can unlock the possibilities of your potential! I can't wait to see what you are able to accomplish.

Go get it.

ACKNOWLEDGMENTS

WRITING IS A SOLITARY ACT, but there is absolutely no way that I could have gotten here without the help of many. First, my wife Robin. She wears so many hats that it's hard to pinpoint just one. Robin, you keep me organized and strong. You have the emotional stability to keep me grounded when my head is in the clouds or in the garbage. You are the world's greatest sounding board, and you make life so much richer. You are the greatest partner of all time, and I am the luckiest man in the world to have you by my side. Thank you for listening, encouraging, and believing in me.

My parents have always been my biggest cheerleaders. Thanks for always telling me to "go for it" and for acknowledging my effort. To my brothers, sisters-in-law, friends, and colleagues, thanks for embracing *Shift Your Mind*, helping me with the title, and constantly asking me how the book is going. You helped me get to the finish line. To the Strong Skills team, thanks for collaborating with me on a vision that is still a work in progress. To my kids, Marin and Braden: when things got hard, I often thought about how lucky I am to get to see your smiling faces at the beginning and end of each day. I hope you grow up to be the best version of yourselves, and I know you will.

To my clients, you are the reason this book came to fruition. Your courage, curiosity, and overall badassery makes my job interesting and exciting every day. Without you, this book doesn't exist. To my mentors, especially Julie Elion, Ron Shapiro, Uncle Bob, and Neil Stroul, all of you have had a profound impact on how I show up professionally. Thank you for your guidance. Thanks to my Writing 105 teacher at Syracuse University, who told me that I had a future as a writer if I chose to go down that path. Not many people truly saw me when I was that age, and you did. There is no better feeling than being seen. Thanks also to Matt Furman, who told me that one day I would do big things. Not sure I am there yet, but your words have stayed with me since college.

To Seth Shulman, thanks for helping me get going. To my publisher Kris Pauls and Alli Shapiro at Disruption Books, thanks for your patience and belief in this book. I can't wait to continue to explore our partnership. To Lari Bishop, my writing coach, you are incredible. You know how to bring out people's best, and your gift for words is unmatched. Words—certainly not mine, at least—don't do justice to how grateful I am to have you on my team.

Lastly, thank you. Yeah, you. Thanks for reading and for investing your time and money with me. I don't take either lightly.

ENDNOTES

1 Zeri Berry, "Coughlin: 'Humble Enough to Prepare, Confident Enough to Perform,'" Boston Globe Media Partners, February 3, 2012, https://www.boston.com/sports/extra-points/2012/02/03/coughlin_humble.

2 Tom Coughlin with David Fisher, *Earn the Right to Win: How Success in Any Field Starts with Superior Preparation* (New York: Portfolio, 2013), 172.

3 Coughlin, 173–74.

4 Gavin Godfrey, "Kanye Leaves Lasting Musical Impression," *The Daily Orange*, April 30, 2006, http://dailyorange.com/2006/04/kanye-leaves-lasting-musical-impression/.

5 Caitlin Gallagher, "How Kanye West's 2002 Car Crash Shaped His Entire Career," POPSUGAR Celebrity, *POPSUGAR*, August 7, 2017, https://www.popsugar.com/celebrity/Kanye-West-Car-Accident-Details-43838221.

6 Kanye West, "Sway in the Morning Interview with Kanye West (Excerpts)," Genius, https://genius.com/Sway-in-the-morning-sway-in-the-morning-interview-with-kanye-west-excerpts-annotated.

7 *Miss Americana*, directed by Lana Wilson, produced by Tremolo Productions, distributed by Netflix, 2020.

8 Frank Lloyd Wright, "Thoughts on the Business of Life," Forbes Quotes, https://www.forbes.com/quotes/3073/.

9 Carli Lloyd, "Carli Lloyd Tells All Director's Cut," YouTube video, 0:10, posted by Fox Soccer, June 26, 2015, https://www.youtube.com/watch?v=VDMaN8I8UeU&t=1s.

10 Carli Lloyd, "Carli Lloyd | Embrace the Journey | Lifetime Player Spotlight," YouTube video, 1:09, posted by National Women's Soccer League, August 2, 2018, https://www.youtube.com/watch?v=pw7eL1SSxcA.

11 Lloyd, "Carli Lloyd Tells All," 0:33.

12 Lloyd, 1:24.

13 Lloyd, 1:31.

14 Lloyd, "About Carli Lloyd," CL10 (official website of Carli Lloyd), https://carlilloyd.com/pages/about-carli.

15 "Humility Is a Key to High Performance and Effective Leadership," Foster School of Business, University of Washington, September 19, 2012, https://foster.uw.edu/research-brief/humility-is-a-key-to-high-performance-and-effective-leadership/.

16 "Humility Is a Key to High Performance and Effective Leadership," Foster School of Business, University of Washington, September 19, 2012, https://foster.uw.edu/research-brief/humility-is-a-key-to-high-performance-and-effective-leadership/.

17 Samantha A. Deffler, Mark R. Leary, and Rick H. Hoyle, "Knowing What You Know: Intellectual Humility and Judgments of Recognition Memory," *Personality and Individual Differences* 96 (July 2016): 255–59, http://www.sciencedirect.com/science/article/pii/S0191886916301489.

18 Cindy Lamothe, "How 'Intellectual Humility' Can Make You a Better Person," *New York Magazine—The Cut*, February 3, 2017, https://www.thecut.com/2017/02/how-intellectual-humility-can-make-you-a-better-person.html.

19 Lamothe, "How 'Intellectual Humility' Can Make You a Better Person."

20 Bill Gates, Nathan Myhrvold, and Peter Rinearson, *The Road Ahead* (New York: Viking, 1995), 38.

21 "Satchel Paige Stats," Baseball Reference, Sports Reference LLC, https://www.baseball-reference.com/players/p/paigesa01.shtml.

22 Craig Muder, "Satchel Paige, at 46, Fires Shutout," National Baseball Hall of Fame, https://baseballhall.org/discover/inside-pitch/paige-fires-shutout.

23 David Ogden, "Satch vs. Josh: The Showdown in Shadow Ball," in *Mysteries from Baseball's Past: Investigations of Nine Unsettled Questions*, eds. Angelo J Louisa and David Cicotello (Jefferson, NC: McFarland & Company, Inc., 2010), 136–40.

24 H. A. Dorfman and Karl Kuehl, *The Mental Game of Baseball: A Guide to Peak Performance*, 3rd ed. (New York: Rowman & Littlefield, 2002), 327.

25 Nick Parkinson, "Floyd Mayweather at 40: A Great Quote for Each Year of His Life," ESPN.com, February 24, 2017, https://www.espn.com/boxing/story/_/id/18755368/floyd-mayweather-40-greatest-quotes-celebrate-40th-birthday.

26 Sue Mott, "Serena's Passion Still Burns Bright," *The Telegraph*, May 19, 2007, https://www.telegraph.co.uk/sport/tennis/wtatour/2313641/Serenas-passion-still-burns-bright.html.

27 Tom Sheen, "Cristiano Ronaldo Compares Himself to God and Claims his Arrogance Made Him the Best," *Independent*, January 1, 2016, https://www.independent.co.uk/sport/football/european/cristiano-ronaldo-compares-himself-to-god-and-claims-his-arrogance-made-him-the-best-a6793121.html.

28 Colleen Flaherty, "Advantage: Arrogance," *Inside Higher Ed*, October 7, 2015, https://www.insidehighered.com/news/2015/10/07/paper-suggests-being-more-intellectually-arrogant-corresponds-better-grades; reporting on Benjamin Meagher et al., "Contrasting Self-Report and Consensus Ratings of Intellectual Humility and Arrogance," *Journal of Research in Personality* 58 (October 2015): 35–45.

29 Dr. Mehmet Oz, interview with Cal Fussman, "Dr. Oz: Life Changes That Matter," February 13, 2018, in *Big Questions with Cal Fussman*, podcast audio, 35:06, https://www.calfussman.com/podcasts/2018/5/21/dr-oz-life-changes-that-matter.

30 Mario Romero, interview with Brian Levenson, "Mario Romero on Finding a Way," March 14, 2018, in *Intentional Performers with Brian Levenson*, podcast audio, 1:11:22, https://blevenson.podbean.com/e/mario-romero-on-finding-a-way/.

31 Jim Collins, "Level 5 Leadership: The Triumph of Humility and Fierce Resolve," *Harvard Business Review*, January 2001, https://hbr.org/2001/01/level-5-leadership-the-triumph-of-humility-and-fierce-resolve-2.

32 Travis Bradberry, "10 Habits of Ultra-Likeable Leaders," TalentSmart, https://www.talentsmart.com/articles/10-Habits-of-Ultra-Likeable-Leaders-2147446623-p-1.html.

33 Talya N. Bauer, Berrin Erdogan, Jia (Jasmine) Hu, and Kaifeng Jiang, "Research: When Being a Humble Leader Backfires," *Harvard Business Review*, April 4, 2018, https://hbr.org/2018/04/research-when-being-a-humble-leader-backfires.

34 "About TalentSmart," TalentSmart, https://www.talentsmart.com/about/talentsmart.php.

35 Dan Cancian, "Women's World Cup: American Soccer Team Is 'So Arrogant' Even the French Want England to Win," *Newsweek*, July 2, 2019, https://www.newsweek.com/womens-world-cup-uswnt-arrogant-england-french-1447051.

36 Susan Fleming, interview with Chris Wofford, "Women Are 'Bossy' and Men Are 'Decisive,'" January 24, 2018, *Cornell360*, https://blog.ecornell.com/women-are-bossy-and-men-are-decisive/.

37 The Institute of Leadership & Management, "Ambition and Gender at Work," 2011, https://www.institutelm.com/resourceLibrary/ambition-and-gender-at-work.html.

38 Jaruwan Sakulku, "The Impostor Phenomenon," *The Journal of Behavioral Science* 6, no. 1 (2011): 75–97, https://www.tci-thaijo.org/index.php/IJBS/article/view/521.

39 Christian Jarrett, "A New Study Claims That, Under Pressure, Imposter Syndrome Hits Men Harder Than Women," *The British Psychological Society Research Digest*, June 1, 2018, https://digest.bps.org.uk/2018/06/01/a-new-study-claims-that-under-pressure-imposter-syndrome-hits-men-harder-than-women/.

40 Ben Haimowitz, "Higher Status Means Lower Performance When Careers Go Into Reverse, Study Finds," Academy of Management, February 4, 2014, http://aom.org/News/Press-Releases/Higher-status-means-lower-performance-when-careers-go-into-reverse,-study-finds.aspx.

41 Haimowitz, "Higher Status Means Lower Performance."

42 Robert Laura, "How Star Athletes Deal with Retirement: Financial Lessons," *Forbes*, May 24, 2012, https://www.forbes.com/sites/robertlaura/2012/05/24/how-star-athletes-deal-with-retirement-financial-lessons/#7286341f4653.

43 Mike Chari, "Stephen Curry: Virginia Tech Offered Walk-on Role, 'Were Not Interested'," Bleacher Report, January 9, 2019, https://bleacherreport.com/articles/2814780-stephen-curry-virginia-tech-offered-walk-on-role-were-not-interested.

44 Kit Rachlis, "The Road to Dynasty," *The California Sunday Magazine*, September 19, 2019, https://story.californiasunday.com/steve-kerr-phil-jackson.

45 Steve Kerr, "Beautiful Coaching Moments between Steve Kerr and Stephen Curry," YouTube video, 0:32, posted by emburl videos, January 26, 2018, https://www.youtube.com/watch?v=TsVHisoLSPM.

46 Jason Moser and Andy Henion, "Talking to Yourself in the Third Person Can Help You Control Stressful Emotions," MSU Today, July 26, 2017, https://msutoday.msu.edu/news/2017/talking-to-yourself-in-the-third-person-can-help-you-control-stressful-emotions/; reporting on Jason Moser et al., "Third-Person Self-Talk Facilitates Emotion Regulation without Engaging Cognitive Control: Converging Evidence from ERP and fMRI," *Nature: Scientific Reports* 7 (July 3, 2017), https://www.nature.com/articles/s41598-017-04047-3.

47 Geoffrey L. Cohen and David K. Sherman, "The Psychology of Change: Self-Affirmation and Social Psychological Intervention," *Annual Review of Psychology* 65 (January 2014): 333–71, https://www.annualreviews.org/doi/abs/10.1146/annurev-psych-010213-115137.

48 Amy Cuddy, "Your Body Language May Shape Who You Are," TED-Global 2012, TED Video, 10:07, June 2012, https://www.ted.com/talks/amy_cuddy_your_body_language_may_shape_who_you_are.

49 Scot Allen, "David Terao Finishes 4th in NCAA Division I Wrestling," Mid-Pacific Institute, April 1, 2016, https://www.midpac.edu/news/2016/04/david-terao-finishes-4th-in-ncaa-division-i-wrestling.php.

50 "David Terao Claims Fourth Place at NCAA Championships," American University Athletics, March 19, 2016, https://aueagles.com/news/2016/3/19/3_19_2016_4656.aspx.

51 "David Terao Claims Fourth Place."

52 Tim Grover, *Relentless: From Good to Great to Unstoppable* (New York: Scribner, 2013).

53 K. Anders Ericsson, Michael J. Prietula, and Edward T. Cokely, "The Making of an Expert," *Harvard Business Review*, July-August 2007 Issue, http://hbr.org/2007/07/the-making-of-an-expert.

54 Kobe Bryant interview, "The Herd with Colin Cowherd," ESPN Radio, 2012.

55 Dave Sheinin, "How Katie Ledecky Became Better at Swimming Than Anyone Is at Anything," *Washington Post*, June 24, 2016, https://www.washingtonpost.com/sports/olympics/how-katie-ledecky-became-better-at-swimming-than-anyone-is-at-anything/2016/06/23/01933534-2f31-11e6-9b37-42985f6a265c_story.html.

56 Will Smith, "Assembly Idea—Will Smith, Hard Work Beats Talent," YouTube video, 1:26, posted by Impact Assemblies, March 4, 2011, http://www.youtube.com/watch?v=OTyN0upf8Ws.

57 Anders Ericsson, interview with Knowledge@Wharton, "Beyond 10,000 Hours of Practice: What Experts Do Differently," May 19, 2016, podcast transcript, https://knowledge.wharton.upenn.edu/article/anders-ericsson-book-interview-peak-secrets-from/.

58 K. Anders Ericsson, Michael J. Prietula, and Edward T. Cokely, "The Making of an Expert," *Harvard Business Review*, July-August 2007, http://hbr.org/2007/07/the-making-of-an-expert.

59 NFL.com, "What Do You Think of the 'Top 100 List'?" NFL, November 4, 2010, http://www.nfl.com/news/story/09000d5d81bdbf97/article/what-do-you-think-of-the-top-100-list.

60 Daniel Brown, "Running the Hill with San Francisco 49ers Icons Jerry Rice, Roger Craig," *The Postgame,* August 25, 2013, http://www.thepostgame.com/blog/training-day/201308/hill-san-francisco-49ers-dan-brown-roger-craig-jerry-rice-nfl-running.

61 Matt Maiocco, *San Francisco 49ers: the Complete Illustrated History* (Minneapolis, MN: MBI Pub. LLC and MVP Books, an imprint of MBI Pub. Company, 2013), 165.

62 "5 Must-Read Stories from 49ers Legends Steve Young and Jerry Rice," Forty Niners Football Company, September 1, 2016, https://www.49ers.com/news/5-must-read-stories-from-49ers-legends-steve-young-and-jerry-rice-17597342.

63 Angela Duckworth, *Grit: The Power of Passion and Perseverance* (New York: Scribner, 2016), 8.

64 Cale Magnuson and Lynn Barnett, "The Playful Advantage: How Playfulness Enhances Coping with Stress," *Leisure Sciences* 35, no. 2 (March 2013): 129–144, https://www.researchgate.net/publication/262328121_The_Playful_Advantage_How_Playfulness_Enhances_Coping_with_Stress.

65 Jennifer Wallace, "Why It's Good for Grownups to Play," *Washington Post,* May 20, 2017, https://www.washingtonpost.com/national/health-science/why-its-good-for-grown-ups-to-go-play/2017/05/19/99810292-fd1f-11e6-8ebe-6e0dbe4f2bca_story.html.

66 Margarita Tartakovsky, "The Importance of Play for Adults," PsychCentral, July 8, 2018, https://psychcentral.com/blog/the-importance-of-play-for-adults/.

67 "Playing Up the Benefits of Play at Work," Association for Psychological Science, October 13, 2017, https://www.psychologicalscience.org/news/minds-business/playing-up-the-benefits-of-play-at-work.html.

68 Andy Enfield, "Cinderella Diary: Behind the Scenes with Florida Gulf Coast Coach Andy Enfield," Bleacher Report, March 20, 2013, https://bleacherreport.com/articles/1574159-cinderella-diary-behind-the-scenes-with-florida-gulf-coast-coach-andy-enfield.

69 Eric Prisbell, "FGCU Runs Out of Magic, as Florida Chomps Cinderalla Run Short," *USA Today*, March 30, 2013, https://www.usatoday.com/story/sports/ncaab/2013/03/30/south-region-semifinal-florida-gulf-coast-florida-dunk-city/2037099/.

70 Ingrid Fetell Lee, "Where Joy Hides and How to Find It," TED video, 2:46, April 2018, https://www.ted.com/talks/ingrid_fetell_lee_where_joy_hides_and_how_to_find_it.

71 Roshan Cools, "Dopaminergic Control of the Striatum for High-Level Cognition," *Current Opinion in Neurobiology* 21, no. 3 (2011): 402–7, https://www.researchgate.net/publication/51087809_Dopaminergic_control_of_the_striatum_for_high-level_cognition.

72 Peter Gray, *Free to Learn: Why Unleashing the Instinct to Play Will Make Our Children Happier, More Self-Reliant, and Better Students for Life* (New York: Basic Books, 2015), 18.

73 Michael Jordan, "Jordan's Mental Preparation," YouTube video, 0:10, May 21, 2007, https://www.youtube.com/watch?v=YNRQYT8IQDQ.

74 Roy Campanella, *New York Journal-American* interview (April 12, 1957), in Fred R. Shapiro, ed., *The Yale Book of Quotation* (New Haven and London: Yale University Press, 2006).

75 Washington Capitals, "All Access – Round Four," YouTube video, 4:05, June 12, 2018, https://www.youtube.com/watch?v=A8sUUGN09hc&.

76 Noel Brick and Richard Metcalfe, "A Smile Will Improve Your Run, Research Finds," *CNN Health*, March 9, 2018, https://www.cnn.com/2018/02/12/health/smile-running-energy-partner/index.html.

77 Lindsay Abrams, "Study: Forcing a Smile Genuinely Decreases Stress," *The Atlantic*, July 31, 2012, https://www.theatlantic.com/health/archive/2012/07/study-forcing-a-smile-genuinely-decreases-stress/260513/.

78 Ian Robertson, PhD, "How Freaking Out Can Help You Succeed, According to Science," *Time*, January 3, 2017, http://time.com/4592069/stress-stronger-science/.

79 Lisa Byrne, "Color Me Happy: Use Color to Impact the Mood of Your Home," *The Art of Simple*, https://theartofsimple.net/color-me-happy-using-color-to-impact-your-mood/.

80 Gina Belli, "Here's How Many Years You'll Spend at Work in Your Lifetime," *PayScale*, October 1, 2018, https://www.payscale.com/career-news/2018/10/heres-how-many-years-youll-spend-work-in-your-lifetime.

81 Jenny Vrentas, "The Tale of Tom Brady and Johnny Foxborough," *Sports Illustrated*, January 18, 2017, https://www.si.com/nfl/2017/01/18/nfl-tom-brady-bill-belichick-new-england-patriots.

82 Mike Florio, "Butler Saw the Same Play in Practice, and Got Beat," *NBC Sports*, February 4, 2015, https://profootballtalk.nbcsports.com/2015/02/04/butler-saw-the-same-play-in-practice-and-got-beat/.

83 Jen McCaffrey, "Super Bowl 2015: Patriots' Malcolm Butler Breaks Down Game-Winning Interception," *Masslive*, February 2, 2015, http://blog.masslive.com/patriots/2015/02/malcolm_butler_feature.html.

84 Dan Hanzus, "Malcolm Butler: 'I Knew What Was Going to Happen,'" Around the NFL, February 2, 2015, http://www.nfl.com/news/story/0ap3000000467664/article/malcolm-butler-i-knew-what-was-going-to-happen.

85 McCaffrey, "Super Bowl 2015."

86 Bill Hofheimer, Twitter post, September 9, 2019, https://twitter.com/bhofheimer_espn/status/1171225156502638593.

87 Beyoncé, "Beyoncé: Super Bowl's Greatest Halftime Shows," YouTube video, 0:36, posted by Adoring Beyoncé, February 5, 2016 (from CBS Special, Super Bowl's Greatest Halftime Shows), https://www.youtube.com/watch?v=SJ42cVDydPc.

88 Beyoncé, "Beyoncé: Super Bowl's Greatest Halftime Shows," 1:41.

89 Kobe Bryant, "Kobe Bryant: Mamba Mentality, NBA Championships, and Oscars with Lewis Howes," YouTube video, 28:03, posted by Lewis Howes (*School of Greatness* episode), September 9, 2018, https://www.youtube.com/watch?v=WY0wONSarXA.

90 Chuck Carlson, *Game of My Life* (New York: Sports Publishing/Skyhorse, 2012).

91 "Beyoncé: Super Bowl's Greatest Halftime Shows," 2:31.

92 E. Paul Zehr PhD, "Pursuing Perfection Is the Point," *Psychology Today*, May 4, 2017, http://citeseerx.ist.psu.edu/viewdoc/download?doi=10.1.1.836.5398&rep=rep1&type=pdf.

93 William Manchester and Paul Reed, *The Last Lion: Winston Churchill Visions of Glory, 1874–1932* (New York: Little, Brown and Company, 2012).

94 Douglas Eby, "Actors and Perfectionism," *The Creative Mind*, http://thecreativemind.net/3657/being-a-perfectionist/.

95 Jason McGarvey, "The Almost Perfect Definition," *Penn State News*, September 1, 1996, https://news.psu.edu/story/140820/1996/09/01/research/almost-perfect-definition.

96 Paul Hewitt and Gordon Flett, "Perfectionism in the Self and Social Contexts: Conceptualization, Assessment, and Association with Psychopathology," *Journal of Personality and Social Psychology* 60, no. 3 (1991): 456–470, http://citeseerx.ist.psu.edu/viewdoc/download?doi=10.1.1.320.1494&rep=rep1&type=pdf.

97 Melody Wilding, "There Are Three Ways to Be a Perfectionist, and Not All of Them Are Bad," *Quartz at Work,* February 23, 2018, https://qz.com/work/1213866/there-are-three-types-of-perfectionism-and-not-all-of-them-are-bad/.

98 Brian Swider et al., "The Pros and Cons of Perfectionism, According to Research," *Harvard Business Review*, December 27, 2018, https://hbr.org/2018/12/the-pros-and-cons-of-perfectionism-according-to-research.

99 Amanda Ruggeri, "The Dangerous Downsides of Perfectionism," BBC Future, February 20, 2018, https://www.bbc.com/future/article/20180219-toxic-perfectionism-is-on-the-rise.

100 Melody Wilding, "There Are Three Ways to Be a Perfectionist, and Not All of Them Are Bad," *Quartz at Work,* February 23, 2018, https://qz.com/work/1213866/there-are-three-types-of-perfectionism-and-not-all-of-them-are-bad/.

101 Jason McGarvey, "The Almost Perfect Definition," Penn State News, September 1, 1996, https://news.psu.edu/story/140820/1996/09/01/research/almost-perfect-definition.

102 Charlotte Lieberman, "Why You Should Stop Being So Hard on Yourself," *New York Times,* May 22, 2018, https://www.nytimes.com/2018/05/22/smarter-living/why-you-should-stop-being-so-hard-on-yourself.html?module=inline.

103 Robert Ito, "Fred Rogers's Life in 5 Artifacts," *New York Times*, June 5, 2018, https://www.nytimes.com/2018/06/05/movies/mister-rogers-wont-you-be-my-neighbor.html.

104 Brian Levenson, "Laron Profit on Lifelong Learning," June 27, 2017, in *Intentional Performers by Brian Levenson*, podcast audio, 1:00:34, https://www.podparadise.com/Podcast/1183036996/Listen/1498556460/0.

105 "How We Form Habits, Change Existing Ones," Science Daily, August 8, 2014, https://www.sciencedaily.com/releases/2014/08/140808111931.htm.

106 Mi Shou and Weipeng Lin, "Adaptability and Life Satisfaction: The Moderating Role of Social Support," *Frontiers in Psychology* 7, no. 1134 (July 2016), https://www.ncbi.nlm.nih.gov/pmc/articles/PMC4963457/.

107 Nathan Bennett and G. James Lemoine, "What VUCA Really Means for You," *Harvard Business Review*, January-February 2014, https://hbr.org/2014/01/what-vuca-really-means-for-you.

108 Capt. Chesley "Sully" Sullenberger, "I Was Sure I Could Do It," YouTube video, 0:47, posted by CBS, February 8, 2009, https://www.youtube.com/watch?v=rZ5HnyEQg7M.

109 "I Was Sure I Could Do It," 9:57.

110 Audrey Charbonnier-Voirin, "Adaptive Performance: A New Scale to Measure Individual Performance in Organizations," *Canadian Journal of Administrative Sciences* 29 (September 2012): 280–93, https://www.researchgate.net/profile/Audrey_Charbonnier-Voirin/publication/263325964_Adaptive_Performance_A_New_Scale_to_Measure_Individual_Performance_in_Organizations/links/5a0069744585159634b7a2c9/Adaptive-Performance-A-New-Scale-to-Measure-Individual-Performance-in-Organizations.pdf.

111 Lindsay McGregor and Neel Doshi, "There Are Two Types of Performance—Most Organizations Only Focus on One," *Harvard Business Review*, October 10, 2017, https://hbr.org/2017/10/there-are-two-types-of-performance-but-most-organizations-only-focus-on-one.

112 Gary Yukl and Rubina Mahsud, "Why Flexible and Adaptive Leadership Is Essential," *Consulting Psychology Journal: Practice and Research* 62, no. 2 (2010): 81–93, https://pdfs.semanticscholar.org/1fae/5d54bc194adce1d785c90a234f57034380f9.pdf.

113 Michael Bazigos, Aaron De Smet, and Chris Gagnon, "Why Agility Pays," *McKinsey Quarterly*, December 2015, https://www.mckinsey.com/business-functions/organization/our-insights/why-agility-pays.

114 Valerie Bolden-Barrett, "Study: Workers with 'High Agility' and Resilience Less Susceptible to Burnout," *HR Dive*, July 2, 2019, https://www.hrdive.com/news/study-workers-with-high-agility-and-resilience-less-susceptible-to-burno/557935/.

115 Ruhollah Sihrabi et al., "Relationship between Workforce Agility and Organizational Intelligence (Case Study: The Companies of 'Iran High Council of Informatics')," *Asian Social Science* 10, no. 4 (2014): 279–87, http://citeseerx.ist.psu.edu/viewdoc/download?doi=10.1.1.836.5398&rep=rep1&type=pdf.

116 David Wilkinson, "How to Develop Adaptability in the Workplace: New Research," *Oxford Review* (blog), https://www.oxford-review.com/how-to-develop-adaptability-in-the-workplace-new-research/.

117 Daniel Goleman, "How Adaptability Will Define Your Career," *Korn Ferry Institute*, July 5, 2017, https://www.kornferry.com/institute/adaptability-the-surprisingly-strong-predictor-of-career-success.

118 Goleman, "How Adaptability Will Define Your Career."

119 Gary Klein, "Performing a Project Premortem," *Harvard Business Review*, September 2007, https://hbr.org/2007/09/performing-a-project-premortem.

120 David Derbyshire, "Each Person Is Inundated with 174 Newspapers' Worth of Information Every Day via Television, Emails, and Post," *Daily Mail*, February 11, 2011, https://www.dailymail.co.uk/sciencetech/article-1355892/Each-person-inundated-174-newspapers-worth-information-EVERY-DAY.html.

121 Andy Clark, "Whatever Next? Predictive Brains, Situated Agents, and the Future of Cognitive Science," *Cambridge Core* (blog), *Cambridge University Press* 36, no. 3 (May 2013): 181–204, https://www.cambridge.org/core/journals/behavioral-and-brain-sciences/article/whatever-next-predictive-brains-situated-agents-and-the-future-of-cognitive-science/33542C736E17E3D1D44E8D03BE5F4CD9.

122 Daniel Kahneman, *Thinking Fast and Slow* (New York: Farrar, Straus and Giroux, 2011), 20–21.

123 Kahneman, 48.

124 Daniel Kahneman and Amos Tversky, "Judgment under Uncertainty: Heuristics and Biases," *Science* 185, no. 4157 (September 27, 1974): 1124–131, https://science.sciencemag.org/content/185/4157/1124.

125 Justin Fox, "Instinct Can Beat Analytical Thinking," *Harvard Business Review*, June 20, 2014, https://hbr.org/2014/06/instinct-can-beat-analytical-thinking.

126 "Katie Ledecky," Team USA, https://www.teamusa.org/usa-swimming/athletes/Katie-Ledecky.

127 Oliver Poirier-Leroy, "How to Set Goals Like Katie Ledecky," Your Swim Book, https://www.yourswimlog.com/how-to-set-goals-like-katie-ledecky/.

128 Oliver Poirier-Leroy, "How Katie Ledecky Took Her Training to the Next Level," Your Swim Book, https://www.yourswimlog.com/katie-ledecky-log-book/.

129 "Katie Ledecky," International Olympic Committee, https://www.olympic.org/katie-ledecky.

130 Kobe Bryant, interview with Cal Fussman, "Kobe Bryant: Storytelling and the Awareness of Fear," January 23, 2018, in *Big Questions with Cal Fussman*, podcast audio, 13:18, https://www.calfussman.com/podcasts/2018/1/23/big-questions-kobe-bryant.

131 Adam Bryant, *The Corner Office: Indispensable and Unexpected Lessons from CEOs on How to Lead and Succeed* (New York: Henry Holt and Company, 2012).

132 Springer, "Curiosity Is Key to Early Childhood Success in Math and Reading," ScienceDaily, April 26, 2018, www.sciencedaily.com/releases/2018/04/180426110454.htm.

133 Olivier Serrat, "The Five Whys Technique," Asian Development Bank, February 2009, https://www.adb.org/publications/five-whys-technique.

134 Larry Prusak, "What Can't Be Measured," *Harvard Business Review*, October 7, 2010, https://hbr.org/2010/10/what-cant-be-measured.

135 Eben Harrell, "How 1% Performance Improvements Led to Olympic Gold," *Harvard Business Review*, October 30, 2015, https://hbr.org/2015/10/how-1-performance-improvements-led-to-olympic-gold.

136 Harrell, "How 1% Performance Improvements Led to Olympic Gold."

137 "BTC: First Week of MNT Camp With Gregg Berhalter," YouTube video, 3:21, posted by US Soccer, January 15, 2019, https://www.youtube.com/watch?v=pnf3-WisXxU.

138 Michael Housman and Dylan Minor, "Sitting Near a High-Performer Can Make You Better at Your Job," KelloggInsight, Kellogg School of Management at Northwestern University, May 8, 2017, https://insight.kellogg.northwestern.edu/article/sitting-near-a-high-performer-can-make-you-better-at-your-job.

139 "Who Has the Most Major Championship Runner-Up Finishes?" *Golf Today*, June 2019, https://golftoday.co.uk/who-has-the-most-major-championship-runner-up-finishes/.

140 Johnette Howard, "How Sports Science Explains Greg Norman's 1996 Masters Meltdown," ESPN, March 29, 2016, https://www.espn.com/golf/story/_/id/15091501/how-sports-science-explains-greg-norman-1996-masters-meltdown.

141 Howard, "How Sports Science Explains Greg Norman's 1996 Masters Meltdown."

142 Sian Beilock, *Choke* (New York: Atria, 2010), 5–6.

143 Sian Leah Beilock, "Why We Choke Under Pressure—and How To Avoid It," TEDMED 2017, TED video, 4:00, November 2017, https://www.ted.com/talks/sian_leah_beilock_why_we_choke_under_pressure_and_how_to_avoid_it?language=en#t-248495.

144 Sian Beilock, "Sian Beilock: The Science of 'Choking,'" YouTube video, 2:19, posted by The Agenda with Steve Paikin, May 25, 2011, https://www.youtube.com/watch?v=zcr4ZD-Vrsg.

145 Anne Lamott, *Bird by Bird* (New York: Knopf Doubleday, 2007), 112.

146 Walter Isaacson, "The Genius of Jobs," *New York Times*, October 29, 2011, https://www.nytimes.com/2011/10/30/opinion/sunday/steve-jobss-genius.html.

147 Gary Mack and David Casstevens, *Mind Gym: An Athlete's Guide to Inner Excellence* (New York: McGraw-Hill, 2001), 168–70.

148 "Dr. Oz: Life Changes That Matter," 34:48.

149 Mihaly Csikszentmihalyi, *Flow: The Psychology of Optimal Performance* (New York: HarperCollins, 1991).

150 W. Timothy Gallwey, *The Inner Game of Tennis: The Classic Guide to the Mental Side of Peak Performance* (New York: Random House, 1974).

151 Reeves Wiedeman, "The Inner Game of Everything: Why Is a Four-Decade-Old Tennis Book Still a Self-Help Sensation?" *Buzzfeed*, July 5, 2013, https://www.buzzfeed.com/reeveswiedeman/the-inner-game-of-everything-why-is-a-four-decade-old-tennis.

152 "The Brain-Gut Connection," Johns Hopkins Medicine, https://www.hopkinsmedicine.org/health/wellness-and-prevention/the-brain-gut-connection.

153 Doug Pederson, "Philly Special: The Story Behind the BOLDEST Trick Play in NFL History! | NFL Films," YouTube video, 29:37, posted by NFL Films, September 6, 2018, https://www.youtube.com/watch?v=fV7mWuCdkpY.

154 Pederson, "Philly Special."

155 Sian Beilock, "Why Talented People Fail Under Pressure," *Harvard Business Review*, June 27, 2019, https://hbr.org/2019/06/why-talented-people-fail-under-pressure.

156 Tim Gallwey, "Inner Game of Tennis" YouTube video, 6:30, posted by Coachkriengsak, May 19, 2012, https://www.youtube.com/watch?v=ieb1lmm9xHk.

157 Ray Dalio, *Principles* (New York: Simon & Schuster, 2017), 236–37.

158 Matthew Love, "50 Best Stand-Up Comics of All Time," *Rolling Stone*, February 14, 2017, https://www.rollingstone.com/culture/culture-lists/50-best-stand-up-comics-of-all-time-126359/chris-rock-3-105797/.

159 *Cultureshock*, season 1, episode 5, "Chris Rock's 'Bring the Pain,'" aired October 5, 2018, on A&E, https://www.aetv.com/shows/cultureshock/season-1/episode-5.

160 *Cultureshock*, "Chris Rock's 'Bring the Pain."

161 Barry Koltow, "Chris Rock on Obama's win: It's Good for White Kids, Too," *The Orange County Register*, November 5, 2008, https://www.ocregister.com/2008/11/05/chris-rock-on-obamas-win-its-good-for-white-kids-too/.

162 Peter Sims, *Little Bets* (New York: Simon & Schuster, 2011), 2.

163 "Food Allergy Research & Education: New Data Shows Number of Anaphylactic Reactions Rising, Underscoring Critical Need for Food Allergy Therapies and Patient Education," FARE: Food Allergy Research & Education, August 21, 2017, https://www.foodallergy.org/about/media-press-room/food-allergy-research-education-new-data-shows-number-of-anaphylactic.

164 Ruchi Gupta, MD, MPH, "New Study Suggests 21 Percent Increase in Childhood Peanut Allergy Since 2010," American College of Allergy, Asthma & Immunology, October 27, 2017, https://acaai.org/news/new-study-suggests-21-percent-increase-childhood-peanut-allergy-2010.

165 "Study Finds Peanut Consumption in Infancy Prevents Peanut Allergy," National Institutes of Health, February 23, 2015, https://www.nih.gov/news-events/news-releases/study-finds-peanut-consumption-infancy-prevents-peanut-allergy.

166 Nassim Nicholas Taleb, *Antifragile: Things That Gain from Disorder* (New York, Random House: 2014).

167 Susanne M. Jaeggi et al., "Improving Fluid Intelligence with Training on Working Memory," *PNAS* 105, no. 19 (May 2008): 6829–33, https://www.pnas.org/content/early/2008/04/25/0801268105.abstract.

168 Michael Hogan, "Openness to Experience and Intellectual Ability," *Psychology Today*, November 10, 2012, https://www.psychologytoday.com/us/blog/in-one-lifespan/201211/openness-experience-and-intellectual-ability.

169 Shunryu Suzuki, *Zen Mind, Beginner's Mind* (Boston: Shambhala, 2006), 2.

170 Gina Trapani, "Jerry Seinfeld's Productivity Secret," *Lifehacker*, July 24, 2007, https://lifehacker.com/jerry-seinfelds-productivity-secret-281626.

171 Rick Lyman, "Going Hunting in Seinfeld Country, Just for Laughs," *New York Times*, September 15, 2002, https://www.nytimes.com/2002/09/15/arts/going-hunting-in-seinfeld-country-just-for-laughs.html.

172 "The Perfectionist," YouTube video, 1:07, posted by BamaPride RollTide, November 4, 2013, https://www.youtube.com/watch?v=VwSaS9geI1U.

173 "The Perfectionist," 2:23.

174 "The Perfectionist," 3:50.

175 Erik Brady, "Virginia Basketball's Perfect Situation: Undefeated and Under the Radar," *USA Today*, January 29, 2015, https://www.usatoday.com/story/sports/ncaab/acc/2015/01/29/college-basketball-virginia-cavaliers-unbeaten-defense/22530339/.

176 Ian Shantz, "Believe the Process, Blues Coach Ken Hitchcock Says," *Toronto Sun*, March 7, 2015, https://torontosun.com/2015/03/07/believe-the-process-blues-coach-ken-hitchcock-says/wcm/5df22a71-2d85-427f-9f8d-37f474452cc4.

177 "The 2 Secret Words for McIlroy: Process and Spot," Fox Sports, July 20, 2014, https://www.foxsports.com/golf/story/the-2-secret-words-for-mcilroy-process-and-spot-072014.

178 "James Harden Unfazed by Shooting Struggles after Missing His First 15 shots in Houston Win," Sky Sports, April 21, 2019, https://www.skysports.com/nba/news/36226/11699821/james-harden-unfazed-by-shooting-struggles-after-missing-his-first-15-shots-in-houston-win.

179 "James Harden Unfazed by Shooting Struggles."

180 "Over a Century of Innovation," NCR, https://www.ncr.com/about/history.

181 Walter A. Friedman, "John H. Patterson and the Sales Strategy of the National Cash Register Company, 1884 to 1922," Harvard Business School, November 1, 1999, https://hbswk.hbs.edu/item/john-h-patterson-and-the-sales-strategy-of-the-national-cash-register-company-1884-to-1922.

182 Og Mandino, *The Greatest Salesman in the World* (Hollywood, Florida: Bantam Books, 1968).

183 Vi-An Nguyen, "5 Things to Know about Diana Nyad, the Historic Cuba-to-Florida Swimmer," *Parade Magazine*, September 3, 2013, https://parade.com/151625/viann-guyen/5-things-to-know-about-diana-nyad-the-historic-cuba-to-florida-swimmer/.

184 Diana Nyad, "Never Give Up," TEDWomen 2013, TED Video, 5:00, December 2013.

185 "Never Give Up," 10:58.

186 Simon Sinek, *Start with Why* (New York: Portfolio, 2009), 137.

187 Sinek, 142.

188 Julia Rozovsky, "The Five Keys to a Successful Google Team," Re:Work with Google, November 17, 2015, https://rework.withgoogle.com/blog/five-keys-to-a-successful-google-team/.

189 Rozovsky, "The Five Keys to a Successful Google Team."

190 Rozovsky, "The Five Keys to a Successful Google Team."

191 Wendy Hirsch, "Trust: Does It Impact Team Performance . . . or Not?" *Science for Work*, 2017, https://scienceforwork.com/blog/trust-impact-team-performance/.

192 Robert M. Verburg et al., "The Role of Organizational Control Systems in Employees' Organizational Trust and Performance Outcomes," *Group & Organization Management* 43, no. 2 (April 2018): 179–206, https://www.ncbi.nlm.nih.gov/pmc/articles/PMC5834078/.

193 "Six Thinking Hats," The de Bono Group, LLC, http://www.debonogroup.com/six_thinking_hats.php.

194 James Kerr, *Legacy: What the All Blacks Can Teach Us About the Business of Life* (London: Constable, 2013), 100–101.

195 Kerr, *Legacy*, 105.

196 "Training Week in Oita Crucial for All Blacks," All Blacks website, September 26, 2019, https://www.allblacks.com/news/training-week-in-oita-crucial-for-all-blacks/.

197 Kerr, *Legacy*, 97–101.

198 Dr. Abraham Twerski, "How Do Lobsters Grow?" YouTube video, 0:26, posted by CreateYourFutureLife, April 7, 2016, https://www.youtube.com/watch?v=dcUAIpZrwog.

199 Alex Myers, "No Wonder Rory McIlroy Is So Good Out of the Sand . . . ," *Golf Digest*, July 5, 2011, https://www.golfdigest.com/story/no-wonder-rory-mcilroy-is-so-good-out-of-the-sand.

200 Norman E. Rosenthal, MD, *The Gift of Adversity* (New York: Penguin Group, 2013).

201 Charles Bethea, "The One-Day-a-Year Fitness Plan," *Outside*, December 9, 2014, https://www.outsideonline.com/1928041/one-day-year-fitness-plan.

202 Bethea, "The One-Day-a-Year Fitness Plan."

203 Bethea, "The One-Day-a-Year Fitness Plan."

204 Bethea, "The One-Day-a-Year Fitness Plan."

205 Nelson Mandela to Winnie Mandela, Robben Island, February 1, 1975, in *Nelson Mandela By Himself: The Authorised Book of Quotations*, eds. Sello Hatang and Sahm Venter (Sydney, Australia: Pan MacMillan, 2011), https://www.nelsonmandela.org/content/page/selected-quotes.

206 Stew Smith, "Learn the Secret to Navy SEALs' Mental Toughness," STAK Basic Training, October 3, 2011, https://www.stack.com/a/learn-the-secret-to-navy-seals-mental-toughness?

207 Jessica Herndon and Raha Lewis, "Pink on Tour: How She Got That Rockin' Body," *People*, April 6, 2013, https://people.com/bodies/pink-on-tour-how-she-got-that-body/.

208 Graham Bensinger, "Gary Player: I'd Look in the Mirror and Slap Myself," In Depth with Graham Bensinger, August 9, 2017, https://www.youtube.com/watch?v=_H8ZhieRHk0.

209 Brad Stulberg and Steve Magness, *Peak Performance: Elevate Your Game, Avoid Burn-out, and Thrive with the New Science of Success* (New York: Rodale Wellness 2017), 27.

210 Jonathan Abrams, "Napping on Game Day Is Prevalent Among NBA Players," *New York Times*, March 6, 2011, https://www.nytimes.com/2011/03/07/sports/basket-ball/07naps.html.

211 Abrams, "Napping on Game Day."

212 Michelle Brandt, "Snooze You Win? It's True for Achieving Hoop Dreams, Says Study," Stanford Medicine, June 30, 2011, https://med.stanford.edu/news/all-news/2011/07/snooze-you-win-its-true-for-achieving-hoop-dreams-says-study.html.

213 Louise Cornetta, "C. J. Wilson's Routine, in His Words," ESPN, September 5, 2011, http://www.espn.com/dallas/mlb/story/_/id/6934822/texas-rangers-cj-wilson-explains-routine-detail.

214 Francesca Gino, "Are You Too Stressed to Be Productive? Or Not Stressed Enough?" April 14, 2016, https://hbr.org/2016/04/are-you-too-stressed-to-be-productive-or-not-stressed-enough.

215 Yuri L. Hanin, "Coping with Anxiety in Sport," in *Coping in Sport: Theory, Methods, and Related Constructs*, ed. Adam Nicholls (New York: Nova Science Publishers Inc., 2010), 159–75, https://www.researchgate.net/publication/235947366_Coping_with_anxiety_in_sport.

216 Beyoncé, "Beyoncé—Year of 4," YouTube video, 16:50, posted by Beyoncé, July 1, 2011, https://www.youtube.com/watch?v=3vXXiku0580.

217 Emma Seppala and Kim Cameron, "Proof That Positive Work Cultures Are More Productive," *Harvard Business Review*, December 1, 2015, https://hbr.org/2015/12/proof-that-positive-work-cultures-are-more-productive.

218 Lee J Moore et al., "The Effect of Challenge and Threat States on Performance: An Examination of Potential Mechanisms," PMC, *Psychophysiology* 49, no. 10 (August 2012): 1417–25, https://www.ncbi.nlm.nih.gov/pmc/articles/PMC3677799/.

219 Francesca Gino, "Are You Too Stressed to Be Productive? Or Not Stressed Enough?" *Harvard Business Review*, April 14, 2016, https://hbr.org/2016/04/are-you-too-stressed-to-be-productive-or-not-stressed-enough.

220 Bill George, "Authentic Leadership Rediscovered," Harvard Business School Working Knowledge, November 10, 2015, https://hbswk.hbs.edu/item/authentic-leadership-rediscovered.

221 Lauren Kearney, "15 Celebrity Dressing Room Demands," The THINGS.com, February, 16, 2018, https://www.thethings.com/15-celebrity-dressing-room-demands/.

222 Rafael Nadal, "Rafael Nadal: My Pre-Game Rituals Before I Go into Battle," *The Telegraph*, August 16, 2011, http://www.telegraph.co.uk/sport/tennis/8703175/Rafael-Nadal-my-pre-game-rituals-sharpen-my-senses-before-I-go-into-battle.html.

223 Carmine Gallo, "How Tony Robbins Gets in Peak State for Presentations," *Forbes*, February 24, 2012, https://www.forbes.com/sites/carminegallo/2012/02/24/how-tony-robbins-gets-in-peak-state-for-presentations/#7662d1bb6aa6.

224 Nicole Spector, "How to Train Your Brain to Accept Change, According to Neuroscience," NBC News, November 12, 2018, https://www.nbcnews.com/better/health/how-train-your-brain-accept-change-according-neuroscience-ncna934011.

225 James Kerr, *Legacy: What the All Blacks Can Teach Us About the Business of Life* (London: Constable, 2013), 159.

226 Charles Duhigg, "How Habits Work," https://charlesduhigg.com/how-habits-work/.

227 James Clear, "40 Years of Stanford Research Found That People with This One Quality Are More Likely to Succeed," *Jamesclear.com* (blog), https://jamesclear.com/delayed-gratification.

228 Kelly McGonigal, *The Willpower Instinct* (New York: Avery/Penguin, 2011), 17.

229 Elliot Park, "Sense of Purpose Makes You Happy and Healthy," *UCLA Magazine*, August 8, 2013, http://magazine.ucla.edu/exclusives/sense-of-purpose-makes-you-happy-and-healthy/.

230 Patrick L. Hill et al., "The Value of a Purposeful Life: Sense of Purpose Predicts Greater Income and Net Worth," Science Direct, *Journal of Research in Personality* 65 (December 2016): 38–42, https://www.sciencedirect.com/science/article/pii/S0092656616300836.

231 Lisa Earle McLeod, "Why Purpose Matters: Four Business Reasons Plus One Emotional One," HuffPost, April 8, 2012, https://www.huffingtonpost.com/lisa-earle-mcleod/why-purpose-matters-four-_b_1257295.html.

232 Laura Oliver, "Is This Japanese Concept the Secret to a Long, Happy, Meaningful Life?" World Economic Forum, August 9, 2017, https://www.weforum.org/agenda/2017/08/is-this-japanese-concept-the-secret-to-a-long-life/.

233 Michael Phelps, "Olympics 2012: Michael Phelps Has Mastered the Psychology of Speed," YouTube video, 1:19, posted by Washington Post, June 15, 2012, https://www.youtube.com/watch?v=Htw780vHH0o.

234 Alison Beard, "Greg Louganis on How to Achieve Peak Performance," *Harvard Business Review*, June 16, 2016, https://hbr.org/ideacast/2016/06/greg-louganis-on-how-to-achieve-peak-performance.html.

235 Lance Armstrong, "Lance Armstrong: Mental Preparation & Race Recon," YouTube video, posted by MTSLanceArmstrong, August 26, 2010, https://www.youtube.com/watch?v=O2I_b4Oqd0U

236 Sharon Begley, "The Brain: How the Brain Rewires Itself," *Time*, January 19, 2007, http://content.time.com/time/magazine/article/0,9171,1580438,00.html.

237 Daniel L. Schacter et al., "The Future of Memory: Remembering, Imagining, and the Brain," PMC, *Neuron* 76, no. 4 (November 2012): 10.1016, https://www.ncbi.nlm.nih.gov/pmc/articles/PMC3815616/.

238 Adriana M. Chavez, "The Link between Imagery and Performance," Science Daily, December 23, 2015, https://www.sciencedaily.com/releases/2015/12/151223165503.htm.

239 M. F. Mason, et al., "Wandering Minds: The Default Network and Stimulus-Independent Thought," *Science* 315 (January 19, 2007), 393–95, https://www.ncbi.nlm.nih.gov/pubmed/17234951.

240 Leo Widrich, "Why We Have Our Best Ideas in the Shower: The Science of Creativity," *Buffer*, September 7, 2018, https://open.buffer.com/shower-thoughts-science-of-creativity/.

241 Ankesh Kothari, "The Worst Fisherman That Ever Lived," *Productive Flourishing*, February 22, 2010, https://www.productiveflourishing.com/the-worst-fisherman-that-ever-lived/.

242 Shelly L. Gable, Elizabeth A. Hopper, and Jonathan W. Schooler, "When the Muses Strike: Creative Ideas of Physicists and Writers Routinely Occur During Mind Wandering," *SAGE Journals* 30, no. 3 (January 2019): 396–404, https://journals.sagepub.com/doi/abs/10.1177/0956797618820626?journalCode=pssa.

243 "Kobe Surprises Chargers at Camp," YouTube video, 1:55, posted by Los Angeles Chargers, August 1, 2017, https://www.youtube.com/watch?v=FKmhYADsIjE.

244 Eckhart Tolle, *The Power of Now* (Vancouver: Namaste, 1999), 49.

245 Emma Seppala, "How Being Present Increases Your Charisma," *Greater Good Magazine*, February 18, 2016, https://greatergood.berkeley.edu/article/item/being_present_increases_your_charisma.

246 Andrew K. Przybylski and Netta Weinstein, "Can You Connect with Me Now? How the Presence of Mobile Communication Technology Influences Face-to-Face Conversation Quality," *Journal of Social and Personal Relationships* 30, no. 3 (2012): 237–46, https://journals.sagepub.com/doi/pdf/10.1177/0265407512453827.

247 Philippe R. Goldin and James J. Gross, "Effects of Mindfulness-Based Stress Reduction (MBSR) on Emotion Regulation in Social Anxiety Disorder," PMC, *Emotion* 10, no. 1 (February 2010): 83–91, https://www.ncbi.nlm.nih.gov/pmc/articles/PMC4203918/.

248 Jeremy Adam Smith, "Three Benefits To Mindfulness at Work," *Greater Good Magazine*, November 17, 2014, https://greatergood.berkeley.edu/article/item/three_benefits_to_mindfulness_at_work/.

249 Erik Dane and Bradley J. Brummel, "Examining Workplace Mindfulness and Its Relations to Job Performance and Turnover Intention," *SAGE Journals* 67, no. 1 (June 2013): 105–28, https://journals.sagepub.com/doi/abs/10.1177/0018726713487753.

250 Maria Konnikova, "The Power of Concentration," *New York Times*, December 15, 2012, https://www.nytimes.com/2012/12/16/opinion/sunday/the-power-of-concentration.html?pagewanted=all&_r=0.

251 Britta K. Holzel et al., "How Does Mindfulness Meditation Work? Proposing Mechanisms of Action From a Conceptual and Neural Perspective," *Association for Psychological Science* 6, no. 6 (2011): 537–59, https://ftp.science.ru.nl/CSI/CompMath.Found/BrittaHolzel_LWS.pdf.

252 Teague Moore, interview with Brian Levenson, "Teague Moore on Breaking Through," January 1, 2017, in *Intentional Performers with Brian Levenson*, podcast audio, 57:25, https://blevenson.podbean.com/e/teague-moore-beyond-the-surface/.

253 "United States Navy Blue Angels—Frequently Asked Questions" USN Blue Angels, 2020, https://www.blueangels.navy.mil/faq/.

254 Mike Anton, "Where Blue Angels Get Their Wings," *Los Angeles Times*, March 31, 2011, https://www.latimes.com/archives/la-xpm-2011-mar-31-la-me-blue-angels-20110331-story.html.

255 Rosamund Stone Zander and Benjamin Zander, *The Art of Possibility* (Boston: Harvard Business School Press, 2000), 27.

256 "Player of the Year," Gatorade, 2003, https://playeroftheyear.gatorade.com/winner/candace-parker/24994.

257 "Player of the Year," Gatorade, 2004, https://playeroftheyear.gatorade.com/winner/candace-parker/24943.

258 "Candace Parker," NBA Media Ventures, 2020, https://www.wnba.com/player/candace-parker/.

259 Candace Parker, interview with Brian Levenson, "Candace Parker on Fear and Growth," January 17, 2018, in *Intentional Performers with Brian Levenson*, podcast audio, 14:46, https://blevenson.podbean.com/e/candace-parker-on-fear-and-growth/.

260 Kelli Anderson, "Candace, Take Two," *Sports Illustrated Vault*, November 21, 2005, https://www.si.com/vault/2005/11/21/8362068/candace-take-two.

261 Parker, "Candace Parker on Fear and Growth."

262 Parker, "Candace Parker on Fear and Growth."

263 Mark Cuban, interview with Guy Raz, "Serial Entrepreneur: Mark Cuban," December 4, 2016, in *How I Built This With Guy Raz*, podcast audio, 14:14 https://one.npr.org/?sharedMediaId=503982480:504126060.

264 Catherine Clifford, "Mark Cuban Remembers the Exact Moment He Became A Billionaire," CBNC Make It, July 26, 2016, https://www.cnbc.com/2017/07/26/this-is-what-mark-cuban-did-the-exact-moment-he-became-a-billionaire.html.

265 NBA Team Valuations, "#9 Dallas Mavericks," *Forbes,* February 2020, https://www.forbes.com/teams/dallas-mavericks/#cb9b21475b95.

266 Jim Harger, "Derek Jeter Shares Life Lessons, Baseball Memories at Econ Club Annual Dinner," *MLive*, May 27, 2015, http://www.mlive.com/business/west-michigan/index.ssf/2015/05/derek_jeter_shares_life_lesson.html.

267 Michael Strahan, "A Football Life – Michael Strahan," YouTube video, 0:45, posted by Online Documentaries, April 28, 2018, https://www.youtube.com/watch?v=CUqZBThst2o.

268 Howard Fendrich, "Wimbledon Preview: Serena Williams Hates to Lose," *Journal Star*, June 23, 2013, https://www.pjstar.com/x1220218383/Wimbledon-preview-Serena-Williams-hates-to-lose.

269 Carol Dweck, *Mindset: The New Psychology of Success* (New York: Penguin Random House, 2006), 6–11.

270 Lisa Blackwell, Kali Trzesniewski, and Carol Dweck, "Implicit Theories of Intelligence Predict Achievement Across an Adolescent Transition: A Longitudinal Study and an Intervention," *Child Development* 78, no. 1 (February 2007): 246–63. https://www.motsd.org/cmsAdmin/uploads/blackwell-theories-of-intelligence-child-dev-2007.pdf.

271 Leigh Buchanan, "Welcome to the Church of Fail," *Inc.*, November 2013, https://www.inc.com/magazine/201311/leigh-buchanan/nixonmcinnes-innovation-by-celebrating-mistakes.html.

272 Stu Cowan, "Serena Williams Q&A: 'I Need to Be Fearless' in Wimbledon final," *Montreal Gazette*, July 10, 2016, https://montrealgazette.com/sports/tennis/serena-williams-qa-i-need-to-be-fearless-in-wimbledon-final.

273 Judy Ketteler, "Can We Ever Be Truly Fearless?," *New York Times*, December 11, 2018, https://www.nytimes.com/2018/12/11/well/mind/fear-psychology-trauma-stress.html.

274 Ketteler, "Can We Ever Be Truly Fearless?"

275 Hemant Taneja, "The Era of 'Move Fast and Break Things' Is Over," *Harvard Business Review*, January 22, 2019, https://hbr.org/2019/01/the-era-of-move-fast-and-break-things-is-over.

276 Robert J. Anderson and William A. Adams, *Mastering Leadership: An Integrated Framework for Breakthrough Performance and Extraordinary Business Results* (Hoboken, New Jersey: John Wiley and Sons, 2016), 53.

277 Brené Brown, *Daring Greatly: How the Courage to Be Vulnerable Transforms the Way We Live, Love, Parent, and Lead* (New York: Penguin Random House, 2012), 2.

278 Daniel Goleman, "Anatomy of an Emotional Hijacking," in *Emotional Intelligence: Why It Can Matter More Than IQ* (New York: Bantam Books, 1995), 13–32.

279 Don Joseph Goewey, "85 Percent of What We Worry About Never Happens," *HuffPost,* August 25, 2015, https://www.huffpost.com/entry/85-of-what-we-worry-about_b_8028368.

280 Melissa Locker, "Nik Wallenda Walks a Tightrope into History," *Time*, November 2, 2014, https://time.com/3553676/nik-wallenda-tightrope-chicago/.

281 Nik Wallenda, "Real Talk with Justin Miller," YouTube video, 18:00, February 14, 2017, https://www.youtube.com/watch?v=rXVM21JjJ80.

282 Scott Stump, "He Did It! Daredevil Nik Wallenda Wire Walks across the Grand Canyon," Today NBC, June 23, 2013, https://www.today.com/news/he-did-it-daredevil-nik-wallenda-wire-walks-across-grand-6C10411621.

283 Alex Honnold, "Climber Alex Honnold Reflects on What It Took to Scale a 3,000-Foot Rock Wall With No Ropes," CBS News, October 9, 2018, https://www.cbsnews.com/news/note-to-self-rock-climber-alex-honnold/.

284 Alex Honnold, "How I Climbed a 3,000-Foot Vertical Cliff—Without Ropes," TED video, 1:00, April 2018, https://www.ted.com/talks/alex_honnold_how_i_climbed_a_3_000_foot_vertical_cliff_without_ropes/.

285 Alex Honnold, "How I Climbed a 3,000-Foot Vertical Cliff."

286 Ketteler, "Can We Ever Be Truly Fearless?"

287 Michael Jordan, "Failure" (Nike ad), YouTube video, 0:30, posted by 212GroupInc, February 16, 2012, https://www.youtube.com/watch?v=GuXZFQKKF7A.

288 "What Is Exposure Therapy?" American Psychological Association, Clinical Practical Guideline for the Treatment of Posttraumatic Stress Disorder, https://www.apa.org/ptsd-guideline/patients-and-families/exposure-therapy.

289 Jia Tolentino, "On the Origin of Certain Quotable 'African Proverbs'," Jezebel, March 23, 2016, https://jezebel.com/on-the-origin-of-certain-quotable-african-proverbs-1766664089.

290 Lisa Nichols, "About," Motivating the Masses, 2019, https://motivatingthemasses.com/about/lisa-nichols/.

291 Lisa Nichols, "Lisa Nichols," *Inside Quest with Tommy Bilyeu*, YouTube video, 12:40, posted by CTE, January 18, 2017, https://www.youtube.com/watch?v=VS5FqBZWpYo.

292 Lisa Nichols, "Lisa Nichols," *Inside Quest with Tommy Bilyeu*, YouTube video, 13:53, posted by CTE, January 18, 2017, https://www.youtube.com/watch?v=VS5FqBZWpYo.

293 Daniel Kahneman, Jack L. Knetsch, and Richard H. Thaler, "Experimental Tests of the Endowment Effect and the Coase Theorem," *Journal of Political Economy* vol. 98, no. 6 (December 1990), 1325–48, https://www.jstor.org/stable/2937761?seq=1.

294 Charles Thorp, "The Real Runner Behind 'Brittany Runs a Marathon,'" *Runner's World*, August 21, 2019, https://www.runnersworld.com/runners-stories/a28709249/brittany-runs-a-marathon-true-story/.

295 Thorp, "The Real Runner Behind 'Brittany Runs a Marathon.'"

296 Stefan Morkis, "Studying Can Help Boost Sporting Performance Reveals Abertay University Research," *The Courier* (UK), September 13, 2019, https://www.thecourier.co.uk/fp/news/local/dundee/977342/studying-can-help-boost-sporting-performance-reveals-abertay-university-research/.

297 Myron Medcalf, "UK's Anthony Davis Leaves His Mark," ESPN, April 2, 2012, https://www.espn.com/mens-college-basketball/tournament/2012/story/_/id/7768850/final-four-2012-kentucky-anthony-davis-leaves-mark.

298 Henry Abbott, "Hero Ball,*" *ESPN Magazine*, March 5, 2012, http://www.espn.com/nba/story/_/id/7649571/nba-kobe-bryant-not-money-think-espn-magazine.

299 Abbott, "Hero Ball.*"

300 Adam Grant, *Give and Take: Why Helping Others Drives Our Success* (New York: Penguin, 2014), 7.

301 Interview with Herbie Hancock, "Miles Davis according to Herbie Hancock," YouTube video, 3:25, posted by SafaJah, March 8, 2014, https://www.youtube.com/watch?v=FL4LxrN-iyw.

302 Nick Tate, "Loneliness Rivals Obesity, Smoking as Health Risk," WebMD, May 4, 2018, https://www.webmd.com/balance/news/20180504/loneliness-rivals-obesity-smoking-as-health-risk.

303 Bjorn Carey, "Stanford Psychologists Show That Altruism Is Not Simply Innate," Stanford Report, December 18, 2014, https://news.stanford.edu/news/2014/december/altruism-triggers-innate-121814.html.

304 Brené Brown, *Braving the Wilderness: The Quest for True Belonging and the Courage to Stand Alone* (New York: Random House, 2017), 47.

305 Chris Cassidy, interview with Brian Levenson, "Astronaut Chris Cassidy from SEAL Teams to Space Teams," in *Intentional Performers with Brian Levenson*, podcast audio, 29:19, January 9, 2019, https://blevenson.podbean.com/e/astronaut-chris-cassidy-from-seal-teams-to-space-teams/.

306 "Astronaut Chris Cassidy from SEAL Teams to Space Teams," 32:27.

307 Frank White, *The Overview Effect: Space Exploration and Human Evolution (Library of Flight)*, 3rd ed. (Reston, Virginia: American Institute of Aeronautics, 2014).

308 Olivia Goldhill, "Astronauts Report an 'Overview Effect' from the Awe of Space Travel—and You Can Replicate It Here on Earth," *Quartz*, September 6, 2015, https://qz.com/496201/astronauts-report-an-overview-effect-from-the-awe-of-space-travel-and-you-can-replicate-it-here-on-earth/.

309 Joe Dumars, interview with Cody Royle, "Adam Grant X Joe Dumars—The Hidden Power of Humility in Leadership," in *Where Others Won't*, podcast audio, January 12, 2019, https://podcasts.apple.com/ca/podcast/adam-grant-x-joe-dumars-hidden-power-humility-in-leadership/id1449516888?i=1000427658803.

310 Daniel Goleman, *Social Intelligence: The New Science of Human Relationships* (New York: Bantam Books, 2006), 54.

311 Carl Rogers and Richard Farson, "Active Listening," in *Communicating in Business Today*, Ruth G. Newman, M. A. Dansinger, and M. Cohen, eds. (New York: DC Heath, 1987).

312 Karen Kimsey-House and Henry Kimsey-House, *Co-Active Coaching*, 4th ed. (Boston: Nicholas Brealey, 2018).

313 Maya Angelou, "Nothing will work unless you," Twitter, June 15, 2015, https://twitter.com/DrMayaAngelou/status/610479621453131776.

INDEX

ABOUT THE AUTHOR

BRIAN LEVENSON is the founder of Strong Skills, which provides executive coaching and mental performance coaching, speaking, and consulting to elite organizations, performers, and leaders. He has been fortunate to work with CEOs, professional athletes, and with teams in the NBA, NHL, and MLS, Division 1 athletic departments, the Federal Reserve, the Department of Homeland Security, Hilton, Young Presidents Organization (YPO), and many other organizations. He also has a weekly podcast, *Intentional Performers*, where he interviews a diverse group of elite high performers. Brian currently lives in Bethesda, Maryland, with his wife and two kids.

Made in the USA
Middletown, DE
07 October 2020